刑事侦查实用百科丛书

XINGSHI ZHENCHA SHIYONG BAIKE CONGSHU

刑事侦查与行为证据

XINGSHI ZHENCHA YU XINGWEI ZHENGJU

总 主 编　杨玉章

本册主编　杨玉章

群 众 出 版 社

河南科学技术出版社

图书在版编目（CIP）数据

刑事侦查与行为证据/杨玉章主编．—郑州：河南科学技术出版社，2019.6
（刑事侦查实用百科丛书/杨玉章总主编）
ISBN 978-7-5349-8228-6

Ⅰ．①刑…　Ⅱ．①杨…　Ⅲ．①刑事侦查-行为分析　Ⅳ．①D918②B848.4

中国版本图书馆 CIP 数据核字（2016）第 149643 号

出版发行：群众出版社　　地址：北京市丰台区方庄芳星园三区 15 号楼
邮编：100078　　电话：（010）83903254
河南科学技术出版社　　地址：郑州市郑东新区祥盛街 27 号
邮编：450016　　电话：（0371）65737028

策划编辑：李肖胜　曲　先
责任编辑：曲　先
责任校对：牛艳春
封面设计：张　伟
版式设计：栾亚平
责任印制：张艳芳
印　　刷：河南日报报业集团有限公司彩印厂
经　　销：政法系统内部发行
开　　本：889 mm×1194 mm　1/16　印张：12.75　字数：330 千字
版　　次：2019 年 6 月第 1 版　2019 年 6 月第 1 次印刷
定　　价：108.00 元

“刑事侦查实用百科丛书”编委会

《刑事侦查与行为证据》编写人员

主　　编　杨玉章

副 主 编　高玉龙　白靖华

编　　者　张　波　邓　可　白靖华　高玉龙

姜　鹤　海　梁　崔海英　李建军

罗　宁

总序言

目前，全国政法系统正在深入学习贯彻习近平新时代中国特色社会主义思想，扎实推进新时代平安中国建设、法治中国建设、政法队伍建设，为决胜全面建成小康社会、夺取新时代中国特色社会主义伟大胜利创造安全稳定的社会环境、公正规范的法治环境、优质高效的服务环境。新时代需要新担当、新作为，培养一支“信念过硬、政治过硬、责任过硬、能力过硬和作风过硬”的政法队伍，造就一支“对党忠诚、服务人民、执法公正、纪律严明”的公安队伍成为当务之急。

近些年来，以审判为中心的诉讼制度改革不断深入，错案终身追究制度及与之相关的配套制度逐步确立，特别是《中华人民共和国刑事诉讼法》（2012年修正）确立的一系列诉讼原则和证据制度，进一步强化了对犯罪嫌疑人人权的保障，扩大了律师在侦查阶段的诉讼职能，规范和约束了侦查权的行使，提高了审判证明的标准，尤其是明确规定了证据确实、充分必须符合的具体条件。这一切都体现出我国法治的进步，同时也对侦查办案质量提出了新的、更高的要求，侦查过程中侦查人员必须坚持以证据为中心，全面取证，规范取证，以确实、充分和具有排他性的证据体系有效支持诉讼的顺利推进。

在实际案件侦破工作中，随着信息技术的不断发展及其在侦查工作中的全面运用，一些侦查员过分依赖视频侦查、技术侦查、网安侦查这三种新的侦查手段，此所谓新“三板斧”。这种现象导致侦查员对现场物证的全面发现提取和对犯罪行为人主观行为动机的系统分析趋于弱化，对微量物证的提取和检验的重视程度弱化，对运用多学科、多专业专门知识综合分析、研究、鉴定现场物证的意识弱化，一些行之有效的传统侦查方式方法被日益边缘化。

毋庸置疑，在信息化社会、大数据时代，信息技术日益成为侦查的主导技术，电子证据成为侦查的重要证据类型，但犯罪证据多样化的现实情况以及侦查取证需要各个门类科学技术支撑的总体状况并未发生根本性的改变。侦查取证的过程中，面对各种各样的证据，侦查员必须具备各方面的专业知识或者有查询这些知识的能力，而这些知识内容庞杂，可参考的书籍和资料也相当分散。在一些案件的侦查过程中，侦查员经常会因为对一些微量物证的利用价值分析不到位或检验鉴定不到位而丧失很多破案机会。为了有效打击犯罪、保护人民生命及财产安全，为一线刑侦人员办案提供充分的智力支持，2012年，我国知名刑侦专家、河南省公安厅副巡视员杨玉章先生发起并组织了这套“刑事侦查实用百科丛书”（以下简称“丛书”）的编撰工作。

“丛书”共26卷，首批出版的12卷基本涵盖了刑事侦查工作日常涉及的专业领域，包括《刑事侦查与行为证据》《刑事侦查与痕迹》《刑事侦查与有毒物品》《刑事侦查与植物》《刑事侦查与动物》《刑事侦查与昆虫》《刑事侦查与地理》《刑事侦查与土壤》《刑事侦查与水文》《刑事侦查与塑料制品》《刑事侦查与岩石矿物》《刑事侦查与纺织品》。为了高质量地完成该丛书的编撰工作，本书成立了编委会，杨玉章同志任丛书总主编，各卷设立了主编。自2012年编撰伊始至成书，编委会多次召开不同形式的论证会和研讨会，对编撰工作进行了有效的组织领导和质量审核。“丛书”在编撰过程中得到了中国科学院、北京自然博物馆、河南省公安厅、郑州市公安局、河南大学、郑州大学等20多家合作单位近300名专家和学者的鼎力支持，“丛书”是相关专业领域专家学者集体智慧的结晶，更是我国当代刑事侦查交叉学科研究水平的集中展示。

在“丛书”编撰过程中，各卷作者始终围绕三条主线进行编撰：一是注重侦查导向，即各卷所述知识始终围绕服务刑侦破案这一核心，注重对认定案件性质、划定案件范围、刻画犯罪行为人脸谱等工作提供专业知识支撑；二是注重与人关联，即各卷所写知识内容必须与人相关，经常出现、运用在五行八作、三教九流的正常人类生产活动之中；三是注重时空维度，即各卷内容注重揭示、阐明相关事实、现象与特定时间节点、空间分布（经纬度）之间本质的、必然的、普遍的、稳定的固有联系。这三条主线贯穿各卷始终。“丛书”涉及20余门学科，共计600余万字、2000余张图片，图文并茂，理论联系实战，是对与刑事侦查工作关联紧密的多种学科资源的系统整合，学科门类齐全，知识架构完整。“丛书”的编撰是一项具有鲜明侦查专业特色的重大跨学科工程，在一定程度上填补了国内侦查应用研究的空白，具有独特的学术价值和实用价值。“丛书”既可作为广大刑事侦查人员的业务工具书，也可作为公安院校广大师生的教学参考用书。

“丛书”在编写过程中引用了很多经典的实战案例，作为相关学科和专业知识在实战中应用的范例，力图使读者在使用该丛书时能获得鲜明、生动、直观的阅读体验。

该“丛书”内容浩繁，编写队伍庞大，因编者水平有限，其中知识、文字、图片的疏漏和不足之处在所难免，期望读者不吝指正，待再版时予以完善。

郝宏奎

2018年8月

前言

犯罪是伴随着人类社会发展而产生的法律意义上的概念，在这一概念产生之前的漫长历史之中，其实早已存在着严重危害社会的行为，可以说，行为是因，而犯罪是果。人类社会历史上，法律与犯罪的较量也是不断演进的。伴随着近代以来科学技术的发展，我们有了越来越多的手段鉴别、追踪犯罪现象的制造者，而一些犯罪行为人也学会了更多的手段来逃避打击。当前，无论是从社会法治进步的角度看，还是从高效打击犯罪的角度看，刑侦工作都面临着巨大的挑战。如何在保障犯罪行为人基本权益的前提下，快速准确地对案件展开侦破工作，保障人民群众的合法权益，精准打击犯罪行为，就需要一套科学的、行之有效的方法，从一定的高度统领刑事司法工作的各个环节。

行为证据分析正是这样一种方法。一起刑事案件发生后，展现在侦查人员眼前的都是犯罪行为的完成状态，是一个结果。侦查员要做的工作，就是从已知的结果去倒溯未知的原因。对行为的描述过程即是对心理的分析过程，行为是心理活动的外在表现。行为证据分析就是从犯罪结果出发，借助刑事科学技术手段，逆向推理出犯罪行为的过程，通过对行为过程的分析，遵循心理现象的规律，得出犯罪行为人的心理状态、心理动机和整个犯罪心理过程的结论，最终刻画出一个清晰的犯罪行为人轮廓。在这一过程中，在行为分析的指导下收集物理意义上的痕迹物证，同时以行为证据分析的结论作为线索，能够将物理痕迹、心理痕迹等证据有机地串联起来，形成牢固的证据链条。

行为证据分析既是一种综合性的技术手段，也是一种整合侦查活动甚至整个刑事司法活动各环节的理论方法。行为证据分析的方法分别与现场勘查、犯罪心理画像、犯罪现场各有交叉；在理论上，更是包含了侦查学、犯罪心理学、“三定侦查法”的相关理论思想。行为证据分析是一种能够高效率运用到刑事案件侦查实践中的技术，也是能够为刑事司法审判提供重要参考依据的理论方法。

本卷内容共分为九章，力图详尽论述行为证据分析及相关理论研究现状、行为证据分析在侦查活动中的实践方法及行为证据分析在刑事司法中的前景展望，为刑事案件侦查工作提供较为完备的行为理论支持，并希冀通过实践案例的积累更好地扩展、充实理论成果，使得侦查行为的理论与实践在不断的指导与检验中获得长足发展。

本卷由杨玉章担任主编，高玉龙、白靖华担任副主编，本卷的体系和结构由主编设计和提出，全书初稿形成后，由主编、副主编统一修改定稿。

在本卷图书的编写过程中，为使内容理论严谨、紧跟研究前沿，参考了大量文献论著；同时为使论据直观丰富，加入了近年来大量的实战案例，在此，谨向各位学者及基层一线的刑侦指战员致以真诚的谢意！

由于时间仓促，编者水平有限，错漏之处，敬请广大读者批评指正。

编　者

2018 年 6 月

目　录

第一章　行为证据分析概述

行为证据分析是以犯罪现场行为结果为研究对象，要求侦查员带着“三定侦查法”[①] 的思维进入现场，通过行为结果分析犯罪行为实施的方式，进而倒推实施该行为时犯罪行为人的心理状态、心理意向以及整个犯罪心理过程，最终得出“三定侦查分析结论”，刻画出一个轮廓清晰的犯罪行为人，即侦查工作方案或排除提纲，侦查员据此去特定范围内找人。行为证据分析是侦查的一个特定环节，而在整个侦查的过程中“三定侦查法”思维贯穿始终。

从当前的研究成果来看，行为证据分析和犯罪行为分析、犯罪心理画像、犯罪现场重建存在联系但又有区别，对它们进行比较区分，可以对侦查活动认识更清晰，定位更明确。这样才能更好地发挥各自的研究作用为侦查服务。

准确认识行为证据分析，区分它与相似领域的研究是开展行为证据分析的前提。对于行为证据分析展开综述性研究，有助于明确行为证据分析在国内国外的研究现状。明确我国关于行为证据分析的研究程度，能够发现我国的研究程度与国外研究程度的差距，考察国外的研究成果以便在我国进行行为证据分析研究时得以借鉴，最终目的在于深化行为证据分析的研究。尽管行为证据分析属于一种技术，但是针对其理论基础展开研究有助于深化行为证据分析的研究水平。行为证据分析是一项综合性的技术手段，其理论基础包括了侦查学的相关基础理论、“三定侦查法”思想和犯罪心理学的相关理论。行为证据分析的技术性体现在其操作性方面，就行为证据分析的具体方法而言主要包括两种，一是演绎推理法，二是归纳总结法。行为证据分析的方法是行为证据分析研究的核心内容。在诉讼过程中，行为证据分析的价值不仅适用于侦查阶段，同时在审判阶段也可以发挥作用。对此，就需要挖掘行为证据分析的诉讼价值，特别是其证明价值。行为证据分析其实质上是一种技术性行为，不能够直接证明相关案件事实，但有助于认识和揭露犯罪事实，其分析结论尚未上升到法定证据形式的范畴。这样，就需要对行为证据分析的结果展开深入、持久的研究。行为证据分析意见是行为证据分析结果的表现形式，具备特殊的证明效力，应该从法律的角度赋予其证据资格。从实战侦查的角度而言，行为证据分析意见在认定案件性质、划定案件范围和刻画犯罪行为人等方面具有重要的意义。

第一节　行为证据分析的概念

行为证据分析以行为结果为分析素材，立足于犯罪现场，以此为分析起点，解读犯罪行为。解读犯罪行为是侦查活动的重要内容，其贯穿整个侦查过程，在现场勘查、刻画犯罪行为人、寻找犯罪行为人、预审等阶段均有体现。在行为证据分析的研究中，与之相关的概念有犯罪行为分析、犯罪心理画像和犯罪现场重建，这些概念之间既有联系又有区别，只有将这些概念的关系厘定清楚才能对行为证据分析予以准确认识。

一、犯罪行为分析

犯罪行为分析被看作是有助于侦查的技术手段。一般而言，行为结果分析是以证据为素材进行逻辑推理和科学统计分析，以此为基础产生有效论证结论的一种认识和证明活动。犯罪行为分析的目标在于通过发现、检验与特定的犯罪相关

① 杨玉章．三定侦查法：犯罪心理画像实证研究［M］．北京：群众出版社，2008.

的物证，并建立起各种证据与行为者之间的关联，由此建立起系统的物证关系进而再现案件事实真相。需要注意的是，犯罪行为分析是建立在已有的各类犯罪人的特征、家庭和社会背景资料等基础之上的对于犯罪行为全过程的回溯性分析，这就需要丰富的数据信息作为基础。从另外一个角度来看，犯罪行为分析是一种有序和系统的程序性工作，它需要考虑究竟发生了什么行为，犯罪究竟是在何时、何地发生的，行为动作发生的次序，分析案件发生的诱因，并评估每一个与事实相关的行为结果，以及分析具体行为实施时作案人的心理状态，然后拼接整个行为过程，从中找出线索，确定侦查方向。现场勘验、调查访问、刑事技术检验鉴定是获取犯罪人信息的主要途径。任何犯罪事实的发生都是由于犯罪行为人实施了犯罪行为，犯罪行为人为达到犯罪目的会使用一定的作案方法、手段、工具；犯罪活动又必然指向一定的目标，最终会造成一定的危害后果，留下现场行为结果。因此，犯罪行为在犯罪现场会形成物质交换，引起相关物品和痕迹的形态发生变化。通过对犯罪现场的勘查能够获取大量痕迹物证和犯罪活动行为信息，立足现场展开的勘查工作是开展犯罪行为分析的重要基础。

犯罪行为分析是就犯罪行为本身的分析，它是对行为种类划分、行为方式、行为发生顺序等的研究，就整个侦查活动而言，它是一个侧面研究，是侦查活动不可或缺的一个重要环节。

二、犯罪心理画像

犯罪心理画像（criminal profiling）是个“舶来品”，这种提法最早来自国外相关学者的研究之中，翻译过来也有多种称谓，比如：心理的画像（psychological profiling）、犯罪人画像（offender profiling）、犯罪人格画像（criminal personality profile）、行为画像（behavior profiling）、犯罪现场画像（crime senne profiling）和犯罪侦查分析（criminal investigative analysis）等。其定义也各有不同表述。美国联邦调查局将其定义为一种侦查分析，即“根据他或她所实施的犯罪行为来鉴别犯罪人的主要人格特征和行为特征的侦查过程”（1992年）。国内有学者认为，犯罪心理画像就是在侦查阶段根据已掌握的情况对未知名的犯罪嫌疑人进行相关的行为、动机、心理过程以及心理特点等分析进而通过文字形成对犯罪嫌疑人的人物形象及心理特征群的描述①。“三定侦查法”这套源自侦查实战的方法体系实质是对犯罪心理画像的实证性研究，其中对犯罪行为人的生理属性、地域属性、社会属性、心理属性、既往犯罪属性的刻画，是对犯罪心理画像的量化性研究，也是该领域中西研究交融的结果。

一般的侦查方法只强调事实，犯罪心理画像则不同，它是以和犯罪行为人相关的所有可能的信息为基础做出判断。犯罪心理画像自然对信息内容的质量要求较高，它可依据行为指标、心理指标、痕迹物证指标等多个分析指标体系进行对嫌疑人的刻画。有学者认为，道格拉斯的犯罪现场分析法和布伦特·E·特维的行为证据分析法成为应用非常广泛的两种犯罪心理画像方法。道格拉斯等认为犯罪心理画像是建立在犯罪分析基础之上的个体主义人格和行为特征分析，从犯罪特点推断出犯罪行为人的人格和行为特征是画像的直接目的，犯罪分析是犯罪心理画像的基础。英国侦查心理学研究者坎特（Canter）则认为，犯罪心理画像是指通过仔细勘查犯罪现场以及相关行为所获得的有关犯罪行为人人格和生活方式的线索，它是对犯罪行为人的家庭情况、职业、性格的准确预测。简言之，犯罪心理画像就是根据物证和行为证据对犯罪行为人的心理特征进行推论。犯罪心理画像试图强调一种稳定的人格模式的存在，且认为行为具有一致性，根据这一原则，犯罪行为人的人格特质可以从他在案发现场的行为推断出来，然后用于预测其他可能发生的行为。人格特质理论（personality traits theory）认为，人类行为具有一贯性，并且可以预测。②作为一种特殊的技术，犯罪心理画像有助于明确未知犯罪行为人的特征，可以确立优先侦查方向。同时，它还被用于评估间接人格、分析可疑死因、制定侦查和审讯策略、为搜寻和逮捕提供依据、风险性评估和分析案件构成要素的关联性。相关的侦查实践和研究表明，适用于犯罪心理画像的犯罪包括那些行为人表现出某种形式的

① 李玫瑾．侦查中犯罪心理画像的实质与价值［J］．中国人民公安大学学报（社会科学版），2007（4）：5.

② 迪·金·罗斯姆．地理学的犯罪心理画像［M］．李玫瑾，译．北京：中国人民公安大学出版社，2007.

精神功能障碍或犯罪具有怪异、过于暴力性或者系列性的案件。

犯罪心理画像，重点是对犯罪行为人的心理进行剖析刻画，它依托于行为指标的分析，落脚点在人的身上。就整个侦查活动而言，它的研究更倾向于行为、心理等方面。

三、犯罪现场重建

犯罪现场重建的理论基础很早之前就已存在，一般认为，奥地利法学家汉斯·格罗斯博士是该理论的创始人。犯罪现场重建旨在确定犯罪实施过程中的相关行为和事件。要得到具体的犯罪现场重建结论，需要借助证人证言、犯罪行为人供述、被害人陈述或者物证的检验和鉴定结论。在犯罪现场重建的过程中，侦查人员发现并检验与特定的犯罪行为相关的证据，然后基于这些证据重建过去发生的犯罪行为及相关情形。犯罪现场重建，需要考虑的因素包括犯罪时间、犯罪空间、人、犯罪工具、犯罪手段、行为方式、犯罪动机与目的、犯罪预谋、犯罪实施、犯罪结果、犯罪后行为等。犯罪现场重建是对曾发生过的犯罪事实特别是犯罪行为活动进行推断。犯罪现场的重建再现可以通过证人证言、犯罪行为人供述、幸存的被害人陈述或对物证的检验和分析来完成。

犯罪现场重建，是在特定的时空状态下，将发生的案件给予还原，它的重点是现场本身的重新构建，试图将时间、地点、人物、事件重新有机结合。就整个侦查活动来说，它强调的是其中的一个环节——现场。

四、行为证据分析

对于某些行为活动的诠释——包括社会的和心理方面的评估，往往要对犯罪现场的证据进行完整的阐释才能够揭示出实施犯罪的个体其人格类型。人类的行为都是“个体的人格结构在具体时空框架中的表达”。某些人格类型会表现出相似的行为模式，了解这些模式或“原版的线索”（clue texts），有助于犯罪的侦查和对潜在行为人的推断。① 这为研究行为证据分析提供了理论基础。开展行为证据分析必须明确行为证据的概念。

行为证据分析，顾名思义，它是指从行为本身寻找证实犯罪的证据，能够证明与案件相关的行为实施过程、行为特征、行为手段、行为发生顺序及相关物证材料所反映出的潜态信息即称为行为证据。行为证据的分析重点是对犯罪行为的方式、程度、指向性、连续性等进行分析，旨在揭露犯罪行为人实施该行为时的心理状态、心理意向，当犯罪现场实物证据缺失时，行为证据尤显重要。

根据时间和周围环境对证据产生的影响效果，可以将证据分为六类：①顺序性证据。②方位性证据。③行为证据。④位置证据。⑤所属关系证据。⑥限定现场的证据。其中，行为证据和其他证据类型有所不同，它显示的是当事人的动作或行为。这些证据有时与方位性证据是一致的，如血液喷溅点表明某种动作及动作方向；但也有些证据表明某种行为，诸如一些碎片或墙上的凹陷点往往说明有物体被摔过或撞击过，地毯上一些细微的塌陷痕迹则说明家具通常就放在这个位置上。

简单而言，行为证据分析即是从犯罪现场明态信息中分析潜态信息。特维认为，行为证据分析分为四个步骤：第一步是刑事分析，第二步是被害人研究，第三步是犯罪现场特征研究，第四步是通过对物证和行为证据的综合考虑刻画犯罪行为人。其中，前三步紧密相连。能够构成犯罪现场特征的有：犯罪接近方式、攻击方式、控制方式、场所类型、原始场所、性行为的顺序、器械的使用、言语活动及案件预谋的方式等。犯罪现场的特征取决于刑事证据和被害人的研究。行为证据分析的目的在于侦查人员通过行为证据分析的结果能够了解犯罪行为人，进而针对犯罪行为人展开有针对性的侦查活动。

五、“四概念”的关系

犯罪行为分析、犯罪心理画像、犯罪现场重建和行为证据分析是极近相似的概念，但也存在差别。犯罪行为分析是一种有助于侦查的技术手段，是其他三者的基础；犯罪心理画像更侧重运用心理学尤其是犯罪心理学的知识去挖掘犯罪行为人的心理活动及作案动机等；犯罪现场重建则

---

① 迪·金·罗斯姆. 地理学的犯罪心理画像［M］. 李玫瑾，译. 北京：中国人民公安大学出版社，2007.

是一种认识侦查活动本质特征，是揭示犯罪现场勘查的理论；行为证据分析则从行为证据的角度综合心理学、侦查学和其他学科知识全方位地为侦查活动提供证明，支持提升侦查证明效能。在《犯罪影子》一书中，大卫·坎特就写道：“行为科学和福尔摩斯等侦探之间最大的区别是，行为画像的目标是对比行为的规律，而不是将不同的线索通过推理联系起来。‘罪犯画像’一词让我们看到，只有我们将许多细节汇总后才能得出最后的结论。无论一个线索是多么重要，那都只是画像中很小的组成部分。”由此可见，犯罪行为分析、犯罪心理画像、犯罪现场重建和行为证据分析不能互相代替。但是，犯罪行为分析、犯罪心理画像、犯罪现场重建和行为证据分析之间的联系也是非常明显和密切的，它们均离不开关于行为的研究，也就是说犯罪行为是四者的连接点。分析犯罪行为是犯罪心理画像做出结论的关键。犯罪心理画像在侦查阶段主要通过行为证据分析对已发生案件的未知犯罪行为人进行行为方式的分析。需要注意的是，犯罪行为分析、犯罪心理画像、犯罪现场重建和行为证据分析并不互相排斥、互相矛盾，它们都是侦查学研究的重要成果，对于促进侦查学理论研究和提升侦查实践效能均发挥了重要作用。

第二节　行为证据分析研究的现状

一、行为证据分析的国外研究现状

从该领域的具体研究来看，“行为证据分析”的提法主要集中在欧美国家，其中以美国和英国为代表。

（一）美国的行为证据分析研究

行为证据分析是采用演绎分析，通过对证据、被害人的研究和犯罪现场的特征重建犯罪事件，并依据法庭科学、心理学、社会学和精神病学等知识解释犯罪行为。美国是国际上运用犯罪现场重建较早、较有成效的国家，侦查人员和物证鉴识人员在20世纪40年代的犯罪现场重演、60年代末的犯罪剖绘、80年代的现场分析的基础上，于20世纪90年代初逐步形成了犯罪现场重建理论并对其予以运用。

关于“心理画像”或“犯罪者画像”的提出存在争议。但是，对这一技巧的第一次系统性应用是在美国联邦调查局（FBI）于1972年设立了行为科学组（BSU），在1984年开发了“暴力罪犯逮捕计划”（VICAP）后才开始的。1978年以后，美国联邦调查局的行为科学组开始了这一领域的调查、研究和培训，这一部门现在更名为国家暴力犯罪分析中心，其机构在地处弗吉尼亚州魁北克地区的联邦调查局学院内。北美对犯罪心理画像的培训就是由国家暴力犯罪分析中心和国际刑事侦查分析协会所共同提供的。国家暴力犯罪分析中心是在1984年因美国日益增长的暴力犯罪而由美国联邦调查局所建立，除了提供犯罪心理分析与画像服务（即刑事侦查分析）外，还负责指导暴力犯罪的抓捕项目以及研究相关问题并做出指导性工作。近年来，FBI结合社会实践对过去的技术进行了革新。

美国的私家法庭科学家和犯罪心理学家布伦特·E·特维在20世纪90年代末提出行为证据分析法。布伦特·E·特维是一名来自加州私人诊所的心理学家，通过积累经验，他逐渐创立了自己独有的画像手段，他把这一手段称为“行为证据分析”。他认为某次犯罪最客观的记录是对犯罪行为人行为的重建。有助于确认某事件或某行为是否发生、如何发生以及何时发生的任何形式的物证都是行为证据，包括脚印、指纹、伤口形态、药物等。根据具有这些指向的行为模式推断犯罪行为人特征的过程就是“行为证据分析”。布伦特·E·特维认为在行为证据分析过程中应该使用科学的分析方法，科学方法的运用让行为分析人员放弃利用不相关但很相似的案件作为解释和推断特殊作案人动机的依据。强调演绎性的犯罪心理画像法与依赖于归纳性结论的现场分析法不同。行为证据分析依据信息包括以下几个方面：①刑事疑点分析：刑事疑点分析是指在特定案件中对所有的物证进行分析，并对所有相关的假设和推断结论提出质疑，这一步骤的目的就是确定每个证据毫无合理的疑点。②被害人研究：被害人研究的内容包括被害人风险评估，通过对被害人生活方式风险系数、遭受袭击风险系数以及作案人对被害人实施犯罪时冒风险的系数等进行评估。③犯罪现场特征：犯罪现场特征包括攻击方式，犯罪行为人进入现场的方式，接近、控制被害人的方式和方法，场所类型，语言类型，发生性行为的顺序及案件预谋的方法等，犯罪现场特征依赖于证据，但并非所有的证据都能够收集得到，所以犯罪现场的特征取决于行为证据和被害人的研究。通过犯罪行为人的犯罪现场特征能帮助辨识其犯罪惯技行为和标记行为，从而推断出犯罪行为人的精神状态、行为计划、幻想和动机等。④犯罪行为人特征：即根据前面的工作得出画像结论。包括对犯罪行为人的种族、体态、家庭背景、职业、犯罪经历等特征的推断。

（二）英国的行为证据分析研究

在英国，人们普遍认可心理学、精神病学、地理学、数学、统计学以及侦查专业知识对犯罪行为人心理画像的意义，并将之称为犯罪行为人刻画和行为的分析。犯罪心理画像由犯罪行为人特征的判断、犯罪现场评估、犯罪案件的串并和提出侦查建议组成。它基于三种不同的方法：①实用的侦查专业知识。②行为科学理论。③对已破案件信息的统计分析。行为科学的研究也有两种不同角度的研究：一种是在临床心理学领域的研究；另一种则是在环境心理学的范围内进行的研究。在分析犯罪行为人的地理行为方面的推断就涉及后一个研究领域。

英国在犯罪心理画像方面的探索与美国有所不同。英国人更依赖犯罪心理学家的直觉而不是犯罪调查者的电脑程序。关于行为证据分析和心理画像的研究，在英国影响力比较大的有两位学者，他们是大卫·坎特和保罗·布里顿。

大卫·坎特是萨里大学应用心理学的一名教授。他在1994年出版的《犯罪影子》一书中描写了自己命名为“调查心理学”的办案手段。保罗·布里顿是莱斯特的一名临床心理学家，和大卫·坎特相比，他更依赖自己的直觉。保罗·布里顿在1997年出版了自己的第一本著作《拼图人》。

大卫·坎特和保罗·布里顿用各自的方法在早期取得的成功让很多警局看到了罪犯画像的作用，警察局长协会（ACPO）也成立了小组委员会研究这一手段。警方任命了20名有相关资质的心理学顾问专家团。这些专家大多是心理学家或心理医生，并专门研究极端犯罪行为。1995年，布林斯希尔警察学院集中了相关信息和资源后成立了国家犯罪学院，并由学院开始负责管理专家团。1990~2000年，英国各地的警局都开始就难以侦破的暴力案件寻求专家团的帮助。在英国警方于1982年调查了既有系统对汇总信息的危害后，他们终于在1987年推出了全新的记录犯罪信息的电脑系统（HOLMES）。HOLMES系统革新了英国警局的办案手段。德比郡警局还建立了一个独立的数据库，这是英国最先进的，其名字为“集中凶杀案的专业知识和管理的分析团队”，缩写为“CATCHEM”。

（三）其他国家的行为证据分析研究

加拿大皇家骑警队的行为科学和特别服务局以及安大略省警察局的行为科学部面向全国提供服务。加拿大皇家骑警对过去的侦查手法进行了革新，更多地依赖电脑数据的分析，并在近年开始大幅使用“地区画像”。加拿大皇家骑警早在20世纪80年代中期就开始使用暴力犯罪联系分析系统（ViCLAS），这套电脑数据系统的名字是重要犯罪档案（MCF）。

荷兰国家警政署在全国刑事情报科设立了罪犯画像组。荷兰与FBI展开了密切合作。在建立罪犯画像组之初，荷兰人就决定让小组尽可能由多元化的人才组成。比如，一个画像小组里可能既有法医心理专家，又有接受过FBI训练的警员。荷兰的体系有两个理论基础：第一，画像是过往的经验和对行为科学的了解之间的结合；第二，画像只能够提供调查的方向，不能提供细节。

在法国，罪犯画像并不经常为警方服务，而是成了预审法官的重要武器。预审法官会要求临床心理医师或心理学家审阅和案件相关的所有证物，包括警方报告、证词、犯罪现场的照片和介绍、解剖报告和照片，以及其他证物，之后要求其对案件进行评估。画像专家还会评估被害者的心理状况。根据这些信息，预审法官将决定是否对罪犯进行起诉。

此外，1993年3月，国际刑警组织也建立了全职的分析犯罪情报小组（ACIU）。这一方面受到了关于行为证据分析深入研究的影响，同时也展开了关于行为证据分析的有益探索。

二、行为证据分析的国内研究现状

（一）行为证据分析思想在中国古代断案中的体现

中国古代有很多的断案高手，他们凭借自己的智慧公正执法，替民申冤，赢得了民众的尊崇和爱戴，有的被称为“青天”。比如，西汉时期的赵广汉、黄霸，唐代的狄仁杰、徐有功，北宋时期的寇准、包拯，南宋时期的宋慈，明代的况钟、海瑞、袁可立和清代的于成龙等。另外，在《折狱龟鉴》《洗冤录》等一些历史典籍中均有通过行为证据分析侦破案件的记载。通过下面两个经典的断案故事，我们不难看出其中体现出来的行为证据分析思想。

断案历史故事一：寇准清水断案

北宋时期的寇准曾办理过一桩两人争夺铜钱的案件。原告是一个专卖羊肉的屠夫，被告是砍柴的樵夫，二人是远方亲戚，都是单身汉。公堂上，屠夫言道，他辛辛苦苦卖了一年多羊肉，攒了两千铜钱，让樵夫替他保管，原本准备是用这钱娶个老婆的。媒婆给他说了户人家，他急等着用钱，就让樵夫把钱给他，不料樵夫竟想私吞掉这些钱，说钱是他的。樵夫则称，他天天上山砍柴，好不容易通过卖柴火才积攒了这么多钱，这是他的辛苦钱。二人争论不休，双方都没有证据能证明这钱是自己的。寇准看到这里，心中暗生主意。他沉思了一会儿，然后让一个衙役去端来一个盆，里面盛满清水，让另一个衙役去找来一个火炉。寇准命令两个衙役把钱袋子里的两千铜钱全部放入水中，把水盆放到火炉上。不一会儿，真相大白。寇准断定铜钱是屠夫的，樵夫则在撒谎。这是因为盆里的水上浮着一层厚厚的油花，还散发着一股羊膻味（物证分析）。

就此古案而言，用现在的侦查术语分析即是，寇准一是运用调查访问，了解到案件事实，看到了铜钱的样子；二是做了侦查实验：现场蒸煮铜钱；三是得出侦查结论：铜钱上附着油脂，证明铜钱归屠夫所有，这其实是最朴素的侦查思想的运用。

断案历史故事二：于成龙智破命案

清代的于成龙任县令时，一天他有事路过邻县，发现两个男子用担架抬着一名女子在前面急急赶路（反常行为）。女子头上戴着发钗，旁边跟随的几个人，不时用手整理女子盖的被子（不当行为，男女授受不亲的封建思想），似乎是怕她着凉（体现心理分析和行为分析）。走了一段时间，抬担架的人又进行了交换，并放下担架进行休息。于成龙觉得蹊跷，派人去查看，发现他们把该女子抬到一户人家去了。他这一不经意的观察帮助当地破获了一起抢劫杀人大案。这是因为，在封建社会男女授受不亲，一般的良家女子，躺在担架上时是不会让多个男子掩盖被子的，几个男子时不时为女子掩盖被子，不是怕其着凉，而是怕露出财宝（体现心理分析）。抬着一个女子而频频换人，多次休息，也证明上面藏着金银财宝。如果女子得病，应该有女眷迎送，而他们到达时，却是两个男子来迎接，也没有焦急担忧的表情。可见，他们不是迎接突然发作的病人，而是进行预谋已久的犯罪。案件的侦破完全印证了于成龙的推断，担架上睡着的的确不是良家女子，而是他们为掩人耳目花钱雇来的妓女。人们不由得感叹于成龙断案如神。其中，于成龙运用了对行为的分析，以及对行为背后的心理分析，体现了行为证据分析的思想。

以上两个故事中，寇准和于成龙均对事件中的证据和相关行为展开了细致分析，结合自己的经验和常识最终得以破案。这显然说明，在我国古代历史上古人在断案时已经在用行为证据分析的思想和方法来侦查破案、解决问题了，只是没有总结、提炼将其升华为一套理论罢了。

（二）当前国内关于行为证据分析的研究

目前，国内关于行为证据分析的研究发端于犯罪心理学的研究，行为证据分析是犯罪心理学在侦查实践中的具体深化成果。国内关于行为证据分析和犯罪心理画像的研究联系紧密。

李玫瑾的研究成果和相关译著较为详尽地阐释了行为证据分析。布伦特·E·特维的《犯罪心理画像——行为证据分析入门》和迪·金·罗斯姆的《地理学的犯罪心理画像》是研究犯罪心理画像和行为证据分析的重要参考文献。李玫瑾教授认为，犯罪心理画像是一种建立在心理资料不断积累基础上的侦查分析，行为资料是犯罪心理画像的基础。行为资料的价值除可以形成物证或痕迹之外，更重要的还有行为方式与行为过程可供研究。这种行为方式或过程虽不能起到物证作用，但同样可成为一种犯罪侦查的信息资源。①

闵建雄从法医学的角度对行为证据分析展开了研究，他发表的相关论文有《命案中的行为分类及其价值初探》和《行为证据及其实践应用价值初探》等。他认为，准确的案犯刻画是侦查破案的重要前提。由于行为分析来自“任何故意行为都是有目的”的基础并遵从“意识—行为—痕迹”的模式，故得以通过行为反映意识，而意识广义上也可以理解为行为人。②行为证据分析的价值至少可以包括 3 个方面，即组成证据链、串并系列案件以及案犯的刻画。在案件侦查阶段，行为证据对于确定侦查方向和范围、印证犯罪行为人的陈述、甄别犯罪行为人等方面均具有重要的价值；在案件诉讼阶段，行为证据在澄清犯罪事实、完善证据体系等方面依然有重要的应用价值。

郝宏奎从侦查学和法学的专业角度对行为证据分析展开了较为深入的研究，就此，他发表了论文《行为证据在刑事诉讼中大有可为》和《行为证据浅探》等。他认为，行为证据，是指用以证明与案件相关的行为内容、行为过程及其特征的材料，以及依据已知涉案行为内容、过程、特征或借助于对涉案行为内容、过程、特征的分析研究而形成的用于证明案件事实的材料。③ 在系列性案件侦查中，行为证据分析为串案分析、并案侦查提供了重要的“行为特征”依据。侦查实务中，“行为特征”是极为重要的并案依据，俗称“软件”依据。就行为证据的诉讼价值而言，一方面，它对侦查具有重要的线索价值；另一方面，它对于证明犯罪、推进诉讼具有重要的证明价值。

杨玉章结合自身的侦查实战经验着重对行为证据分析的实战应用和诉讼价值展开研究，他发表了论文《行为证据分析意见在刑事诉讼中的应用价值》和《行为证据中控制（能）力的分析及意义初探》等。他认为，行为证据分析的价值体现在两个阶段（即阶段论），一是在侦查阶段参与案件性质的推定，可以指明侦查方向，形成侦查思路，制订侦查方案，展开侦查工作；二是在破案后的诉讼阶段可以参与法庭审判，揭露犯罪、证实犯罪。通过行为证据分析可以准确判断行为的主观表现、行为意向，可以正确理解犯罪心理轨迹，还有助于形成逻辑严谨、结构合理的证据链条，行为证据分析意见具备了作为证据来证明案件事实的资格。另外，正确分析和解读案件现场犯罪行为人的控制（能）力，不仅能够帮助侦查人员对犯罪行为人进行脸谱刻画，少走弯路，而且可以缩小排查范围，节约人力资源，降低侦查成本，提高侦查效率，及时破案。这是侦查破案的需要，亦是行为证据分析的意义所在。

除了相关学者对行为证据分析展开的理论研究，国内还成立了相关的研究实体，针对行为证据分析展开了理论研讨。郑州市公安局就专门设立了犯罪心理画像研究室，通过针对案件的专项调研来研究案件中的行为证据以助力于侦查实践。2012 年 7 月 7 日，郑州市公安局召开了“行为证据分析应用价值研讨会”，国内知名犯罪学专家、侦查学专家、犯罪心理专家、诉讼法学专家以及司法实务部门的实践人员参加了本次研讨会。这次研讨会围绕行为证据的概念、行为证据分析与犯罪现场分析的逻辑关系等议题展开了热烈的讨论。此次研讨对于当前国内的行为证据分析研究成果进行了总结，明确了行为证据分析的研究方向，为进一步深化研究指明了道路。

就行为证据分析的国内研究现状而言，其呈现出以下特点：①行为证据分析研究已经初具规模，无论是理论研究还是实践应用均开始重视这一特殊领域。②行为证据分析研究取得了一定的成果，无论是侦查阶段的应用还是诉讼价值的挖掘已经产生了相应的成果。③行为证据分析研究在不断地深化，有的着手于法医学的角度，有的着手于诉讼法学（或者证据法学）的角度，有的则拓展了其他研究领域。④行为证据分析研究起步较晚，与国外的研究程度相比，国内的研究还存在一定差距，所以，相关研究应该加强国际间的合作交流，加强研究力度。

---

① 李玫瑾．侦查中犯罪心理画像的实质与价值［J］．中国人民公安大学学报（社会科学版），2007（4）：5.

② 闵建雄．命案中的行为分类及其价值初探［J］．刑事技术，2010（1）：36.

③ 郝宏奎．行为证据浅探［J］．河南警察学院学报，2013（5）：55.

第三节　行为证据分析的理论基础

一、侦查学理论

行为证据分析作为一种有效的侦查分析手段，其合理性和侦查学的相关理论相自洽。侦查学基础理论为行为证据分析提供了理论支持，行为证据分析是侦查学基础理论结合侦查实践的具体体现。与之相关的侦查学基本理论主要有物质交换原理和因果关系原理。

物质交换原理是由法国刑事侦查学家、法庭科学家埃德蒙·洛卡德于 20 世纪初提出来的，他认为犯罪过程是一个物质交换的过程，现场是犯罪行为能量转移的结果。物质交换原理在侦查学研究过程中发挥着重要的作用，它是指导现场勘查的理论依据，是发现和利用微量物证的理论依据，是侦查人员有针对性地采取侦查对策的理论依据，也是侦查人员进行刑事技术鉴定的理论依据。行为证据分析以行为证据为分析对象，但是行为是其起源。在侦查过程中，分析犯罪行为离不开对于犯罪现场的研究。正如洛卡德所言，犯罪现场是犯罪行为作用的结果。虽然犯罪行为不可重复，但是犯罪现场是客观的，它是帮助我们认识犯罪行为的重要依据。通过分析犯罪现场的行为可以实现犯罪现场重建，可以还原犯罪实施过程。既然物质交换原理对于犯罪行为和犯罪现场（行为结果）之间的关系做出了合理而又可靠的解释，那么我们围绕犯罪行为展开的分析和研究不仅是可行的，而且由此产生的结论也是可信的。由此来看，行为证据分析是人们对侦查学深入研究所产生的有效研究手段，是侦查学研究的重要成果。

因果关系理论是揭示刑事侦查中普遍联系事物的先后相继、彼此制约的规律。其中，引起一定结果的现象叫作原因，由于原因的作用而必然引起的现象叫作结果。原因和结果的关系是辩证的，同一现象在这种关系上是原因，在另一种关系上可能就成为结果了。因果关系规律就是各种现象之间互为因果的关系。在刑事案件中，因果联系的表现主要有：犯罪动机和犯罪目的的因果联系、犯罪动机与犯罪行为的因果联系、犯罪技能与犯罪方式之间的因果联系、犯罪行为与现场痕迹的因果联系、犯罪行为与犯罪结果的因果联系和犯罪结果与罪后行为的因果联系。刑事案件中的因果关系是复杂多样的，所以，在侦查活动中，必须要分清主次，抓住主要矛盾。在刑事侦查实践中，因果关系理论发挥着重要作用，它是侦查人员确定侦查对策的前提，是推动侦查活动的动力，也是指导防范、控制犯罪的重要理论。犯罪行为是刑事案件的核心构成要素，同时也是侦查认识的重要内容，还是侦查人员从行为着手认定犯罪行为人的重要依据，这种研究线索能够如此推进，其合理依据就在于因果关系理论。行为证据分析作为一种以行为为主导的分析技术，其需要遵循因果规律。通过行为证据分析，以行为为基点可以对犯罪行为人的生理特征、生活特性、心理特征、活动轨迹等进行科学合理的推断，这样有助于实现查清犯罪事实进而锁定犯罪行为人。

二、“三定侦查法”理论

在笔者的研究过程中，对行为证据分析的研究起源于“三定侦查法”的研究，故在此也将这一侦查方法简要提出，同时认为“三定侦查法”是行为证据分析的又一理论基础。

“三定侦查法”的内涵在于从三个方面着手来实现刑事案件的侦破，将全部侦查行为规范化、系统化。具体而言，即“定性质，解析犯罪动机；定范围，指明侦查方向；定脸谱，进行犯罪心理画像”。“三定侦查法”来源于侦查实践，是对侦查实践直接经验的总结，规范了犯罪心理画像的具体结果，是侦查研究的重要成果之一，是一种刑事案件规范的侦查模式。从侦破案件的角度来看，“三定侦查法”从犯罪现场、犯罪行为、被害人等着手来查明案件事实，行为证据分析则以犯罪行为结果为切入点来实现犯罪事实的全面认知，二者在内涵上是相吻合的。

在认定案件性质方面，围绕犯罪现场、被害人、现场感知人和与之相关的电磁痕迹信息展开的研究，实质上离不开对于行为的研究，对于不同线索和材料的分析最终都要归结到犯罪行为这一要素上。事实上，只有对犯罪行为做出较为清晰的认定之后才可能对于案件性质做出准确认定。在划定侦查范围方面，侦查过程中所获得的关于犯罪行为和现场行为的相关内容是划定侦查范围的重要依据。划定侦查范围主要是解决认定犯罪行为人和抓获犯罪行为人这两个问题。认定犯罪行为人主要是通过寻找其在犯罪现场遗留的相关痕迹或者物证来实现的，抓捕犯罪行为人则要重点研究犯罪行为人作案后的逃跑轨迹路线。在刻画犯罪行为人脸谱方面，由于犯罪行为的发生才产生了和犯罪行为人相关的痕迹和信息，侦查过程就是通过这些已知信息来探寻相关未知信息，比如什么样的人会做这类案件？要在什么群体范围、地域范围内找寻这个人？通过勘查现场可以收集到和犯罪行为相关的痕迹和物证，这些痕迹和物证的细节特征能够反映犯罪行为人的相关生理属性和社会属性，比如身高、性别、年龄、工作、身份等；作案现场的选择、目标人群的选择、作案时机的选择往往反映出犯罪行为人的地域属性；现场心理痕迹和物证的分布状况则能够反映犯罪行为人的心理属性，比如控制力强、紧张、兴奋、冷静等；对现场的处置情况、作案时的伪装情况以及对尸体等重要目标的处理情况，往往能够反映出犯罪行为人的既往犯罪属性。行为证据分析贯穿于整个侦查过程，而不仅仅局限于现场勘查阶段，其作为一种手段和工具为查清犯罪事实提供了可靠保证。

笔者工作在侦查一线，“三定侦查法”来自于笔者亲身侦办的每一起案件。笔者在侦查工作中处于指挥决策的位置，前期的现场勘查情况、法医尸检情况、生物检材情况、调查访问信息、网安情报信息等各方面的工作最终都要汇集到会议室，进行分析研判，“三定侦查法”的分析结论即是建立在这些诸多工作和诸多信息的分析研判之上得出的。这就决定了“三定侦查法”必须是对侦查工作的全概括，这也相应地决定了这套侦查体系的全面性。若简言之，“三定侦查法”可以解决两个问题：一是解决什么样的人干了件什么事，二是解决侦查员要在什么范围（群体）内去找这个人。

三、犯罪心理学理论

犯罪心理是指影响和支配犯罪行为人实施犯罪行为的各种心理因素的总称。这些心理因素包括认识、情感、意志、性格、兴趣、需要、动机、理想、信念、世界观、价值观以及心理状态等。人的行为会受到心理的影响和支配，那么对犯罪行为人的心理展开研究能够对其行为进行准确的认识和预测。与行为证据分析相关的犯罪心理学理论主要集中于犯罪心理机制，这一部分内容主要研究心理因素如何影响和支配行为。

从因果关系的角度来看，犯罪心理是导致行为人实施犯罪行为的内在原因。犯罪心理学的研究认为，犯罪心理机制包括犯罪心理的形成机制和犯罪行为的发生机制，它是犯罪心理引起犯罪行为的工作方式与过程的总称，也就是要从犯罪行为人的心理方面揭示犯罪行为发生的机制。犯罪行为的发生存在多种机制：第一，内外化机制。从吸收客观外界的消极因素到形成主体犯罪心理的过程和规律，是犯罪心理的内化机制；由犯罪心理的整合到发动犯罪行为的过程和规律，是犯罪心理的外化机制。也就是说，当一个人受到负能量影响之后，在内心形成犯罪动机，当遇到合适的诱因触动其易激惹敏感点才会实施相关犯罪行为，犯罪行为是犯罪动机的外化。第二，刺激反应与反馈机制。犯罪行为人之所以会实施犯罪行为是因为他遭受了不良情境或外界诱因的刺激，犯罪行为是犯罪行为人对于外界刺激因素的反应。第三，量变质变机制。犯罪行为人之所以会实施犯罪行为是因为其社会化的缺陷或心理缺陷积累到了一定程度，突破了犯罪行为人的接受值，或心理压抑达到了最高承受值。由社会化的不完全和错误的社会化发展到违法犯罪，是一个人由正常人演变为犯罪人的量变到质变的基本过程。第四，防御机制。防御机制是指个体在无意识中，为了消除由心理冲突或挫折所引起的焦虑，维持和恢复心理平衡而采取的一种自我保护的方法。犯罪行为人之所以实施犯罪行为是因为其内心承受了心理压抑，出现心理冲突、心理失衡而导致其意识或潜意识期待通过犯罪行为或某种发泄行为来实现平衡。另外，犯罪心理学理论研究认为，犯罪行为发生的模式大体上可分为常见模式和特殊模式两种类型。常见模式是指犯罪行为人犯罪心理的形成和犯罪行为的发生基本符合犯罪心理形成的一般过程。具体而言，存在渐变型、突变型和机遇型三种。特殊模式是指犯罪行为人犯罪心理的形成有别于一般过程和模式，或者犯罪行为人在实施犯罪时处于非正常意识状态下。

犯罪心理研究是行为证据分析的重要手段。一方面，通过犯罪行为人的心理及其变化能够准确把握其行为的形成和实施。犯罪心理是研究犯罪行为人、犯罪行为甚至案件事实的重要抓手。另一方面，通过犯罪行为人的心理及其变化能够合理认定犯罪行为人的行为变化规律，犯罪心理是推断犯罪行为人作案后的活动轨迹的重要依据。侦查学的研究需要借助其他学科的重要成果，侦查学科本身属于综合学科，与刑法学、刑事诉讼法学、法医学、犯罪心理学等存在密不可分的联系。行为证据分析很好地将多学科融合起来，以相关学科的理论为依据对犯罪行为展开科学、合理的分析。

第四节　行为证据分析的方法

一、演绎推理法

演绎推理是指由普遍性的前提推出特殊性结论的推理方法。演绎推理法从普遍性的理论知识出发去认识个别的、特殊的现象，属于逻辑推理方法的一种。演绎推理有三段论、假言推理和选言推理等形式，其中，基本形式是三段论式，包括：①大前提，即已知的一般原理或者一般性假设。②小前提，即关于所研究的特殊场合或个别事实的判断，小前提应与大前提有关。③结论，即从一般已知的原理（或假设）推论出的，对于特殊场合或个别事实做出的新判断。

行为证据分析作为一种具体的技术和方法，其必然遵循逻辑规律。特维认为，行为证据分析存在四个阶段。第一阶段，调查者采取“模棱两可的证据分析”，证据有可能以多种方式解读，我们需要找到可能性最高的解读方式。调查者可利用的证据包括（不限于）：犯罪现场的照片、录像和画像，调查报告，证据日志和报告表，解剖报告、录像和照片，对证人和邻居的采访，被害人在被攻击前的动向，以及被害人的背景。第二阶段，被害人的特征。第三阶段，收集“犯罪现场特征”，即通过分析犯罪行为人在选择犯罪现场和被害人时做出的决定以及这些决定对于犯罪行为人的意义，来发现案件的与众不同。这些特征包括接近方式、攻击手法、控制手段、地点类型、性行为的本质和后果、使用的物品、言语，以及保险措施。这些信息可以帮助调查者分辨犯罪行为人的作案手段、犯罪模式和“签名”特征，帮助调查者了解罪犯的精神状态、计划、幻想与动机。第四阶段，罪犯特征。这并不是最终结论。调查者在这一阶段所获取的信息应该根据新证据的出现或原有证据的失效而不断更新。特维重视的特征包括：罪犯的身材、性别、工作状况和习惯，是否感到忏悔或罪恶感、使用的车辆类型、犯罪记录、技能水平、侵略性、住址和犯罪地点之间的联系、病史、结婚状况、种族。由此不难发现，这种思路符合演绎推理的特征。特维列出的演绎推理的基础假设包括：①所有的犯罪都有动机。②调查者应该假设每起犯罪都有自己独特的行为和动机特征。③不同的罪犯可能会因为不同的原因而使用同样的行为。④没有两个按键是完全一样的。⑤人类的行为是根据环境和生理原因而形成的。⑥犯罪手段会随着时间和案件的积累而不断进化。⑦一个罪犯在犯下一起或数起罪行时可能会有多种动机。[①] 特维画像手段的优势在于他会对每个案件的细节了若指掌。这样，特维为警方提供的画像就会相当详细。演绎推理方式得出的最终结论的可靠性和科学性依赖于基础信息的“质”和“量”，基础信息的“质”高“量”大有助于具化犯罪行为人的特征。

犯罪心理画像也存在演绎法，演绎性犯罪心理画像法是对犯罪嫌疑人系列特征的描述，这些特征是从一个或一系列相关案件中的物质证据和行为证据推导而来的。相关的物质证据往往表明犯罪行为人的行为痕迹、受害人的特征、犯罪现场特征等，这些特征直接用于支持心理画像的任何推论。演绎性犯罪心理画像法主要目的是利用行为证据分析来帮助不同阶段的案件侦查，从犯罪行为人的普遍性特征中提炼出更确切的犯罪行为人特征。它并不能具体指定某一犯罪行为人，或把某个犯罪行为人从多数犯罪行为人中甄别出来。但是，演绎画像法能了解犯罪行为人的大致个体特征。这种演绎方法能用来指导案件侦查人员、律师、法官和陪审团等。另外，侦查过程中

① 布莱恩·隐内．FBI 犯罪心理画像实录［M］．王旸，译．北京：化学工业出版社，2013．

的行为证据分析不是一次性的，它需要在不同的阶段和不同的案情下表现不同，因为案情是在不断变化的，演绎性的行为证据分析也会发展变化。后续的行为证据分析有可能是对前面行为证据分析结论的完善和调整，而不是否定。当发生了一起新的案件，发生了一起新的袭击事件或者发现了一具新的尸体，在收集和分析新的证据时，犯罪心理画像的完整性就应该重新评估。新的信息不是被用来支持旧的画像结论，不是用来划分犯罪行为人的类型，也不是对侦查假设做出合理化的解释，而是用来对身边发生的案件的犯罪行为人进行更全面、更准确的画像。因此，演绎画像和行为证据分析不应该被当作一种固定的结论，它是一种进行时的、动态的、质疑的过程。对犯罪行为人的行为分析也是随着时间推移出现的变化而变化的。

二、归纳推理法

归纳推理是指从多种个别的事物中概括出一般性概念、原则或结论的推理方法。归纳推理法可分为完全归纳法和不完全归纳法两种。其中，完全归纳法是指前提包含该类对象的全体，从而对该类对象做出一般性结论的方法。不完全归纳法又称简单枚举归纳法，是指通过观察和研究，发现某类事物中固有的某种属性，并且不断重复而没遇到相反的事例，从而判断出所有该类对象都有这一属性的推理方法。在侦查实践中，运用较多的归纳推理法属于后者。

归纳推理包括归纳总结或数据论证。在犯罪心理画像实践中有两种归纳论证方式比较常用：第一种是归纳总结，即从特殊到一般归纳总结，就是对某个事件、某个人或小数量事件、人物的观察分析得出有关犯罪行为人特征的结论。第二种是数据论证，数据论证的本质在于其是一种可能性和近似性，以一定量的相近样本为资料抽象出一般规律。多数归纳性的犯罪心理画像又被称作心理症候群的刻画。心理症候群就是一系列相关的症状。另一种画像的方法是利用一组能集中表现或体现一群个体特征的标记和征兆来进行的，对任何症状的临床诊断一般包括：将个体的行为和征兆与过去研究的类似环境下其他个体的行为和征兆进行比较。① 在归纳性犯罪心理画像中，对一个犯罪行为人的犯罪心理画像是根据对一系列犯罪行为人的特征归纳而成，通过对犯有类似案件人员的相关特征、经验性的和数据统计研究推论得出。具体到个案，归纳性犯罪心理画像所发挥的作用体现在其结论作为规律对于具体案件的画像予以指导。归纳性的犯罪心理画像是通过大量的个案统计、归纳，发现一定的现场实物痕迹与一定的犯罪行为人犯罪心理特征之间的固有联系，由此建立起相应的技术指标体系来指导后发案件的心理画像工作。具体案件中的行为证据分析以归纳性的犯罪心理画像为基础，实际上，归纳性的犯罪心理画像或者行为证据分析都是为了侦查实践积累经验。

归纳推理法和演绎推理法二者是辩证统一的关系，归纳是演绎基础上的归纳，演绎是归纳指导下的演绎。就个案分析而言，演绎法应得到广泛应用，归纳法获得的信息可以在系列案件的侦破中与演绎法联合使用。

三、“八看”法

“八看”是“三定侦查法”中划定侦查范围的依据，具体内容包括了看现场的大环境和小环境、看发案时间和作案时机选择、看进出口和进入方式、看作案动机、看发案区域的发案情况、看惯技行为、看犯罪行为人的语言特点、看现场物证及其反映出的心理痕迹情况。一定程度上，这八个方面是行为证据分析的八个着眼点，它能够引导侦查人员结合侦查实践发现相关行为证据。

（一）看现场的大环境和小环境

通常情况下，犯罪行为人作案时会以方便、快捷、安全为原则考虑作案环境，其最终决定实施犯罪的环境是对其最有利的选择。犯罪必定有现场，特定的犯罪现场必定处于一定的环境之中。这里所说的环境包括现场的地理位置，同时也包括人文社会环境。大环境和小环境是相对而言的，侦查过程中，小环境是指以中心现场为原点向外扩展主要承载犯罪核心行为的区域；大环境则指从小环境向外扩展涵盖犯罪行为人到达犯罪现场和逃离犯罪现场所覆盖的区域。看现场大

---

① 布伦特·E·特维．犯罪心理画像：行为证据分析入门［M］．李玫瑾，等译．北京：中国人民公安大学出版社，2005.

环境和小环境是分析犯罪行为人是否使用交通工具作案以及使用何种交通工具作案的重要依据。通过考察犯罪行为人的作案环境可以刻画犯罪行为人的相关特征，比如，是否熟识周围环境，是否和被害人相识，作案动机是什么等。

（二）看发案时间和作案时机选择

对于犯罪行为人来说，作案时间是需要特别考虑的一个因素。犯罪行为人的作案时机选择也是以保证其作案成功为目的的。同样地，通过考察犯罪行为人的作案时间可以推断出其内心的考虑，由此进而明确犯罪行为人作案时的心理活动和心理变化。由作案时间可以判断出犯罪行为人是否是惯犯，其犯罪目的何在，这些对于侦查活动而言都是非常重要的。

（三）看进出口和进入方式

通过看犯罪行为人在现场的进出口和进入方式可以推断犯罪行为人对现场或对被害人的熟悉程度以及犯罪行为人自身的诸多特点。比如，犯罪行为人是否有特殊技能，是否是惯犯，是否有反侦查意识等。进出现场本身就是一种行为，是侦查过程中需要特别注意的。

（四）看作案动机

犯罪动机属于意识范畴，一个正常人的行为是受其意识支配的。常见的作案动机有六种：①政治目的或特殊信仰。②矛盾纠纷。③ 图财。④性需要。⑤情感纠葛。⑥心理异常。通过研究犯罪行为人的作案动机可以发现和认识犯罪行为人与案件本身之间的因果关联，可以判断犯罪行为人与被害人之间可能存在的关系。借助作案动机，一方面可以帮助侦查人员发现现场的行为证据；一方面可以帮助侦查人员印证行为证据之间的关系进而明确侦查思路。

（五）看发案区域的发案情况

所谓发案区域，是指犯罪行为人实施犯罪的所属地域。通过看发案区域的发案情况，侦查人员可以判断犯罪行为人的地理属性和社会属性。一起案件往往不是孤立的，而是和其所处的环境存在诸多联系。侦查过程中，侦查人员应该注重对于发案区域的研究，提高串并案件的意识。通过串并案件，一方面扩大了案件的线索来源，一方面极大地提高了侦查效率。从分析思路来看，行为证据分析存在两种类型，一种是归纳性行为证据分析，一种是演绎性行为证据分析。看发案区域的发案情况实际上遵循的是归纳性行为证据分析，它以发案地点为线索来勾勒犯罪行为人的特征，再结合具体案情从一般到具体使得犯罪行为人的特征更具体。开展归纳性行为证据分析对侦查人员的要求较高，侦查人员只有具备一定的技能才能完成这一项任务。同样地，看发案区域的发案情况需要以一定的犯罪数据为基础。

（六）看惯技行为

惯技行为是指犯罪行为人或犯罪团伙在实施犯罪过程中经常使用的手段和技能。犯罪惯技是通过后天的操作经验学来的，并会随着时间的推移而变化。当一名犯罪行为人越来越有经验时，他会变得更为老练、狡猾、隐蔽。惯技行为包括犯罪行为、犯罪方式、犯罪对象、犯罪工具、反侦查行为等。犯罪惯技都是为达到某种目的并具有一定特征的行为，其中最常见的目的有以下三种：①掩盖作案人的身份。②提高作案成功率。③为逃跑提供便利条件。通过分析惯技行为能够判断犯罪行为人的职业特征、技能特征、特能特征等。对于惯技行为的研究可以实现以下功能：①通过分析犯罪惯技来串并案件。②将已知的犯罪惯技和正在侦破的案件中的犯罪惯技进行对比来确定犯罪行为人。③将被捕者的犯罪惯技和正在侦破的案件中的犯罪惯技进行常规比较。④利用积累的犯罪惯技信息优势和侦查人员的侦查经验来扩大侦查途径和确认犯罪行为人。⑤对犯罪行为人进行筛选或排除。⑥作案手段、工具、物证痕迹、生物信息、电磁信息串并。⑦心理痕迹和行为方式的串并。惯技行为本身就是一种行为，并且其还是一种特殊行为，通过分析惯技行为可以判断犯罪行为人是否是惯犯、是否具备特殊技能、和被害人是否熟识以及对于犯罪环境是否熟识等。

（七）看犯罪行为人的语言特点

语言主要有三种类型，即书面语言、口头语言和肢体语言。其中，书面语言不仅仅指以纸质为传播介质的语言，还包括了 GSM、CNC、CDMA 等网络以移动通信设备为传播介质的语言。口头语言包括嗓音、音调、方言、语言风格、行话俚语等。肢体语言则指身体动作或眼神、面部表情等行为特征所传达出的信息。看犯罪行为人的语言特点能够分析出其职业特征，包括职业的习性、身份的高低、生活经历等。三种语言形式中，书面语言是侦查人员在侦查过程中直接发现的对象，即书证；口头语言和肢体语言则主要通过证人证言、视听资料等证据形式来获取。语言本身也属于行为的范畴，从犯罪行为人的语言特点出发进行行为证据分析也是侦查过程中获取线索、推动侦查活动的重要举措。

（八）看现场物证及其反映出的心理痕迹情况

物证是指能够证明案件事实的一切物品和痕迹，这些物品和痕迹均和行为存在直接联系，它们是侦查人员认识犯罪行为的主要媒介。犯罪现场的足迹、血迹、物品位移形态和车辆痕迹等是侦查人员分析犯罪行为人实施犯罪行为的重要依据。通过对这一系列痕迹的认定能够判断犯罪行为人如何到达犯罪现场，在犯罪现场都实施了什么样的行为，犯罪得逞后是如何离开犯罪现场的。通过查看现场物品和调查犯罪现场增加了什么和减少了什么，查看犯罪行为人在犯罪现场的翻动情况，可以分析和判断犯罪行为人实施犯罪行为的目的以及他在犯罪现场的活动过程。

通过对痕迹物证、进出口的位置、进入方式的分析推知犯罪行为的实施方式，进而分析作案人的动机以及当时的意向心理，这是现场行为分析的基本逻辑。

“八看”是相互联系并且密不可分的，侦查人员不能单独地仅用其中的一种方法进行案情分析，而是需要结合具体案情合理选择多种方法，从多方面着手，才能够有助于全面分析案情，能够保证分析结果的有效度。

四、“六查”法

“六查”是现场勘查应该注意的六个方面，是“三定侦查法”解析犯罪行为人犯罪动机的有效方法。这六个方面和犯罪现场有关，具体包括：查案发的时空状态、查侵入方式、查现场物品变化、查被害人损伤、查作案工具、查侵袭地点。面对复杂多样的犯罪形态，现场勘查要秉行“立体交叉全方位”的原则，将中心现场信息、时空信息、电磁信息等通盘考虑。这六个方面是以现场勘查为基础开展行为证据分析的着眼点，能够引导侦查人员充分挖掘现场勘查中的潜态信息。

（一）查案发的时空状态

结合犯罪规律，在不同时段、不同区域、针对不同对象可能发生的犯罪行为性质有所不同，由此可以进一步判断犯罪行为人的作案目的和作案动机。带有政治企图的爆炸犯罪，犯罪行为人大多会选择白天，在人员聚集的公共场所或要害部门实施犯罪行为，这样能够造成社会轰动和影响。抢劫犯罪则一般发生在前半夜，灯少光暗的背街小巷是案件多发区域。在案件事实不明朗甚至是案情空白的情况下，案发的时间和空间是侦查人员推断犯罪行为人主观意识的重要依据。对于犯罪行为而言，时间和空间也是实施犯罪行为的影响因素，侦查人员应该从这些明态信息来挖掘和犯罪行为相关的潜态信息。

（二）查侵入方式

侵入方式是指犯罪行为人在实施犯罪过程中进入犯罪现场的手段、方法，其本身就是一种行为。一般来说，犯罪行为人侵入犯罪现场的方式主要有和平进入、强行进入、潜行进入、胁迫进入、电磁遥控干扰进入。不同的进入方式反映了犯罪行为人的一些特征，比如，和被害人的熟悉程度、对犯罪现场的熟悉程度、是否具备特殊技能、是否有反侦查意识、是否是惯犯等。和被害人相熟识的犯罪行为人能够和平进入犯罪现场而不会留下明显的痕迹物证。具备开锁等特殊技能的犯罪行为人也具备和平进入犯罪现场的条件。对犯罪现场比较熟悉的犯罪行为人能够快速进出犯罪现场甚至不留痕迹物证。具备一定反侦查能力或者属于惯犯的犯罪行为人通常也不会在犯罪现场留下明显的痕迹物证。也就是说，进出犯罪现场手段相对“干净”的犯罪行为人一般比较特别，侦查人员对此需要特别注意。

（三）查现场物品变化

犯罪行为人在实施犯罪的过程中必然造成现场各类物品的变化，这些变化既有物品位置、叠放次序的变动，也有物品数量的增减。通过分析这些物品变化，侦查人员能够分析犯罪行为人的行为指向。在此基础上，侦查人员可以对案件性质做出初步定性，对于犯罪动机也可以做出大胆推断。结合侦查实践，以图财为动机的犯罪，犯罪行为人为了搜寻有价值的财物会翻动可能存放现金、金银首饰等贵重物品的抽屉、柜子；因情感纠纷引发的犯罪，犯罪行为人往往会翻看、拿走甚至焚毁被害人的一些生活用品以泄愤或者报复。

（四）查被害人损伤

不同的犯罪动机和目的会支配犯罪行为人采取不同的行为加害被害人，由此形成的损伤程度也会各不相同。被害人的损伤情况是犯罪行为人实施犯罪行为的直接结果，那么侦查人员可以通过逆推来解读犯罪行为人的心理活动以及犯罪动机。对被害人的损伤进行分析时，需要特别关注三个方面：①损伤的部位。②损伤的数目及程度。③损伤的性质。一般来说，如果损伤部位在容易致命的头部、颈部或者胸部，那么犯罪行为人多是为了剥夺被害人的性命而实施犯罪行为；如果损伤部位在人的肢体上，那么犯罪行为人多是为了泄愤而致人伤残；如果损伤属于乳房部位的咬伤、吮吸伤和大腿内侧的抓伤，那么犯罪行为人则多是为了实施性侵。在人体的头部、颈部或胸部等要害部位实施多次反复加害而形成多处致命性损伤的，犯罪行为人对被害人多有仇恨心理。另外，威逼性损伤多见于以图财、性侵害为目的的杀人案件中，捆绑肢体限制被害人活动的控制性损伤则常常出现在图财引起的杀人案件之中。如果仅仅是一般的言语口角、一般矛盾纠纷不会造成致人死亡的危害结果。

（五）查作案工具

作案工具是指犯罪行为人为了实施犯罪而使用的用于破坏、威胁、行凶、交通的各类工具。犯罪行为人之所以使用作案工具，是为了增强自己的危害力量和提升“犯罪智慧”，以确保犯罪得逞。刑事案件中常见的作案工具大体分为以下几类：①开门工具。②开窗工具。③挖洞工具。④用于隐蔽的工具。⑤杀人工具。⑥技术开锁类工具。⑦电磁信息类工具。从工具的来源来看，一般主要有两种，一种是事先准备好的，一种是就地取材。从作案工具种类的选择和来源的不同，能够分析出犯罪行为人的犯罪动机及其变化。一般来说，报复被害人或者为了图财的犯罪，通常会事先准备作案工具；突发激情或者临时起意的犯罪，通常会就地取材。

（六）查侵袭地点

侵袭地点是指犯罪行为人对被害人实施加害的地点或者位置。一般来说，犯罪行为人在选择侵袭地点时，往往会经历较为复杂的思考过程。由此，侦查人员可以分析犯罪行为人当时的心理活动状态和轨迹。一般来说，犯罪行为人在侵袭地点实施犯罪行为时心理斗争最为激烈，情绪往往最兴奋，有时还会出现紧张的状况，其自我掩盖和自我伪装的能力此时也最差，这就很容易暴露出各种有关信息。这些信息是侦查人员需要重视并且深入分析的重要内容。通过查看侵袭地点还有助于开展被害人研究，而被害人研究是行为证据分析的重要组成内容。

五、“五说”法

“五说”是“三定侦查法”中划定侦查范围的具体方法。从侦嫌对抗的角度来看，“五说”属于侦查谋略的一种。“五说”具体包括：划圆说、划扇说、点线关联说、关系人说、电磁信息痕迹交叉说。我们认为“五说”也是行为证据分析的具体方法之一。

（一）划圆说

划圆说，是指侦查人员在划定侦查范围时，所采取的以特定案件主体现场或关联现场抑或物证及电磁信息交叉地为圆心，以圆心到侦查人员所推断出的与案件相关的最远距离为半径，划定一个圆形区域，在该区域内查找与犯罪行为有关的人、物、事的工作方法。值得一提的是，在笔者指挥侦破的大量案件中得出一个认识：现场物证和信息（电磁）的交叉地，必然是犯罪行为人的藏身落脚之地。

划圆说是划定侦查范围最为常见的方法，其使用的关键在于确定圆心和半径。在侦查实践中，“划圆”不能过于机械，划定的圆周边界可能是弧形的，也可能是不规则形状。在确定圆心时，其不一定是中心现场，也可能是一个主要的关联现场。“划圆”实际上就是要尽可能将犯罪行为人的犯罪行为“圈”起来，只有尽可能全面地认识了犯罪行为才可能准确地开展案件分析。

（二）划扇说

划扇说，是指侦查人员在划定侦查范围时，以主体现场或关联现场抑或物证及电磁信息交叉地为圆心，以此圆心向外辐射的最大关系距离为半径，结合现场的大环境和小环境，确定与犯罪活动相关的必然方向，排除圆的一部分，从而划定扇面侦查区域的方法。划扇说和划圆说均侧重于地域范围的划定，并且确定圆心与半径的方法也基本相同，但是二者不可相互替代。“八看”

是“划圆”和“划扇”的重要依据，现场大环境的具体状况以及犯罪行为人实施犯罪时的心理状况是确定扇形区域的起止方位关系的主要依据。划扇说的运用可以使侦查人员依据相关证据大胆地排除不必要的排查区域，进而确定侦查方向和提高侦查效率。

（三）点线关联说

点线关联说，是指通过分析被害人的活动轨迹线，寻找被害人与犯罪行为人的最初接触点，结合发案地点和现场特征，分析犯罪行为人与发案地的关联点，进而推断犯罪行为人的活动轨迹线，并根据上述点、线之间的关系情况，确定侦查范围的一种方法。运用点线关联说划定侦查范围时，关键是要找到“点”和“线”。这里的“点”有三个，即案发地点、被害人与犯罪行为人的接触点、犯罪行为人与案发地的关联点；这里的“线”有两条，即被害人的活动轨迹线、犯罪行为人的活动轨迹线，这里说的活动轨迹线既包括行为轨迹也包括电磁信息轨迹。在点线关联时，涉及被害人研究的内容，同时还有犯罪行为人微观范围的行为，这些内容都是行为证据分析的重要组成部分。

（四）关系人说

关系人说，是指通过对现场特征的分析、对被害人的分析和对犯罪动机的分析，从而判断被害人与犯罪行为人之间的关系类型，进而确定具备这种关系的人员范围的方法。这里所说的关系人实际上就是案件事实的知情人，他们关于案件事实的认知是证明案件事实的直接证据，证人证言是法定的证据类型，寻找知情人是侦查过程中的重要内容。一方面，关于犯罪行为的相关分析构成了寻找知情人的线索；另一方面，通过询问知情人又获得了和犯罪行为相关的更多信息，这是进一步开展行为证据分析的重要材料。

（五）电磁信息痕迹交叉说

电磁信息痕迹交叉说，是指在划定侦查范围时，侦查人员把通过现场勘查获取的信息与技侦、网侦部门掌握的电磁信息痕迹相结合，从获取的能够体现人们的运动轨迹、时空轨迹或身份情况的电磁信息痕迹中筛选出与案件相关的电磁信息痕迹，并对与案件相关的电磁信息痕迹交叉和关联情况进行分析，进而确定侦查范围的方法。这里所说的交叉点有四个：①人和人之间电磁信息痕迹的交叉，包括犯罪行为人和被害人之间电磁信息痕迹的交叉、同案犯罪行为人之间电磁信息痕迹的交叉和犯罪行为人与自身关系人之间电磁信息痕迹的交叉等。②人和案发区域的电磁信息痕迹交叉。包括犯罪行为人、被害人、关系人和案发区域之间的电磁信息痕迹交叉。③不同种类（金融类、通信类、身份识别类、网络类以及其他类别）的电磁信息痕迹交叉。④监控视频类的交叉。包括案发地视频信息与抛尸地视频信息的交叉，案发地视频信息与逃跑路线视频信息的交叉，以及与银行取款视频信息的交叉。运用电磁信息痕迹交叉说不仅在案件侦查的初期有助于划定侦查范围，而且在抓捕犯罪行为人的过程中效果明显。在确定犯罪行为人身份之后，需要确定其藏身位置时，这种方法最为直接准确。当今社会各方面发展迅速，科学技术手段如此发达，电信网络数据交流如此频繁，电磁信息痕迹交叉已经成为侦查人员非常重视且运用最为频繁的手段之一。

“五说”所指的五种方法均有助于划定侦查范围，但是它们之间不是相互孤立的，在侦查实践中需要遵循“因地制宜，因案施策”的原则，要注意结合具体案情。“五说”帮助侦查人员在分析犯罪行为人的行为时实现了从微观到宏观的转变，无论是微观方面的行为还是宏观方面的行为，都是侦查人员开展行为证据分析需要考虑的内容。

六、脸谱刻画

脸谱刻画就是对犯罪行为人的相关特征予以描述。通过这些特征我们能够了解犯罪行为人的基本情况，进而展开后续的抓捕工作。犯罪行为人的特征可以从五个方面予以概括，我们称之为犯罪行为人的“五大属性”。

（一）犯罪行为人的生理属性

犯罪行为人的生理属性是指犯罪行为人的自然生理状况及其外部特征，主要包括两个方面：一是自然生理状况，包括犯罪行为人的性别、年龄、身高、体重、体态、体表标记、步幅特征、动作特点、有无肢体残疾等；二是后天形成的生理特性，包括口吃、哑巴、抽烟喝酒、肢体残疾、体表伤疤等。关于犯罪行为人的生理属性可以通过一些专门工具或者技术手段来认知，比如，通过测量犯罪现场遗留的脚印能够推断出犯罪行为人的性别、年龄、身高、体重等；通过询问被害人和现场感知人能够获知犯罪行为人的面部特征、肢体特征、语音特征、体味等。由于人的生理特征不同，其行为也会有不同表现。对于犯罪行为人的行为证据的分析可以推断其在生理方面的某些特征。

（二）犯罪行为人的社会属性

犯罪行为人的社会属性主要包括六个方面：①家庭背景。②婚姻状况。③文化程度。④职业状态与经济状况。⑤社会层次。⑥个人素养。

其中，家庭背景反映了与犯罪行为人有直接关系的家庭及其相关情况，它包括犯罪行为人的家庭类型、家庭成员构成、家庭经济收入状况、生活习惯、家庭成员间的相互关系及感情等。毋庸置疑，这些方面均对犯罪行为人的行为方式和思想产生了重要影响。

婚姻状况包括是否结婚、夫妻关系是否和睦、夫妻双方在家庭生活中所处的地位、性生活是否和谐、是否分居、是否离异、是否丧偶等。这一因素一方面会影响犯罪行为人的行为方式，一方面有可能就是犯罪行为人实施犯罪的根源。

文化程度是指犯罪行为人运用文字的能力以及一般知识的储备状况，通常情况下，文化程度和一个人的学历有关。不可否认，文化程度在一定程度上影响了犯罪行为人对犯罪对象及犯罪类型、犯罪手段的选择。

职业特征是指可以表现出职业特点的征象、标志等，或者指因为从事某种职业而形成的相对稳定的行为方式，其主要包括三个方面：职业身份证明、职业技能和职业习惯。犯罪行为人实施犯罪活动的类型、方式、手段和其职业状态有直接关系，比如，无业者可能会实施侵财类犯罪，体力劳动者实施暴力犯罪会体现出行为和结果严重的暴力性，从事医疗职业的也有应用医疗技术手段实施犯罪的。

经济状况是指犯罪行为人的经济收入水平和生活水平等，它与其职业状态有直接联系。

社会层次是指侦查人员按照一定的客观特征将犯罪行为人归入一类社会群体，体现个人素养，不同的社会群体会有明显的不同，这为侦查人员缩小侦查范围提供了强有力的依据。一般来说，在犯罪现场遗留的一些物品（特别是日用品，比如，香烟、食物包装、衣服等）有助于确定犯罪行为人的社会层次，确定个人素养，有利于侦查人员进一步分析犯罪行为人的作案手法和作案过程。

（三）犯罪行为人的地域属性

犯罪行为人长期生活在某一区域，受到周边人文环境、地理环境、生活习惯等因素的影响，其对相关事物的认知会明显区别于其他区域的人。这一区域可能是其出生地、生长地、居住地，也可能是其工作地、学习地，还可能是其社会关系的居住地。这种地域属性通常会有不同特征，比如，说话口音、饮食口味、处事风格、行为习惯、肤色长相、方言表述、衣着打扮等。此外，地域属性还能反映出犯罪行为人对某区域是否熟悉，是否熟悉小环境，是否熟悉中心现场的环境，有无交通工具，有什么样的交通工具。对犯罪行为人的地域属性的准确刻画有助于侦查人员缩小排查区域，查找犯罪行为人。对于犯罪行为人的地域属性的准确定位，也有助于侦查人员合理认定犯罪行为人的现场行为。

（四）犯罪行为人的心理属性

犯罪行为人的心理属性主要包括五个方面：人格、能力、情绪与情感、行事风格和心理变态。从心理和行为的关系来看，心理是行为的内在动因，行为是心理的外在表达。所以，关于行为证据的分析离不开对犯罪行为人心理的认知。刻画犯罪行为人的心理属性成为和行为证据分析密切相关的活动。在人格的构成中，性格是其重要组成部分。性格是一种与社会相关度最密切的人格特征，一个人的性格具有稳定性，在侦查过程中，侦查人员需要根据相关证据对犯罪行为人的性格予以刻画，这样有益于准确认定犯罪行为人和认识案件事实。除了性格之外，犯罪行为人实施犯罪时是否有变态心理也是侦查人员需要重点分析的，这是确定犯罪行为人的重要标记。心理变态是相对于心理常态而言的，它主要是指人的思想、态度、情感、行为方式、心理活动异于常态。

在侦查实践中，人格障碍和性变态犯罪比较常见。相关临床研究将人格障碍分为八类：①反社会型人格障碍。②偏执型人格障碍。③分裂型人格障碍。④强迫型人格障碍。⑤表演型人格障碍。⑥冲动型人格障碍。⑦依赖型人格障碍。

⑧焦虑型人格障碍。在具体案件中，犯罪行为人可能存在的人格障碍是侦查人员分析的重要内容，这对于认定犯罪行为人和提高侦查效率是大有裨益的。另外，还有一类犯罪行为我们称之为非正常意识行为，它是犯罪行为人在外部消极因素的刺激下，内心易激惹敏感点被触动，激发潜意识邪恶扭曲的观念瞬间上升到意识层面，并由此意识主导犯罪行为人实施犯罪行为。比如，酒后实施的犯罪行为、心理创伤类犯罪行为人实施的犯罪行为、药（毒）后实施的犯罪行为、精神病患者实施的犯罪行为等是主要的表现形式。对这类行为的论述详见后面章节。

（五）犯罪行为人的既往犯罪属性

既往犯罪属性是指犯罪行为人的劣迹史、违法犯罪经历等，主要包括五个方面：①有无劣迹，包括道德方面的劣迹。②有无犯罪前科。③犯罪经历及种类。④是否有职业犯罪。⑤犯罪手段及后果的升级。犯罪行为人是否有劣迹史和犯罪经历，是否受过公安机关打击处理以及是否属于惯犯，在犯罪现场会有一定的行为证据能够印证。由此，刻画犯罪行为人的既往犯罪属性就重在研究其在现场实施的惯技行为、标记行为以及反侦查行为。这些具体的行为表现自然是行为证据分析的重要体现。惯技行为是指犯罪行为人或者犯罪团伙在实施犯罪过程中经常使用的手段和技能。有学者曾指出，在侦查工作中，获知犯罪行为人的犯罪惯技并掌握如何判断犯罪行为人的理解力、耐心、机智、努力程度和细心程度的方法是侦查工作的永恒法宝。标记行为是指犯罪行为人为了满足某种心理上或者情感方面的需要而实施的一种特殊行为。这种行为一般是较为固定的，但是其并不是实现犯罪目的所必需的。这种心理或情感上的满足可能是犯罪行为人为了证明自己的能力，也可能是其为了发泄对社会的不满情绪，也可能是宣告自己拥有某种权利等。总之，标记行为的内涵是比较丰富的，侦查人员需要结合案情实际运用行为证据分析的技术来破案。反侦查行为是指犯罪行为人在犯罪过程中实施的隐蔽身份、毁灭罪证和阻碍侦查的相关行为。反侦查的能力不是与生俱来的，而是通过后天的学习训练获得的。通过分析犯罪行为人是否实施了反侦查行为能够判断其和被害人、犯罪现场等案件要素的关系，同时还能够判断出犯罪行为人是否属于惯犯。

第五节　行为证据分析结果

一、行为证据分析意见

（一）行为证据分析意见的概念

犯罪心理画像也要形成书面报告，其中需要描述与侦查有关的或犯罪行为人自身的特征，这类描述应根据一个全面的犯罪分析刻画出的对某一特定犯罪或某一系列案件负有责任的犯罪行为人特征。它还应该包括对案情的分析和被害人的研究，以及在此基础引申出的有逻辑、有根据的对特定犯罪行为人特征的意见。[①] 行为证据分析和犯罪心理画像一样，其只是一种技术和方法，其本身不具备证明价值。最终在诉讼过程中发挥证明作用的还应该是客观的书面报告，即行为证据分析结果。这里所说的行为证据分析结果指的就是行为证据分析意见。

行为证据分析意见是指在综合现场所有信息的基础上，汇总各类行为证据分析的结论形成的规范化、标准化意见。通过勘查犯罪现场，侦查人员首先看到的是犯罪行为结果，即各种行为证据现象，其能够被侦查人员认知，但是不足以成为说服他人的证据。证明案件事实是侦查活动的任务之一，所以，侦查人员还必须完成从自我能够认知到让他人也能够认知的转化。这时，侦查人员应该结合自身经验和职业技能并在相关专家（包括刑侦专家、犯罪心理专家、刑技专家等）对各种行为证据进行综合分析后，最终制作形成行为证据分析意见。行为证据分析意见的产生需要经历一个动态发展过程，在案件侦查终结之前，行为证据分析意见难以定论。在侦查终结后，行为证据分析意见和其他证据类型一起发挥着构建证据体系的作用来完成案件事实的证明。

（二）行为证据分析意见的证明价值

行为证据分析意见具有证明案件事实的功能，发挥着证据的作用。从证据的三性（客观

---

① 布伦特・E・特维．犯罪心理画像：行为证据分析入门［M］．李玫瑾，等译．北京：中国人民公安大学出版社，2005.

性、关联性和合法性）来看，行为证据分析意见具备转化为法定证据的潜能。

行为证据分析意见要保证其客观性，必须建立在以下三个基础之上：第一，这种客观性必须建立在行为证据分析意见自身符合事物发展的客观规律性的基础上，是对客观事实、客观规律的反映。只有建立在坚实的自然科学和社会科学基础之上的行为证据分析意见，才能被大家所信服和接受。行为证据分析是依据现场行为结果这一客观事实进行的分析，分析的内容具备客观属性。第二，这种客观性必须建立在行为证据分析意见的制作主体权威性的基础上。经过专业的培训，并且具有长期的现场勘查实战经验的人才能成为行为证据分析意见的制作主体，才能确保此类证据的可靠性。第三，这种可靠性必须建立在法庭之上的有效举证与质证的基础上。其一，检察官在法庭上出示行为证据分析意见时，必须承担相应的证明责任，使类似以下问题达到高度盖然性的证明标准：一是证明行为与指控行为具有一致性，关键行为作为分析依据与被告人受到指控的行为必须具有高度一致性；二是就案件本身而言，该行为具有独特的时空性和特异性，即只能是专属于行为人所独有的一些行为特征。其二，庭审时，当控方提出此类证据时，必须给辩护方以反驳的机会，即行为证据分析意见的制作者在必要时作为专家证人出庭，接受诉讼各方的质证。

行为证据分析意见与案件事实的关联是必然的，这是因为行为本身就是案件事实的核心要素，它反映了心理向行为转化的全过程，在开展行为证据分析时，实际上就是在分析相关案件事实。行为证据分析意见与案件事实之间的关联性，不在于从整体上证明整个案件的主要事实，一方面体现在其对某些犯罪构成要素的证明作用，比如通过行为证据分析意见来证明犯罪行为人在实施犯罪行为时的主观心理状态、犯罪意图、动机指向、是否存在主观故意、是否具有辨识能力和控制能力、是否具有实施某一犯罪的特殊知识技能、是否掌握某一犯罪方法以及犯罪现场是否有惯技行为或标记行为、证明被告人的犯罪主体身份等。另一方面体现在串联多个单个证据。现行刑事诉讼法规定的八种法定证据类型是以单一、孤立的证据形式出现的，它们虽然对案件事实的证明作用不可替代，但是彼此之间的关联却相对松散，这就降低了全案证据的整体证明力。行为是贯穿整个作案过程的唯一要素，同时又能加强检察官、法官的内心确认，行为证据分析意见具有独特的证明价值。

行为证据分析意见发挥证据功能的最大障碍体现在合法性方面，现行刑事诉讼法规定了八种法定的证据类型，行为证据分析意见不在其列。严格意义上讲，仅凭这一点，行为证据分析意见就不能成为证据。但是，不能因此抹杀了行为证据分析意见在诉讼过程中的证明价值。有三种途径能够解决行为证据分析意见转化为证据的问题：第一，通过立法使行为证据分析意见成为八种证据类型之外的新证据类型，直接赋予其合法“身份”；第二，将行为证据分析意见划归八种证据类型的一种或几种之中，这需要完成行为证据分析意见和其最相近证据类型之间的转化；第三，从证据理论研究着手，根据证据的内容进行证据分类，加强行为证据与非行为证据的探讨。当行为证据分析意见满足了证据的合法性要求，那么其合法性主要体现为制作主体的合法性。行为证据分析意见的制作主体需是具备法学、侦查学、犯罪心理学等多学科知识背景的人。鉴于此，应推行严格的认证主体资格准入制度。

目前，关于行为证据分析意见的证据效用得到公安机关、检察机关、法院等司法主体部门的极大重视，其证明价值得到充分的认可。相信在不远的将来，它将在司法活动中扮演重要角色。

二、行为证据分析意见在侦查阶段的意义

（一）定性质

受理案件后，明确该案件的性质是首先必须解决的问题。从犯罪结果来看，案件的性质有不同的表现，比如，杀人案、绑架案、伤害案、强奸案、爆炸案、投放危险物品案、盗窃案、诈骗案等，这种认定方法相对简单直接，但是认定结果并不一定准确。这是因为从刑法理论来看，定罪需要从主客观方面综合考察，而从犯罪结果对案件定性只是考虑了案件的客观方面而忽视了主观方面的表现。所以，确定案件性质还需要从犯罪动机出发；从犯罪动机出发并不是不考虑犯罪客观方面，而是建立在客观现象基础之上的，这样最终的结论更为科学准确。解析犯罪动机的具

体方法主要有：①甄别事件，进行初步定性。②勘验和研究犯罪现场，为判断犯罪动机提供准确信息。③研究被害人，解读犯罪行为人，为判断犯罪动机提供正确方向。④研究现场感知人，为判断犯罪动机提供客观依据。⑤根据现场情况的外在表现，倒溯寻找关联点判断犯罪动机。犯罪动机属于犯罪行为人主观意识的范畴，对其认定离不开对行为和结果等客观方面的分析，此过程本身就属于行为证据分析，由此形成的行为证据分析意见自然指向了犯罪动机。在明确犯罪动机之后，案件的性质自然就清楚了。

（二）定范围

“定范围”是指在侦破案件过程中，依据相关情况划定侦查范围，侦查范围则是指在侦查破案中，对侦查对象和侦查区域所限定的界限范围。这里的侦查范围是广义上的范围，包括了人员的范围和地域的范围。“八看”是划定侦查范围的依据，“五说”是划定侦查范围的具体方法。它们本身均属于行为证据分析的方法，最终会形成行为证据分析意见，这对于划定侦查范围是有直接帮助的。

（三）定脸谱

“定脸谱”即刻画犯罪行为人的相关特征，在此过程中，犯罪心理画像是主要的手段。犯罪心理画像需要依托犯罪现场信息，然而犯罪现场信息又是松散、凌乱的，行为证据分析意见在一定程度上是对犯罪现场信息的解读、分析和组合。除了犯罪现场信息之外，行为证据分析也包含着从被害人研究、现场感知人研究等获取的明态信息和潜态信息。在多组行为证据分析意见的基础之上，犯罪行为人的特征越来越清晰，这为锁定和抓捕犯罪行为人提供了有力的依据，同时也为开展讯问、排除嫌疑提供了参考。

相关词条

（1）行为：是指人受思想支配而表现出来的外表活动，包括表情语言（即面部表情表达出的人物思想，一颦一笑、一个眼神等）、肢体语言（指通过头、颈、背、手、肘、臂、身、胯、足等人体部位的协调活动传达出的人物思想）和动作语言（指幅度较大，利用身体某一部位或整个身体的位移，表达人物思想）。

（2）证据：是指用以证明案件事实的材料。

（3）行为证据：是指用以证明与案件相关的行为内容、过程及其特征的材料，以及依据已知的涉案行为内容、过程、特征或借助于对涉案行为内容、过程、特征的分析研究而形成的用于证明案件事实的材料。

（4）行为证据分析：是指从犯罪现场明态信息中分析潜态信息。

（5）犯罪现场：是指犯罪行为人实施犯罪行为的地点和留有相关物证痕迹的场所。

（6）犯罪现场重建：是指基于对犯罪现场的痕迹、物证的位置和状态及其相互关系的考察分析，以及对物证的实验室检验结论的利用，结合所获取的相关客观事实，合乎逻辑地以抽象、形象或实物模拟的方式重新构筑犯罪现场所发生的犯罪内容和犯罪过程，并探明与之相关的犯罪行为人的个人特点和犯罪条件的侦查活动。

（7）犯罪现场分析：是指侦查人员在对犯罪现场进行勘查的基础上，运用心理学、逻辑学和辩证法等方面的知识对犯罪行为人的特征、犯罪过程等与犯罪相关的内容进行的判断和推测。

（8）犯罪心理画像：是指在侦查阶段根据已掌握的情况对未知名的犯罪行为人进行相关的行为、动机、心理过程、心理特点等分析，进而通过文字形成对犯罪行为人的人物形象及心理特征群的描述。

（9）洛卡德物质交换原理：是由法国法庭科学家埃德蒙·洛卡德提出来的，洛卡德物质交换原理可以用一句话概括为：“任何接触都会留下痕迹。”洛卡德物质交换原理建立在大量的实际观察的基础之上，它提出这样一个假定：犯罪行为人的任何行为都是建立在与特定对象进行接触的基础之上的，否则犯罪行为则无法进行，而如果必须接触，则极有可能发生痕迹、物质的彼此交换。

（10）潜态信息：是指隐藏的、不暴露在表面的、内含的、经过分析才能得出的犯罪信息。

（11）明态信息：是指通过现场明态痕迹表达出的可见的、表面的、直接的、不需要分析推论的信息。比如，犯罪行为人在现场地面遗留的“足迹”是明态痕迹，传达出的明态信息就是犯罪行为人走到了某一位置。

第二章　犯罪现场行为

行为是心理活动外在的表现，犯罪现场是反映行为结果的物质载体，是行为证据分析的源头。因为“犯罪从现场开始，侦查从现场起步，破案依据现场认定，疑犯依据现场证据得到惩治”。①

犯罪现场行为所遗留的痕迹及产生的结果客观地记录了现场曾发生的事件，通过现场重建，可以见微知著地还原并研判案件现场发生的所有活动。因为这些活动都是受到犯罪行为人或被害人意识支配产生的，故能真实地反映出他们在案件不同阶段的不同心理需求和行为选择，为我们进行行为证据分析提供了客观、真实、可信的信息。

犯罪现场：指犯罪行为人实施犯罪行为的特定空间及犯罪行为发生时该空间的时空状况。有别于侦查实践中通常所指的犯罪行为发生地。行为证据分析中，犯罪现场的特定空间是广义的，既包括犯罪行为的实施地，也包括与犯罪行为有关的其他区域，即犯罪行为人实施犯罪行为的地点和留有与犯罪活动有关的痕迹及其他物证的场所。

犯罪现场分类：由于犯罪行为人实施犯罪行为侵害的客体和犯罪现场条件不同，犯罪现场有多种不同的分类方式：①按主要犯罪行为发生地的主次关系顺序可分为中心现场和关联现场。②按犯罪行为人实施犯罪行为的顺序可以分为预备现场、实施现场、掩盖现场等。③按犯罪现场的形成和被发现的时间先后顺序可以分为第一现场和第二现场等。④按现场的完损状态可分为原始现场和变动现场。⑤按犯罪现场的真伪情况可分为真实现场、伪装现场和伪造现场。⑥按发案地点空间位置可分室内现场、露天现场、水中现场。⑦按案件性质可分为杀人现场、强奸现场、纵火现场、爆炸现场等。⑧按主观故意与否可以分为主观故意犯罪、间接故意犯罪、激情犯罪、过失犯罪、意外犯罪、心理障碍犯罪等。现场分类的意义在于：根据不同类型的现场特点和规律，侦查人员可以尽快确定案件性质，采取相应地有针对性的勘验措施，有利于侦查人员收集证据、扩大线索来源、划定侦查范围和侦查破案。

犯罪现场行为：指通过犯罪现场痕迹反映出的或由现场感知人提供的犯罪发生时在犯罪现场中表现出来的受思想支配而表现在外面的活动。包括现场中犯罪行为人、被害人及可能的现场感知人之间所发生的系列表情互动、语言交流、动作对抗等。值得注意的是，行为证据分析中的犯罪现场行为不仅包括犯罪行为人和被害人及感知人的行为，个别案件中还应当包括犯罪现场中动物的行为。

犯罪现场行为的分类有很多种，按照行为主体的不同，犯罪现场行为可以分为犯罪行为人行为、被害人行为、感知人行为和其他行为；按照行为功用的不同，犯罪现场行为可以分为反侦查行为、控制行为、加害行为、抵抗行为等；按照行为表现形式的不同，犯罪现场行为可以分为惯技行为、标记行为、附加行为；按照行为发生时间的先后，犯罪现场行为可以分为案前阶段行为、案发阶段行为和案后阶段行为等。

现场行为分析：根据“心理决定行为，行为反映心理”这一心理学基本原理，运用辩证唯物主义的观点和方法，利用刑事案件现场遗留的行为痕迹、物证分布情况及与案件有关的环境、人、事、物等有关犯罪信息和资料，通过现场重建，对现场行为进行研究和推理判断，进而确定案件性质、划定侦查范围、刻画犯罪行为人的脸谱特征，现场行为分析是为最终认定犯罪行为人及其犯罪事实提供依据的新的侦查方法，是

---

① 杨玉章．三定侦查法：犯罪心理画像实证研究［M］．北京：群众出版社，2008.

制订侦查计划、采取侦查措施的基础和前提，对侦查破案有重要的指导作用。现场行为分析对象不仅包括犯罪行为人、被害人和现场感知人在犯罪现场中的行为，还应包括他们在案件发生前后的部分行为。

第一节 犯罪行为人的案前阶段行为

一、犯罪行为人的案前阶段行为的作用及分类

犯罪学研究表明，犯罪行为人冒着巨大的风险实施犯罪，唯一的目的就是为了获得丰厚的非法回报，或是物质层面的利益攫取，或是精神层面的欲望满足，或是两者兼而有之，绝非自身在作案过程中受到伤害或事后遭受法律制裁。那么，为了在达到目的同时又能有效地保护自己，犯罪行为人从犯意产生就要事先考虑针对哪些目标作案、选置什么样的工具作案、考虑在哪个地点作案、选择什么时机作案、是否需要同伙、怎样实施犯罪才能使自己用最小的代价或零代价获得最大的利益等诸多环节，并依据各个环节具体需求的不同，分别进行不同的行为活动。这些行为活动有着共同的特点：一是都发生在犯罪行为人实施作案之前，二是都紧密围绕即将实施的犯罪行为进行并为之服务。因此，我们将犯罪行为人的这一系列准备行为称之为犯罪行为人的案前阶段行为，即在案件发生前的一定时间范围内，犯罪行为人围绕即将实施的犯罪行为需要进行的准备犯罪工具、制造犯罪条件等一系列的预先安排或筹划行为。

【案例 1】郑州市银冠商贸城“2012·11·18”持枪抢劫案：2012 年 11 月 18 日上午，郑州市银冠商贸城内发生一起持枪抢劫案。

经调查，一名男性犯罪行为人从该商贸城附近的农业银行开始跟踪取款返回的被害人张某（男，43 岁，商贸城西五街商户），当尾随至商贸城东一街时，开枪打死被害人，抢走张某携带的 20 余万元现金后，经商贸城地下通道逃离现场。下落不明。

侦查人员经过调查访问确定了犯罪行为人案发前后的活动轨迹。

1. 犯罪行为人 2012 年 11 月 1 日至 17 日的活动轨迹

犯罪行为人的活动轨迹见案例 1 表 1。

案例 1 表 1 “2012·11·18”案件犯罪行为人 2012 年 11 月 1 日至 17 日的活动轨迹表（节略）

序号	人物	日期	地点	犯罪行为人走向
1	犯罪行为人	1 日	金鼎城郑州银行	南向北
3	犯罪行为人	1 日	钱江路农信社银冠分社	南向北
21	犯罪行为人	1 日	银冠农村信用社	南向北
22	犯罪行为人	1 日	大同路北顺城街	东向西
23	犯罪行为人	1 日	北顺城街消防队	北转西
26	犯罪行为人	2 日	钱江路西三马路	北向南
29	犯罪行为人	3 日	北顺城街消防队	南转东
30	犯罪行为人	3 日	菜市街钱江路	南转东
34	犯罪行为人	4 日	北顺城街消防队	东向西
35	犯罪行为人	4 日	北顺城街消防队	北转东
36	犯罪行为人	5 日	大同路北下街邮政储蓄	东向西

续表

序号	人物	日期	地点	犯罪行为人走向
39	犯罪行为人	5 日	大同路北下街邮政储蓄	西向东
40	犯罪行为人	6 日	大同路北顺城街郑州银行	南向北
48	犯罪行为人	6 日	钱江路西三马路	北转东
49	犯罪行为人	6 日	钱江路郑州银行	北向南
50	犯罪行为人	9 日	钱江路西三马路交叉口	西北角绕行
51	犯罪行为人	10 日	钱江路西三马路交叉口	东向西
52	犯罪行为人	11 日	菜市街对门路	南向北
77	犯罪行为人	12 日	菜市街北顺城街口天河物流	东向西
81	犯罪行为人	12 日	菜市街钱江路交叉口	南向东
82	犯罪行为人	13 日	火车站广场	
86	犯罪行为人	14 日	西三马路扶轮小学	西向东
93	犯罪行为人	15 日	东三马路工商银行	西向东
102	犯罪行为人	16 日	钱江路西三马路	南向北转西三马路
104	犯罪行为人	16 日	西三马路南乾街	东向西
106	犯罪行为人	17 日	汽车中心站南售票厅门外	南向北
143	犯罪行为人	17 日	车站广场汽车售票点北售票口外	

2. 犯罪行为人 2012 年 11 月 18 日进入现场前的活动轨迹

犯罪行为人进入现场前的活动轨迹见案例 1 表 2。

案例 1 表 2　犯罪行为人 2012 年 11 月 18 日进入现场前的活动轨迹表（节略）

序号	人物	日期	地点	进入时间
188	犯罪行为人	18 日	广发银行门口	8：46：15
189	被害人	18 日	进入农业银行	9：07：03
190	犯罪行为人	18 日	路过郑州银行	9：15：11
191	犯罪行为人	18 日	路过农业银行	9：16：33
192	被害人	18 日	出农业银行	9：21：04
193	被害人/犯罪行为人	18 日	金鼎东南门	9：21：21
194	被害人/犯罪行为人	18 日	农信社	9：22：18
195	被害人/犯罪行为人	18 日	银冠商贸城外围	9：22：49
196	被害人/犯罪行为人	18 日	银冠商贸城	9：23：51

3. 犯罪行为人 2012 年 11 月 18 日在中心现场的活动轨迹

犯罪行为人在中心现场的活动轨迹见案例 1 表 3。

案例 1 表 3　犯罪行为人 2012 年 11 月 18 日在中心现场的活动轨迹表

序号	人物	日期	地点	进入时间
197	被害人/犯罪行为人	18 日	进入中心现场	9：23：58
198	犯罪行为人	18 日	离开中心现场（犯罪行为人进出现场需要 5 秒）	9：24：11

4. 犯罪行为人 2012 年 11 月 18 日作案后逃离现场的活动轨迹

犯罪行为人作案后逃离现场的活动轨迹见案例 1 表 4。

案例 1 表 4　犯罪行为人 2012 年 11 月 18 日作案后逃离现场的活动轨迹表（节略）

序号	人物	日期	地点	进入时间
199	犯罪行为人	18 日	逃离中心现场	9：24：27
	犯罪行为人	18 日	逃离银冠商贸城	9：24：29
200	犯罪行为人	18 日	地下商场 29 号通道进入	9：24：57
201	犯罪行为人	18 日	地下商场走廊	9：25：13
202	犯罪行为人	18 日	地下商场走廊	9：25：35
203	犯罪行为人	18 日	地下商场走廊	9：25：58
204	犯罪行为人	18 日	26 号通道转身	9：26：09
205	犯罪行为人	18 日	从 25 号通道出地下商场	9：26：42

5. 案情分析

从以上调查情况可以看出，犯罪行为人在作案前进行了充分的预先安排和筹划。

（1）犯罪行为人准备了作案用的枪支。

（2）犯罪行为人从 2012 年 11 月 1 日就来到郑州，却直至 11 月 18 日才实施犯罪，其间始终在案发地域及周边进行活动，显然是在选择最终的作案地点，并且寻找作案后逃跑的路线，为逃跑做准备。

（3）犯罪行为人反复围绕信用社、银行、邮政储蓄等地点游走是在寻找作案目标和寻求作案时机。

（4）犯罪行为人在农业银行门口选定了被害人并进行跟踪。

（5）犯罪行为人从跟踪被害人进入中心现场后到作案得手离开中心现场总共用时 13 秒，减去进入、离开中心现场用时 5 秒，其从对被害人行凶到抢走被害人装有 20 余万元现金的手提袋，用时只有 8 秒。既反映了犯罪行为人处事果断、心狠手辣，也反映了其事先经过了反复练习。

（6）犯罪行为人离开中心现场→逃离银冠商贸城→从地下商场 29 号通道进入地下商场→从 25 号通道逃离地下商场总计用时 2 分 15 秒。整个逃离过程行动流畅，毫不拖泥带水。尤其是犯罪行为人进入地下商场 26 号通道后，迅速退出并转由 25 号通道逃离的行为，反映出犯罪行为人不仅对逃跑路线做了周密计划，而且对线路上的每一个点的特征都有过仔细的观察，充分反映出其事先对逃跑路线的计划十分周详。

从以上六点我们可以看出，犯罪行为人作案前所有的行为都是在为即将实施的抢劫行为做准备，不算准备枪支的行为，仅寻找目标、查看地形就用了 17 天时间，可见其准备工作做得非常细致。也正是因为案前准备工作做得充分、周密，才保证了犯罪行为人在案后能够顺利逃离现场。

上述案例充分说明了案前阶段行为是有预谋犯罪的重要组成部分，是具有犯罪直接故意的犯罪行为人，有意识地在为侵害某种客体而创造条件，并表现为客观上为犯罪既遂创造了条件的行为。其目的有两个：一是保障犯罪行为顺利实施，二是犯罪后逃脱法律制裁。

犯罪行为人的案前阶段行为因各自不同的具体目的、不尽相同的功用，可以细分为预谋行为、准备行为、踩点行为以及守候行为等一系列的阶段性行为。

1. 预谋行为

预谋行为是指犯罪行为人在产生犯意后，为保障顺利达到犯罪目的而对犯罪过程进行事先筹划的行为。包括对本次犯罪的目的、怎样做才能达到目的、遇到意外情况如何应对、达到目的后怎么办等一系列问题的事先计划。

预谋行为是犯罪行为人实施犯罪的起点，预谋程度往往可以决定犯罪行为人能否成功实施犯罪，并能够反映犯罪行为人的个体特征。

2. 准备行为

准备行为是指犯罪行为人在预谋之后，为了实现犯罪意图而进行的有针对性的、目的明确的特定行为。如选定作案工具、选择作案同伙、收集作案目标信息、资料等。

3. 踩点行为

踩点行为是指犯罪行为人为达到犯罪目的，在作案前窥测现场，物色作案目标的行为。如犯罪行为人在作案前暗中观察作案目标的活动规律、了解目标房屋结构、财物存放地点、出入现场路线等。

4. 守候行为

守候行为是指犯罪行为人在作案目标的住处、移动路线、活动场所附近事先埋伏等其出现，或对其外部活动进行秘密监控，伺机作案的行为。根据守候方式的不同，守候行为可分为设点守候、潜入守候、尾随、窥视、偶遇等。

二、研究犯罪行为人案前阶段行为的意义

案前阶段行为不仅对犯罪行为人有着重要的意义，而且对于侦查破案同样有着至关重要的作用。

首先，犯罪行为人案前阶段行为的实质是为犯罪做准备，表面上看确实给侦查工作设置了诸多障碍。但是，换个角度就会发现，无论犯罪行为人案前阶段行为的目的是出于创造犯罪条件，还是制造逃避打击的机会，总要在实施犯罪行为之外付诸更多的行为。以“洛卡尔物质交换定律”的观点来看，他就会因此留下更多的“交换”痕迹，进而为侦查人员查证犯罪提供更多的机会。

其次，由于犯罪行为人在此阶段的行为只是为即将发生的犯罪行为做准备，无论是预谋、准备，还是踩点、守候，多数情况下并不形成犯罪事实，所以犯罪行为人的防范心理往往会较之实施犯罪阶段松懈，反映在行为上自然也就不如实施犯罪时那么细致、谨慎。因此，对于侦查人员来讲，犯罪行为人在案前阶段行为留下的痕迹所反映的信息（尤其是个体识别信息）较之现场遗留痕迹信息更加真实。

【案例2】郑州市管城区“2000·12·9”持枪抢劫银行案：2000年12月9日16时50分，郑州市一马路银基商贸城一楼广发银行银基营业部大厅内发生一起抢劫案件。4名蒙面歹徒持枪闯入营业厅，用爆炸装置将营业柜台上方的防弹玻璃炸开后，跳入柜台，将柜台内的208万元现金装入准备好的蛇皮袋内抢走。在逃跑过程中，一名歹徒开枪将银基商贸城的一名保卫干部打死，而后向郑州市西南方向逃离。

案发后，公安机关根据诸多条件将其与发生在郑州市的“1997·11·19”案件和“1999·3·3”案件进行了并案侦查。1997年11月19日，3名歹徒持枪闯入郑州市淮河路的电信分局营业厅，抢走现金37万元。1999年3月3日，2名歹徒手持铁锤等作案工具闯入郑州市交通路建设银行营业厅，将柜台玻璃砸坏，抢走现金5万元，并在逃离现场时引爆了携带的一爆炸装置。

警方在现场提取到爆炸装置5个、12磅铁锤1把、包装枪支用的“魔力牌”毛掸盒1个、吸盘1个、12号猎枪弹弹壳4枚、12号金属猎枪弹1枚、弹杯1只、拉火丝及木柄4套、拉火管残段1个、马虎帽1顶、白手套1只、鞋印4种（无鉴定价值）、手印4枚、黑色塑料袋2个、变形铅弹丸数十枚等。结合另外两个案件现场，警方共提取28种、63件物证。

（一）案前阶段分析

这么多的现场物证反映出犯罪行为人在作案前进行过精心策划和准备，这些案前阶段行为可以保证其顺利实施犯罪并安全逃离现场。于是侦查人员利用这些现场物证，对犯罪行为人主要的案前阶段行为进行了深入分析。

1. 制作爆炸物的行为

犯罪行为人在“2000·12·9”案件现场遗留5枚未爆炸的自制爆炸物（案例2图1），在“1997·11·19”案件现场遗留1枚自制爆炸物。

（1）通过了解犯罪行为人自制爆炸装置使用的技术，结合现场视频设备录下的犯罪行为人

案例 2 图 1　“2000·12·9”案件现场犯罪行为人遗留的爆炸装置外包装

的操作手法及对其自制爆炸物威力的熟悉程度，侦查人员认为该犯罪团伙中至少有一人当过兵，懂爆破知识，受过专业爆破训练或民兵爆破训练，有较强的实际操作能力。

（2）侦查人员在对爆炸物（案例 2 图2）进行拆解后发现，其中一枚是利用烟花筒为容器制作的。这些烟花筒是未经燃放的，反映出犯罪行为人作案前曾有购买烟花的行为。时值郑州市试行烟花爆竹禁放政策，又非年节，能够买到烟花的地点只有新郑龙湖、荥阳广武等几个有限的地方，这就为侦查人员提供了一个犯罪行为人曾经的活动区域。

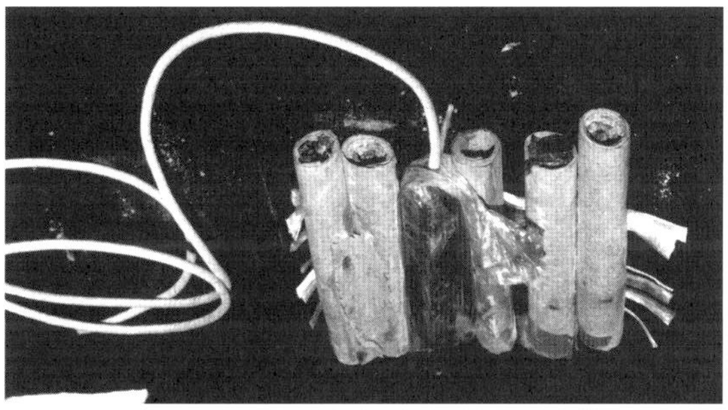

案例 2 图 2　拆解后的“2000·12·9”案件现场犯罪行为人遗留的用烟花筒自制的爆炸物（中间的管状炸药及周围的五个纸管）

（3）通过对犯罪行为人遗留的自制爆炸物使用的炸药中硝酸铵的性状、食盐颗粒的大小、木粉的色泽及颗粒度和包装纸等进行比对检验，最后确定犯罪行为人所使用炸药是“平煤集团爆破器材有限公司”生产的 3 号煤矿铵锑许用炸药。

2. 包装、隐藏作案工具的行为

（1）侦查人员在对其中一枚爆炸物进行拆解的过程中，在其外包装上提取到一枚指纹（案例 2 图 3）。根据提取位置，侦查人员判断该指纹应该是犯罪行为人在案前准备阶段制作、包装爆炸物的过程中不经意间所留。这枚指纹为认定犯罪行为人，进而证实其犯罪发挥了至关重要的作用。

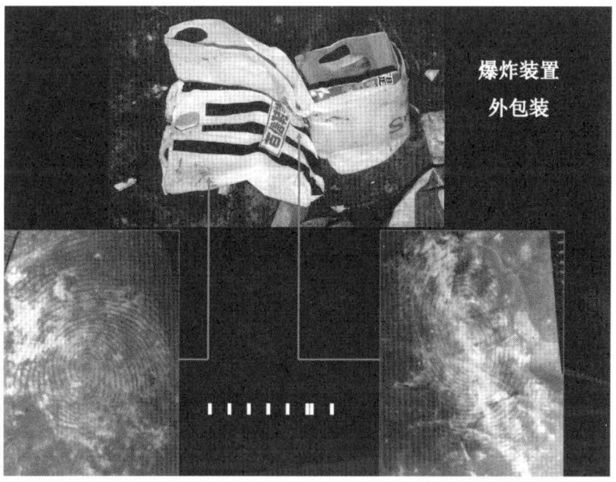

案例 2 图 3　“2000·12·9”案件现场犯罪行为人遗留在爆炸物外包装上的指纹

（2）侦查人员在拆解犯罪行为人遗留的自制燃烧物时，还提取到两张完整的、日期为“2000 年 11 月 4 日”的《大河报》（案例 2 图 4）。表明犯罪行为人在作案前曾经持有过该报纸。通过调查，侦查人员找到了该张《大河报》的发送人，该人员反映这张《大河报》是其在街边零售出的，并向侦查人员描述了其零售报纸的固定线路（案例 2 图 5）。依据现场遗留的报纸数量，侦查人员认为，犯罪行为人作案前购买《大河报》是一种日常行为，而不是为了包装爆炸物，其用报纸包装爆炸物时也不会想到该装置没有引爆，更不会想到侦查人员能从报纸上得到什么有用信息，所以，犯罪行为人购买报纸的地点，应该就是其日常活动区域的一部分。

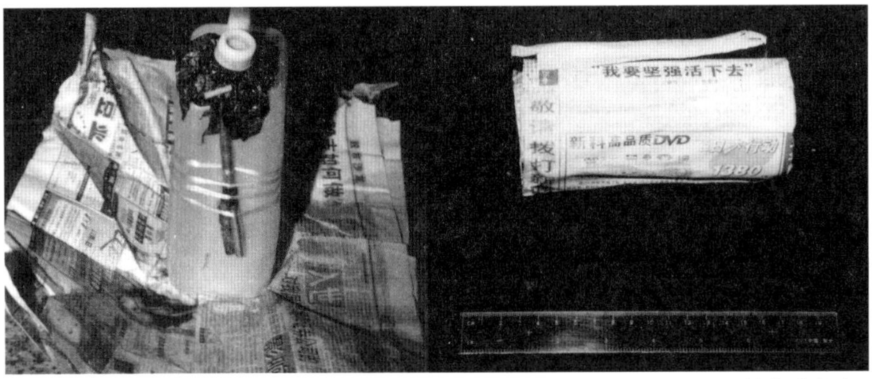

案例 2 图 4　"2000·12·9"案件现场犯罪行为人用来包装爆炸物和燃烧物的报纸

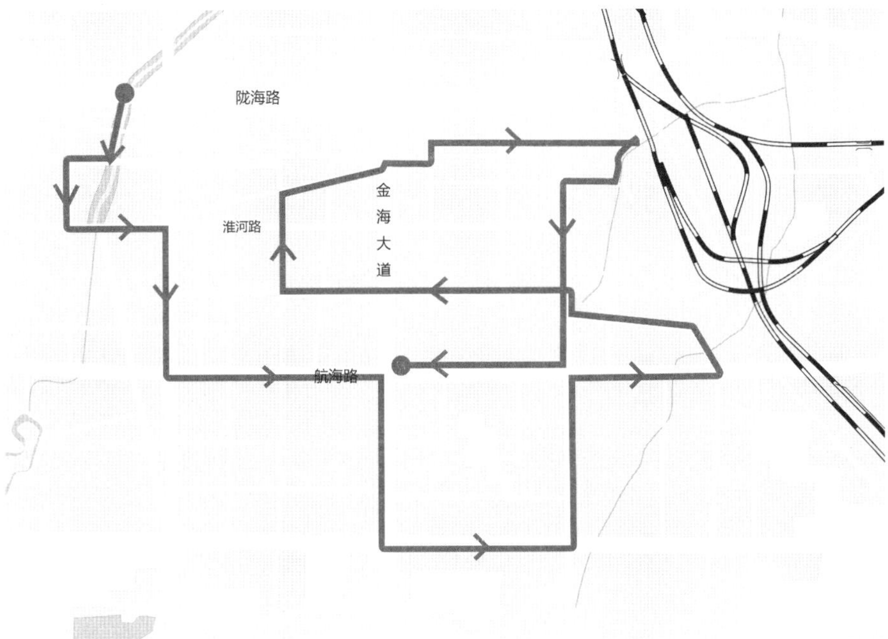

案例 2 图 5　2000 年 11 月 4 日大河报邮路图

(3) 犯罪行为人使用的包裹物有鞋盒、报纸、塑料袋、购物手提袋、锁盒等，数量繁多且不重复。包装物均为日常生活能够接触到的，外表相对洁净，不像是回收的垃圾，侦查人员认为，这些包装物应该是犯罪行为人就地取材，随手从其生活空间取用的。反映出犯罪行为人应该在郑州有居住地或长期的落脚地。

(4) "2000·12·9"案件犯罪现场遗留的"魔力牌"毛掸包装盒（案例 2 图 6）及"1999·3·3"案件现场犯罪行为人遗留的"灵贵牌"高级球形门锁包装盒（案例 2 图 7）。首先，犯罪行为人能够在住地随手找到这两种物品包装盒，反映出其生活空间内很可能正在使用或曾经使用过该物品。而两者均属于耐用品，尤其是球形锁很容易被发现，因此两者可以作为侦查人员发现犯罪行为人的线索使用。其次，犯罪行为人购买毛掸和锁的地点，也应该是其日常活动的区域之一。

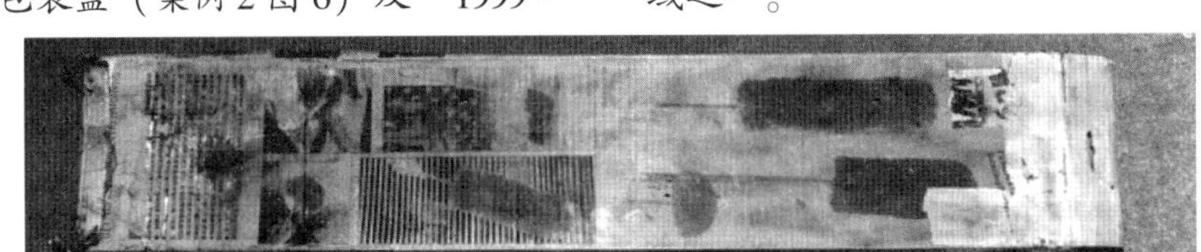

案例 2 图 6　"2000·12·9"案件现场犯罪行为人包装枪支用的"魔力牌"毛掸包装盒

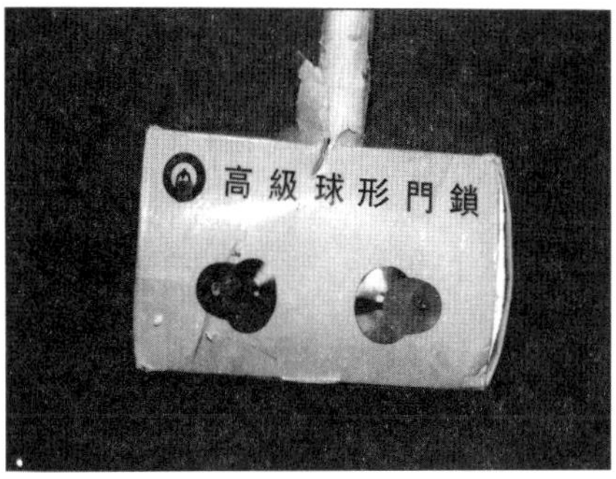

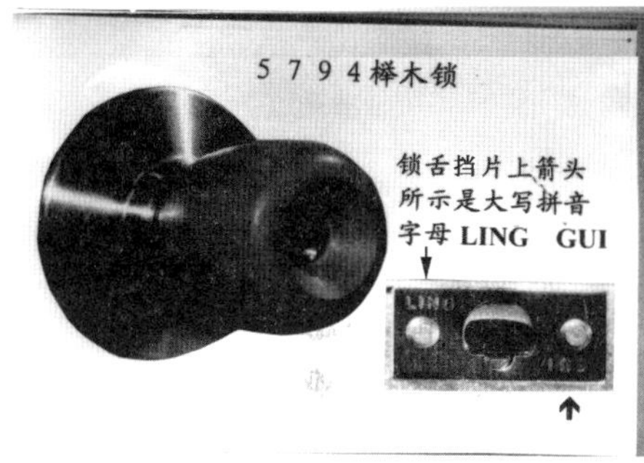

案例 2 图 7　犯罪行为人遗留在"1999·3·3"案件现场的包裹铁锤的"灵贵牌"门锁包装盒及"灵贵牌"门锁样品

3. 准备其他作案工具的行为

（1）经过对犯罪现场遗留弹壳的鉴定，侦查人员认为，犯罪行为人所持有的枪支是由湖南省益阳市轻武器研究所生产的"盾牌"唧筒式五连发猎枪。经调查，这类枪支自 1994 年 1 月 30 日开始生产，到 1996 年 2 月 15 日停产，共生产同类枪支 8 480 支。销往河南 224 支，主要流向新乡、平顶山、漯河及郑州市巩义、登封、新密等地。

（2）铁锤和马虎帽。经检验，犯罪行为人在"2000·12·9"案件和"1999·3·3"案件两个现场上遗留的两柄铁锤均是为作案专门购置的新锤。通过对铁锤和马虎帽销售地点的查找，犯罪行为人购买铁锤和马虎帽的行为也给侦查人员提供了他曾经到过的地点或可能的活动区域（案例 2 图 8）。

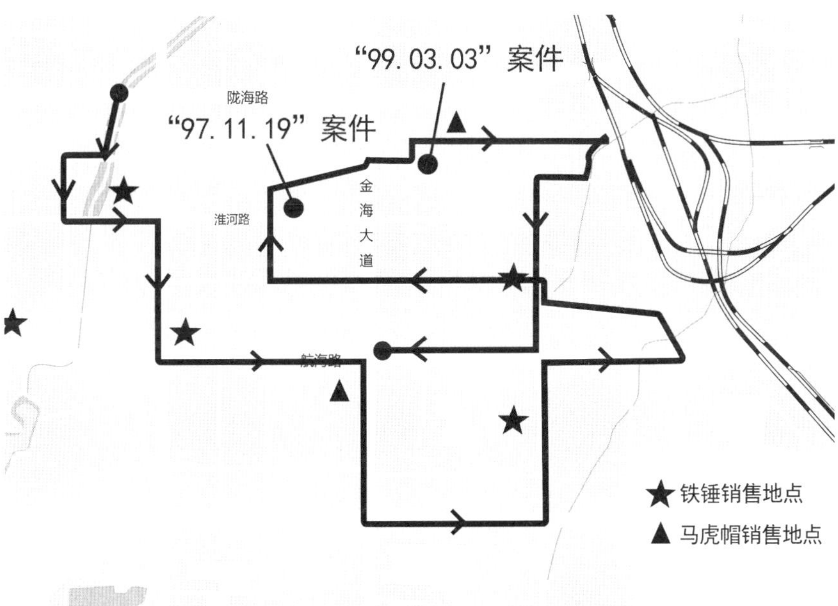

案例 2 图 8　铁锤和马虎帽销售点分布图

（二）案件分析

基于以上调查情况，专案组对案件性质、侦查范围和犯罪行为人的脸谱进行了深入分析。

1. 案件性质

经过对犯罪行为人案前准备行为的分析，结合收集到的其他信息，侦查人员认为本案性质是以侵财为目的抢劫杀人案。

2. 侦查范围

2.1　侦查范围分两个层次

（1）立足河南应把侦查重点放在平顶山和许昌地区。

（2）郑州市重点范围：郑州市区西南方向的市郊接合部，即陇海路以南、嵩山路以东、新郑路以西、南三环以北。重点应在这个区域的航海路两侧。可适当延伸至郊区的侯砦乡、新密和登封市。

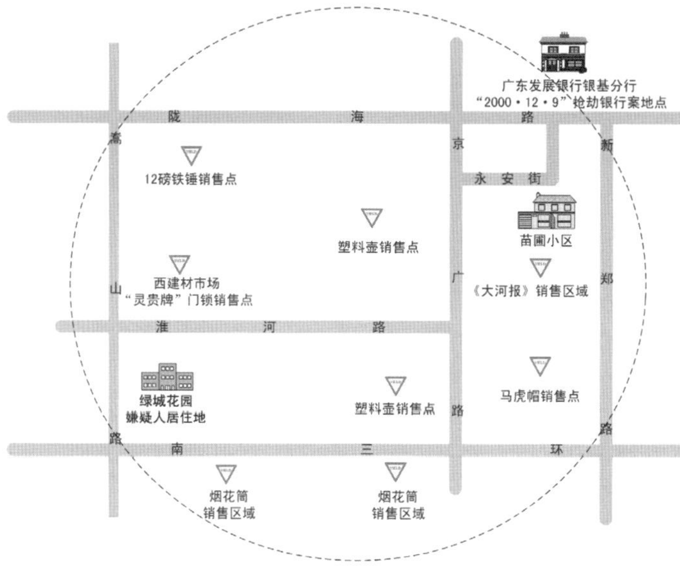

案例2图9 "2000·12·9"系列抢劫银行案件物证分布示意图

2.2 划定侦查范围依据

(1) 三起案件的物证绝大多数在这个范围出现交叉（大河报、铁锤、马虎帽、榉木门锁、鞋盒、塑料袋等），说明犯罪行为人在这一带工作、居住或流动（案例2图9）。即物证的交叉地必定是犯罪行为人的藏身落脚之地。

(2) 作为系列案件，犯罪行为人距首案（"1997.11.19"案件）现场应相对较近。

(3) 三起案件的犯罪行为人逃跑方向均为郑州市区西南方。

(4) 郑州市内是从1995年开始禁放烟花爆竹的，现场出现的烟花筒应该是犯罪行为人在非禁放区获得的，犯罪行为人极有可能住在非禁放区，即航海路以南地区。

(5) 根据语言、语音专家对现场录像带中犯罪行为人口音的分析，认定犯罪行为人是河南第一方言区的人，但不是郑州人，排除了黄河以北、豫西、豫东的人作案，犯罪行为人应是郑州以南的许昌、平顶山一带的人。

(6) 犯罪行为人所用炸药为平顶山制造。

(7) 猎枪的销售范围（平顶山及郑州市登封、新密等地）。

3. 犯罪行为人脸谱刻画

3.1 对犯罪团伙的刻画

(1) 生理属性：1号犯罪行为人身高为180厘米左右，2号犯罪行为人身高为171厘米左右，3号犯罪行为人身高为174厘米左右，4号犯罪行为人身高为178厘米左右；团伙成员的年龄应为25~45岁。

(2) 地域属性：至少有一人在郑州有固定的居住地或为郑州的常住人口；至少有一人会讲许昌、平顶山一带的方言。

(3) 社会属性：该团伙4年连续作案3起，没有暴露，隐藏很深，应属于紧密型团伙，成员中应有兄弟关系或血缘关系；团伙中至少有一人当过兵，懂爆破知识，受过专业爆破训练或民兵爆破训练，有较强的实际操作能力；有猎枪或其他枪支，有与现场一致的物品。

(4) 心理属性：该犯罪团伙计划周密，作案分工明确，具有很强的反侦查能力。

(5) 既往犯罪属性：有同类犯罪史。

3.2 对1号犯罪行为人的刻画

(1) 生理属性：年龄应为35~45岁；身高为180厘米左右。

(2) 地域属性：许昌、平顶山一带的人。

(3) 社会属性：生活在一个相对稳定的居家过日子的环境之中；具备一定的木工知识及实际操作技能；可能受过军事或民兵训练；具备自装猎枪弹的经验，具有打猎历史的特征；消费层次相对较低。

(4) 心理属性：1号犯罪行为人心理素质稳定、胆大、成熟；现场指挥者和主角的特征非常明显。

通过以上分析刻画后，侦查人员还将犯罪团

伙成员家中或居住地可能使用“魔力牌”毛掸或“灵贵牌”球形门锁作为一个发现犯罪行为人的重要显性条件列入排查条件。

2001年6月12日晚，侦查人员在嵩山路与航海路东北角的绿城花园小区进行入户排查时，发现一家住户家中使用有“灵贵牌”球形门锁，家中男主人身高180厘米，符合排查条件，遂设法提取了该男子的指纹。经比对，与案件现场提取到的指纹一致。

2001年6月13日，“2000·12·9”系列抢劫银行案件主犯张书海被抓获，案件宣告破获。

此案的侦破得益于侦查人员对犯罪行为人案前阶段行为尤其是准备阶段行为的细致研究。主要表现为：一是通过拆解犯罪行为人准备的爆炸物提取到犯罪行为人张书海的指纹，为破案找到了直接认定证据。二是通过对犯罪行为人准备作案工具的活动区域进行研究，确定了侦查范围。三是通过对犯罪行为人包裹作案工具的行为进行分析，分析出了犯罪行为人的居住环境，尤其是球形门锁的使用情况，为排查工作找到了抓手。

我们在研究犯罪行为人的案前阶段行为时，除了要研究其实施的诸如预谋、准备、踩点、守候等与犯罪有直接关系的行为外，还要注意研究他们的另外一些（如兴趣爱好、衣着打扮、饮食习惯、出行方式等）和案件没有直接联系的行为。这些案前行为看似与案件无关，也没有足够的证明力用来在法庭上证实犯罪行为人的罪行。但是，这些行为却有着可以直接促进案件发生、改变案件进程或影响案件结果的作用。并且在侦查阶段可以起到明确案件性质、划定侦查范围、刻画犯罪行为人脸谱的重要作用。

【案例3】郑州市人民公园“2009·2·23”抢劫杀人案：2009年2月23日21时18分，郑州市人民公园内西南角土山上的凉亭内发生一起抢劫案件。

三名犯罪行为人持刀抢劫了一对在凉亭内谈恋爱的青年人。据女被害人讲，三名外地口音的陌生男子用刀将男被害人刺伤（该男青年后因抢救无效，死亡），抢走两部手机和二三百元现金。监控录像显示，三名犯罪行为人于21时23分沿凉亭西侧的一条东西向土路往西逃出公园，21时28分逃窜至太康路搭乘一辆出租车，经太康路、民主路、解放路、福寿街、中原路左拐到武警河南省总队医院（以下简称武警医院），21时38分三名男子在武警医院门前下车后去向不明。

侦查人员在犯罪行为人逃跑路线上提取了多处犯罪行为人滴落的血迹（经DNA检验为一名犯罪行为人所留）和犯罪行为人跳墙逃跑时遗落的两枚硬币，以及一枚新的、带有“味美思餐厅陇海路南五里堡店”字样的打火机。

据出租车司机反映，三名犯罪行为人乘车时，其中一名外地口音的青年人坐在副驾驶位置，对司机说“到孙八砦”，还对后座上的人说“你看那几个人还想打咱哩”。当车子走到武警医院附近时，那人又说“算了，咱不去那儿了，咱就在这儿下车吧，咱去找找伙计”。然后三人就在武警医院门前下了出租车。三人下车后，司机在后座上发现有犯罪行为人留下的血迹。

通过追踪被抢的两部手机发现，女被害人的手机于当晚21时31分在二马路区域关机，男被害人的手机于当晚22时30分在航海路南五里堡区域开机。

本案中，现场遗留物证和感知人反映及侦查手段查明的涉及犯罪行为人行为活动的地点有6处：按照发现时间顺序依次是：郑州市人民公园（案发地）、味美思餐厅陇海路南五里堡店（现场提取的打火机）、孙八砦（犯罪行为人乘车的目的地）、武警医院（犯罪行为人下车地）、二马路（女被害人手机关机地点）、南五里堡（男被害人手机开机地点）。这6个地点散布在郑州市的中心、南偏西、南偏东方向，大致以郑州市人民公园、孙八砦和南五里堡为顶点，呈三角状分布。

侦查人员以犯罪行为人行为活动发生的时间为标准将之分为三类：第一类是犯罪行为人案前行为涉及的地点（味美思餐厅陇海路南五里堡店）；第二类是犯罪行为人案中行为涉及的地点（郑州市人民公园）；第三类是犯罪行为人案后行为涉及的地点（二马路、孙八砦、武警医院、南五里堡）。

侦查人员对犯罪行为人在上述地点的行为活动进行分析后认为：

第一，犯罪行为人于21时23分从凉亭顺土路向西逃离，然后翻越公园围墙，再穿越胡同来到主干道，21时28分在太康路打出租车离开，其逃离现场的过程仅用了4分钟左右。据此分析，犯罪行为人应该在事先踩过点，并计划好了逃离线路。反映出犯罪行为人具有强烈的反侦查意识。所以，犯罪行为人一定能考虑到作案后如何逃脱公安机关追踪的问题，绝不会直接就乘车返回其居住地，而会通过各种手段摆脱追踪。犯罪行为人在出租车上相互间的“你看那几个人还想打咱哩”，“算了，咱不去那儿了，咱就在这下车吧，咱去找找伙计”等对话显然是说给出租车司机听的，对出租车司机说的“到孙八砦”，显然也不是其目的地，其目的都是为了引开侦查人员的视线，逃避打击。因此，犯罪行为人的居住地或落脚点在孙八砦、武警医院附近的可能性不大。

第二，从女被害人的手机在“21时31分”被关机的时间看，三名犯罪行为人还处于打出租车逃离的路上，所以，其在二马路附近落脚的可能性也不大。

第三，“南五里堡”，这个点是男被害人手机开机的地点，也是已知的犯罪行为人行踪的最后地点。此地和武警医院分别位于发案地的两个方向，南五里堡在发案地东约7千米处，武警医院则在发案地西约4千米处。从武警医院向东到南五里堡约7千米。由此，可以看到一条犯罪行为人大致的逃跑路线，从发案地先向西到达武警医院，然后再折向东，约1小时后出现在南五里堡。从这条线路的选择看，符合犯罪行为人作案后先引开公安机关的侦查视线，并确认安全后再返回落脚点，以逃避打击处理的心理状态。鉴于犯罪行为人此前实施的有目的的反侦查行为，也不排除是犯罪行为人为了干扰侦查视线，故意在此地开机，再次实施反侦查行为。

第四，“味美思餐厅陇海路南五里堡店”。这一地点的出现是因为犯罪行为人在现场遗落了一枚打火机，打火机上印有“味美思餐厅陇海路南五里堡店”字样。通过对该饭店的调查获知，这种打火机是该饭店用于广告宣传而定制的，主要是当纪念品发给来就餐客人的，同时也起到广告宣传的作用，该店员工也多有使用。

本案的性质及作案地点都可以表明“打火机”不是必备的作案工具，其能掉落在作案现场，显然是犯罪行为人在作案前已将之携带在身上了。由于是唯一涉及犯罪行为人案前行为活动地点的线索，侦查人员对犯罪行为人“随身携带打火机”的行为予以高度关注，进行了深度分析，认为：犯罪行为人中至少有一名犯罪行为人会吸烟，且和“味美思餐厅陇海路南五里堡店”有某种联系。可能就在该饭店打工或曾在此打过工，也可能是到这里吃饭。其将打火机带在身边只是随手行为，是日常行为的一种，不会想到自己会带着这枚印有地址的打火机去作案，更无法预料到打火机会掉落在抢劫现场。所以，犯罪行为人将打火机掉落在现场的行为不会是刻意为之，打火机上的地址能够更加真实地反映犯罪行为人日常的活动区域。这也符合犯罪行为人在作案时和作案后的反侦查意识是较为强烈的，会实施较多的反侦查行为，而作案前其心理防范较为疏忽的一般心理规律。同时该饭店的档次不高，在此打工或来此吃饭，符合犯罪行为人层次较低的外来打工人员的身份特征和行为特征。

侦查人员在对犯罪行为人“随身携带打火机”这一案前行为研究后认定，犯罪行为人在南五里堡村将男被害人手机开机不是实施反侦查行为，而是逃回藏匿地后清点赃物时的一种正常行为。据此，侦查人员划定了以南五里堡村为中心的侦查范围，并以此为中心展开侦查工作，很快就在划定范围内找到了犯罪行为人，破获了案件。

第二节　犯罪行为人的案发阶段行为

案发阶段行为指犯罪行为人继案前阶段行为后，将其犯意外化为具体行动，在对被害人进行实质性不法侵害过程中表现出的一系列活动。即从进入犯罪现场开始到逃离犯罪现场为止的这段时间内，犯罪行为人做出的包括造成犯罪后果的和不造成犯罪后果的活动总和。

依照发生时间的先后顺序，案发阶段行为分为侵害对象（目标）选择行为、侵害地点（位置）选择行为、侵入行为、侵害时机选择行为、侵害方式选择行为、意外因素应对行为、现场处理行为七类。

一、侵害对象（目标）选择行为

（一）侵害对象

侵害对象是指个案中犯罪行为人为了实现其犯罪目的，通过现场行为对之作用并施加影响的人或物。即犯罪行为人的行为对象，包括犯罪行为人行为所直接作用的对象和行为指向的对象。

侵害对象具有两个特征，首先必须是具体的人或物；其次必须是犯罪行为人行为直接作用或指向的人或物。这里的“人”是指自然人；“物”是指一切具有价值和归属关系的物，包括一般物（钱财、珠宝、有价证券、衣物、房产等）和特殊物（虚拟财产、信息、机密文件、合同契约、标志性建筑等具有特殊意义或象征性意义的物）。

需要注意的是，在行为证据分析中，对人的影响包括对人自身的伤害及对其行为的限制。对物的影响包括对物本身的损害、占有及对其性状、结构、位置、归属关系的损害和改变等。

鉴于侵害对象是一种具体的人或物，因此犯罪行为人的任何行为作用于侵害对象时，必然或多或少地在侵害对象上留下其行为作用的痕迹与影响，成为一种不以人们意志为转移的存在。侵害对象从而得以通过受到侵害行为作用时产生的痕迹、位置归属的变化等客观现象真实、准确地反映出犯罪行为人对其作用时的实际情况，所反映出的这些实际情况成为行为证据分析的信息基础与根本。

【案例4】登封市“2008·10·5”宣化镇抢劫杀人案：2008年10月5日早上6时许，河南省登封市宣化镇发生一起杀人案件。据报案人讲，该镇申家沟村民申电辰（男，69岁）躺在通往荟苹山第二村民组的小路上，满身是血，身上有刀伤，还有呼吸。申电辰在被送往医院的途中死亡。

被害人申电辰的家坐落在荟苹山山腰，东侧、北侧为山坡，西侧、南侧为山沟。其家房后有一条小路向西可到申家沟，向东通往荟苹山村。

小路上有被害人沿路滴落的血迹，顺血迹向东约200米处有一岔路口。东北向的一条路可达荟苹山村（被害人四女儿家住在荟苹山村），死者尸体位于2.5千米远的山路上，沿途有被害人滴落的血迹。顺东南向的一条路行约200米，在一棵树下发现被害人的两头牛，两头牛的缰绳缠绕在树上，把缰绳从树干上解脱后，发现两根缰绳是系在一起的。由路口到拴牛的地方，沿途也有被害人滴落的血迹。

申家无院墙，西侧为主房，北侧为厨房，东南侧为杂物棚，杂物棚南侧有一简易牛棚。牛棚内东侧有两处滴落血迹（经检验，该血迹系被害人所留），牛栏上有一处较长的血抹痕（经检验，该血迹系被害人所留）。

院内水缸东侧的石板上有半碗面粥，石板北侧地面上的铝锅内也有同样面粥。院内距主房东墙140厘米、距牛圈门70厘米处的地面上有一处滴落血迹（经DNA检验系一名男性所留）。

申家三间主房坐西朝东，南间为牛圈，其余两间是住室。两间住室门锁完好，室内无翻动痕迹，被害人手机置于中间住室的显眼位置。

厨房门前西侧石板上放有一个碗和一把钢质菜刀，菜刀上沾有血迹（与牛圈门前地面上滴落的血迹DNA相同）。

厨房门坎内东侧地面上有一根带血的木棍（经检验为被害人血迹）；厨房地面上有一块被害人生前所戴手表；靠东墙放置的案板上有血迹（经鉴定非被害人血迹）。案板北侧锅台上盘子内放有一张烙饼；锅台西侧地面的盐袋上有两枚手掌印，一枚是被害人的，另一枚是戴手套的掌印；厨房西南角水缸旁的地面上有被害人的牙套，牙套上有血迹（经检验为被害人血迹）；水缸上有一带有织物痕迹的血手印。

法医尸检发现，被害人头顶部有钝器打击形成的横向挫裂伤，颅骨下无出血，颅脑有损伤；头部左右两侧有大量皮下瘀血和小部分擦伤；左上唇有撕裂伤；左颈部、背部各有一处锐器造成的表浅伤；脏器无损伤；被害人身上非致命部位有多处钝器和锐器形成的损伤；双臂、双手有多处抵抗伤。法医推断，被害人系因颅脑损伤加创伤导致失血性休克而死亡。

被害人的胃内容约有500毫升，像是没有消化的烙饼和粥。据此分析，被害人应该是在餐后较短时间内被害的。

1. 获取信息

犯罪行为人使用的凶器至少有两种，一是厨房内地面上发现的沾有被害人血迹的木棍。另一种是刀类锐器。

侦查人员围绕被害人进行了大量的调查访问，得到以下信息：

(1) 被害人申电辰，男，69岁，登封市宣化镇申家沟村二组人。1975年招赘到宣化镇朱垌村王黑妮家，王黑妮当时已和前夫生有二子三女。后申电辰与王黑妮又生一女申秋凤（现年39岁，嫁荟萃山村村民冯某）。

1982年王黑妮病亡后，申电辰回到申家沟承包荒山，放牛羊为生。2007年4月左右，申电辰将自养的十几只羊全卖了，还卖了两头牛，大约卖了3万元。现家中还养有四头牛。申电辰放牛时从不把牛缰绳拴在一起，有时候临时有事情，就把牛撂在山上外出办事，牛吃完草后会自己顺路回栏。

(2) 据被走访的群众反映，申电辰性格执拗、好面子，好吸烟、爱喝酒。平时吸的是“红梅牌”香烟，该烟市场价10元一盒，而申电辰吸的是禹州产的假红梅烟，3元一盒。平时申电辰好喝啤酒，仅现场屋内就存放有100多个空啤酒瓶。

(3) 被害人生活较为规律，早上5时左右起床，然后外出放牛，下午回家。每天两顿饭，早上外出放牛前一顿饭，下午放牛回来后一顿饭。饮食也比较简单，主要是烙饼和粥。申电辰吃饭的习惯是每顿饭先吃一张烙饼，然后喝粥。申电辰的四女儿每天下午来申电辰的住处烙两张饼，作为申电辰的晚饭和第二天的早饭。案发前一天下午，申电辰的四女儿像往常一样给他烙了两张饼然后离开。

(4) 侦查人员通过对申电辰三女儿和四女儿的走访了解到，申电辰在1986年和申家沟村委签订过一份为期30年的山林承包协议。现任申家沟村领导孙某在2007年想提前解除申电辰的承包合同，因而与申电辰发生矛盾。孙某就召开了村民会，以村民会表决通过的形式解除了申电辰的承包协议。申电辰觉得自己在承包期间种的树已经成材，但还没有转化成收入，此时村里将地收回对自己不公平，于是就多次到镇上反映情况。2008年9月还让四女儿找人写了控告信，并给三女儿和四女儿说“如果我出了事情，就是孙某干的”，案发前两天（2008年10月3日）申电辰还在给四女儿说这个事情。

在侦查人员走访过程中，也有多名群众反映孙某说过类似要“收拾”申电辰的话。

侦查人员依据现场痕迹，结合被害人的生活、作息习惯进行了犯罪现场重建，推理还原了被害人被害的过程：申电辰遇害前正在院内吃饭，刚吃完饼，还在喝粥（现场碗里和锅里的粥还没有喝完），这时犯罪行为人来到现场，被害人感觉事情不对，就跑向厨房（很可能是想拿刀自卫）。刚进入厨房门内，被犯罪行为人追上，头部遭到棍棒打击，口中的假牙因此脱落掉在地上。随后，被害人和犯罪行为人扭打在一起（在厨房地面的盐袋上留下双方的掌印，被害人的手表掉在了厨房的地面上），犯罪行为人对被害人加害后逃离。此时，被害人没有感觉到自己伤势的严重性，也就没有立即向邻居（申家沟村民）求援（申电辰当时的心理状态应当是对邻居不信任。因为村里关于收回山林承包权的做法显然不合情理，却得到了村民们的表决通过），而是选择前往荟萃山村四女儿家寻求帮助。申电辰在去女儿家的路上行走了2.5千米后，因伤口流血过多，造成失血性休克而死亡。

2. 案件定性

在案件研究中，侦查人员对于本案性质的认定出现了较大分歧，主要表现为两种意见，且都有着各自的依据。

● 第一种意见认为本案性质是：因矛盾纠纷引起的有预谋的、雇佣伤害案件。依据是：

(1) “查现场物品变化”，虽然被害人卖牛羊的钱去向不明，但现场室内没有翻动痕迹，被害人位于明显位置的手机、手表和牛却没有丢，表明犯罪行为人侵财行为指向不明显。

(2) “查案发时的时空状态”，一般情况下，偷牛者都是趁深夜主人熟睡时下手偷牛，而案发时，被害人正在吃饭，这种情况下，偷牛者往往会选择放弃。

(3) “查作案工具”结合“查被害人损伤”，从作案工具使用情况看，无论是锐器还是棍棒的份量，都足以致命，但是从被害人受伤的部位和程度看，又表现出犯罪行为人没有明显致人死亡的故意，像是为了教训、威胁被害人。

(4) 从作案工具准备情况看，犯罪行为人没有使用机动车辆，且道路状况不好，不利于将牛运出。

(5) 被害人近段时间与他人矛盾明显激化，自己意识到可能会有危险降临，并多次向人表达这一想法；与被害人有矛盾的另一方也确曾扬言要收拾被害人。

(6) 犯罪行为人准备有作案工具（刀）和隐蔽用工具（手套）。

● 第二种意见认为本案性质应该是：以侵财为目的的抢劫杀人案。依据是：

(1) 被害人卖牛羊的3万元钱去向不明；

(2) 依据“看发案区域的发案情况”，当时正是农村盗窃耕牛案件的高发期，而被害人的牛也被牵离现场。

两种不同的案件性质显然指向了两个不同的侦查方向：如果案件性质是盗窃，其侦查重心明显应当侧重于在地域范围内寻中犯罪行为人；如果案件性质是矛盾纠纷引起的报复伤害案件，则侦查重点应当是在人际关系范围内寻找犯罪行为人。问题的焦点在于犯罪行为人实施犯罪的目的是对人还是对牛。

正当大家争论不休的时候，侦查指挥员突然问了句“谁知道这两头牛的缰绳是谁拴在一起的，目的又是什么？”

这一问题的提出，让侦查员们有些愕然。一阵沉寂后，有侦查员解释说，从现场痕迹（被害人留在牛栏上的那抹血痕）看，是被害人将牛缰绳系在一起的。应该是被害人临去女儿家前，考虑到自己在女儿家养伤看病需要一定的时间，家里的牛没有人照顾，于是先到了牛圈，将牛从牛圈放出赶到山上，让牛在山上自己觅食。把缰绳系在一起是防止牛在山上乱跑。

听完侦查员的推断，侦查指挥员先是对这种基于现场物证进行推理的方法表示了肯定，同时又指出：“作为侦查人员，在理解现场物证的时候，不能只看表象，要想正确理解现场物证，就必须从现场行为人当时的心理入手，只有当侦查人员正确理解犯罪行为人犯罪时的心理状态时，才能得出正确的犯罪心理画像结果。”

随后，侦查指挥员谈了自己对这一问题的看法，首先，从案件发生的地点及其周边环境看，可以排除这一行为是第三方（除犯罪行为人和被害人之外）所为。其次，从被害人的角度看，把牛缰绳拴在一起的行为，显然与其往常放牛的习惯不一致。并且，被害人常年在山上放牛，很清楚把缰绳拴在一起容易导致牛困在树上，以及因此可能导致的后果。尤其是长时间无人看管的情况下，会对牛造成很大的伤害。因此，如果是被害人受伤后主动将牛赶上山，他不会将牛的缰绳系在一起。排除了以上因素，将牛缰绳系在一起的显然就是犯罪行为人所为。再次，从犯罪行为人的角度来看，又会是怎样的情况呢。根据现场痕迹所反映的情况，犯罪行为人显然没有置被害人于死地的主观想法。这种情况下，如果犯罪行为人的目的仅是教训或报复被害人的话，其将被害人的牛牵走的行为就没有任何意义了，一是被害人伤好后，很容易就会找到自己的牛；二是犯罪行为人的行为会因此升级成抢劫行为，他很可能会因此付出沉重的代价。因此只有当犯罪行为人的目的是图财时才会实施这一行为。将牛的缰绳系在一起，目的是便于将牛牵走。所以，虽然本案中表面上的侵害对象是人（申电辰），但，实际上犯罪行为人的侵害目标却是财（牛）。犯罪行为人对人（申电辰）进行侵害是一种排除障碍行为，是为了达到侵财（牛）目的、进行自我保护（避免被抓获）的手段。

据此，本案的性质应当是：以侵财为目的的抢劫杀人案。

3. 脸谱刻画

案件性质明确后，侦查范围很快得到了统一：犯罪行为人是当地人或长期在附近村庄居住、有落脚点的人。

基于以上推断，案件指挥部将犯罪行为人的脸谱刻画为：

(1) 生理属性：两人以上作案；青壮年。

(2) 社会属性：与被害人有某种联系，被害人的特定情况下的关系人；熟悉被害人居住地的大环境、小环境。

(3) 地域属性：当地人，或在案发地附近有落脚地。

(4) 心理属性：有预谋，计划不严谨；控他能力差。

(5) 既往犯罪属性：不排除犯罪行为人有既往犯罪史。

按照部署，侦查人员于2008年10月6日晚23时许，在郑州市区将犯罪行为人董某（男，39岁，宣化镇王庄人，2007年曾被公安机关打击处理）抓获。经审讯，董某供认了抢劫、杀害申电辰的犯罪事实：2008年10月4日下午6时许，其伙同另外两人窜至申电辰家中实施盗窃（牛），被发现后，遭到申电辰的强烈反抗。董某等人持菜刀、棍棒对被害人进行殴打后仓皇逃离，致使申电辰受重伤死亡。

本案快速侦破的关键有两点。一是对现场“将两头牛的缰绳系在一起”这一现象的正确理解。侦查人员通过对犯罪行为人“将两头牛的缰绳系在一起”这一行为，及其产生的“两头牛被系在一起的缰绳缠在了树上”后果，做出了与“犯罪行为人犯罪时的心理状态相吻合”的解读，即“犯罪行为人基于顺利将牛偷走”的心态，才实施了将两头牛的缰绳系在一起的行为，最终导致牛被缠在树上这一结果。二是侦查人员对犯罪行为人的侵害对象及其间关系的正确理解。本案中犯罪行为人侵害的对象主要有两个，一是人，二是牛，两者分别承载了两种不同的犯罪动机——出于报复或者图财。侦查人员依据现场的痕迹物证，从犯罪行为人的视角出发，准确把握住犯罪行为人对两个侵害对象（人和牛）进行侵害时的心态，正确理解两者之间的关系，解析出犯罪行为人的作案动机和真正目标——因图财而盗窃耕牛，伤人是为了达到偷牛目的的一种手段。

从案例中可以看到，作为具体承载犯罪行为人行为的人或物，在个案中犯罪行为人的侵害对象往往不止一个。不同的侵害对象记录下犯罪行为人不同的行为痕迹，反映其不同的行为特点。对犯罪行为人的侵害对象进行甄别和分类，有助于侦查人员更好地了解犯罪行为人在犯罪不同阶段不同的目的和心理需求，更好地判定案件性质。

根据犯罪行为人对侵害对象个体实施侵害时的不同动机与目的，侵害对象大致分为三类：目标对象、手段对象和附带对象。

1. 目标对象

目标对象是指犯罪行为人的犯罪意图主要指向对象。是犯罪行为人实施犯罪行为的目的所在。犯罪行为人所有的现场行为均围绕目标对象展开。

目标对象反映了犯罪行为人实施犯罪行为的需求、动机、目的，表明了案件的因果关系。是甄别、确定案件性质的重要依据。

2. 手段对象

手段对象是指犯罪行为人为了实现犯罪目的或逃避侦查，作为接近和侵犯目标、保护自身的方法而加以侵害的对象。

个案中，犯罪行为人往往需要排除种种制约因素才能达到犯罪目的，并在事后妄图通过设置各种障碍达到保护自身的需要。这些因犯罪行为人排除障碍和自我保护需要而被侵害的对象，即手段对象。手段对象直接反映着犯罪行为人作用于其上的现场行为，是再现犯罪行为人行为方式、重建现场、分析判断作案工具、刻画犯罪行为人脸谱的重要依据。

3. 附带对象

附带对象是相对于目标对象而言的被侵害对象，指犯罪行为人在实施侵害目标对象的过程中或达到犯罪目的后，其行为又附加侵犯的对象。

2011年11月14日，郑州市公安局二里岗派出所侦破了本辖区在2011年7月31日发生的一起以侵财为目的的抢劫杀人奸尸案件。据犯罪行为人王某亮（男，21岁）供述，其因长期无业没有收入，就决定想法弄点钱（偷或者抢）。案发当天经过管城区北刘庄拆迁工地时，见到了独自在家中院内活动的被害人李某（女，76岁），时值四周无人，便对李某实施抢劫。因遭到被害人的反抗，在搏斗过程中将李某勒颈致死，然后从被害人身上搜走30元。由于其长期没有性生活，致使其在与李某的贴身扭斗中唤起性欲，遂奸尸。

这起案件中，犯罪行为人的目的是图财，其目标对象是被害人身上的钱；而杀死被害人是其达到目的的手段之一；奸尸是其达到作案目的后额外实施的、与图财目的无关的附加行为，被害人的女性身份就是其附带对象。

以侦查人员进行行为证据分析为出发点，可以将附带对象大致分为有意的附带对象和无意的附带对象两类。前述案件中“被害人的女性身份”就是有意的附带对象，而诸如犯罪行为人在绑架控制被害人过程中无意损毁的、在盗窃犯罪中不加区别带走的现场物品或某种附着物（家具、票证等）等则是无意的附带对象。

在一起刑事案件中，从多个侵害对象里甄别出目标对象和附带对象，一是有助于正确理解犯罪行为人的动机和目的，确定案件性质，划定侦查范围。二是某些有特殊标记或特定价值的附带对象可以作为控制销赃、以物找人的重要线索。尤其是有意的附带对象，直接记录了犯罪行为人在犯罪现场复杂多变的心理活动，能够真实地反映出犯罪行为人的目的、动机及动机的转换。

【案例5】郑州市经济技术开发区“2005·9·15”抢劫杀人案：2005年9月15日，郑州市经济技术开发区李南岗村村民张某报案称，本村村民史某（女，46岁）失踪，并在史某家中地面上看到有数处类似血迹的点状物。最后一次有人见到史某是在9月8日左右。接警后，侦查人员赶到史某家中，看到史某家大门完好，呈锁闭状态。侦查人员在有关人员的见证下进入其家中，发现史某卧室床头下地面和床腿部位有大面积擦拭过的血迹痕迹，其中有点状喷溅血迹；院中有点状血迹（经检验，现场所留血迹均为被害人的），东围墙上有攀爬痕迹。现场已经被人打扫过，破坏严重。侦查人员访问得知，史某日常使用的一部银色翻盖手机在其失踪后也不见了。

被害人史某系外地人，1997年左右在原籍离婚后来郑州做小生意时，认识了李南岗村丧偶村民李某后再婚。两人结婚时史某在原籍家中有一养女陈某（时年17岁），李某带有一子李小某（时年14岁）。2003年，史某的现任丈夫李某因病去世。李小某因与史某长期关系紧张早已离家另过，现已结婚并生有一子。史某在家中单独居住。

根据现场情况，侦查人员认为史某很可能已经遇害，随即按疑似被侵害案件展开立案侦查。通过侦查，史某的手机于9月23日在圃田乡的一个经营手机的店内被找到，据该店店主反映，手机是一个没见过的30来岁的年青人卖给他的，该手机店及附近未能调取到监控资料。唯一有价值的线索中断。

侦查人员遂对现场进行复勘，并围绕被害人进行更深层次的研究。9月23日晚间，侦查人员从被害人亲属处了解到一个细节，史某家中摆放的其丈夫李某的遗像不见了，而此前遗像一直摆放在客厅的桌子上。这一情况引起了侦查人员的重视，从风俗习惯的角度看，史某没有将遗像收起并移走的必要，更何况史某很可能已经遇害，第一现场应该就是史某家中，可以排除遗像的消失与史某有关。而从现场被打扫过的情况看，这一现象很可能是犯罪行为人所为。通常情况下，由于中国传统有对鬼神的敬畏，无论犯罪行为人的目的是侵财还是图色都没有动遗像的理由。那么犯罪行为人移除遗像的动机很可能就是报复、泄愤。同样出于对鬼神的忌讳，这种报复、泄愤不仅仅是针对史某，应该也与死者李某有关。推测是年轻人，同时与史某和李某有关系、对两人均有不满，于是侦查人员将视线集中到了李某的儿子李小某身上，连夜控制了李小某。

经讯问，李小某很快就供述了犯罪经过：9月8日是他父亲李某的祭日，前一天（9月7日）晚上李小某到史某的住处拿父亲的照片准备第二天用。因往事与史某发生了争执，史某刺激李小某说其父亲就是史某害死的，并扬言“你有证据就去告我吧，人都烧了（火化）两年了，看你有本事告我。”两人不欢而散，李小某也没有拿到照片。

回到自己住处后，李小某想到史某嫁给其父亲后，对自己不好，还虐待奶奶，父亲病亡也是史某独揽家中钱财不给医治所致。越想越生气的李小某于9月8日22时左右，翻墙跳入史某住处，用菜刀杀死史某并用尖刀分尸，然后用两个白色编织袋把切割好的尸体分别装袋，后将尸体掩埋。在清理现场时，李小某看到了摆放在现场的父亲的遗像，情绪失控中的他又迁怒于父亲，认为要不是父亲娶了这个女人，事情也不会发展到这一地步，自己亦不会因此杀人。于是将李某的遗像焚毁后跟血衣、作案工具等一起带走抛弃。

本案中，李小某实施犯罪的目标对象是史某，其动机是对史某的不满与愤恨，目的是杀死史某。自李小某9月8日杀人至村民9月15日报案，期间李小某有充足的时间清理现场，所以本案的现场条件非常不好，找不到任何指向李小某犯罪的线索。能够证实其犯罪的证据都是在李小某承认犯罪事实后，在其指认下找到的。案件能够侦破的关键在于李小某移除焚烧父亲遗像以发泄愤怒的附加行为。正是遗像这一特殊的附加对象，使得侦查人员建立起李小某与案件之间的联系，并随即破案。

（二）侵害对象选择行为

侵害对象选择行为多见于有预谋的案件，指犯罪行为人根据自己的需求和自身条件，从众多潜在目标中挑选出适合自己实施犯罪行为的侵害对象的活动。

通常情况下，犯罪行为人在选择侵害对象时，会依据自己的犯罪经验、期望值与获益程度、自身安全程度、心理满足程度等去进行选择。因此，侵害对象选择行为可以直观地反映出犯罪行为人上述方面特征。个案中，犯罪行为人对侵害对象的选择，尤其是对目标对象的选择是否具有针对性，可以充分反映犯罪行为人的知情程度和对作案环境的熟悉度。而在系列案件侦破中，对目标对象进行全方位的深入研究，可以建立起侵害对象与犯罪行为人之间、侵害对象与侵害对象之间的某种关联，进而确认以前未知的被害人以及将来可能的被害人。

【案例 6】郑州市惠济区“2007·3·8”系列抢劫杀人案：2007 年 3 月 8 日 17 时 30 分许，郑州市公安局惠济分局接辖区群众报案称，惠济区开元路与香山路交叉口的金洼干沟渠内发现两个编织袋，袋内装有尸体。

经初步勘查，死者为两名女性，分别装在两个编织袋内。1 号编织袋内女性尸体头朝里，脚朝外，膝关节髋关节弯曲。编织袋内有一双白色黑底带拉链靴子，18 块 33 厘米×25 厘米白色瓷砖，一个“红娃娃”牌手提包。包内装有眉夹、黄色丝巾、钱夹、信用卡、手套、粉饼盒等女性随身物品。衣着较为完整。左手戴有手链，头上戴有发卡。

经法医鉴定，死者系机械性窒息死亡，死亡时间距案发时间 1 个月以上。死者生前口鼻被浅黄色胶带纸封堵，两手在身后被反捆，膝部被胶带纸捆绑。

2 号编织袋内女性尸体蜷曲，臀部朝下，头及双脚朝上。编织袋内有 1 双棕色皮靴、5 块 33 厘米×25 厘米白色瓷砖、白色线帽、手提包、粉红色手套、塑料梳子、代金券、餐巾纸等物品。死者衣着较为完整。脖子上有一塑料饰品，头发上有一塑料头花。

经法医鉴定，死者年龄在 36 岁左右，系因颈部受压引起的机械性窒息死亡，死亡时间同 1 号编织袋内的女性尸体相近。死者生前口鼻被浅黄色胶带纸封堵。

3 月 8 日当晚，专案侦查员根据现场装裹 1 号被害人的编织袋内发现的一张名叫彭红梅（女，1965 年 8 月 23 日生，汉族，住金水区鑫苑路 1 号院 2 号楼 14 号）的身份证复印件，围绕彭红梅的关系人进行调查访问，在访问过程中得知，彭红梅的弟弟彭军民已于 2007 年 1 月 9 日到金水区分局花园路派出所报彭红梅失踪。彭军民反映其姐彭红梅租住在二七区冯庄村，在纬四路服装市场二区 125 号亮丽人生服装店打工，于 2006 年 12 月 26 日晚从郑州市纬四路服装市场下班后失踪。其姐在失踪前曾在《都市信息报》上登过征婚广告。据彭红梅打工处的老板柳某（女）反映，12 月 26 日下午彭红梅说自己新交的男朋友在郑州市北三环做粮油生意。

根据这一情况，专案组安排专人对郑州市内各分局登记的失踪女性人员逐一筛查，以落实 2 号被害人身份，并进行串案并查，扩大线索来源。

在串并案工作中，侦查人员了解到郑州市公安局二七公安分局通报的在侦破“2007·2·2 人头案”过程中发现的失踪人员王春霞（女，40 岁）及其关系人“二安”的有关情况：“二安”（安忠义，安忠昌，东北人）曾租住在金水区新柳路 18 号风雅颂小区 8 号楼 2 单元 1 楼西户；二人合伙在郑州风行汽车服务有限公司以安忠义的名义租了一辆黑色北京现代车。2006 年 12 月底至 2007 年 1 月，二人在《都市信息报》的征婚信息栏内寻找 28~45 岁的女性，向女性打电话以求婚的名义要求见面，安忠昌自称韩飞，郑州本地人，在国棉五厂上班，于 1988 年下岗，现在郑州市北三环做粮油生意，有房有车。女性们以安忠昌心意不诚等原因均陆续和其断绝联系。

1. 获取信息

通过对王春霞（女，40 岁，2007 年 1 月 7 日失踪）失踪案的报案人范新风（女，40 岁）询问得知：

（1）王春霞失踪前曾于 2006 年 12 月 8 日在《都市信息报》上刊登过征婚启事，并告诉范新风她通过征婚信息认识了一位朋友，是做粮油生意的，有车有房。

（2）2007 年 1 月 16 日，范新风也接到一名男子的求婚电话，并要求见面。范新风与该男子见面后发现此男子也自称是在郑州市北三环做粮油生意的，开一辆牌号为豫 ADK369 的轿车，且与王春霞失踪前讲的新交男朋友的体貌特征极其相似，范新风遂到二七公安分局寻求帮助。

2. 案件分析

专案指挥部将二七公安分局通报的这一情况与“2007·3·8”案件调查访问的情况比对分析后认为，两起案件有着很多相似点：

（1）王春霞、彭红梅均在《都市信息报》上征婚，且年龄相仿；“二安”专门在《都市信息报》的征婚信息栏内寻找28~45岁的女性，向女性打电话以求婚的名义要求见面。

（2）王春霞、彭红梅的关系人均反映王、彭二人的男友在郑州北三环做粮油生意，有房有车；“二安”在郑州市北三环附近的风雅颂小区租房，自称做粮油生意且租有轿车；与王春霞同在《都市信息报》征婚的范新风称，开豫ADK369轿车的安忠昌与王春霞失踪前讲的新交男朋友的体貌特征极其相似。

（3）“2007·3·8”案件现场装尸袋的扎口方法与粮食包的扎口方法相似，与“二安”的职业可能有联系。

于是专案组决定将两起案件并案侦查，一方面继续在失踪人员库中比对查找其他可能遇害的人员，一方面立即安排技术人员对风雅颂小区“二安”租住过的房屋进行勘查和搜查。

勘查过程中，技术人员发现该出租房的厨房墙壁上所贴瓷砖与现场沉尸瓷砖外观（型号、颜色、规格、花纹）一样，且房东宋大英反映家中装修所剩墙砖缺失。技术人员还在房间的墙壁上提取到可疑血迹（后经检验鉴定，该血迹系“二安”杀害“2007·3·8”案件2号被害人冯晓敏时所留）。

至此，安忠昌、安忠义作案嫌疑急剧上升。专案组迅速展开对“二安”的抓捕工作。于3月10日凌晨在石家庄一住宅小区内将安忠义、安忠昌抓获。

经审讯，犯罪嫌疑人“二安”供述了自2006年9月至2007年1月中旬先后在郑州市抢劫杀害彭红梅、冯晓敏等六人以及在武汉市武昌区的抢劫犯罪事实。

据“二安”交待，他们杀人的目的是为了图财。作案前，他们通过精心预谋，将侵害目标定位为：年龄在40岁左右、经济条件较好、在报纸上发布征婚广告的单身女性。他们选择这样的作案目标有着自己的理由，一是这个年龄的女性已经经济独立，符合他们侵财的愿望；二是能够在报纸上发布征婚广告反映出这些女性较为胆大，防范意识相对较差，只要投其所好就很容易接近；三是因这些女性急于寻找另一半，便于自己了解对方真实情况，可以及早发现危险；四是对方急于了解自己的虚实，乐于接受邀请到自己指定的去处，尤其是自己的住处，利于作案；五是这些女性的目的性较强，即使自己虚构的背景被揭穿，最多就是不上钩，也不至于暴露自己的真实目的。

本案中，犯罪行为人选择“年龄在40岁左右、经济条件较好、在报纸上发布征婚广告的单身女性”作为侵害对象的行为，在犯罪与侦查两个方面都起到了至关重要的作用。从犯罪行为人的角度讲，确实起到了其所预想的效果，即使在2007年1月中旬，范新风对“二安”有所警觉并向公安机关求助的情况下，也没有给“二安”带来灭顶之灾。从公安机关侦查的角度讲，侦查人员正是通过对这一行为的深入分析，成功地将“2007·3·8”案件与王春霞失踪案并案侦查，顺藤摸瓜抓获“二安”。并利用这一条件为突破口对“二安”进行审讯，成功带破新郑市“2007·2·18”无名尸案以及蔡海胡、杨爱萍被杀案等二起隐案。

二、侵害地点（位置）选择行为

侵害地点是指犯罪行为人对被侵害对象实施侵害行为的空间和空间节点。行为证据分析中的侵害地点包括两层意思，首先是指“地”，即犯罪行为人实施整体犯罪行为的作案地及周边大环境；其次是指“点”，即犯罪行为人对单一侵害对象（目标对象、手段对象、附带对象等）个体实施具体侵害行为的地点及周边小环境。

侵害地点选择行为是指犯罪行为人在实施犯罪前对侵害地点进行衡量和筛选的活动。犯罪行为人通常在作案前会对实施侵害行为的地点进行选择，考虑在该地点作案是否会暴露、能否规避风险、能否及时脱逃等因素，因为这些因素决定着犯罪行为人作案的成败。而随意选择侵害地点的行为多见于临时起意的犯罪，或者是犯罪行为人理性较差，作案人层次和水平低的案件。纯粹的激情犯罪，犯罪行为人往往没有选择侵害地点的行为。

本着安全性、便利性的原则，犯罪行为人在选择侵害地点时主要是以挑选侵害地点的大环境①、小环境②和中心现场环境的方式来进行的，而起决定作用的因素则是犯罪行为人对侵害地点的熟悉程度。侵害地点选择的合理性充分反映了犯罪行为人与目标对象的关联度和对环境的熟悉度。

【案例7】“2007·11·2”荥阳崔庙杀人案：2007年11月2日，河南省荥阳市崔庙镇崔庙村发生一起命案。被害人李某（女，48岁）被人杀死后抛尸在崔庙村北街自家开办的斗狗场西围墙外的空粪池内。

李某家的养狗场坐西朝东，东临南北走向的村中公路，北临一条东西走向的乡村土路，土路北侧是两户村民住宅、麦地和苗圃。粪池位于养狗场西围墙外0.77米处，粪池北沿距土路3.10米。粪池内表面为水泥面，南北长3.05米，东西宽1.30米，深1.55米。粪池上口东北角处南北向放置一块1.87米×0.50米的预制板，粪池中部上方覆盖有干枯的玉米秆。粪池周围的西侧、南侧、北侧地面上堆放有干枯的玉米秆。粪池上口北沿处有一只黑色女式左脚皮鞋。

从粪池东北角一没有被玉米秆遮住的小口可见粪池内地面上仰卧的李某尸体，尸体上有杂草、枯叶和干玉米叶，身下压有一层长期自然堆积形成的土和落叶。尸体头朝北，头顶粪池北壁；尸体左腿朝南伸直，右腿朝西南伸直；尸体左臂于尸体东侧伸直，右臂弯曲于胸部；尸体上身外穿的花方格休闲西装上衣外翻（从背后翻向胸前）覆盖于胸前，内穿的绿色毛衣外露；毛衣内依次为横条纹秋衣、红色胸罩；尸体下身由外向里依次为黑色裤子、黑毛裤、粉色绒裤，粉色三角裤头；腰系一条红领巾；双脚未穿鞋，只穿一双白色短袜，前脚掌上有少量同粪池内积土不一样的新鲜黄土。尸体右腿西侧地面上有一只黑色女式右脚皮鞋，与粪池上口北沿的鞋为同一双鞋。

尸体的休闲西装及毛衣上有点状、片状血迹。尸体移走后，发现尸体头部所在位置的地面上有血迹，血迹北侧的粪池北墙壁中部有物体坠落的擦蹭痕迹，北墙壁距地面8厘米处有擦划痕迹和自下而上的喷溅血迹。尸体身下受压部分的树叶破碎，粪池内南侧未受压部分的树叶完好。

被害人尸长160厘米，发育正常，体态中等，花白短发，发长8厘米。尸体背侧未受压部位有暗紫红色尸斑，指压部分褪色；尸僵较强存在于各关节处；直肠温度22.5℃；当时环境温度为20℃。

尸体角膜透明，双侧瞳孔等圆，直径0.5厘米，双睑结膜穹隆部点状出血。头面部有多处散在表皮剥脱或皮下出血，小者0.4厘米×0.1厘米，大者3.4厘米×1.8厘米。口鼻部有血迹，口腔内舌面上有一枚松针，舌尖及舌体右缘黏膜片状出血两处，大小分别为1.3厘米×0.4厘米、1.7厘米×0.8厘米，呈紫红色，一处伴有黏膜破损。双耳耳郭皮下出血，外耳道无异物；右乳突部有两处表皮剥脱，大小分别为0.4厘米×0.2厘米、1.2厘米×0.7厘米。左顶部头皮有一创口，长4.5厘米；枕部头皮有两处创口，长分别为0.8厘米、1.8厘米。上述创口呈条状，创缘不整齐，伴有表皮剥脱，创壁粗糙，创腔有组织间桥，深达颅骨。冠状切开头皮，双侧颞肌出血，右额部出血，颅骨无骨折，颅内无出血，脑组织无挫伤。

颈部、项部及右下颌缘部有散状短条及片状表皮剥脱，颈右侧部有出血；甲状软骨两上角骨折，环状软骨骨折，骨折处有出血，舌骨无骨折。椎前筋膜处有片状出血，第4颈椎椎体压缩性骨折，第5与第6椎体分离。

左前臂下段外侧有一细条状间断皮肤划痕。双手部有血迹，背侧有散在表皮剥脱或皮下出血，小者0.3厘米×0.1厘米，大者2.5厘米×1.5厘米。双手指甲缝内有少量皮肤组织（经检验，非被害人自身的）。左外踝处有片状表皮剥脱，大小为1.6厘米×1.1厘米。直线形切口打开胸腹腔，胸腹腔脏器大小位置正常，无损伤及器质性病变，呈瘀血状。心腔及大血管内血液呈暗红色流动状。脾包膜皱缩。胃内容物约120毫升，呈糊状，可分辨出南瓜类、玉米糁类等食

① “大环境”是指发案现场外部的整体自然环境和社会环境及犯罪现场与外部整体自然环境和社会环境在方向和位置上的相对关系。

② “小环境”是指发案现场的具体位置及周边的状况。

物，未见异常物质，未闻及异常气味。小肠全长7米，肠内可见胃内容成分。会阴部无损伤，阴道内无异物。

依据被害人损伤情况，法医推断被害人头部创伤应为钝器打击所致。死因系用手扼颈致机械性窒息死亡。

根据食物在胃肠道内的消化及排空情况，推断死者的死亡时间在最后一餐后7小时左右。根据尸僵、尸斑、尸温等尸体现象发展程度，结合死因、气温、衣着及尸体所处环境情况，推断出被害人的死亡时间距检验时间（2007年11月2日15时30分）20小时左右，即2007年11月1日19时30分左右。

经过初步勘验，侦查人员发现现场有多个可疑之处：为什么被害人的头部有受钝器打击形成的创口，而粪池周围却没有大量的血迹；为什么被害人的身上有因反抗形成的抵抗伤，但粪池周围没有搏斗的痕迹；被害人白色短袜上的新鲜黄土又是从哪里来的；粪池周围没有松树，被害人口腔内的松针又是从哪里来的；带着这些疑问，侦查人员按照“八看”“五说”中“看现场大环境与小环境”的原则和“由内向外”的方法，对现场周围进行了认真细致的搜索。并很快在距离中心现场100米的西北方向的苗圃内发现一片面积较大的血泊，血泊旁的松树下端距地面20厘米处有喷溅血迹。

该血泊西北0.6米处的地面上有滴落血迹；血泊南0.2米处的地面上有两枚金属币，其中一枚为壹角硬币，另一枚是直径为2.35厘米的金属币，该枚金属币的一面有一个卡通人图像，图像额头上有“粤华”字样，图像左侧有“SUPER”字样，右侧有“FIGHTER”字样；血泊南1.5米处的地面上有一个印有“脆皮酥心”等字样的黄色塑料袋，塑料袋上有血迹。在现场地面上发现一支烟头；该烟头南1.1米处的地面上及其东1.6米处的地面上各发现一支烟头。经检验，三支烟头上的DNA和血泊西北0.6米处滴落血迹的DNA一致。血泊西北有两种可疑鞋印无法排除，一种为皮鞋印，一种为回力鞋印，回力鞋印边0.5米处有一支烟头。从土路到血泊附近有一行皮鞋印，鞋印花纹和被害人的鞋底花纹一致，方向由土路指向血泊。

从抛尸的粪池到苗圃内的血泊，直线距离约有100米，在两个现场之间的地面上没有发现滴落的血迹和拖拉尸体的痕迹。

经检验，血泊以及松树下喷溅血迹的DNA与被害人一致；苗圃地面的土质和被害人袜子上的黄土近似；苗圃内种植有大量的松树，地面落有松针，据此侦查人员推断苗圃现场是杀人现场，血泊是被害人因头部受到打击倒地后形成的，血泊的位置就是被害人被加害的原始位置。空粪池则是抛尸现场。

侦查人员围绕被害人李某对其家属、亲友以及乡邻进行了广泛的调查。据被害人的丈夫崔某反映，其家中经济条件中等，除了种地之外，早年在家中开办有小游戏厅，还在村北边办了一个养猪场，因效益不好，现改办成了养狗场。崔某自己负责经营，间或斗狗赌博，妻子李某负责卖门票。平日里家人去斗狗场都是顺着斗狗场北边的乡间土路走。李某是个不吃亏的人，花钱较抠，不戴首饰。平时出门身上都带钱，但不多带，一般为几十元到百元不等。11月5日儿子要结婚，可能这两天身上会多带些钱。11月1日下午，李某一直在家洗衣服，18时左右，李某告诉丈夫要去村内街上给手机充话费，随后没有吃饭就拿着手机、钥匙等出门了。

据崔庙村中的电话亭主反映，被害人19时13分左右来电话亭给手机充了话费，然后离开。从该充值点到养狗场走路约需要7分钟。据被害人丈夫的妹妹反映，她在20时左右回家拿被子时，在养狗场东边的路上碰见嫂子李某，并打了招呼。当时李某是一个人。村民们也多反映李某平日里脾气不好，爱在背后说人闲话，并经常因鸡毛蒜皮的小事与人发生争吵。

1. 案件分析

综合各种信息，多数侦查人员认为此案是一起图财抢劫杀人案。依据主要有以下七点：

（1）被害人案发当晚单独外出，易成为被侵害目标。

（2）被害人出门是为了给手机充话费，身上应带有现金，而尸体上没有发现现金。

（3）被害人随身携带的手机和钥匙去向不明。

（4）案发地点位于村外漆黑僻静的苗圃，案发时间是村民们在家吃饭、较少外出的时间，适合作案。

(5) 犯罪行为人对被害人最初的加害不足以致命，致命伤很可能是为了威逼被害人交出钱财时形成的。

(6) 被害人家中先后办过养猪场、游戏厅和养狗场，其本人又在养狗场做卖票工作，认识被害人的人员很多，认为其有钱的人也多，被害人易成为被抢劫的目标。

(7) 被害人衣着完整，没有被性侵迹象，不符合性侵害案件的特征。

2. 犯罪行为人分析

犯罪行为人则是在崔庙村附近村庄居住的且与被害人认识或是熟人。主要理由是：

(1) 犯罪行为人在杀人现场作案后，将被害人的尸体抛到了离杀人现场将近100米的粪池内，这就延长了其在现场停留的时间，加大了其被发现的可能性，不符合一般抢劫案件犯罪行为人作案后急于脱身的普遍特征。如果是陌生人作案，没有必要实施这一行为从而增加作案风险度。

(2) 犯罪行为人实施了移动尸体和藏匿尸体的反侦查行为。在杀人案件中，犯罪行为人抛尸的目的一般是为了拖延被发现时间，割断被害人与自己的联系，隐藏自己。由于本案现场处于野外，所以犯罪行为人实施这一行为的目的显然是为了割断被害人与自己的联系。符合关系人、熟人作案特征。

(3) 粪池的位置较为隐蔽，又被干枯的玉米秆遮盖，难以被人发现。犯罪行为人能够在夜间找到粪池，并将被害人的尸体抛入粪池内，说明其熟悉周边大环境或者曾经来过案发地。但是，这一行为又表明犯罪行为人很可能不知道这个粪池是被害人家开的养狗场的粪池，否则不会将被害人的尸体抛于此处。说明其不熟悉案发地周围的小环境。

因此，犯罪行为人在崔庙村居住的可能性不大，应该是在附近村庄居住的人。持以上观点的侦查人员还认为：

(1) 至少有两名犯罪行为人作案。一是通过被害人研究发现，李某性格倔强，不服输，脾气暴躁，其身上的抵抗伤也表明被害人曾有过激烈的反抗，一人恐难制伏，此种情况下一个人进行抢劫的可能性不大，应该是两人以上作案。二是从杀人现场到抛尸现场大约有100米的距离，两个现场及沿途均未发现使用交通工具的迹象或拖拉尸体的痕迹，很可能是多人抬尸转移。三是杀人现场中，在被害人倒地的位置附近除被害人的足迹外，还有两种未排除的可疑的新鲜、完整足迹。

(2) 应是青年人作案。一是杀人现场遗留的回力鞋印和游戏币，都符合年轻人的衣着特点和兴趣爱好。二是犯罪行为人选择的作案地点离路仅有15米，不是理想的作案地点，使用的作案工具又不得力。符合年轻人性格冲动、胆大妄为、临时起意的特征。

3. 对以上分析情况进行分析判断

对于这种分析判断，专案组指挥员认为虽然有一定道理，但也存在说不通的地方，因为它无法解释以下四个问题：

(1) 被害人出门是为了给手机充值，充过话费后，在天色已黑、目的已达到的情况下，她为何没有走村内街道直接回家，却要绕道村外，并且在短短的十几分钟后就遇害？

(2) 从杀人现场遗留的被害人足迹分析，被害人足迹排列较整齐，步幅较一致，所以被害人应是自主进入苗圃的。那么，她为什么要离开土路进入苗圃？

(3) 既然是抢劫，为何犯罪行为人又没有准备得力的作案工具？

(4) 抢劫的动机是图财，犯罪行为人为何在将被害人财物抢走的同时，将被害人的钥匙也抢走？

随后，专案指挥员从犯罪行为人对侵害地点选择的角度出发，对以上问题进行了解答。

本案中涉及的侵害地点有两处，一处是杀人现场——苗圃，另一处是抛尸现场——粪池。

首先看杀人现场：①苗圃并不是抢劫的最佳地点。一是发案的苗圃虽然位置偏僻，但晚上基本上没有人会进入苗圃内，犯罪行为人很难找到实施犯罪的对象。二是如果犯罪行为人是在土路上实施抢劫，挟持被害人进入现场，显然又同现场痕迹反映的“被害人是自主进入苗圃”相矛盾。三是作案地离村民住宅太近，仅有五六十米的距离，如果被害人呼救，犯罪行为人很可能被人发现，作案风险度较大，所以可以排除拦路抢劫、强奸（被害人尸体衣着完整，法医检验也没有发现有被性侵的迹象）的可能性。②被害人主动进入（侵害地点）苗圃的动机。被害人从家中出来是为了充电话费，在已经完成充值，且天色已晚的情况下，按照常理被害人应当是从村中直接回家，而没有必要绕道村北僻静道路。而其之所以绕道村子北面，大致有两种原因：一种是临时要到自家养狗场有事情，另一种就是在回家的路上碰见了什么人，临时有事约到了村子北边。如果被害人仅是到养狗场办事，是不会到僻静的苗圃去的。而能让被害人自主离开土路进入现场的，就只剩下一种可能，即受邀赴约。③被害人没有进行呼救。杀人现场距离村庄很近，东边六七十米处就是被害人的妹妹家，周边有很多住户，案发时又是吃晚饭的时间，家中应当都有人，却没有人听到呼救声，表明被害人很可能没有呼救。从被害人身上的抵抗伤来看，被害人不是被立即致死的，应该是可以呼救的。被害人有呼救时间却没有呼救，明显与被害人倔犟、暴躁、易冲动的脾气性格不符。这表明犯罪行为人与她不是一般的认识，而应该有某种特别的关系，使她有所顾忌，才没有进行呼救。

因此，从犯罪行为人选择在苗圃与被害人见面看，其目的显然不是为了抢劫，也不是为了杀人。而更像是为了说什么事情，又不便让别人看见，所以选择了僻静的苗圃，也就没有事先准备作案工具。被害人的财物丢失，很可能是犯罪行为人在杀人后顺带实施的侵财行为，拿走被害人的钥匙则是为了切割关系，保护自己。

其次看抛尸现场：崔庙村及附近村庄很多人都认识被害人，也知道其家开办的养狗场。犯罪行为人能让被害人在案发时间自主进入偏僻的苗圃现场，他和被害人就不是一般意义上的熟人，而应当是关系相当近的人，一定也知道其家开办养狗场的位置，之所以还将被害人尸体抛入养狗场的粪池内，恰恰是因为他熟知粪池已废弃，无人使用。否则，如果该粪池还在使用中，粪池内的尸体很容易被人发现，反而达不到其抛弃、藏匿尸体的目的。且从周边环境看，化粪池是案发现场附近藏匿尸体的最佳地点。因此，犯罪行为人选择化粪池为抛尸地点，不仅说明了其熟悉现场周边的大环境，对现场附近的小环境和被害人家的情况也非常熟悉。据此可以推断，犯罪行为人不仅是被害人的熟人，而且倾向于是居住在崔庙本村的熟人。

1. 案件性质

通过对侵害地点的深入分析，侦查指挥员认为：本案的性质是一起因矛盾纠纷引起的激情杀人案。

2. 侦查范围

本案的犯罪行为人应该是被害人的熟人；居住在崔庙村或崔庙附近的村庄，倾向于居住在崔庙本村。

3. 犯罪行为人的脸谱刻画

（1）生理属性：1 人作案；青壮年男性，倾向于壮年人。

主要依据：一是被害人颈部损伤的成因。现场痕迹和法医检验发现被害人“第 4 颈椎椎体压缩性骨折，第 5 与第 6 椎体分离”。假设是两名或两名以上人员作案，通常情况下应该是两人或多人抬着抛尸，那么在尸体抛入粪池时，先着地的部位应该是臀部或腰部，而不是头部。即便头部先着地，也应该是枕部或额头，绝不会是头顶部。这种损伤的形成更可能是犯罪行为人独自扛着被害人，将尸体头朝下抛入粪池时形成的。由于粪池深 1.55 米，加上犯罪行为人的身高，尸体到池底的落差应当大于 3 米，尸体被头朝下抛入时头顶部先着地，在大于 3 米的落差产生的重力加速度及尸体自重产生的冲击力共同作用下，才会形成被害人颈椎压缩性骨折。而现场遗留的两种可疑足迹离被害人倒地处较远，很可能是平时村民们经过苗圃到田间劳作时所留。二是犯罪行为人独自将体态较为丰满、体重较重的被害人尸体移至百余米外的粪池，而沿途却没有留下拖拉痕迹，说明犯罪行为人体力较好，据此可以推断，犯罪行为人应该是青壮年男性。结合其作案时表现出的胆大、心理成熟、心理素质好等特点，倾向于犯罪行为人是年龄稍大处于壮年阶段的男性，应当不是年轻人。三是现场遗留的那枚游戏币，并不是犯罪行为人掉在现场的，而应是被害人身上装的。很可能是犯罪行为人在翻被害人的口袋过程中，带出来掉在现场的。被害人生前曾经经营游戏厅，衣兜里装有游戏币应属正常。游戏币自身分量较沉，装入衣兜后会沉入衣兜底部，如果衣兜不烂，轻易不会掉落。只有人从衣兜内掏东西或者倒地的情况下，游戏币才可能从衣兜内掉落到地面。游戏币掉落在苗圃现场血泊的旁边，因此很可能是被害人被打倒后，从被害人的衣兜内滑落的，或者是犯罪行为人在掏取被害人身上财物时，从被害人衣兜里带落的。因此根据游戏币认定犯罪行为人为年轻人的依据不充分。

（2）地域属性：熟悉大环境、小环境。

（3）社会属性：被害人的熟人；与被害人有某种矛盾纠纷。主要是根据被害人进入现场的情况、被害人的损伤情况、被害人的性格特点以及犯罪行为人的动机看，犯罪行为人和被害人应该有某种矛盾纠纷，在苗圃现场产生争执，犯罪行为人受到某种刺激而激情杀人。

（4）心理属性：胆子大，心理素质较好，心理成熟。主要依据：一是案发现场10余米外就是村民往来的道路，离案发现场50米左右就是村民住宅，犯罪行为人能在这种环境下杀人，且案发后在现场还有停留，说明犯罪行为人胆子较大。二是杀人现场遗留的烟头表明犯罪行为人杀人后有思考的过程。养狗场西墙外的粪池离杀人现场不太远，又有一定的隐蔽性，是最佳的藏尸地点。犯罪行为人在作案后很短时间内，做出藏尸于此的决断，表明其在杀人后仍然能保持较为清醒的头脑，反映出犯罪行为人心理素质较好、心理成熟的特点。

经过专案组指挥员的细致分析，侦查人员很快统一了认识，并按照这一思路展开侦查，很快就在崔庙村内抓获了犯罪行为人崔某。

犯罪行为人崔某（男，52岁）与被害人李某同村，10年前两人曾有情人关系。崔某到案后，供述了其作案过程：2007年11月1日18时许，崔某吃过晚饭从家中出来到自家养鸡场去喂鸡，走到镇政府西边时，遇到了被害人李某。李某以儿子要结婚为由向崔某借钱，并约定等崔某回家拿到钱后在李某家养狗场北面的苗圃（即杀人现场）见面。19时左右，崔某喂完鸡后，从鸡场赶到苗圃，见到李某已经在等他了，就从身上拿出1 000元给了李某，李某接过钱后嫌少，再次要求崔某借给她1万元。两人因钱发生争吵，李某对崔某连骂带打，受伤的崔某十分恼怒，捡起地上的石块砸在李某头上，又将李某按倒在地上，用手扼住李某颈部致其窒息死亡。崔某杀死李某后，从李某的衣服口袋内掏出自己给李某的1 000元和李某的手机。随后，崔某又在苗圃内吸了两根烟，思考后决定将李某的尸体转移至李家养狗厂后废弃的空粪池内。崔某将李某的上衣从后背翻至前胸，包裹住流血的头部，扛着尸体来到了空粪池边，将尸体头朝下扔了进去，又用粪池旁边的干枯玉米秆将粪池上口覆盖后逃离了现场。

本案的侦破得益于侦查人员对侵害地点和犯罪行为人的侵害地点选择行为的深入研究。

侦查人员通过分析犯罪行为人的侵害地点选择行为，了解到犯罪行为人对环境的熟悉程度（非常熟悉），同时建立起犯罪行为人与被害人的联系（关系人、熟人）、犯罪行为人与作案地的关联（当地人、本村人），进而摆脱干扰（滚落的游戏币、多余的运动鞋足迹）确定了案件性质、划定了侦查范围以及刻画了犯罪行为人脸谱。

三、侵入行为

侵入行为是指犯罪行为人为进入作案现场而进行的各种活动。这些活动按照发生的先后顺序和所起作用的不同，大致可以分为选择接触、遭遇地点，选择进（出）口及侵入方式，排除障碍行为等三类。

（一）选择接触、遭遇地点

接触、遭遇地点是指在个案中，犯罪行为人首次见到被害人时所在的地方。接触、遭遇地点既可以是犯罪行为人为了顺利实施犯罪而有意识选择的地方，也可以是其意料之外偶然见到被害人的地方。

【案例8】荥阳市“2008·9·15”系列强奸案：2008年9月15日11时许，郑州市荥阳市城关乡发生一起强奸案。17岁的女被害人王某，在荥密路与郑上路交叉口等车时，被一骑三轮车男子以帮忙拉渔网为由骗至一块荒地里强奸。

在侦查过程中，侦查人员发现该案件犯罪行为人所遗留生物检材的DNA与“2001·4·4”樊某被强奸案、“2003·3·28”苏某被强奸案、“2004·5·23”郝某被强奸案现场所留生物检材的DNA一致。公安机关立即决定成立“2008·9·15”专案组，对系列强奸案展开侦查。专案组首先对系列强奸案件进行了深入细致的回顾，以解决为何犯罪行为人作案时间跨度长达7年之久而未被抓获的困惑。

2003年8月，公安机关为了侦破一起发生在豫龙镇的强奸杀人案件，对历年来豫龙镇小刘村周边发生的强奸案件进行串并，以期通过串并侦破“2003·8·22”强奸杀人案。通过串并，一起系列强奸案浮出水面。1999~2003年，发生在豫龙镇小刘村周边作案手段一致的强奸案件共10起。通过DNA并案两起，分别是2001年4月4日樊某（女，15岁）被强奸案和2003年3月28日苏某（女，25岁）被强奸案。两名被害人均反映犯罪行为人驾驶一辆旧的蓝色汽油三轮车。

公安机关当时的侦查思路是：以侦破此系列强奸案为主线，带破“2003·8·22”强奸杀人案。遂抽调近200名民警在全荥阳市范围内排查蓝色汽油三轮车。由于专案组的主要精力集中在“2003·8·22”强奸杀人案，所以刑侦力量和一些精干的民警都被安排在了豫龙镇小刘村案发周边村庄的排查上。2003年8月至2004年春节，经过近6个月的努力，专案组投入了大量的人力物力，先后排查了8 000多辆三轮车，案件仍毫无进展。鉴于此，公安机关决定留守部分人员继续排查案件，大部警力恢复日常工作。

三个月后，2004年5月23日16时30分左右，荥阳市城关乡再次发生强奸案。被害人郝某（女，17岁）徒步至城关乡中学上学途中，被一陌生男子在王庄村附近拦截，以抬东西为由，将其骗至城关乡王庄村宋双河家的养猪场内强奸。现场提取到的DNA与樊某、苏某被强奸案现场遗留的DNA一致。

公安机关再次成立“2004·5·23”专案组，除固定专案民警80人外，又举全局之力在全市范围内展开了又一轮声势浩大的排查。并将侦查范围从全荥阳市扩大为包括郑州市上街区在内的广大区域。

1. 制订排查提纲

“2004·5·23”专案组制订了详细的排查提纲：

（1）犯罪行为人为25~45岁的男性，身高不足170厘米或170厘米左右，中等身材，圆脸，肤色较黑，短发，有胡茬。

（2）穿圆领短袖T恤，黑裤子，脚穿斜带露脚趾头黑皮凉鞋，未穿袜子。戴黑色墨镜，头戴红色带白道的简易头盔，头盔没有玻璃。

（3）拥有一无篷（红色或蓝色）的较旧汽油三轮摩托车，红油箱，车斗有栏杆，或有条件接触类似机动三轮车的人员。

（4）有三轮车，年龄段、身高、体貌特征符合脸谱刻画的描述，并且从事贩卖蔬菜、水果生意（尤其是甜瓜生意）的人员。

（5）家庭成员中有在“思达”超市工作过或家中曾有蓝色“思达”工装马甲的人（被害人反映其穿有“思达”工装马甲）。

（6）年龄段内单身，在其住处发现不明女性内裤的人员（被害人的内裤被犯罪行为人拿走）。

（7）符合以上特征突然下落不明的人员。

2. 排除和认定的依据

（1）符合排查提纲对犯罪行为人体貌特征、职业及车辆等的描述。

（2）通过有无作案时间对犯罪嫌疑人进行认定或排除。

（3）通过DNA比对对犯罪嫌疑人进行认定或排除。

（4）通过嫌疑人所穿鞋子与现场遗留鞋印比对，确定是否为犯罪行为人。

（5）通过被害人对嫌疑人的指认或辨认进行认定或排除。

这次排查历时半年，取血样1 000余份，送检DNA 200余份，排查车辆8 000余辆，尽管公安机关投入了大量的人力物力，案件仍然毫无进展。

通过对以往侦查过程的回顾，“2008·9·15”专案组的侦查人员认为，案件未能侦破的主要原因有三点：一是当时的工作重心是围绕“2003·8·22”强奸杀人案进行的，而杀人案与系列强奸案的并案缺少不变证据，两者是否确实是同一人所为尚且存疑。二是两次划定的侦查范围太大，太笼统，使侦查力量不能有的放矢，集中主要精力打歼灭战。三是采用战术不当，人海战术、疲劳战术造成侦查人员的积极性、主动性下降，排查漏洞太多。针对以上问题，专案侦查人员对案件侦办思路进行了调整：第一是重新划定侦查范围，尽可能地缩小范围，减少工作量。第二是放弃人海战术，集中精干力量，减少人员投入。第三是充分利用现有物证，采用新总结的“Y-STR 家系排查法”，通过“以 Y 找群，以群找人”提高侦查效率。

3. 工作思路

新的工作思路需要以正确的侦查范围划定为保证，侦查人员经过调阅卷宗、回访被害人、与前期办案民警座谈等一系列工作后，在以前掌握的信息外，又分析出犯罪行为人更多的行为特征：

(1) 接触、遭遇地点选择，犯罪行为人选择的与被害人初次接触、遭遇的地点均在荥阳市连霍高速引线穆村——魏河桥段两侧。

(2) 侵害地点选择，犯罪行为人选择的实施侵害地点均是在接触、遭遇地点就近的相对隐蔽处。

(3) 依照季节不同，犯罪行为人选择的接触理由或是帮忙抬化肥、或是帮忙拉渔网。

(4) 案发时间没有规律，日期间隔长短不一，发案时间散布在全天各个时间段。

4. 犯罪行为人特点

侦查人员认为这些新的行为特征反映出犯罪行为人的以下特点：

(1) 犯罪行为人能够依照季节的不同使用不同的理由接触、诱骗被害人，表明犯罪行为人熟悉当地的大环境和小环境，知道案发区域东侧的河王水库，熟知当地人的生活习惯和规律。反映出犯罪行为人是当地人或长期在当地居住的外来人员。

(2) 犯罪行为人多次在此区域内作案，却没有被具有辨识能力的被害人认出，反映出犯罪行为人应该不是案发沿线区域村庄的常住人口或长期居住的外来人员。而其长期多次在案发区域活动没有被人怀疑则表明其有正当的理由在案发区域活动。

(3) 作案时间不规律，说明其作案前很可能没有进行预谋，而是在一定的情景下因强烈的性欲望产生作案动机。随机产生的作案动机结合犯罪行为人有机动三轮作为交通工具，作案地点呈线状分布在高速公路引线两侧，反映出犯罪行为人在案发区域的活动范围可能受某种原因限制而局限于高速公路引线两侧。

综合此前掌握的信息及此次其他访问调查的情况，专案组最终将侦查范围确定为：①在荥阳市高村乡、北邙乡镇区所在地以南有居住地或落脚地；不排除在城关乡一带有居住地或落脚地。②重点范围是以高村为中心的连霍高速公路南 500 米以北，一直到北邙乡老镇区以南区域。③长期往返于两个区域内进行活动或在两个区域内都有落脚点的人员作为优先排查对象。

按照专案组部署，侦查人员采用“Y-STR 家系排查法”优先对重点范围内的官庄、张村、高村、高村寺、马寨、陈铺头、秦铺头、刘铺头等村庄的家族进行家系排查，并对每个村庄的各姓氏家族详细画出家谱并抽取血样，在排查家谱的同时又详细登记符合“拥有三轮车”特征的相关人员名单。

2009 年 1 月 6 日上午，专案组通过“Y”染色体检验认定系列强奸案是荥阳市高村乡高村街田氏家族人所为。1 月 6 月下午，专案组民警迅速将高村街田氏家族中拥有三轮车的两名可疑人员控制并抽取血样。1 月 7 日，通过 DNA 检验确定犯罪行为人为田建松。

经审讯，田建松如实供述了 1999～2008 年在荥阳连霍高速引线周围，以抬化肥、拉渔网等为名，先后 18 次拦路抢劫、强奸妇女的犯罪事实。至此，这起跨度长达 10 年的系列强奸案成功告破。

本案侦破历时 6 年，三度成立专案组，曾两次倾全局之力（二三百人）进行长达半年的大排查，过程可谓艰难。而最终却是由包括内勤在内仅 8 人的专案小组，用时 3 个月就将犯罪行为人抓获归案，结果亦可谓惊喜。其反差之大，原因有二，一是“Y-STR 家系排查法”新技术的应用，二是侦查范围的精准修正。侦查人员以犯罪行为人与被害人的接触地点及侵害地点的分布为抓手，对犯罪行为人接触地点的选择、接触时的诱骗行为进行分析，深入挖掘其中潜态存在的犯罪行为人信息，将犯罪行为人的藏身地由全荥阳市范围缩小到高村乡和城关乡两个中心区域，排查工作由普遍撒网，改为重点捕鱼，为“Y-STR 家系排查法”新技术的应用提供先决条件和有力保障。

（二）选择进（出）口及侵入方式

进（出）口是指犯罪行为人进入（离开）犯罪现场（含封闭空间和开放空间）的通道及

具体部位。这种通道可以是自然形成的、人工建成的，也可以是犯罪行为人自己制造的。如自然形成的山谷、河道等，人工建造的道路、门窗等，犯罪行为人自己开辟的地洞、通道等。

现今社会的快速发展，犯罪手段的变化升级以及侦查手段的技术革新，要求侦查人员对“进（出）口”的内涵也要有新的界定与认识。“犯罪行为人选择的进（出）口”不再仅是传统意义上进出中心现场以及中心现场外围的进（出）口，如入室盗窃案件中，犯罪行为人进（出）室内的进（出）口和进（出）单位、小区的进（出）口，还要包含对关联（潜在）现场进（出）口的研究，并结合现场周边的大环境、小环境，注意研究犯罪行为人进出现场所必须的通道。有时候，对案发地所在大区域的进（出）口及进（出）通道进行研究也会成为案件侦破的关键，并带来收获。

【案例9】郑州市二七区“2012·9·12”特大盗窃车内物品案：2012年9月12日19时10分，郑州市二七区发生一起盗窃汽车后备箱案件。

据被害人孙某讲，其于18时30分左右驾驶自己的黑色奥迪A6L轿车到位于长江路与嵩山路交叉口向东300米的迪欧咖啡消费，把车停在迪欧咖啡门口西侧的停车位。约30分钟后，孙某准备开车离去时，发现放在后备箱里的100万元现金连同蛇皮袋还有他的一个男式单肩挎包被盗，遂报案。

除视频信息外，现场勘查没有提取到有价值的痕迹物证。侦查人员通过调取案发现场及周边区域的视频信息，看到了案发的全过程：18时45分3名犯罪行为人驾驶黑色轿车沿人行道进入中心现场，从车上下来3名男子后，黑色轿车离开中心现场停到距离现场100米的路边。3名犯罪行为人在被害人的奥迪车辆附近踩点约20分钟，2名男子来到被盗车辆旁边实施盗窃，另外一名男子在附近望风。实施盗窃的2名男子中的一人迅速打开后备箱，并拎出装有100万元现金的蛇皮袋后逃离现场，另一名犯罪行为人及望风的犯罪行为人紧跟其后，一起来到了黑色轿车停车的位置。19时，3名男子坐上车沿长江路向东逃离中心现场。

侦查人员顺线追击调取长江路与兴华街交叉口的工商银行的监控设施，发现黑色嫌疑车辆从长江路右拐到兴华南街向南三环方向逃窜后，失去该车辆踪迹。侦查人员遂调整思路，从犯罪行为人进入作案现场的进口方向开展逆向追踪，依据现场附近及周边情况，先后调取附近洗车行、饭店、小区、银行、路口等33处监控设施，受条件所限，除发现犯罪行为人所驾驶车辆系一辆黑色、无牌照丰田2010款锐志轿车及系由长江路由东向西行驶至嵩山路，在嵩山路上调头进入案发中心现场外，失去继续追踪条件。案件追踪陷入僵局。

侦查人员着重对案发区域的大环境进行分析，试图找到解决困境的办法。侦查人员认为：从发案时间看，该时间段已进入交通晚高峰；从发案地点看，该区域位于郑州市南部的城郊结合部，紧邻南三环；从犯罪行为人的作案表现看，该团伙作案目标选择准确、分工明确、作案手法精练，一伙老贼惯犯，摘掉车牌表现出他们事先经过预谋，其对脱离现场的路线也应进行过充分准备。结合犯罪行为人得手后一定会急于脱离作案现场的心理，侦查人员认为犯罪行为人最可能的逃离通道就是案发地向南不远的郑尧高速，而不会选择折返后加入市区的堵车大军。嫌疑车辆最后出现在监控设施中是由长江路右拐到兴华南街向南三环方向逃窜，这一信息可以作为侦查人员这一推定的有力支撑。因此，郑尧高速上站口很可能就是犯罪行为人逃离案发地的最后出口。

于是，侦查人员驾驶同类型车辆依照相同的时间、相同的路线（沿长江路→兴华街→郑尧高速上站口）进行侦查实验。多次实验结果显示：从案发现场到郑尧高速上站口需要10分钟时间。侦查人员根据侦查实验结果对案发当天驶入郑尧高速上站口的车辆进行查询，发现19时11分有一辆无牌照的丰田锐志轿车上站时间与案发结束嫌疑车辆19时逃离现场的时间吻合。该车19时21分在新密东下高速，沿密（新密）—杞（杞县）大道向东进入新郑，然后向南沿107国道逃离郑州。

由于107国道正在修路，继续视频顺线追踪已无法进行，但新的发现让侦查人员兴奋不已，预计的时间段在预想地点出现相似的车辆让他们印证了此前的判断。综合视频追踪情况，侦查人员对案发当天进入郑州市区的高速站点和卡口信息进行查询，以期查到犯罪行为人进入案发区域（郑州）的入口，获得更多的相关信息。很快，侦查人员就在南三环郑尧高速卡口信息中发现一辆黑色无牌照锐志轿车，该车于9月12日17时32分经过该卡口。该车于17时11分在郑尧高速侯寨站高速口下站，16时在平顶山市新城区高速口上站。

侦查人员把案发现场无牌照锐志轿车、新密东下站无牌照锐志轿车、南四环郑尧高速卡口无牌照锐志轿车、平顶山新城区高速上站口无牌照锐志轿车进行了细致比较，比对结果显示是同一辆车。侦查人员还依据高速车辆计重法进行比较，从平顶山新城区来时黑色无牌照锐志轿车重1.9吨，从郑州侯寨走时黑色无牌照锐志轿车重1.94吨，来时和走时重量相差0.04吨。锐志轿车自重1.545吨，犯罪行为人是4名成年男性，4人体重大概0.35吨，加上车上装有水等物品刚好1.9吨左右，100万元现金重十几千克，还有被害人的男式单肩挎包，加上来时的1.9吨刚好是1.94吨。按照视频追踪及嫌疑车辆来时和走时的重量分析，从平顶山新城区来的黑色无牌照锐志轿车应为嫌疑车辆。

在视频追踪的同时，侦查人员还通过公安部信息网、郑州市警务综合平台对盗窃奥迪A6后备箱案件的前科人员进行分析比对，发现自2010年以来，在郑州市区破获的盗窃奥迪A6后备箱案件的前科人员70%来自平顶山叶县龚店乡、水寨乡、廉村镇等高危地区。结合“2012·9·12”案件视频追踪该嫌疑车辆朝平顶山市区逃窜，侦查人员判断犯罪行为人应为平顶山叶县籍人员。

根据视频监控信息、高危分析确定犯罪行为人来自平顶山籍高危人员，侦查人员随即前往平顶山市区开展侦查工作。由于平顶山市区监控录像条件有限，视频追踪无法进行。侦查人员分析认为，嫌疑车辆系中高档汽车，根据犯罪行为人流窜作案需要好的车况以及其挣钱容易等特点，犯罪行为人肯定会选择在4S店进行维修和保养，于是对平顶山地区的丰田轿车4S店开展侦查工作。经过工作调取了平顶山地区所有丰田4S店2010~2012年丰田黑色锐志2010款轿车的购车及维修记录，发现有54辆车辆信息及上万条维修信息。在对54辆车主信息通过全国违法人员信息系统、郑州市重点人员管控系统、郑州市警务综合平台进行分析研判没有发现有价值信息的情况下，侦查人员又对上万条维修记录层层筛选，发现牌号为豫DFW709的丰田锐志轿车较为可疑，该车购于2012年7月10日，车主郝大伟。截至10月3日，该车在不到3个月的时间已经行驶了27 388千米，表明该车曾长期进行长途行驶，这与驾车流窜作案的特点吻合。经查询该车的维修记录，发现一名叫王远成（1983年出生、叶县邓李乡魏庄二组）的男子曾于9月11日用信用卡支付修车款。调取王远成的工商银行卡支付情况，查出王远成刷卡消费维修的还有一辆大众斯柯达轿车，车牌号为豫DKG997，该车购于2011年7月27日，截至2012年9月18日已行驶78 089千米，行驶状况也较可疑。在对王远成所留联系电话（180××××××××）的通话清单进行分析后，发现该号码9月12日的基站轨迹和“2012·9·12”案件视频追踪轨迹吻合，王远成具有重大作案嫌疑。

2012年10月29日18时许，侦查人员在平顶山叶县蓝天花园酒店将犯罪行为人王远成、李晓峰抓获，并缴获丰田无牌照锐志轿车一辆，无牌照别克君威轿车一辆，查获作案工具5套。“2012·9·12”案件告破，同时带破嵩山路辖区“2012·8·23”奥迪后备箱被盗案件。

本案是一起信息导侦、合成作战的典范案例，侦查人员综合运用视频追踪法、高危地区分析法、车辆计重法、通话清单分析法、车辆多维关联信息技战法，由多警种联合作战打出的一记漂亮的组合拳。郑州市情报信息平台、全国机动车查询系统、郑州市警务综合信息平台、河南省人口信息系统、郑州市重点人员管控系统、银行刷卡信息查询等信息资源主导侦破“2012·9·12”案件的整个过程，精彩之处频频闪烁，而真正的关键点却是侦查人员根据犯罪行为人作案时使用的交通工具，对车辆通过的案发现场的大环境、小环境进行分析，准确推断出犯罪行为人进出作案地的进（出）口，进而发现作案车辆，数度将中断的线索接续，成功将案发地（郑州）与犯罪行为人的居住地（平顶山）有机关联，保证了案件的最终破获。

侵入方式是指犯罪行为人为了进入犯罪现场所采用的形式、手段和方法的总和。

侵入方式的分类：从进入形式的角度看，侵入方式分潜进入、强行进入、偶遇进入等；从进入手段的角度看，侵入方式分胁迫进入、尾随进入、埋伏守候等；从进入方法的角度看，侵入方式分技术性进入、破坏性进入、和平进入等。

（1）潜进入：指犯罪行为人以秘密的、隐蔽的形式在不被人察觉的情况下进入现场。一般情况下，这种侵入方式不会对入口形成破坏。

（2）强行进入：指犯罪行为人直接使用暴力、借助工具等破除障碍进入现场或者利用强制力量、心理控制等向被害人施压使被害人服从、丧失抵抗能力后进入现场。

（3）偶遇进入：指犯罪行为人在不特定的地点（发案现场）无意中恰巧与被害人相遇。

（4）胁迫进入：指犯罪行为人采用武力威胁、心理胁迫的手段进入现场。

（5）尾随进入：指犯罪行为人（不被察觉的情况下）跟在被害人后面进入现场。

（6）埋伏守候：指犯罪行为人在事先选择好的作案地点潜伏等待被害人，伺机作案。

（7）技术性进入：指犯罪行为人借助于技术、技能排除障碍进入作案现场。

（8）破坏性进入：指犯罪行为人通过毁坏、拆除障碍的方法进入作案现场。

（9）和平进入：指犯罪行为人借助于合理的身份、事由或制造、假借合理的身份、事由，通过正常途径在常态下进入现场。

【案例10】郑州市二七区“1999·11·23”特大盗窃枪支案：1999年11月23日，位于郑州市二七区齐李闫乡的郑州军分区民兵武器装备仓库发生一起盗窃案。据郑州军分区装备科科长介绍：11月23日9时30分，仓库管理员到5号仓库整理库房时，发现库房西南角地面上有一个洞口，洞口边存放枪支的箱子被打开，箱子内的“七九”式冲锋枪被盗四支，随即报案。

该民兵武器装备仓库东侧为武警河南总队第三支队第二大队驻地；南侧为白鸽模具厂；西侧为耕地；北侧为齐李闫乡木材加工厂和饮料瓶厂。

中心现场5号库房是位于仓库院内西侧的平房，坐西朝东。门前为菜地；北侧是4号库房；南侧是车库；西侧为3.7米高的西院墙。

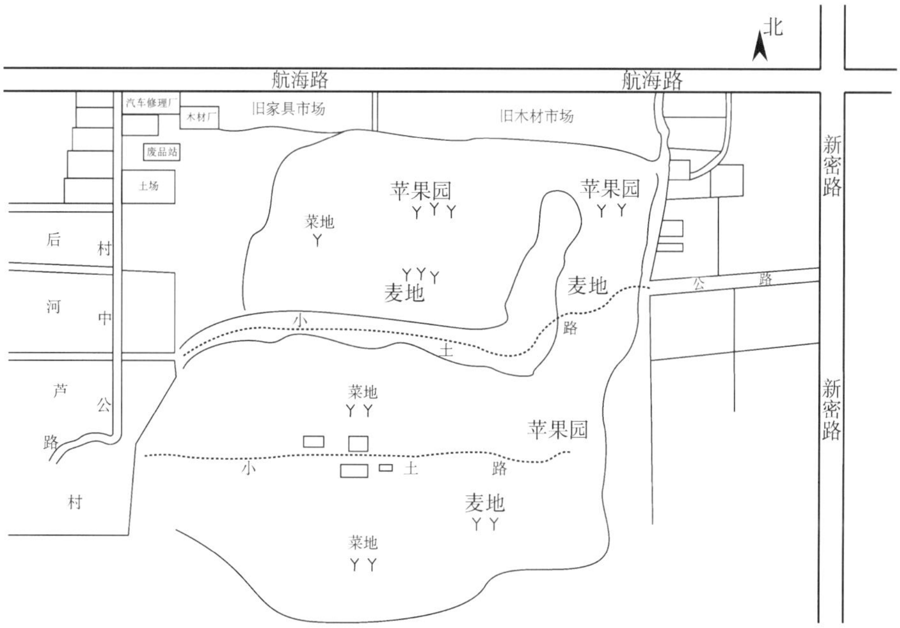

案例10图1　“1999·11·23”特大盗枪案件现场方位示意图

经勘查，5号库房大门为双层铁门，两层门的门锁均完好无损。室内东侧靠近东墙由南向北依次摆放着邙山区、管城区、中原区、金水区、二七区的枪支箱柜；西北角地面上一字型摆放着两排共18挺高射机枪；西南角摆放两垛内装“七九”式冲锋枪的箱子，共计75

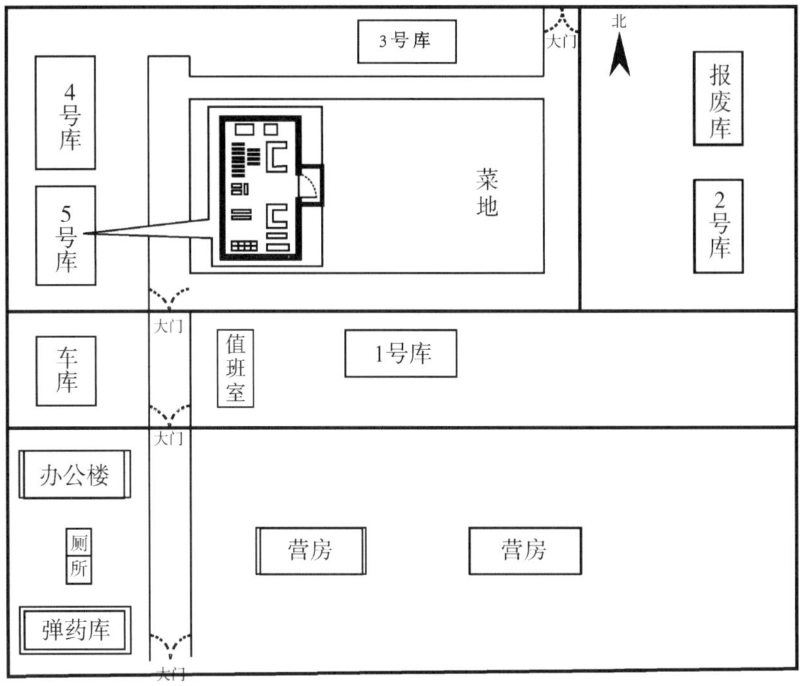

案例10图2　“1999·11·23”特大盗枪案现场平面示意图

箱。两垛冲锋枪箱子中西北角最顶层标号为“172批、第10箱”的箱子被打开，箱子内最下层放有41个弹夹，中间放有5支带弹夹的“七九”式冲锋枪，最上层放有1支未带弹夹的“七九”式冲锋枪。被盗枪箱西侧地面南北摆放的水泥柱上放有一个“五六式”冲锋枪弹夹，1个“七九”式冲锋枪枪箱箱盖和3个水泥块。水泥柱的西北角地面有一个30厘米×35厘米的洞口，洞口中心距南墙2.1米，距西墙0.5米。洞口南侧40厘米的地面上有一根长41厘米的小撬杠。

该室内竖洞深2.4米，洞底面积50厘米×45厘米，洞内距洞口40厘米的凹陷处发现一把旧螺丝刀（刀柄受潮发霉）、一柄扁尾锤、三根断的锯条、一根钢钎；洞底发现一套千斤顶、一块中部断裂的地砖；东洞壁上竖有一根长175厘米，直径4.8厘米的钢管。

从竖洞底向西通过墙基是一横洞，横洞截面40厘米×45厘米，向西170厘米是一小竖洞，截面40厘米×50厘米，小竖洞内发现一把生锈的铁勺和一个编织袋。从小竖洞向西横洞呈45°角向上150厘米发现第二个竖洞，高180厘米，洞顶斜向上有130厘米用虚土填充，挖开虚土可见一小孔露出地面。从第二竖洞向西南斜向下前进11.1米可达仓库院墙外竖洞，洞口用木棍蓬着，上面铺有编织袋，编织袋上盖有厚30厘米的虚土，洞口尺寸55厘米×50厘米，洞深88厘米，洞口向东距仓库西围墙670厘米，洞口南侧为土岗，其余方向为荒地。

整条洞道呈不规则的“山”字形，最窄处尺寸为45厘米×28厘米，最宽处是围墙外的洞道入口处，尺寸为55厘米×50厘米。

现场勘查人员还发现，枪支被盗的仓库内装有警报装置，但是犯罪行为人进入仓库的地洞进口正好位于警报装置的盲区范围内。

1. 案件分析

侦查人员对犯罪行为人挖洞潜入仓库的整个过程进行细致分析后认为：

（1）犯罪行为人所挖地洞呈明显的“山”字形，中间的一“竖”已经通向地面，又进行了回填，显然是对地洞进行修正的结果，显示出犯罪行为人的目标地直指5号仓库，表明犯罪行为人知道仓库各个库房存放物品的情况，其目的是5号仓库内存放的枪支。

（2）地洞长约18米，工程量较大，洞内空间逼仄不允许多人作业，犯罪行为人又要在秘密状态下进行，短时间内显然无法完成。虽然地洞入口在野外空地，但是周边是处于村庄和各种厂房的包围之中，时常会有人员往来，犯罪行为人

案例10图3　仓库内竖洞位置图

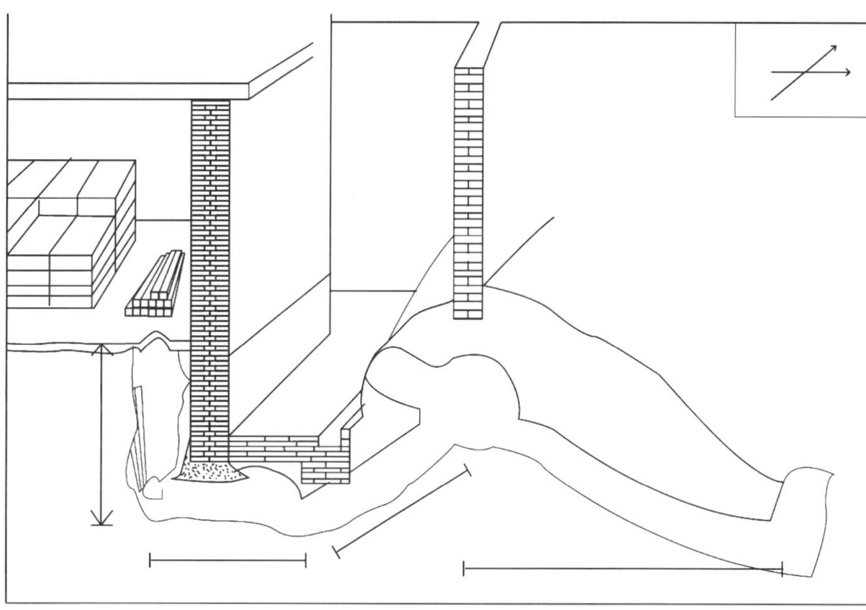

案例10图4　地洞剖面图

敢于在此长时间挖洞，反映出其熟悉仓库周边环境及人员往来情况，不怕引起他人注意。

(3) 犯罪行为人侵入仓库的方式大体上是一种潜进入的方式（挖洞进入），其中又含有破坏性进入的方式（破坏仓库坚硬的水泥地面）。犯罪行为人破坏水泥地面时会发出较大的声响，在库区相对安静的环境下容易引起人员的注意，这种行为与犯罪行为人花费大量时间挖洞隐蔽行踪的侵入方式有一定的矛盾。这一矛盾的存在反映出犯罪行为人并不害怕因有人听到声响而被发现。表明犯罪行为人了解库房管理人员的看守情况及往来巡视规律。

(4) 犯罪行为人侵入仓库的入口准确地选择在库房警报装置的盲区位置，显示出其熟知库房内部安防措施，表明犯罪行为人曾经进入过5号库房。

(5) 犯罪行为人进入库房并拿到没有弹药的空枪后，没有多余动作翻找弹药，表明犯罪行为人了解5号库房的物品存放情况以及仓库枪弹分离的管理规定。

根据以上分析判断，结合收集到的其他信息，侦查人员认为：犯罪行为人熟悉案发地的大环境、熟悉民兵武器装备仓库院内的小环境和人员活动情况，熟悉中心现场5号库房内的安防措施和物品库存情况，应该是与民兵武器装备仓库有关系的人员作案，内部人员或者曾经进入过民兵武器装备仓库的人员可能性大。

2. 人员排查

按照这一思路，侦查人员将能够进入或者了解到民兵武器装备仓库内部情况的人员分为四个层次进行了排查。

（1）1998～1999年在民兵武器装备仓库工作的人员。

（2）1992～1997年在民兵武器装备仓库工作的人员。

（3）1992年至案发期间因各种原因所有到过民兵武器装备仓库的人员（包括郑州市区领取、擦拭、搬运武器的人员及在仓库施工、维修或有其他业务往来的人员）。

（4）与民兵武器装备仓库有联系（探亲、玩耍）或打听知道仓库情况的人员。

案件侦破后，犯罪行为人蔡学元（男，时年32岁，1998年11月至1999年12月在武警驻郑某部服役）供述了其盗窃枪支的犯罪事实。蔡学元服役期间在武警机关开车，因工作关系曾多次到过民兵武器装备仓库。

本案中，侦查人员就是通过对犯罪行为人的进（出）口及侵入方式选择行为进行分析，利用其中潜态信息发现并建立了犯罪行为人与被盗现场的内在关联，最终确定了一个较小的侦查范围。

（三）排除障碍行为

排除障碍行为是指犯罪行为人在侵入现场的过程中，为清除所遇到的障碍而表现出的行为活动。因所遇到的障碍形式不同，犯罪行为人排除障碍的行为大致可以分为三类：

（1）翻越围墙、门窗，移除障碍物等排除有形障碍类行为。

（2）破坏监控设备，关闭报警器，切断电源、电话、网络线路，控制移动通信设备等排除安防设施类行为。

（3）排除相关人员类行为，即犯罪行为人排除侵入过程中遇到的可能对其侵入行为造成阻碍的相关人员的行为。这里所说的相关人员包括：被侵害目标的保管人（侵害目标为物时）、被侵害目标的安防人员、可能感知到犯罪行为人侵入行为的现场感知人等。

排除相关人员类行为分两种，第一种是通过暴力伤害、心理胁迫、工具禁锢等手段限制相关人员活动自由或精神自由的控制行为。第二种是通过预先设定场景、临时制造事端以吸引、转移相关人员注意力或者制造假象欺骗相关人员以达到浑水摸鱼的扰乱行为。

犯罪行为人无论采用什么形式排除障碍，总要留下相应的痕迹，这些工具痕迹、行为痕迹为行为证据分析提供了基础物质条件。而排障力量的大小、方法是否巧妙得当则反映了犯罪行为人的智能、体能、应变能力、行为习惯和可能的职业特征等个人特征。

【案例11】巩义市竹林镇“2006·12·1”杀人案：2006年12月1日，巩义市竹林镇一女村民被杀死在家中。现场勘查发现：死者家是一座坐北朝南的方形院落，院内北面是一套平房，东、南、西三面均是2.9米高的围墙。院门开在南墙的西侧，门上有暗锁，门及锁完好；大门东侧0.5米处靠院墙斜放一张长0.9米、宽0.2米的木板，木板上沿有泥土样物质；木板上方墙面上有一平行下擦划痕；木板东0.3米处建有一鸡棚；大门东3.7米处的南院墙内侧墙体上有两处斜向下的蹬踏痕迹，蹬踏痕迹距地面0.9米。

侦查人员依据被害人家围墙上遗留的攀爬痕迹，再现了犯罪行为人进入现场的路线：犯罪行为人从大门边的鸡棚顶上抽了一块木板靠在大门东侧的南墙边，踩着木板和鸡棚爬上院墙，爬墙时在木板上方的墙体上留下了下擦划痕，并扒掉了墙头外侧的两块瓦片。上墙后，犯罪行为人沿着南围墙向东走了3.2米，然后用手扒住墙头，身体下坠，用脚撑墙，跳入院内，在大门东南院墙内侧墙体上留下了两处斜向下的蹬擦痕；进入室内作案后从大门离开现场。

1. 分析判断

侦查人员对犯罪行为人用攀爬方式翻越围墙障碍的行为进行分析后，得出以下判断：

（1）犯罪行为人为20～35岁的青壮年男性。主要依据：一是南墙外斜放的木板上沿距墙顶还有2.2米的距离，鸡棚离墙顶为1.8米，犯罪行

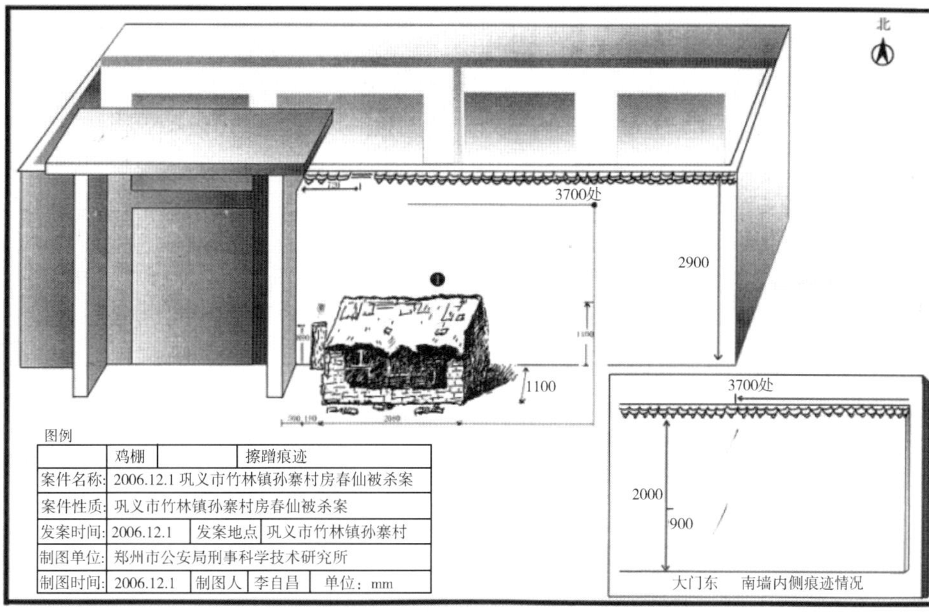

案例11图　“2006·12·1”巩义市竹林镇孙寨村房春仙被杀案现场立体示意图

为人在院外只借助臂力就撑上围墙，且只在墙上留下一处蹬踏痕迹，表明他具有较好的臂力，动作协调性较强。二是犯罪行为人在能见度很差的情况下在宽不足0.3米、高2.9米的院墙上沿行了3.2米，表明其视力良好，平衡能力和灵活性较强。人的平衡能力、运动协调能力以及力量和灵活性的最佳阶段是25~30岁，年龄越大下降越明显，结合案发地地处农村，村民常年从事体力劳动，体能体质较好等因素，推断犯罪行为人应当是20~35岁的男性青壮年。

(2) 犯罪行为人身高在170厘米以上。现场指挥员之所以大胆地对犯罪行为人的身高做出这么准确的推断，完全是建立在对围墙内侧蹬踏痕迹所包含的潜态信息进行分析的基础上的：南院墙高2.9米，院墙内侧墙体上留下的两处斜向下的蹬踏痕迹距院墙顶部有2米，这处明态的蹬踏痕迹揭示了犯罪行为人的行为动作只能是“手扒墙头，身体下坠，用脚撑墙，跳入院内”，同时也反映出犯罪行为人双手上举后从手到脚的大致长度为2米的潜态信息。结合人体比例及犯罪行为人跳入围墙时身体下滑以及蹬踏时身体可能无法全部伸展等客观因素，侦查人员计算后做出了犯罪行为人身高在170厘米以上的推断。

2. 脸谱刻画

在对犯罪行为人排除障碍行为分析的基础上，侦查人员结合其他收集到的信息，对犯罪行为人进行了以下脸谱刻画：

(1) 生理属性：年龄在20岁以上，35岁以下，体力较好的青壮年；身高170~175厘米。

(2) 地域属性：熟悉被害人居住的大环境，与被害人是同村人。

(3) 社会属性：社会层次不高，与被害人相当。

结合现场提取到的犯罪行为人遗留的精斑和半枚掌纹，侦查人员很快就在此类特征人群中抓获了犯罪行为人崔某（男，29岁，身高174厘米，被害人同村不同村民组的村民，平时在家务农，与被害人相识）。

在本案中，侦查人员面对现场痕迹物证少、现场访问没有发现现场目击人的情况下，运用“八看”中的“看进（出）口及进入方式”的方法，通过对犯罪行为人排除障碍行为的分析，准确地刻画出犯罪行为人的年龄、身高等生理属性，定了“脸谱”，不仅缩小了侦查范围，而且为迅速发现、锁定犯罪行为人提供了重要的依据。

四、侵害时机选择行为

侵害时机是指犯罪行为人实施侵害行为需要的具有时间性限制的客观条件。

侵害时机选择行为是指犯罪行为人依据自身

条件和经验挑选有利于实施侵害行为的、具有时间性限制的客观条件的活动及过程。犯罪行为人对侵害时机的挑选主要包括两方面内容：时间节点的选择和机会节点的选择。侵害时机选择行为多见于系列案件和有预谋的个案。

犯罪行为人在选定侵害对象（目标对象）后，首要的工作就是挑选并确定作案时间。因为任何行为必定占用一定的时间，而时间的一维性决定了犯罪行为人在同一时间节点上只能出现在一个空间内，做一件事情。所以犯罪行为人一定要挑选、确定一个有利的时间节点来实施犯罪，以保证利益的最大化。这一节点可以是一个模糊的时间段，如一年四季中的某一个季节、某种节气；也可以是一个具体的精确到分秒的时间点，如某日几时几分；还可以是一种特殊的时间节点，如专门选择雨天、夜间、纪念日等。

有了适当的作案时间，犯罪行为人往往还要等待、挑选一个适当的时候才实施犯罪，以利于保障行动的隐秘性，提高成功率。这个适当的时候可以是被害人睡觉、生病等丧失意识时；也可以是被害人与人交谈、争吵等注意力被转移时；还可以是大型集会、宗教仪式中被害人及可能的感知人情绪高涨、防范心理减弱时。

总之，犯罪行为人侵害时机的选择是围绕既能保证达到预期效果、又能保护自己的目的来进行的。侵害时机的选择依据则与犯罪行为人的自身经历有关，是犯罪行为人的心理思维定势的外在表现之一。尤其是在系列案件中，更是与犯罪行为人的犯罪经历、犯罪经验有着密切的关系。他们在作案实践中概括总结了一系列适合于自身的选择侵害时机、侵害地点的经验与教训，并作为再次犯罪时选择侵害时机、侵害地点的依据，使他们在侵害时机、侵害地点的选择上呈现出规律性。

同时，多数案件中侵害时机选择的合理性还反映出了犯罪行为人对侵害对象的熟悉了解程度。

【案例 12】登封市大冶镇“2006·12·9”杀人案：2006 年 12 月 9 日零时 40 分，登封市大冶镇石淙煤矿发生一起杀人案件。石淙煤矿材料会计景某（男，47 岁）被人杀死在该矿办公楼其住室内。

现场位于石淙煤矿办公楼一楼楼梯东侧第一个房间内。该房间没有悬挂门牌标识。房间门为单扇木门，门锁为球形门锁；门上有不少较旧捅痕，但没有明显撬压痕迹。室内北墙处放有一个 5 层铁皮柜，上三层柜门锁闭，下二层柜门无锁；第 4 层柜门被撬，其余的柜门没有撬痕及翻动痕迹；中间一层柜门锁闭（经清点，柜内共存放有现金 160 307 元）。房间东北角处南北方向放置一张床，被害人头东南脚西北，衣着完整，呈仰卧状被杀死在床上，被子遮盖着头，左脚着地，右腿曲于床边。被害人衣服前侧有喷溅血迹，室内东墙、北墙及木柜上有喷溅血迹，地面有滴落血迹。系被他人用有类圆形面的铁质钝器（锤类可能性大）打击头部，造成颅脑损伤致死。死亡时间为 2006 年 12 月 8 日最后一餐后 1 小时左右。被害人裤子左后裤兜内有 520 元现金，右后裤兜内有 4 张 1 元纸币。

侦查人员在室内提取到了 5 种不能排除的足迹，其中一种与在室外走廊上提取到的足迹相同。

1. 走访调查

侦查人员通过调查访问了解到：

（1）12 月 8 日晚间，当地下了场雨，夜半时分停止。

（2）该煤矿在每月的 8～9 日发放工资，总额为 30 万元左右。

（3）据矿工们反映，平日里他们都是在案发的屋内领取工资，很多矿工见到过景某从被撬开的柜子内拿取现金发放工资。

（4）发案房间为景某的办公室，平日里景某回家住宿。摆放床铺是方便景某中午休息，有时工作时间较晚景某也会在此过夜。

（5）煤矿管理方反映，矿工们的住所较为分散，且通信不便，8 号当天有多少工人领取了工资，领取了多少，短时间无法统计。发放工资又只有景某一人负责，还剩多少钱别人不清楚，因此，被盗的铁皮柜内是否存有现金，有多少现金目前不清楚。

综合其他调查情况，侦查人员认为这起案件的性质是：以侵财为目的的有预谋的抢劫杀人案。从现场情况看，犯罪行为人进入煤矿大院后，直奔没有任何明显标识的发案房间，又只撬开了存放现金的铁皮柜（外人可以了解到的情况），并没有翻动其他地方（包括景某身上的500余元现金），反映出犯罪行为人显然是冲着工人们的工资而来，知道现金就存放在第4层的铁皮柜内，且在第4层的铁皮柜内得到了现金（不会太少或者不低于犯罪行为人的期望值），已达到目的，否则应该会对其他部位继续翻动，第3层铁皮柜内的16万余元现金就不会留下。

2. 作案时机分析

从犯罪行为人作案时机的选择情况看：

（1）时间上正处于煤矿发薪期间，财务室必然有现金存放（犯罪行为人以往的经验），能够满足其图财的需求。

（2）发薪日只有8日、9日两天，白天院内人员加上领工资的工人，人员众多不好下手。只有晚上院内人员不多时才有机会。晚间突降的雨水使得冬夜更加寒冷，让院内人员更加不愿到室外活动，也更加适于作案。

由此可以看出，犯罪行为人选择的作案时机非常好，从而保障了其作案的成功，但是其对作案时机的良好把握也反映出以下情况：①犯罪行为人知道煤矿发工资的日子，能够估算出其可能获得的利益。②犯罪行为人到过财务室，了解工资存放的具体位置。③犯罪行为人能够在雨后及时赶来或冒雨赶来作案，其住地离发案现场不会太远。

最终，侦查人员综合判定的侦查范围是：熟悉当地环境，熟悉石淙煤矿大环境及小环境的当地人或外来打工人员（曾在煤矿上工作过并到财务室领过工资的人员可能性大），居住地或落脚地距案发地不远。

2006年12月15日下午，专案民警在对曾在煤矿上工作过的李某进行排查时，在李某家中发现一双与现场遗留鞋底花纹相同的鞋子，当晚23时左右，犯罪行为人李某被抓获。李某供述了其杀死景某并抢得36 000元现金的犯罪事实。

这起案件中，犯罪行为人自身的工作经历使他能够充分了解案发地点的详细情况，从而使他能够选择并把握住最好的作案时机。这种对时机的充分把握一方面保证了犯罪行为人作案的成功，另一方面也让侦查人员得以更深、更多地了解犯罪行为人的信息，成为破获案件的关键。

五、侵害方式选择行为

侵害方式是指犯罪行为人在犯罪过程中对侵害对象实施侵害的形式、方法和手段的总和。犯罪行为人选择实施的侵害方式多种多样。

从表现形式上看，可以是公开形式的侵害，如劫持人质、抢夺等；也可以是秘密形式的侵害，如窃取、投放危险物质等。

从侵害方法上看，可以是欺诈手段，如假冒（借）身份、伪（变）造合同等；也可以是伪装手段，如毁灭痕迹、藏匿物品等。

从侵害手段上看，可以是徒手，也可以借助工具，如器械、砖石、通信网络等；还可以是精神胁迫、侮辱诽谤等。

侵害方式选择行为是指犯罪行为人依据自身条件、经验和现场环境情况，挑选有利于排除障碍，实现犯罪目的侵害形式、方法和手段的活动及过程。

犯罪行为人选择侵害方式时主要受犯罪目的、自身条件、侵害对象条件和现场环境等因素影响。

【案例13】登封市颍阳镇“2009·8·13”杀人抛尸案：2009年8月13日，登封市颍阳镇刘村大队龙宿沟村的玉米地内发现一具高度腐败的尸体。

现场位于登封市颍阳镇刘村大队龙宿沟自然村西侧，村民韩某家玉米地内。该玉米地向东依次是棉花地和一条南北向的土路；向南是花生地和玉米地，再向南是刘寨村通向龙宿沟村的村路；向西是农田。

尸体位于韩某家玉米地内东南角的一个坑内，该坑南北长1.3米，东西宽0.82米，坑周围堆积有新鲜的泥土。尸体在坑内头南脚北，呈侧卧状。尸体全身由多层包装物包裹，解除包裹物后发现尸体全身赤裸。

现场发现提取的物证共7类8件。分别是尸体包裹物6类7件，由外到内分别是深绿色塑料布、红色被面、塑料编织袋上捆扎的两道铁丝、红白蓝相间的塑料编织手提袋、套在尸体头部的白色塑料手提袋、包裹尸体下半身的绿色线毯，以及当地村民在现场捡到的一盏红色“劲贝牌”矿灯。

尸体检验查明：尸体为男性，长160厘米，黑色短发长约3.0厘米，发育正常，营养一般，尸体已高度腐败。被害人的损伤集中在头部，以左后枕部为主，共有10处创口，且创口的创缘均不整齐，创周有挫伤带，其中3处深及颅骨；头部右侧相应部位有衬垫伤；舌骨、甲状软骨上角、环状软骨无骨折；气管内无异物，颈椎无骨折。

综合推断被害人系遭他人用钝器打击，致使颅骨多发粉碎性骨折引起严重颅脑损伤而死亡。死亡时间距尸检时间（2009年8月13日16时）7~14天，距最后一餐约4小时。

通过“查被害人损伤”，侦查人员认为，被害人的损伤主要集中在左侧后枕部，右侧相应位置有衬垫伤，表明被害人是在右侧卧情况下头部遭受打击的；被害人的受损伤部位较集中，反映出被害人在遭受打击过程中体位稳定，没有大的位移；未发现明显抵抗伤，反映出被害人对犯罪行为人没有戒备心理或没有意识到危险降临，且在遭受重击后很快就丧失了抵抗能力；结合被害人全身赤裸情况看，被害人在睡眠中受到打击的可能性较大。

犯罪行为人的打击部位集中在被害人头部致命位置，下手重（多处深及颅骨），次数多，反映出其必置被害人于死地的动机与目的，即有发泄愤怒的因素，也表明犯罪行为人缺乏自信，缺乏犯罪经验。

通过“查现场物品变化”，侦查人员认为，犯罪行为人抛尸时对尸体有过度包裹，分别使用了深绿色塑料布、红色被面、红白蓝相间的塑料编织手提袋、白色塑料手提袋、绿色线毯等5种包裹物，很可能与当地的丧葬习俗有关，反映出犯罪行为人对被害人有一定的愧疚感，犯罪行为人应该是被害人的关系人，而且是关系较近的人，不排除两者在一起居住的可能性。

案发当地无人认识被害人，显示出被害人是外地人。犯罪行为人抛尸并掩埋尸体的作案手段也支持其与被害人是关系人的推断。

2009年8月27日，犯罪行为人杜凤（女，时年41岁，洛阳人）、孙某被抓获。经讯问，犯罪行为人杜凤供述了其因婚姻问题，不堪忍受丈夫虐待，于2009年7月31日晚，杀死丈夫王某的犯罪事实。

据杜凤交代，因男女体力差异、自己又没有杀人经验以及碍于王某平日里的淫威，所以在事前做了充分的准备。事发当晚杜凤按照计划先劝王某喝了点酒，又主动与其发生了性关系，然后趁王某疲惫熟睡之际，用准备好的铁锤打击王某头部，将其杀死在自家床上。然后按照当地风俗，拼凑了5样物品（深绿色塑料布、红色被面、红白蓝相间的塑料编织手提袋、白色塑料手提袋、绿色线毯）将王某的尸体包裹后，伙同情夫孙某将王某的尸体从洛阳乘出租车拉到案发地抛尸、掩埋。

本案中，犯罪行为人基于自身条件有针对性地选择了先消耗被害人体力（喝酒、过性生活）→趁其熟睡杀人→包裹尸体→掩埋尸体的侵害方式，成功达到自己杀死王某的目的，并一度割断了被害人与自身的联系。但是，杜凤选择实施的侵害方式（下手狠、泄愤因素明显、过度包裹、抛尸、掩埋尸体）及侵害时机的选择（被害人熟睡中、无戒备）也留下了明显的心理印迹，为侦查人员建立两者之间的联系，推断两者的亲密关系提供了基础。

六、意外因素应对行为

应对行为是指（人）采取措施、对策以应付出现的情况而进行的活动。从广义上讲，犯罪行为人在作案过程中所表现出的多数行为都可以归为应对行为。如排障行为是为了应对作案过程中遇到的障碍、现场清理行为是为了应对公安机关的侦查等。

犯罪行为人的应对行为大体上可以分为两类：一类是犯罪行为人事先计划实施的、有明确目的的或者虽无计划，但仍未超出其预想之中的一般应对行为。如上述的排障行为、现场清理行为等。另一类就是意外因素应对行为。

意外因素应对行为是指犯罪行为人在犯罪过程中，为了应对突发的或者出乎其事先预谋之外的，且足以威胁其自身安全或影响、改变作案进程和结果的状况而进行的活动。

按照犯罪行为人所要应对对象的不同，其意外因素应对行为大致可以分为三类：

（1）应对环境因素变化的行为：指犯罪行为人因现场环境的改变而做出的应对行为。这种改变可以是外部环境的改变，如天气变化引起的现场进出通道受阻等；也可以是内部环境的改变，如目标对象安保措施的加强或改变等。

（2）应对意外事件发生的行为：即因意外事件的发生导致犯罪行为人做出的应对行为。

（3）应对人员意外变化的行为：指犯罪行为人因涉案人员的变化而做出的应对行为。人员的意外变化可以是犯罪行为人方面的人员变化，如无法预知的原因导致的团伙人员增减等；也可以是侵害对象方面的人员变化，如目标人物的消失等；还可以是可能的感知人方面的人员变化，如其他无关人员的闯入等。

犯罪行为人的意外因素应对行为可以是根据外界事物的变化情况，经过认真思考后做出抉择的应变行为；也可以是突然遭遇的情况下，根据以往的经验和自我思维做出下意识反应的应急行为。无论哪种状况下，犯罪行为人的应对行为直接反映了他的应对能力，即面对问题时，调节、适应、解决问题的能力。心理学研究表明，应对能力是多种因素长时间相互作用的结果，犯罪行为人的应对能力与其学习和成长经历、心理素质、控制能力（对他控制能力和自我控制能力）、犯罪经验等密切相关。深入研究犯罪行为人的应对行为有助于提高对犯罪行为人脸谱刻画的精确性。尤其是犯罪行为人在紧急状况下做出的应急行为，这是一种接近或类似于条件反射和潜意识行为的行为，能够更加真实地反映出犯罪行为人的本来面目。

【案例 14】郑州市金水区“2011·9·11”入室抢劫杀人案：2011 年 9 月 11 日 14 时 20 分，群众电话报案称，郑州市金水区某居民小区 3 号楼西单元发生一起凶杀案。该单元 11 层东户居民王某（女）倒在单元门门口，身下是大片血泊。

接到警情后，郑州市公安局丰产路分局民警仅用时 5 分钟就赶到现场，并迅速进行了现场处置与保护。

该小区 3 号楼是一栋地上 12 层，地下一层的板式住宅楼。有 3 个一梯两户的单元，每个单元的 11 层和 12 层为复式住宅。电梯可以上至 11 层，由步梯可以上至楼顶天台，3 个单元的楼顶天台相通。地下一层为该楼的地下储藏室，3 个单元的地下储藏室相通，中间是一条通道，两侧是两排地下储藏室，北侧一排的地下储藏室中间有两条与地下停车场相连的通道。

侦查人员顺着被害人滴落的血迹，找到了案发的中心现场。中心现场位于王某 11 楼的家中。现场勘查后，侦查人员依据现场痕迹进行了现场重建：犯罪行为人从该楼中单元上至该楼楼顶天台，分别利用楼顶 3 个电梯控制室的北窗户对顶层的 6 套住房进行了长时间观察（3 个电梯控制室内留有犯罪行为人足迹，中单元电梯控制室外的空地上有犯罪行为人遗留的较为新鲜的大便）后，选中被害人的住宅为侵害目标，由电梯控制室北窗户经窗下的横梁下到被害人家中二楼的阳台上，进入被害人家中（遗留有攀爬痕迹）；犯罪行为人在室内的衣柜、床头柜、茶几等多处地方进行了翻动，并在一楼大厅吃了食物（遗留有食品包装），将厨房的两把菜刀藏在一楼的沙发下和柜子里，在二楼的沙发下也藏了一把刀；还在靠门的卧室内呆了较长时间，推断为犯罪行为人在该室内休息（室内床边遗留有 3 枚烟头，床头柜上留有烟盒，床上的被子有翻动）；在大门处与回家的女被害人遭遇并对被害人进行伤害后（室内没有发现被害人血迹），退回室内沿进入路线原路翻上天台逃窜至 3 号楼东单元（沿途有滴落血迹），沿楼梯下至东单元地下储藏室后失去踪迹（东单元一楼楼梯间安装有监控设备，地下储藏室地面有滴落血迹）。

侦查人员仔细勘查了地下储藏室地面的血迹后发现，这些滴落血迹明显可以分为两个甩溅方向，一行由东向西，一行由西向东，且均位于行进方向右侧。奇怪的是侦查人员没有在地下储藏室通往地下车库的通道地面上发现滴落血迹，也没有发现犯罪行为人有逃往一楼的迹象。

该楼东单元一楼楼梯间的监控视频记录下犯罪行为人右手缠一浅色衣物，沿楼梯下至该单元一楼后直接顺楼梯拐入地下储藏室，没有丝毫停顿。画面上明显可以看出，犯罪行为人神色紧张，行走姿态显得较为机械，对近在眼前的单元门看都没有看一眼。

综合现场情况，侦查人员认为：

（1）监控录像记录的情况及沿途滴落的血迹都表明犯罪行为人应该是右手受伤了，而且伤得不轻，特征明显，发案时段正值人们午休后出门的时间，犯罪行为人逃往小区院内容易被往来人员发现。

（2）监控录像中没有看到犯罪行为人返回一楼的画面。

(3) 地面痕迹不支持犯罪行为人进入地下车库。

(4) 因3号楼人员入住情况不同，地下储藏室的门虽然有锁着的，但也有只关着的，还有直接开着的，为犯罪行为人躲藏提供了方便。

(5) 东单元一楼的监控录像中可以明显看到犯罪行为人神色紧张、动作僵硬，有情绪失控的迹象。

(6) 从现场勘查情况看，犯罪行为人在室内停留时间较长，藏匿的刀具反映出其对房主的返回是有准备的，这种情况下犯罪行为人对被害人失控，自己受伤，表明其控制力弱，应变能力差，犯罪经验不足。

(7) 地下储藏室地面的痕迹反映出犯罪行为人在地下储藏室内往来运动，因此侦查人员推断犯罪经验不足的犯罪行为人因自己受伤后导致情绪紧张，加上对3号楼内部小环境不熟，地下储藏室内光线昏暗，以至于其一时找不到地下储藏室出口的可能性较大，加上公安机关的快速反应（5分钟就赶到并封锁了现场），让他最终丧失了逃离3号楼的机会。

最终，侦查人员得出了一个大胆的推断：犯罪行为人很可能被困在了3号楼的地下储藏室中，很可能就藏在某间储藏室内。

于是侦查人员对3号楼进行了封锁，随后对地下储藏室逐间进行搜查，很快就在东单元的一间地下储藏室内抓获了犯罪行为人郭某，此时距案发仅5个多小时。

据郭某（男，时年22岁，外来郑州打工人员，无业，无犯罪前科）交代，他一直没有找到工作，缺钱花，就想偷点东西，在案发前一天（2011年9月10号上午）就进到了案发现场，“我在一栋楼前坐了一会儿，这栋楼有3个单元，我想解手，附近没有厕所，就从中间那个单元乘电梯到了顶楼，这栋楼有12层，顶楼是个复式，电梯只到11楼，我又走楼梯到了楼顶，在一个楼顶空屋子解了个大手，旁边屋子是电梯控制间，门没锁也没有人，我进去转了一圈，发现这个屋子北墙上有个窗户，打开后看到窗户下边是顶层住户的阳台，窗户到阳台中间有一道横梁，从窗户到横梁再到下边阳台很容易，我就想下去偷东西。这栋楼有3个单元，顶层结构都一样，有3间电梯控制室，我都看了看，有一间下边的阳台搭了个顶棚，下不去，还有一个阳台没有装修，不像有人住，只有西边的单元顶层阳台装修过，我就准备偷这一家。但当时是白天，要从窗户下去害怕下边有人看到，我就在楼顶呆着，一直等到后半夜还没亮灯，我想可能这家人晚上不回来了，就顺着电梯间的窗户下到下边这家的阳台。”“我挨个房间看了看，都没人，大厅沙发上有层灰，好像很长时间没人打扫了，可能是没人住。于是我就挨着屋子翻……把找到的这些东西用一个蓝色的布手提袋装起来。这时天已经亮了，我想从大门走，发现大门反锁着从里边打不开，只能从原路走，但楼下院里已经有人走动了，我害怕爬阳台被下边人的发现，就想等到天黑再走。”“吃完后我想睡一会儿，但害怕睡着后有人进来，我到厨房发现有一个玻璃架子上插着四把刀，有两把是菜刀，另两把是窄一点的刀，我把这两把窄一点刀的一把装在身上，一把放在我装钱的布手提袋里，两把菜刀一把藏在一楼沙发下边，一把藏在卧室柜子里，我随身带来的那把刀也藏在二楼沙发下边。然后我就到一楼大门旁边的卧室里睡觉。”“睡醒后大概到下午了，我到一楼大厅坐在沙发上看电视。正看电视时突然大门开了，进来一个女的，看到我后这个女的‘啊’地大叫了一声，我站起来拔出刀对着她说：‘别动。’那女的转身跑出去了，我拿着刀追出去，她退到对门那家的门口，看见我出来了她又‘啊’地叫了一声，我拿刀对着她，说‘不要叫’，她说‘不叫、不叫’，但说的声音还是很大，我害怕有人听见，就走到她跟前拿刀指着她，让她跟我回屋，她说不去，我就用手拉她，她也用手挡我，边挡边喊‘不去、不去’，我就拿刀照她肚子上扎了一刀，她还喊，我就又朝她胸部扎了几刀，我看她还在喊，就害怕了，赶快转身进屋把门关上，提着装好的值钱的东西跑到二楼，从洗衣间的窗户爬到阳台上，踩着阳台旁边的扶手爬到上边的横梁上，又从横梁爬到上边的电梯控制室的窗户里，从电梯室跑出去。”“我不敢从这个单元下去，就跑到最东边的单元，走楼梯下到地下储藏室，然后顺着地下储藏室的通道跑，想找出口，没找到，地下储藏室有好多房间，有一间开着门，我就躲进去把门锁上了。我在里边很害怕不敢出来，不知道过了多长时间，门被警察打开，我被抓住了。”

从犯罪行为人交代的情况看，他在作案过程中遇到了3次意外情况：一是环境因素变化引起的意外，被害人家的大门与犯罪行为人预想的结构不同，从内部无法打开，致使犯罪行为人被困屋内；二是意外事件发生引发的意外，犯罪行为人认为无人居住的住宅的房主突然回家，将犯罪行为人堵在屋内；三是意外事件发生叠加环境因素变化引发的意外，犯罪行为人因为对第二种情况的应对不力而产生紧张情绪，慌乱中误入地下储藏室，被困其中。

犯罪行为人对这三种意外因素做出的应对行为成了案件走向的决定性因素。

第一种意外因素的应对行为是在屋内等待到天黑原路返还。从犯罪行为人交代的材料看，这是他观察过当时小区内的人员流动情况后，在没有干扰的情况下，经过考虑做出的应变行为，结果表明这是一种较好的应对行为，保证了犯罪行为人暂时的安全。

第二种意外因素的应对行为是持刀威胁，试图控制被害人，获得脱离现场的机会。从现场痕迹及犯罪行为人供述的材料看，犯罪行为人事先对这一情况是有所准备的，而其在室内的行为表现则反映出他并没有真正从心理上做出准备，仓促之中应变不及，激烈对抗导致犯罪行为人对现场失去控制，以至于在被害人死亡、自身受伤后被迫从侵入路线原路逃回。

从表面上看，犯罪行为人以受伤的代价换取到脱离中心现场，且并没有被院内人员发现踪迹的结果，也算是一种说得过去的应对行为。但实际上这次应对行为对其心理的打击是巨大的，被害人生死不明，自己的受伤，造成犯罪行为人的心理高度紧张，直接导致了最后一个不该出现的意外的出现，误入地下储藏室，并被困其中，间接后果就是自身被抓获。这一行为也充分反映出犯罪行为人应变能力不足，缺乏犯罪经验的心理特征。

第三种意外因素的应对行为是被困后躲进地下储藏室。从犯罪行为人供述的材料看，这与其说是被逼无奈下的最后应对手段，不如说更像是犯罪行为人被困后出于本能的躲藏，反映出其已经放弃了对逃脱的希望，也反映出其事先计划不周密、遇事不冷静，心理脆弱、不成熟的个体特征。

七、现场处理行为

现场处理行为是指犯罪行为人作案后，为了隐藏事实、毁灭罪证而对现场事物进行重新安排的一系列活动。其目的是割裂与被害人的联系、逃避惩罚。

根据犯罪行为人的目标对象和行为目的的不同，其现场处理行为分为2类5种，一是再造类现场处理行为，包括伪造现场行为、伪装现场行为；二是毁灭类现场处理行为，包括对现场痕迹的毁灭行为、对物的毁灭行为、对人（尸体）的毁灭行为。

（一）再造类现场处理行为

犯罪行为人实施的再造类现场处理行为分为伪造现场行为和伪装现场行为。

（1）伪造现场行为：犯罪行为人为了取得物质利益或得到精神满足，在没有犯罪行为发生的情况下，利用编造事实、设计和制造假象等手段制造犯罪现场的活动。

（2）伪装现场行为：犯罪行为人为了扰乱侦查视线、掩盖犯罪事实、逃避法律制裁而故意实施的改变现场事物状态的活动。

伪装现场行为可以根据行为目的的不同分为改变案件性质的伪装行为、转嫁罪责的伪装行为等。伪装现场的方式可以是对案件现场的全部进行伪装，也可以是对案件现场的局部进行伪装，其主要特征是现场信息真假并存。

伪装现场行为是最为常见的现场处理行为之一，尤其是在涉命案件中，经常可以见到犯罪行为人对被害人做出死亡原因的伪装和死亡方式的伪装行为。

【案例15】新郑市“2009·5·13”杀人案：2009年5月13日8时57分，新郑市辛店镇某村村民白某（男，49岁）报案称，其妻子黄某（女，45岁）被人杀死在自家堂屋东耳房卧室的床上。

据报案人讲，5月12日晚其到单位（辛店镇镇直幼儿园）值班，5月13日8时左右，接到儿子白小某电话说：“家里东西翻得可乱，扔了一地，俺妈在床上躺着，不知道咋回事，你赶紧回家。”白某回家后发现其妻被杀，随即报警。

被害人的儿子白小某讲，其早上5时左右起床后外出接送学生，8时左右回家后发现其母房中情况异常，就给父亲打了电话。

案例 15 图 1　案发现场概貌（由南向北拍摄）

公安机关随即对案件展开调查。被害人黄某的家是一坐北朝南、院门朝东的封闭小院。双扇内开铁质院门完好；院内北屋为三间平房，中间一间是客厅，两侧各有一卧室；东屋是两间平房，北间为杂物室，南间是厨房。

北屋门朝南，为双层门，两扇门均完好。客厅东南角的地面上有一部白色直板手机（经查为被害人的手机）。

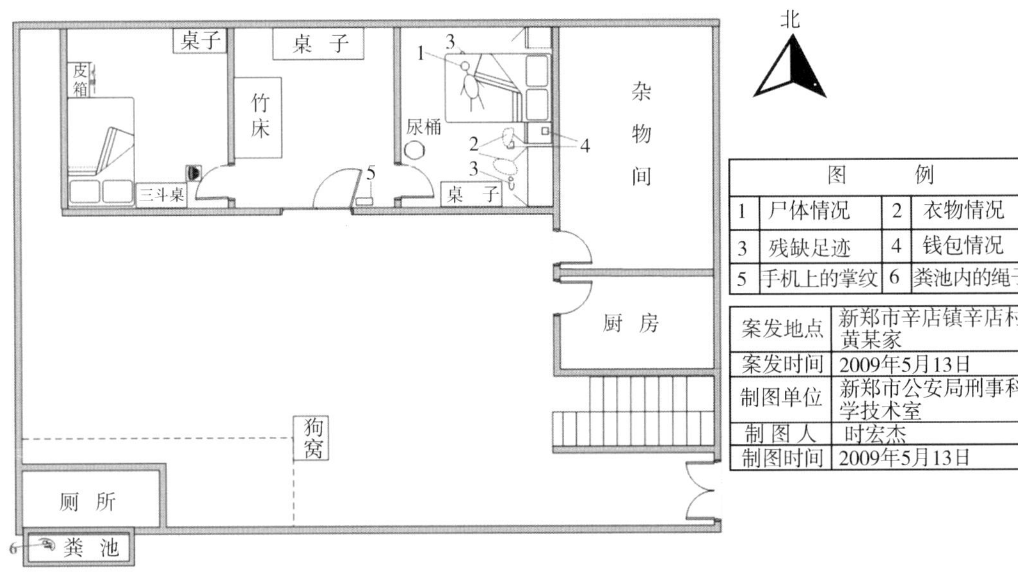

案例 15 图 2　“2009 · 5 · 13”新郑市辛店村黄某被杀案现场平面示意图

中心现场位于北屋内的东卧室。东卧室内的东北角放有一张双人床（头东尾西），被害人头西北、脚东南仰卧于床的中间部位，胸部以下盖有一条黄底白花的被子，被角垂于床南侧地面上；床北侧的床头柜上有镜子、矿泉水等物品，抽屉及柜门呈半开启状；床南侧的床头柜上有水杯、纸盒等物品，在纸盒上有一个黄色女式手提包（打开手提包后，包内有 350 元现金），床头柜的抽屉呈半开启状，柜门呈开启状；该床头柜西侧地面上有衣服、一个黑色女式挂包和一个红色钱包（钱包呈闭合状）。室内靠东南放置一组衣柜，衣柜南、北两扇柜门呈开启状，北侧衣柜门的西侧地面上散落有衣服、被子等物品，南侧衣柜门内的衣服向西倾倒于桌子上。同时，技术人员还分别在尸体头部下方、衣柜前等的地面上发现了大量足迹。其中尸体头部下方的足迹足尖朝北，衣柜前地面的足迹足尖朝南。

法医检验发现，被害人除颈部有四条环状闭合索沟外，其余部位无明显外伤，体内脏器亦无损伤。被害人颈部周围伴皮下出血及表皮剥脱。甲状软骨周围肌肉出血，左侧舌骨大角、两侧甲状软骨上角均骨折。喉黏膜充血，气管及支气管内可见泡沫状液体。说明被害人系因颈部受压致机械性窒息而死亡。死亡时间在 5 月 12 日 22 时左右，距最后一餐 3 小时左右。

通过对被害人黄某社会关系的调查及对附近群众的走访，发现黄某为人正派，没有不良嗜好；家庭关系较为和睦；对子女管教很严；在村里邻里关系较好，在单位与同事关系融洽，从未与人发生矛盾。

侦查人员按照查侵入方式、查现场物品变化、查被害人损伤、查作案工具的方法，对现场勘验情况进行了细致分析后发现，本杀人案现场有五个特征：

（1）现场的大门、屋门未见破坏迹象，现场围墙及房墙未见攀爬痕迹，属和平进入。

（2）从表面上看，中心现场的所有柜子、床头柜、桌子抽屉均被翻动，细看却是“动而不翻”，死者的手提包、钱包均未被打开，现金、手机仍在现场，家中亦未丢失其他财物，有明显的伪装现象。

（3）死者颈部有明显索沟，但未见绳索类凶器。犯罪行为人在勒颈后又将凶器解下带走，这一行为属于多余动作。

（4）死者体表没有抵抗伤，亦无遭到性侵害的痕迹，却下身赤裸，身上盖有被子，显然犯罪行为人对被害人的身体有掩盖行为。

（5）经比对，室内发现的大量足迹共 3 种，均为被害人和其丈夫、儿子所留。没有反映出有第 4 个人进入现场。

案例 15 图 3　床北侧地面及床头柜情况

侦查人员认为这些特征与熟人作案的特征相吻合，结合中心现场所在房间的地面上只有死者、死者的丈夫和其儿子白小某（男，19 岁）的足迹，未见其他足迹的情况，侦查人员认为本案的现场系变动过的现场，犯罪行为人应当是被害人的关系人，很可能就是被害人的丈夫或儿子。

虽然本案的侦查范围很快圈定在被害人的丈夫和儿子身上，但案发现场是在被害人的家中，现场上无论是出现被害人丈夫，还是其儿子的脚印，都是符合常理的事情。因此，犯罪行为人究竟是哪一个，还是两个人都参与了作案，还有待进一步确定。

争论过程中，侦查指挥员提示大家要注意到一个细节——被害人头部相对应地面上的残缺足迹前掌印和被害人衣柜前地面上的足迹前掌印都是被害人的儿子所留。侦查指挥员讲道，之所以强调这一点，是因为死者的儿子白小某的足迹出现在死者卧室是正常的，但是在这两个位置出现就有些反常了。第一，衣柜前地面上的足迹足尖方向朝向衣柜位于角落中的南柜门，而衣柜是被害人的衣柜，里面并没有白小某的衣物，白小某到衣柜前干什么；第二，被害人头部相对应地面上脚印足尖方向朝向被害人的头部，且正好是被害人头倒在床上的位置，而被害人头部是朝着房间内侧的，白小某到这里的目的是干什么。

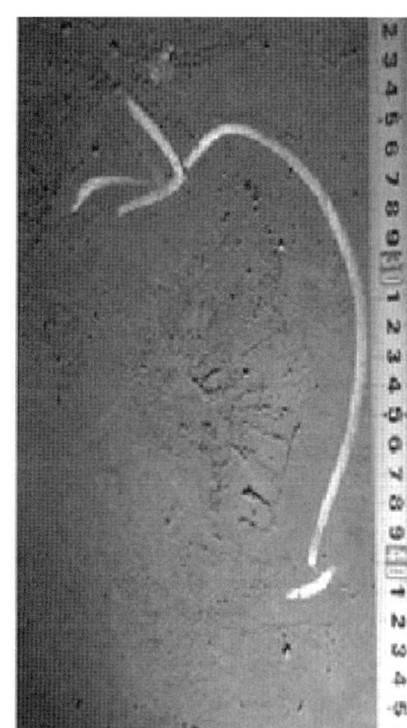

案例 15 图 4　地面上的足迹

接着，侦查指挥员又对两人作案的动机和可能性进行了分析。

首先看被害人的丈夫白某这一方面，通常情况下丈夫杀害妻子的原因大致有两种，一是第三者插足，因奸情引发杀人；二是女方同公婆矛盾激化，或女方因某种原因单方面坚决要离婚，家庭关系不可调和。调查访问的结果表明，被害人身上不存在这些问题。且白某已经 49 岁，心智成熟，仅仅是因为琐碎小事杀害妻子的可能性又不大。所以白某具有杀人动机的依据不充分。

再看被害人的儿子白小某这一方面，第一，被害人对白小某管教很严，两者之间有可能因管教问题发生矛盾的基础；第二，白小某年轻，做事易冲动；第三，白小某说的早上8时左右才发现其母房内的异常情况，与法医推断的被害人死亡时间有矛盾；第四，白小某在案发当晚行踪无人证实，具有作案时间。最重要的是白小某的足迹出现在了不该出现的位置，而又没有合理的理由。综合现场情况判断，这两枚足迹很可能是白小某在杀死被害人和伪造现场时所留。

据此，专案指挥部推断认为本案是一起因某种矛盾纠纷引起的激情杀人案。犯罪行为人是被害人的儿子白小某。

按照这一思路，侦查人员对白小某进行了重点调查，经查白小某于5月12日22时7分驾车出门，与其自己讲的19时出门，22时回家的情况有明显矛盾，立即对白小某进行传唤。经讯问，犯罪行为人白小某供述了其犯罪的经过：2009年5月12日晚，其因与情人周某约会的事和母亲黄某发生争吵，一时恼怒之下用平日锻炼用的跳绳将黄某勒倒在床上。待约会完回到家中后，发现母亲已经死亡，便将现场衣柜内的衣物翻倒在地上，试图制造家中遭盗窃，其母被人杀死在床上的假象。

本案现场就是一个犯罪行为人进行过局部伪装的犯罪现场。其目的是通过布置家中被盗的假象，掩盖犯罪行为人与母亲争吵后失手杀人的犯罪事实，制造母亲的死亡是因盗贼盗窃财物引发的抢劫杀人这一假象，用以转移侦查视线，逃避罪责和法律的惩罚。犯罪行为人对现场的伪装不仅未达到预期目的，他实施伪装行为时遗留下的痕迹反而成为侦查人员揭穿其伪装的有力证据。

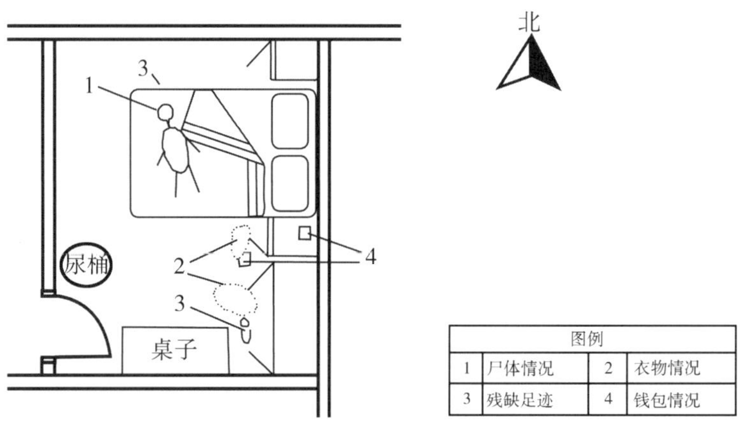

案例15图5　中心现场截图

如案例15图5所示，图中数字“3”标明的是犯罪行为人的足迹所在位置。

从图中可以看到，两枚足迹均分布在现场房间的边角处，正常情况下是不易走到的位置。首先说现场衣柜边的一枚足迹，衣柜位于房间的东南角，且衣柜中并没有白小某的衣物，白小某来到这里显然缺乏合理的理由，结合熟人作案的案件特征和足迹边从柜子中翻出的衣物看，将白小某的这一行为解释为是为了打开柜子，伪造现场更合情理。

再分析被害人头部相对应位置地面上的那枚足迹，这枚足迹的位置位于房间离门的最远端，且周围并没有足以吸引犯罪行为人来到此处的事物，结合被害人的尸位看，显然是犯罪行为人对被害人进行加害时所留。正常情况下，白小某没有来到此处的理由，如果是白小某发现其母房间异常，为了观察其母是否死亡来到此处，那么足尖的方向应该是朝向被害人头部，即足尖向南，而不是向北。并且以当时的情况看，白小某走到床尾的位置就足以确认被害人的情况，似乎没有走到此处的必要。

本案中，犯罪行为人白小某遗留在现场衣柜前和被害人头部相对应位置的两枚前掌足迹，是现场上最重要的物质痕迹之一。案件发生在被害人与白小某共同的家中，白小某在现场留下足迹亦属正常。而侦查人员却从“人做任何事情都是有一定目的的”这一心理学观点出发，通过对足迹中潜态信息的提取分析，发现了足迹遗留位置的不正常，进而捕捉到犯罪行为人的心理痕迹，分析了白小某来到这两个地方的真实目的，准确地刻画了犯罪行为人的脸谱，最终破获案件。

（二）毁灭类现场处理行为

犯罪行为人实施的毁灭类现场处理行为分为对现场痕迹的毁灭行为、对物的毁灭行为和对人（尸体）的毁灭行为。

（1）对现场痕迹的毁灭行为：是指犯罪行为人处理现场遗留行为痕迹所进行的活动。对现场痕迹的毁灭行为主要有纵火、冲水、清扫、擦洗、拆扒、装修、涂抹等。

（2）对物的毁灭行为：是指犯罪行为人围绕现场物品类物证处理所进行的活动。对物的毁灭行为主要有现场遗弃、藏匿、损毁和携离现场毁灭（含遗弃、销赃）、携离现场自用等。

（3）对人（尸体）的毁灭行为：是指犯罪行为人处置现场人员（尸体）所进行的活动。对人员的毁灭行为主要有捆绑、伤害（杀死）、威胁、挟持等，对尸体的毁灭行为主要有现场遗弃、藏匿、毁尸、碎尸、抛弃等。

【案例 16】中牟县“2008·10·28”杀人案：2008 年 10 月 28 日 13 时 30 分许，中牟县警方接城关镇某村一村民报案称，其在自家杨树林里发现一片虚土，用铁锹挖了几下后，发现虚土下边好像埋的有人的尸体。

侦查人员进行现场勘查时发现：杨树林里的虚土下有一具男尸，头西北、脚东南，呈仰卧位，尸体被埋在一呈东南、西北走向的土坑中，该土坑北距为民路 45 米，南距某学校 80 米，东距深发路 200 米，西距某住宅小区 30 米。

尸体衣着完整，上身穿土灰色夹克，下身穿黑色长裤，脚穿黑色皮鞋，衣兜无翻动迹象。头部套一黄色塑料袋，口鼻部盖一标有“好运”的白色塑料袋，颈部勒一绿色尼龙绳套，绳套内插一长 32 厘米、直径 2.4 厘米的本色木棍，将绳套顺时针拧转 270 度，尸体腹部盖一标有“伟士宝”的白色透明塑料袋。

侦查人员还在尸体下的土层内发现一套有两层的白色塑料袋，两层塑料袋均打结，外层塑料袋标有“神象爽滑系列挂面”的字样，内层塑料袋标有“神象高筋粉挂面”的字样。内层塑料袋内装的是沾染血迹的杂物，分别是：①名片；②画有“奥特曼大战孙悟空”的彩色气球；③黑色塑料盖（疑似遥控器类电池盖）；④小塑料药瓶；⑤绿色塑料小变形金刚；⑥烟蒂 27 枚（散花烟 13 枚，帝豪烟 14 枚），烟盒两个（散花烟烟盒 1 个，帝豪烟烟盒 1 个）；⑦黑色塑料溜溜球；⑧绿色塑料拉手；⑨扑克牌两张（一张为红桃 2，另一张为红方块 10）；⑩心形香囊；⑪长 47 厘米的布条；⑫日历残片；⑬黑色塑料管；⑭卫生纸；⑮白色粉末。

清出坑内浮土后测得该坑长 1.75 米、宽 0.47 米，南侧深 95 厘米、北侧深 55 厘米，北侧土台长 60 厘米，其他无异常。

侦查人员在外围现场搜索未发现与尸体现场有关的痕迹物证。

法医检验查明：男性死者年龄在 35 岁左右；身高约 179 厘米，体态较壮；毛寸头；头部有多处钝器伤，多处深达颅骨，造成被害人颅脑损伤而死亡；死亡时间推断为 10 月 24 日左右。

侦查人员认为：现场提取的 17 种物品中多数沾染有喷溅或擦拭血迹，与被害人头部多处受到钝器打击的损伤形成方式吻合，应该是犯罪行为人在杀害被害人过程中形成的，这些物品应该是第一现场固有的物品，是犯罪行为人清理杀人现场时随尸体一起抛出来的；进一步分类后发现这些物品主要是生活日杂用品及包装类 12 种（塑料药瓶、塑料拉手、扑克牌、日历残片、塑料管、卫生纸、心形香囊、布条、疑似遥控器类电池盖、面粉包装袋、塑料袋、尼龙绳）和儿童玩具类 3 种（彩色气球、塑料变形金刚、溜溜球）物品，据此推断犯罪的第一现场应该是一个居家场所，并且这个居家场所内有小孩生活居住。

从现场所处位置、掩埋尸体的土方量及报案人反映的情况看，犯罪行为人的人数应该在两人以上，具有运尸体的工具。

10 月 29 日中午，查找尸源的工作取得了重大进展，通过指纹入库比对查明死者系中牟县城关人李某（男，1973 年出生），现租住在城关镇某村。

在对被害人位于三楼的租住处进行勘查时，侦查人员发现该出租房的防盗门完好，门锁无撬压破坏痕迹；客厅门北侧一空纸箱上放有标有“吉祥如意”字样的日历残片；客厅南墙的电视柜中间放有一电视机，电视机的遥控器无后盖；将电视柜移开后发现自墙面下端向上有一处涂抹痕迹，该处涂抹痕迹高 1.33 米、宽 1.75 米，在涂抹痕迹上侧发现一处可疑斑迹；客厅北墙沙发上有散放的扑克牌；沙发前的地面上有两枚烟蒂。

经查验，抛尸现场提取的日历残片与被害人家中的日历残片为同材质；黑色塑料盖系被害人家中缺失的电视机遥控器后盖；两张扑克牌与沙发上的扑克牌为同种材质底纹，沙发上的扑克牌缺失部分中包括抛尸现场的两张；抛尸现场烟蒂中检出的 DNA 与沙发前的烟蒂中检出的 DNA 其中一人相同（非被害人的）；墙面涂抹痕迹边的可疑痕迹为被害人血迹。可以认定此处就是被害人被杀现场。

通过走访调查熟悉被害人的人员，侦查人员了解到，该出租房系被害人一家三口居住；因被害人常年酒后殴打妻子校某，夫妻两人关系紧张；近两天被害人家中的家具位置也有所改变；最后有人见到被害人的时间为 10 月 24 日或 25 日。

侦查人员认为从现场物品变动情况看，新刷的墙面，挪动的电视柜都是为了遮掩墙面的血迹。而校某在回答侦查人员的询问时不仅隐瞒了家中这一变化，还坚称被害人 27 日晚还在家中喝酒。因此，侦查人员认为校某具有重大作案嫌疑。

经过侦查人员的耐心工作，10 月 30 日犯罪行为人校某供述了其雇佣张某、李甲、李乙在家中杀害被害人的犯罪事实，校某因不满被害人的常年家庭暴力，通过李甲雇佣张某及李乙于 10 月 24 日凌晨在校某家中用铁锤将被害人砸死。随后张某等人用卫生纸等擦拭了屋内地面上喷溅的血迹，并用批灰刀把溅在墙上的血迹刮掉。25 日凌晨，张某等人用电动三轮车将被害人的尸体和杀人现场溅有血迹的杂物一并包装运至抛尸现场掩埋后，把作案用的铁锤、运输尸体用的电动三轮车以及掩埋尸体所用的平头铁锹分多处全部抛弃。回到校某家中把刮掉的墙面用涂料重新刷了一遍，把电视柜挪到墙前遮住未干的墙面。

本案中，犯罪行为人实施了多种毁灭类现场处理行为，犯罪行为人通过擦拭地面血迹、清扫地面、刮去墙面血迹、重新粉刷墙面等毁灭现场痕迹行为；抛弃、掩埋等毁灭尸体行为；抛弃现场沾染血迹的杂物和作案工具、移动现场物品等对物的毁灭行为，以达到掩盖犯罪事实、逃避罪责的目的。侦查人员则通过对犯罪行为人毁灭现场行为所产生的结果进行分析，利用其抛出的杂物推断出杀人现场的空间状态，利用其对杀人现场的掩饰行为及结果，确定了侦查范围，刻画出犯罪行为人的脸谱。

第三节　案后阶段行为

案后阶段行为是指犯罪行为人在实施犯罪行为（包括达到作案目的和未达到作案目的犯罪行为）后，受该犯罪行为的持续影响而进行的相关活动。

犯罪行为人的案后阶段行为有些是在现场直接表现出来的，有些是在后续的关联现场表现出来的，还有些则是现场的必然延续，从其表现形式上看，可以分为投案、逃跑、现场滞返和自杀等 4 类行为。

一、投案行为

投案，是指犯罪行为人主动到司法机关或公安机关交代自己的作案经过，听候处理。与人们想象中不同的是，投案的犯罪行为人并不全是真心悔过者，他们投案的动机和目的不尽相同，大体上可以分为以下三类。

（一）自首

自首是指犯罪行为人犯罪后愿意承担罪责，自动投案，如实供述自己所犯罪行的投案。

关于自首，《中华人民共和国刑法》第六十七条规定：“犯罪以后自动投案，如实供述自己的罪行的，是自首。对于自首的犯罪分子，可以从轻或者减轻处罚。其中，犯罪较轻的，可以免除处罚。被采取强制措施的犯罪嫌疑人、被告人和正在服刑的罪犯，如实供述司法机关还未掌握的本人其他罪行的，以自首论。犯罪嫌疑人虽不具有前两款规定的自首情节，但是如实供述自己罪行的，可以从轻处罚；因其如实供述自己罪行，避免特别严重后果发生的，可以减轻处罚。”

【案例 17】郑州市管城区“2009 · 2 · 23”

伤害致死案：2009 年 2 月 23 日，郑州市公安局“110”指挥中心接到一女子王某报警称，其在郑州市管城区某家属院内自己家中将另一名女子袁某刺伤。

侦查人员赶到现场后，发现袁某已经死亡。报案人王某向侦查人员描述了事情的经过。

犯罪行为人王某本来家庭和睦，后因袁某的插足造成了家庭破裂。为了保住家庭，王某已经默许袁某和自己丈夫弓某在外面同居，但是袁某却得寸进尺，一方面要求王某赶快与其丈夫离婚，一方面居然要搬到王某家中与弓某公然同居，鸠占鹊巢。

案发当天晚上，袁某随弓某回到王某的家中，并打电话约王某回家说事儿。王某回家后，袁某却坐在客厅的沙发上用王某家的电话聊天，把王某晾在一边。后来，双方因袁某要在王某家中与弓某同住而发生争吵。在此过程中，袁某言语激烈、态度蛮横地指着王某的脸说：“事情到了这个地步，你老公爱的是我，不是你！你能把我怎么样？明智些，赶紧滚蛋！”王某被彻底激怒，随手拿起茶几上的水果刀捅了袁某一刀，袁某随即瘫倒在沙发上。

王某随即拨打了“120”对袁某进行救治，并拨打“110”报警。

本案中，犯罪行为人王某在实施犯罪行为后随即报警，能够保持现场原貌等待警察到来，且能够客观描述案情经过，如实供述罪行，并及时拨打“120”对袁某进行抢救。王某的这些行为反映出其有悔罪心理，愿意承担犯罪后果。最终，法院在审判时，认定了其投案自首的行为。

（二）投案不自首或假自首

投案不自首或假自首是指犯罪行为人出于减轻罪责、逃避侦查的目的，有选择地供述罪行的投案。

这种投案行为指的是犯罪行为人作案后，出于某种原因，不得不选择投案。但其投案的目的不是真心悔过，而是出于投机钻空子，为的是用投案的形式争取减轻处罚或免于处罚。表现为两种情况，一是投案后不如实供述全部案情或者不全部如实供述案情，而是只选择部分案情或案件进行供述，达到争取宽大处理、减免处罚的目的。二是作案后，先通过伪装、伪造现场等手段毁灭、改变主要证据进而改变案件性质，然后以投案的形式达到减轻罪责的目的。

【案例 18】安徽省广德县“2013·8·27”抢劫杀人案：2013 年 8 月 27 日下午，两名男子在亲友的陪同下驾车来到安徽省广德县刑侦大队投案，该两名男子称两人于 8 月 26 日晚在浙江省湖州市杀死了一男一女，尸体就在两人驾驶的汽车后备箱内。

侦查人员随即对两名投案人员张某（男，41 岁）和朱某（男，37 岁）展开审讯，据两人交代：两人均是阜阳市阜南县人，暂住浙江省湖州市南浔区，张某从事废纸收购，朱某在快餐店打工。他们在 2013 年 8 月 26 日晚，一起前往被害人王某（男，江西省永新县人，暂住浙江省湖州市）的修理部，向王某讨要已支付的修理费，在此过程中，双方先是发生言语争吵，而后是肢体冲突，冲动之下，两人先后将王某夫妇二人勒死。

讯问的同时，侦查人员对两名投案人员开来的皖 P×××××当地牌照轿车及车内的两具尸体进行勘查和检验，并向江苏警方发出了协查。

经调查，两名被害人确如投案人员所交代的系王某夫妇二人，被害时王某夫妇二人暂住浙江省湖州市南浔区，从事机械修理。死亡原因也确系被绳索勒颈致机械性窒息死亡。

同时侦查人员也发现了一些疑点：一是张某和朱某在找王某要钱时曾到广德县租了一辆轿车，二是两人购买了胶带、刀等工具。侦查人员认为，犯罪行为人购买胶带、刀等工具和在广德县租车的案前行为与其自称的要账动机之间存在矛盾，所以不能简单地认为是一时激情杀人，两人虽然主动投案了，但并没有如实交代，侦查人员随即加大了工作力度。

经过侦查人员的不懈努力，张某、朱某最终供述了预谋抢劫杀害王某夫妇的犯罪事实：两人因手头拮据，就想到了抢劫平时认识的王某，随后两人购买了刀、胶带等作案工具；2013 年 8 月 26 日晚，两人以讨要修理费为由将王某从租住处骗到野外制服、捆绑，然后到王某的租住处进行抢劫并杀害了王某的妻子李某；最后又将王某勒死灭口；作案后，两人驾车沿高速公路辗转浙江省杭州市等地，于第二天（27 日）到达张某亲属龚某所在的广德县东亭乡准备抛尸；最终，在龚某等人的劝告下，张某和朱某向广德县警方投案。

本案中，犯罪行为人投案后，虽然供述了杀人的事实，却通过编造作案经过，故意隐瞒了自己抢劫杀人的真实动机，试图以此改变案件性质，减轻刑罚，是典型的投案不自首。侦查人员则通过对犯罪行为人案前阶段行为的分析，利用其案前阶段行为与其自称动机之间的矛盾，识破了犯罪行为人的伪装，最终查清其真实动机，让犯罪行为人受到应有的惩罚。

（三）假投案

假投案是指以冒名顶替为手段，以达到使犯罪行为人逃避罪责为目的的行为。

这种投案行为表现为案件发生之后，由他人顶替犯罪行为人投案，顶替者往往与真正的犯罪行为人之间有着某种特定关联，通常情况下这种关联可以分为两种：一种是顶替者出于亲情、报恩、获利或者团伙利益等目的主动代人受过。另一种是犯罪行为人在作案后以利益诱惑、隐私要挟或精神胁迫等手段找人顶罪，从而终结案件，逃避打击。

【案例 19】郑州市金水区“2011·4·29”交通肇事致人死亡案：2011 年 4 月 29 日，郑州市农业路某居民小区院内发生一起车祸，一名张姓老者（男，75 岁）被一辆白色现代轿车碰倒并遭到该车碾压，经抢救无效后死亡。

事故发生后，白色轿车上一名王姓女子（55 岁，该小区居民）向公安机关报警，并向随后赶到的侦查人员供述了事情经过：当天上午 11 时 20 分许，王某和其儿媳冯某（女，24 岁）从家中出来驾车去商场购物，因小区内道路狭窄，不慎碰到了骑着三轮车迎面而来的张某，致使张某从三轮车上摔落在地。自己一时紧张错把油门当成了刹车，导致所驾驶车辆从张某身上碾过。王某随即拨打了“120”，并报警投案。

而死者张某的家属向公安机关讲的又是另一种情况，死者家属讲道，据先赶到的邻居们反映，有目击者看到驾车的不是王某，而是与王某同车的冯某。

侦查人员随后查看了小区的监控视频，画面中可以看到该车在撞倒人后稍有停顿，然后从人身上碾过继续前行一段距离后停下。由于监控设备拍摄角度的问题，画面上只能看到车辆停下后的尾部，看不到车辆前部的情况。

侦查人员在布置寻找目击者的同时，对王某进行了细致的询问，尤其是车辆停放时的挡位、手刹位置、灯光情况、车内人员位置、物品摆放情况等细节问题，发现王某交代的内容与车辆停放时的实际状态存在出入。但是王某坚持自己撞人的说法。

案发 3 天后，侦查人员找到了目击者。案发当天，一名 12 岁的小学女生中午放学回家时，看到了车祸发生时的情况。

至此，始终无法自圆其说的王某才供述了事情的真实情况：案发当时开车的是其儿媳冯某。之所以王某要承担责任是因为冯某还没有考取驾照，属于无证驾驶，且当时冯某怀有身孕。为了即将出生的孙子，王某在车内和冯某简单商量后，主动顶替冯某投案。

本案中，王某就是在亲情的感召下及趋利避害心理的引导下，心存侥幸，冒名投案的。而侦查人员则通过对车辆停放时的细节问题的关注，查清事实，揭穿谎言，还原了案情真相。

二、逃跑行为

逃跑行为是指犯罪行为人围绕（为了）避开危险或不利的情况，避免被抓获而迅速离开（现场）所进行的活动。

这种活动始于犯罪行为人从作案现场离开，无论是完成作案过程后的主动退出，还是被迫中止犯罪行为时的仓皇逃窜，其目的都是明确且唯一的——逃避惩罚、保存自我。所以无论犯罪行为人逃跑时间长短，他们总会千方百计，用尽各种手段来避免自己被抓获归案。

【案例 20】朱某盗窃、抢劫、杀人案：2009 年 6 月 19 日，郑州市公安局刑侦支队经过 10 天的缜密侦查，在兄弟部门的配合下，成功抓获潜逃 16 年的公安部督捕命案逃犯朱某（男，37 岁，河南省开封杞县人），同时带破甘肃省兰州市一起命案积案。

朱某，现名徐某某，男，1972 年 9 月 20 日出生，汉族，小学文化，河南省杞县邢口乡人。被抓时住郑州市金水区庙李村。

朱某自幼在杞县老家上学。1984 年辍学后外出到郑州打工，同年因盗窃自行车被邙山公安分局拘留一个月。此后，朱某就在郑州以卖水果、蹬三轮、打零工谋生。在此期间，其曾到许昌打工一段时间。

朱某交代其逃跑经历如下：

1993年7月23日凌晨，朱某伙同周某、孟某二人在郑州市公安局二七区分局车管会财务室盗窃财物时，盗走“64”式手枪一支。盗窃枪支后，朱某三人随即乘坐长途客车逃到许昌。

1994年9月，朱某与同伙周某用盗来的枪将另一同伙孟某打死，向家人凑了些资金后逃至新疆的石河子市，投奔远方亲戚。

1994年10月，同伙周某在石河子被追踪而至的侦查人员抓获，朱某以事先想好的理由骗过抓捕人员后辗转逃往兰州、天津、临汾、太原、开封等地。

1996年春节前后，朱某在兰州市落脚打工至1997年11月。

1997年11月，朱某在兰州市邸家庄89号抢劫杀死可能暴露其行踪的河北省唐山市人王某，被兰州市公安机关上网通缉。之后，朱某经许昌逃到郑州，化名徐某某在郑州打零工谋生，一直居住在金水区庙里村。

2006年，朱某在郑州结婚生子。同年，朱某通过办假证伪造了一套身份证明，以“徐某某”的名字在河南省郑州市某派出所入户。

朱某自1993年7月盗窃枪支，并于1994年9月杀死孟某后，先后逃往北京，新疆的石河子、乌鲁木齐，甘肃的兰州，天津，山西的临汾、太原，河南的洛阳、开封、许昌、郑州等6省（直辖市、自治区）11地，其长达15年的逃跑行为是在两种情况下实施的。

第一种是在作案后未被发现的情况下的逃跑。因朱某自信公安机关不掌握自己的盗窃枪支的犯罪行为，所以逃跑方式也比较简单，乘坐公共交通工具（长途客车），直奔藏身之地许昌。逃跑手段也单一。

第二种是在杀人后罪行暴露的情况下的逃跑。这一逃跑行为又可以分成三个阶段：第一阶段是从1994年9月杀死同伙孟某到1996年春节前后落脚兰州。历时约18个月。主要逃跑手段有投靠亲友（第一站直奔新疆的石河子）寻求资助；隐姓埋名、切割关系；四处流窜、躲避抓捕；学艺打工、换取逃资；编造故事、瞒天过海。这是朱某逃跑中的动荡期，强烈的心理不安促使他只能通过不停地变换地点达到隐藏自己的目的。第二阶段是从1996年春节前后落脚兰州至1997年11月在兰州杀死王某逃离兰州，历时约22个月。这时的朱某已经逐步从逃跑初期的慌乱中清醒过来，之前逃跑积累了较多的经验，也使他逃亡的心理素质初步成熟，已经能够较为自如地应对逃亡生活。于是，他在曾经停留过的城市中，选择了自认为比较适应的兰州，开始过上了相对稳定的生活，其主要逃跑行为是打工，以换取生活费用。第三阶段：1997年11月杀死王某后至2009年6月在郑州被抓获，历时约11年8个月。这是朱某第二次因杀人而逃跑，也是朱某在一个地方待的时间最长的阶段。此时的朱某已经完全适应了逃亡生活，逃亡经验丰富，心理成熟稳定。这次从兰州逃跑后，朱某经过在许昌的短暂过渡，很快就回到了他所熟悉的郑州，在郑州一待就是11年，并以徐某某的假名结婚生子，基本过上了正常人的生活。这期间主要的逃跑行为一是杀死对其身份开始怀疑的王某，切断逃跑踪迹；二是通过造假，无中生有获取身份证明，漂白身份。

朱某在常年的逃亡生活中，无论是在逃亡的城市里还是在他最后居住的郑州，也曾多次遭遇到警察的盘查，朱某为此还总结了一套应付警察的办法，并屡次藉此侥幸过关。我们将其在逃亡中应对警察的方法归结为四个字“藏、躲、唬、骗”。

（一）“藏”

“藏”是指刻意隐瞒自己的行踪和身份。朱某从逃亡开始就十分注意隐藏自己的身份。在长达15年的逃亡生涯中，朱某除在逃跑初期因没有逃跑资金回家拿过钱外，基本断绝了与家人和朋友的联系。并先后用过“王军”“小徐”“徐锦”等假名字。2006年，朱某通过办假证伪造了一套身份证明，并在河南省郑州市某派出所入户，从此“变”成了另一个人“徐某某”，出生年份也从原本的1972年改为现在的1982年，以隐藏自己的逃犯身份。由于朱某日常混迹在社会下层，住宿、打工都有意挑选小旅馆、小饭馆、建筑工地等对身份要求不严的地方，这也为他隐藏身份提供了便利条件。

（二）“躲”

“躲”是指遇到警察提前躲避。朱某在逃亡过程中，尤其是逃亡初期，十分小心谨慎，注意观察周边事物，发现有警察设卡盘查、清理清查，甚至是见到周围有穿警察制服的人时，就会提前绕道躲避。“躲”还包括：朱某在逃亡过程中十分注意隐藏自己，宁可下苦力打短工也不做偷盗等违法的事情，也绝不多管他人闲事，以免因小事牵连出自己杀人的事情，减少暴露的机会。

据朱某讲，他在最初躲避公安机关盘查、清查的时候，总是绕道而行。时间长了，他发现只要不凑热闹不围观，像正常人一样正常做事，一般不会引起盘查人员的注意，很容易躲避过去。遇见警察就躲，反而更容易被发现。

（三）“唬”

“唬”是指与盘查人员遭遇“躲”不开时，就故作镇静，强词夺理，利用盘查人员还未发现可疑情况时蒙混过关

朱某在郑州时也曾在集中盘查时没能及时躲避而遭到盘问。遇到盘查人员向其索要身份证件时，他就“理直气壮”地告诉盘查人员，自己临时有事从家里出来忘记带了，并且质问盘查人员“自己犯什么法了，凭什么检查自己的证件”等。然后趁盘查人员犹豫之际溜之大吉。据朱某交代，他之所以敢“唬”，是因为通过观察发现，警方在进行大规模清理清查时，往往会借用大量的警校学员和非警务人员，而这些人员往往经验不足，给他提供了可乘之机。

（四）“骗”

“骗”是指事先想好应对的措施和理由，时刻准备好遭遇盘查人员盘查时如何骗过盘查人员的盘查。朱某在杀死同伙孟某后第一次逃亡时，在新疆的石河子曾被当地公安机关追逃人员堵在室内，朱某凭借事先的心理准备和应急发挥，谎称自己名叫“王某某”从而躲过一劫，而同在一室的同伙周某则因心理准备不足被抓获。

从朱某的逃跑经历可以看出，从作案后开始逃跑，到被抓获为止，朱某的逃跑行为涉及其衣食住行等各个方面。这些行为从不同的角度反映出犯罪行为人的各方面特征，如逃跑方式（工具）的选择反映了犯罪行为人的生活方式和经济基础（从借钱逃跑四处躲藏到做小生意择地定居）；逃跑路线的选择是否合理可以反映犯罪行为人对现场的熟悉程度和预谋程度（朱某数次作案后的及时逃脱）；逃跑时机的把握是否恰当则能反映出犯罪行为人的心理稳定程度、应对能力等（在石河子时周某被抓而朱某逃脱）；藏匿地点的选择更是犯罪行为人社会经验、犯罪经验、心理成熟程度的综合体现（朱某对逃跑经验的总结）。

【案例 21】郑州市郑东新区“2012·4·22”抢劫杀人案：2012 年 4 月 22 日，郑州市公安局郑东第一分局辖区的森林公园内发生一起抢劫杀害出租车司机案件。

现场位于森林公园北部的红瑞木园区内，被害出租车司机张某（男，42 岁，身高 175 厘米，稍胖）的尸体被扔在一偏僻小道边的干沟内，身上盖有树枝；路边空地上有几张纸币，其中一张百元纸币上带有血迹；绿色奇瑞牌出租车被抢走。

案件发生后，警方迅速成立专案组有序开展现场勘查、现场访问、被害人研究、电磁痕迹收集等工作，痕迹技术、技术侦查、网络监察、视频侦查、心理画像多手段联合作战。各种线索很快汇集到专案指挥部。

1. 现场勘验情况

1.1 实地勘验情况

现场痕迹物证分布情况如下：

（1）尸体位于土路北侧的排水沟内，干树枝覆盖，头东脚西呈仰卧状。尸体身上有大量血迹，左肩部衣服上插一把带血折叠刀。尸体南侧土路上有一拖拉痕迹。

（2）尸体北侧的树上有一可疑血迹，土路上发现多处成片滴落血迹。

（3）土路北侧地面有一枚鞋尖朝北的鞋印，土路南侧地面有两枚穿袜足迹，足尖方向分别朝向南和北。

（4）土路南侧地面有一水浸痕迹。

（5）土路南侧的农田里有一沾有大量血迹的黑色腰包，内有驾驶证等物品。腰包北侧有多张纸片及零散现金，东侧掩埋有水壶一个、沾血汽车座套一套、黑色袜子一双。

（6）中心现场西侧 40 米处路面，发现有汽车调头轮胎印痕。

1.2 尸体检验情况

（1）损伤情况：面部共见 7 处擦伤，生活反应明显。左胸部有 2 处创口，其中第 3 肋间一处创口，深达胸腔，刺破心脏。左肩背部有 3 处

梭形创口，深达肌层。

（2）死亡原因：系心脏破裂引起急性失血性休克而死亡。

（3）致伤工具：单刃刺器。

（4）死亡时间：5~7时；距最后一餐12小时左右。

1.3 痕迹物证检验鉴定情况

（1）经检验认为，现场嫌疑鞋印、嫌疑穿袜足迹为同一人所留。

（2）嫌疑穿袜足迹长25.5厘米，前掌宽9.5厘米，后跟宽6厘米。分析嫌疑人身高为172厘米左右。

（3）经检验，现场地面的滴落血迹、腰包上的接触血迹、汽车座套上的擦拭血迹、折叠刀上黏附的血迹均为被害人张某的血迹。

（4）尸体旁边树上的接触血迹为一男性所留。经在DNA数据库中比对，认定为犯罪行为人所留。

2. 案件侦查情况

2.1 现场访问情况

据感知人赵某（女，35岁）、王某（女，42岁）反映，2012年4月22日6时30分左右，两人在森林公园内郑州市少管所北1 000米处发现被害人的出租车及嫌疑人；感知人陈某（男，40岁）证实其与被害人张某共同承包豫ATV189牌照的绿色奇瑞A5出租车。

2.2 被害人研究情况

被害人张某家庭和睦，没有发现明显异常情况。张某本人脾气较好、性格开朗、比较健谈，很少与人发生争执，没有发现明显的矛盾点。经济状况中等，无债务纠纷。

被害人的妻子陈某某分别于22日7时6分、7时8分两次给张某打电话，张某都没有接，而是先后回了两个短信："我拉个急活儿去山东，给3 000元，现在刚出河南"，"别打了，我到山东给你回电话"。

张某同陈某合开出租车，陈某跑白班，张某跑夜班。每天的7时30分和19时30分交接班。

案发当晚张某接车时，出车情况正常。张某的电磁痕迹信息未发现异常。据陈某反映，按照平时交接车的情况推断，被抢劫时，张某的出租车内剩余动力（燃气、汽油）还可支持车辆行驶90千米左右。

2.3 技术侦查获取的电子数据情况

森林公园西门和郑新黄河大桥收费站的监控录像显示：被抢出租车豫ATV189是4月22日6时10分从森林公园西门进入，于6时46分从森林公园西门驶出，于6时54分沿中州大道由南向北通过黄河大桥。

3. 现场重建

根据现场勘验、现场访问等情况，侦查人员对命案现场进行重建，提出以下意见：

3.1 准备阶段

犯罪行为人自备凶器——水果刀，于2012年4月22日凌晨在郑州某地方以租车为名，坐上张某驾驶的车牌号为豫ATV189的出租车，沿中州大道自南向北行驶，森林公园西门的监控录像显示：4月22日6时10分该车从森林公园西门进入，沿小路向东行驶。在此过程中，犯罪行为人伺机作案。

3.2 侵害阶段

出租车行至森林公园北部红瑞木园区内的土路时，犯罪行为人右手持刀，突然刺向被害人张某的左胸部。被害人在抵抗过程中，左肩部被刺3刀，最后刀卡在被害人的左肩处。被害人受伤后打开车门下车躲避，犯罪行为人立即下车追赶，继续实施侵害。搏斗过程中，犯罪行为人手部受伤，两只鞋脱落，中心现场地面留下了多处血迹和鞋印、穿袜足迹等痕迹；被害人张某因多处受伤，失血过多倒在地上。

3.3 清理掩盖阶段

被害人倒地后，犯罪行为人拉住被害人的上半身拖至土路北侧的干水沟内，在土路北侧的虚土上留下双脚拖拉痕迹。移尸过程中，犯罪行为人的手接触了路边一棵大树，树干上留下了犯罪行为人的血迹。随后，犯罪行为人打开被害人的腰包翻动，腰包上留有大量被害人的血迹，犯罪行为人又将被害人的驾驶证、各类名片、100多元现金翻出，包内物品散落在地上。犯罪行为人洗劫腰包后，将腰包遗弃在土路南侧的农田里。之后，犯罪行为人用附近的树枝掩盖尸体，在树枝上留下了被害人的血迹。

作案后，犯罪行为人用车内水壶里的茶叶水在路边洗手，留下了沾有茶叶和血迹的水渍，后将水壶浅埋在距尸体南侧8米处农田的虚土里，并把出租车内驾驶员座位靠背上带血的白色座套扯掉，将其与水壶埋在同一位置。

3.4 逃离阶段

清理完现场后，犯罪行为人驾驶出租车，沿土路向西逃离。在现场西侧80米处调头时在地面上留下倒车印痕。调头时出租车尾部保险杠撞到路北侧的小树上，在树上留下擦痕。之后，犯罪行为人驾车沿土路向东、再向南、再向西行驶。森林公园西门口的监控录像显示，该车于6时46分驶出森林公园西门。逃离公园后，出租车沿中州大道向北行驶。黄河大桥收费站的监控录像显示，该车于6时54分由南向北通过黄河大桥进入新乡境内，7时10分被害人的手机在原阳境内不到原阳县城的地方关机。之后失去踪迹。

4. 现场分析意见

根据现场重建意见，结合现场访问、现场勘验、检验鉴定结论，侦查人员对犯罪行为人在作案前后的行为进行了分析，提出现场行为分析意见如下：

4.1 案件性质

本案的性质是以侵财为目的的有预谋的抢劫杀人案。

（1）通过对案件的时空状态和侵袭地点的分析：犯罪行为人选择的侵害对象是出租车司机，选择的作案时间是凌晨，选择的侵袭地点是偏僻之处。这些时空状态都是侵财类犯罪的高发节点。

（2）通过对侵入方式的分析：犯罪行为人以和平方式进入被害人车内，假借拦乘出租车之名，行抢劫犯罪之实。

（3）通过对现场物品变动情况的分析：犯罪行为人在现场翻动被害人的腰包，抢走被害人的钱财及车辆，这些现象反映出犯罪行为人的作案动机是图财。

（4）通过对被害人损伤状况的分析：犯罪行为人对被害人的加害没有集中在要害部位，损伤数量少，没有二次加害行为，表明犯罪行为人的主要目的是侵财。

（5）通过对作案工具的分析：犯罪行为人自备刀具，表明其事先有预谋有准备。

4.2 侦查范围

（1）人际关系范围：非熟人关系。一是被害人的电子信息痕迹证实，被害人案发前没有与人约会。二是出租车行业流动性大、服务对象不特定及出租车司机的防备意识较差，容易成为被侵害目标。三是犯罪行为人对现场和尸体的处理草率简单，只是为了拖延尸体被发现的时间，而非刻意割断两者之间的关系，反映出犯罪行为人与被害人之间没有必然的联系，不是熟人关系，应是陌生人作案。

（2）地域范围：知道大环境，不熟悉小环境，外来人口作案的可能性大。一是案发现场处于郑州市北郊，紧连黄河大桥，交通便利，被害人的电子信息痕迹、汽车的运行轨迹均显示向郑州北移动。二是交通监控视频显示，被抢车辆通过黄河大桥进入新乡境内后失去踪迹。三是案发地点虽然位于森林公园偏僻处，但是在案发时间段，前来晨练的人很多，说明犯罪嫌疑人知道大环境，不熟悉小环境。

4.3 犯罪行为人脸谱刻画

（1）生理属性：男性，青年人，一人作案，身高172厘米左右，控制能力不强，手部有伤。依据是：现场遗留的犯罪行为人足迹、现场提取到的犯罪行为人血迹、现场血迹分布情况，以及现场目击人的证实。

（2）地域属性：外来人口作案的可能性较大，犯罪行为人知道大环境，不熟悉小环境。

（3）社会属性：社会层次较低，经济拮据，懂得驾驶技术。依据是：被侵害对象层次不高，证明犯罪行为人心理期望值不高，社会层次较低。犯罪行为人对被害人的腰包翻动彻底，营运期间的零钱均被拿走，说明其急需用钱，经济拮据。犯罪行为人作案后驾车逃窜，证明其懂得驾驶技术。

（4）心理属性：犯罪行为人胆大妄为，做事不计后果，心理素质较差，反侦查意识薄弱。依据是：一是犯罪行为人逃离现场时仓促慌张，目击证人证实车辆三次熄火，倒车时撞在树上。二是对被害人的腰包翻动彻底，但部分纸币遗落在现场，说明其慌张。三是犯罪行为人手持利刃，在小空间内袭击被害人。

（5）既往犯罪属性：犯罪行为人可能有侵财类犯罪史。依据是：犯罪行为人案前准备作案工具，案后遮盖尸体、掩埋物证，具有一定的反侦查意识，可能受过打击处理。

5. 破案

依照现场分析意见所确定的侦查范围，侦查人员再次详细分析了犯罪行为人的逃跑过程，并确定了一个重点侦查区域。侦查人员认为：

（1）犯罪行为人是外地人，又与被害人没有直接必然的联系，系陌生人作案，所以，他只要能够顺利逃离现场回到自己熟悉的环境，就能够躲藏起来，没有人会怀疑到是他作的案。

（2）从犯罪行为人在现场上的驾车表现和在车流量很大的中州大道上的表现比较看，显然其对中州大道的环境更为熟悉。

（3）从犯罪行为人表现出来的反侦查意识与反侦查行为看，其应该对侦查机关的侦查手段有所了解，应该知道监控设施的重要性。而他不回避森林公园大门和郑州市境内逃跑沿途的监控设施的行为与其进入新乡境内就突然失去踪迹之间显然存在矛盾，而这一矛盾既支持了犯罪行为人非郑州人的推论，也反映出其对新乡地界的环境明显更为熟悉。

据此，结合感知人提供的被害人车内的燃料还能行驶90千米左右的情况，侦查人员在黄河以北，划定了一个以距中心现场100千米为半径，以黄河为南边界的半圆形区域作为重点侦查区域，从中查找符合刻画条件的犯罪行为人、查找被抢车辆，以及对区域内的加油站进行走访以发现新的线索。

4月23日下午，侦查人员在距森林公园54千米的新乡市小冀镇查获了被抢的奇瑞牌出租车，并抓获犯罪行为人夏某。

经审讯，犯罪行为人夏某（男，1990年出生，河南省新乡县七里营镇人）对杀害司机张某、抢劫出租车的犯罪事实供认不讳。

跨地域、流动性抢劫案件的侦破是侦查机关侦办案中的一个难点，尤其是在视频侦查等技术手段因某种原因无法发挥作用的情况时，案件的侦破会更加困难。本案中，侦查人员以犯罪行为人的逃跑行为为着力点，运用行为证据分析的方法，通过深入分析犯罪行为人逃跑时的心态，结合其逃跑方式，准确划定了侦查范围，以查找逃跑工具（被抢的出租车）为突破口，快速侦破案件，成为侦破跨地域抢劫案件的又一经典范例。

【案例22】郑州市金水区“2012·3·8”杀人碎尸案：2012年3月6日13时许，郑州市公安局接到陈某（男，38岁，湖南省长沙市人）报案，称其弟弟陈某东、弟媳王某、弟岳母秦某三人失踪。接到报警后，侦查人员迅速展开调查。

经查，陈某东（男，36岁，湖南省华容县人，某报社文体部副主任）。陈某东的妻子王某（女，32岁，河南省焦作市人，某晚报娱乐部记者）。陈某东的岳母秦某（女，62岁，河南省焦作市人，某医院返聘护士）。三人于2月28日之后失踪，失踪前共同居住在郑州市英协路某小区5号楼3单元5楼10号。

3月8日10时左右，侦查人员在陈某东家的地下储藏室中发现了封装在大型塑料桶内的大量尸块。

技术人员对陈某东的住处及地下储藏室进行了认真细致的勘查。在地下储藏室胶带密封的大型塑料桶和婴儿游泳池内提取到黑色塑料袋包装的15块尸块，尸块周围散落着水泥、高效活性炭、樟脑丸、花露水和空气清新剂等物品；经法医检验确定尸块为失踪人员王某和秦某的，二人的死亡原因为机械性窒息死亡，死亡时间12天左右。在陈某东家客厅鞋柜的死角发现人的血迹，检验对比为被害人王某的血迹。据此分析，陈某东家应为王某、秦某被杀的第一现场。

王某、秦某的尸体被发现后，陈某东却去向不明，生死未卜。根据现场勘查的情况，专案组立即围绕陈某东展开全面调查，获取了重大线索：

一是2011年年底，陈某东曾向报社的同事透露，想去广州发展，并于2012年2月向报社递交辞呈。二是陈某东于2012年2月将自己的房产卖给李某，并于2月28日向李某交付房子，但没有告知李某自家还有地下室。李某向陈某东支付了首期款55万元，其中支付现金20万元，通过银行转账35万元。李某收到房子，请家政公司打扫卫生后即搬入，但未入住。三是被害人王某单位领导曾经在2月26日收到王某手机发过来的请假短信，2月29日再次收到王某提出辞职的手机短信；被害人秦某单位领导也曾经在2月27日收到秦某手机发来的请假短信。四是被害人王某和秦某的身份证在2012年2月27日订了两张3月1日从郑州到广州的火车票，根据法医推断的被害人死亡时间，2月27日王某和秦某应该已经遇害，应是有人企图制造两人仍健在的假象迷惑警方。五是陈某东住处小区电梯内的视频监控录像显示，2012年2月24日11时46分至当日18时45分34秒，陈某东连续四次乘电梯从家中到地下室，每次提两个装满东西的黑色塑料袋，全部放在自家的地下储藏室内。六是网侦工作发现陈某东于2012年1月17日、2月10日、2月17日三次在网吧上网，多次搜索“尸体”“生石灰处理尸体”“购买二代身份证”“网吧上网记录保存”“如何彻底删除文件”等关键词，同时，还发现了其试图在网上购买虚假身份证的信息。七是陈某东之兄陈某于2月28日在长沙市见到陈某东，2月29日送陈某东离开长沙，3月5日收到了陈某东从成都寄到长沙的亲笔信，信中称自己做了天大的错事。同日陈某东在郑州市的朋友张某也收到装着陈某东本人身份证的快递。

专案工作获取的所有信息都指向陈某东具有重大作案嫌疑。通过调查陈某东在郑州市的同事、朋友，专案民警了解到陈某东曾用名为陈志和，1976年出生，汉族，大学毕业，身高175厘米左右，体态微胖，高度近视，不善言谈，南方口音，说话时歪嘴，有严重口吃，为人内向，有赌博嗜好。陈某东1999年7月从四川某大学毕业，同年9月到四川某报社工作，2002年3月到郑州某报社工作，2006年12月到现在的报社文体部任副主任，2012年2月19日向单位提出辞职，单位2月27日批准其辞职，之后陈某东不知所踪。

锁定嫌疑人陈某东后，专案组立即组织刑事侦查、技术侦查、网络监察和大情报信息平台等部门分成若干工作组，从交通、通信、金融、互联网络等各个方面对陈某东展开全方位搜索。同时迅速派出4组警力，分别赶赴陈某东的老家湖南省，陈某东上大学和曾经工作过的四川成都、重庆以及广州等地进行秘密调查。

1. 长沙寻迹，仔细查访，确定陈某东首个逃窜方向

3月8日晚专案民警抵达长沙后连夜开展调查走访工作，据陈某东的哥哥陈某回忆，2012年2月28日12时许，陈某东带着不满周岁的女儿自郑州乘飞机抵达长沙，当晚陈某东自称正在和妻子王某闹离婚，让哥哥代为照顾女儿，并交给陈某20万元现金。2月29日9时，陈某东自称要回郑州和王某谈离婚事宜，陈某把陈某东送到了长沙火车站，并看着陈某东进站后离开。之后陈某再给陈某东打电话时，电话一直不通，同时也无法联系上弟媳妇王某及其母亲秦某。

侦查人员调取了长沙火车站的视频监控，发现陈某东所谓的“要返回郑州”只是施放了一个烟雾弹，他并未乘火车返回郑州。侦查人员认为陈某东杀人后回到长沙的目的是向亲属交代“后事”，依据陈某东哥哥收到的快递信寄信地址，陈某东从长沙离开后极有可能逃窜至成都。

2. 蜀地追凶，电磁交叉，故布迷阵陈某东从容蒸发

3月8日当晚，专案组通过大情报信息平台查询到嫌疑人陈某东曾于2月29日17时在四川省成都市武侯区郭家桥西街显华商务酒店住宿，且尚无退宿信息。

侦查人员到达成都后调取了显华商务酒店的视频监控，发现陈某东于2月29日17时许进入酒店，登记住宿在508房间，次日（3月1日）12时许退房，随即搭乘一辆出租车离开宾馆，此后再未返回，去向不明。视频显示，陈某东在宾馆住宿期间共外出4次，并于3月1日11时55分在宾馆内通过圆通快递公司分别往长沙给其哥哥陈某和郑州的朋友张某各发一件快递。

专案组通过大情报信息平台查询后又发现，陈某东于3月1日9时34分在成都市工商银行九眼桥支行共提取现金330 400元，银行的监控录像显示，陈某东取款后将现金装入一个黑色袋子后离开。

陈某东所住的宾馆与取款银行相距仅2分钟路程，然而视频显示，陈某东取款离开银行后到达宾馆却用了18分钟。经查附近的监控视频发现，在附近的“四度空间”网吧内，陈某东用本人身份证登记上网5分钟。由于网吧系统故障，网络监察民警无法查到陈某东在这5分钟内究竟浏览了什么内容。陈某东离开网吧后，在很短的时间里更换了着装，并用一个黑白相间的袋子替换了原来装钱的黑色袋子，企图逃避公安机关侦查。

侦查人员从陈某东乘坐出租车离开宾馆入

手，在成都客运管理部门获取了其所乘车辆的GPS信息，很快追查到陈某东在3月1日12时42分到达成都市中信银行水碾河支行，先后取出1.8万元和150元两笔现金，此后脱离监控视线，再次失去了踪迹。

专案组分析，陈某东到达成都的第二天就提取了大量现金，极有可能准备逃离成都。专案情报信息工作组侦查发现，陈某东于3月1日使用本人身份证实名购买了3月2日12时42分发车的“成都东至广州”K829次列车车票。于是成都工作组和广州工作组的侦查人员迅速赶到火车站进行调查，在成都火车站进站口和广州火车站出站口的视频监控中均未发现陈某东的身影。为了查清陈某东是否乘坐这趟列车离开，专案民警又费尽周折，找到了K829次列车陈某东购票座位周边的几名乘客，均反映列车从成都开出时陈某东购买的座位一直是空的。各方信息汇总后证实陈某东并未乘火车去往广州，他购票的行为实为故布迷阵。

与此同时，技术侦查工作组侦查发现，3月1日被害人王某的手机186385×××××在成都出现了一条主叫王某另一部手机135235×××××的情况，通话时长187秒。这一情况是陈某东与同伙之间的联系，还是干扰侦查的行为？为防万一，专案组不放过任何可能的线索，立即派人员前往郑州机场调取2月28日至3月1日郑州飞往长沙和郑州飞往成都的所有航班信息和监控录像，力争找出陈某东是否有随行人员，但均未发现任何线索。后经分析，此行为应是陈某东为了迷惑侦查人员制造的假象。

自从3月1日中午陈某东通过快递将身份证寄回郑州之后，全国各个情报信息平台再无与“陈某东”有关的任何信息。

3. 调整思路，网监深查，揭开陈某东七副“面具”

专案民警没有气馁，继续追查陈某东在成都学习、工作期间的关系人，穷尽了陈某东在成都的所有社会关系，均未发现其踪迹。在所有线索全部中断后，专案组调整思路，重新分析掌握的所有线索，根据陈某东大学毕业后一直从事新闻媒体工作，喜欢玩网络游戏，且日常生活过度依靠网络，经常通过网络购买用品等习惯，及时调整思路，做出了“从分析陈某东的行为模式入手，在网络上寻找突破口”的决策部署。专案组分析，陈某东在逃亡期间有刻意避开视频监控、经常更换衣着等反侦查行为，为了避免抛头露面，网络购物应是陈某东的最佳选择。

专案指挥部立即部署网络监察工作组务必采取一切措施，重新梳理与陈某东有关的所有网络信息，尤其是网络购物信息，以便能找到新的突破口。

就在专案的各项侦查工作紧张进行之际，河南某家新闻媒体的工作人员于3月10日发布了一条“郑州发生大案，嫌疑人在成都被抓”的微博，并被多家大型网站转载。专案组敏锐地认识到这条假消息很可能会打草惊蛇，影响对陈某东的抓捕。该贴发布几小时后，郑州网络监察工作组迅速对所有信息进行删除处理。

这个突来的变故，给专案网络监察侦控工作带来了巨大影响，网络监察民警顶着压力，不眠不休，轮班对海量信息进行过滤、筛选、研判，对陈某东的“支付宝”交易记录进行了综合分析，很快发现陈某东于2月17日在一个名为“戴承艳”的广州淘宝商店内，以380元购买了一部爱贝多Q1儿童手机，而“儿童手机”在网络交易中正是“身份证”的代名词。由此可见，陈某东很可能在作案前已经购买了虚假身份证，以便作案后躲避侦查。

3月15日，网络监察工作组赶赴广州，在当地公安机关和电信部门的配合下，费尽周折，顺线查获了隐藏在广州市都市村庄内的“戴承艳”贩卖身份证窝点，查明陈某东于2月17日购买了“谢景涛”（身份证号440126××××12162717）等7个虚假身份信息，其中6个为他人身份证复印件，1个为他人的身份证原件。陈某东的“面具”被网络监察民警揭开。

4. 转战重庆，网上寻踪，惊弓之鸟再次消失

专案组立即对陈某东可能使用的这7个虚假身份进行全国查控和不间断扫描。3月20日情报信息工作组在对陈某东购买的假身份证进行全国轨迹扫描时发现：3月3日有人用“谢景涛”的身份证在重庆市渝中区心巢小区租了个一居室，付了半年房租，然而当侦查人员到达陈某东的藏身地时，却发现已是人去楼空。

侦查人员在陈某东重庆的租房住处查获了其

从郑州家中带出的台式计算机硬盘，以及遗弃在此的新购手机（连卡）、台式电脑、购买笔记本电脑的票据和部分生活用品。通过技术拆检获悉，陈某东在重庆租房藏匿期间，分别用“春天埋老婆”“山城葫芦娃”等网名在网上注册“魔兽”游戏、购买生活用品、了解气象信息，还通过网络学习怎样抹去指纹、改变脸型、回避人脸比对等反侦查手段。同时，陈某东还经常搜索“天佑小区命案”“郑州尸块”“陈某东、王某”等关键词，查询有关自己杀害妻子一案的各类网络信息。

让专案民警遗憾的是，陈某东已经浏览过3月10日发布的不实微博，正是这条微博，让陈某东感觉到威胁，怀疑自己的踪迹已被公安机关发现，3月11日匆忙离开重庆的藏身地，并抛弃了“谢景涛”的身份。

陈某东在重庆再次消失，使专案工作再次陷入僵局。专案组结合成都、重庆和广州的侦查工作，再次证实陈某东在逃亡期间依赖网络的行为习惯并未改变，他通过网站了解外部信息，通过网络游戏消磨时间，通过淘宝网站购买各种生活用品，以后必然还要在网络上“现身”。专案组更加坚定了“以网络监察查获信息为主线，刑事侦查、技术侦查、大情报信息平台综合跟进查证”的侦查思路。

3月29日，技术侦查工作组在成都市成华区万年场路的翔宇通信店查获了被害人秦某的诺基亚手机。经核查，该手机系环卫工人3月初在成都饭店对面的垃圾桶内捡拾后卖给翔宇通信店的。

4月8日，情报信息工作组查获陈某东购买的“乐拥明”虚假身份在成都市“时空战线”沙河网吧出现。专案组精心筹划，架网以待，4月12日20时，专案民警在当地公安机关的协同下将“乐拥明”抓获。经辨认，抓获之人并非陈某东，而是本名为“杨晓”的网上逃犯。杨晓（38岁，湖北省黄石市人），因挪用货款27万元被江苏警方上网通缉。杨晓在逃亡期间，通过网络在陈某东购买假证的广州同一制假窝点购买了“乐拥明”的身份证原件，而陈某东在该制假窝点购买的则是“乐拥明”的身份证复印件。

侦查人员围绕陈某东在郑州、长沙、成都、武汉、天津等地的家人、亲戚、邻居、同事、同学、赌友、网友及他们的二层、三层关系展开了大范围调查、布控；重庆陈某东的租房处始终有郑州市的专案民警在秘密蹲点守候；对陈某东在网上购买的7个虚假身份信息，不间断地在各大银行总部进行翻查，查询陈某东所携巨额资金的去向；技侦民警将陈某东的DNA信息录入系统，对全国的无名尸信息进行实时比对；公安部发布了B级通缉令，在全国范围内通缉陈某东；网络监察民警对陈某东及被害人王某使用过的和新发现的可能与陈某东有关的各种虚拟身份及各类论坛、网游、QQ、网购账号跟踪调查，甄别陈某东浏览过的网页9万余条，二层关系人信息4万余条；技侦民警对侦查获取的全部有关陈某东的电磁信息进行筛查，对被害人王某的苹果手机进行侦控；情报信息民警对已获知的陈某东持有的7个假身份证在全国大情报信息平台进行布控，多项侦查措施齐头并进，却始终没有线索。

5. 另辟蹊径，巧用“网汇E”，撕破陈某东最后一张“画皮”

专案指挥部认为，陈某东虽然随身携带了大量现金，但是他疲于逃命，不敢轻易在人前露面，离开重庆后一定会申请新的网络支付账号，通过一定渠道向账户内充值，进而进行网购。只要能够发现陈某东新的网络支付账号，就可以通过网购发货地址发现其落脚地。

当时全国网络支付平台有10余个，所有的商业银行都提供网银充值的服务，陈某东究竟会在哪家网络支付平台上申请新的账号，又会使用哪家银行的网银转账呢？

针对这一问题，网络监察工作组对全国范围内的相关产品进行了分析，发现国内几乎所有的网银产品都需要实名登记，只有中国邮政储蓄银行在2011年年底针对“支付宝”转账业务新推出的汇款产品——“网汇E”无须开通网银，也不需要出示任何身份证件即可在各储蓄网点办理。“网汇E”单笔存储金额不超过5 000元，凭每笔的单号就能够在网上向支付宝账户充值，也可直接在各储蓄网点提取现金。

由于“网汇E”具有上述独有特征，加上邮政储蓄营业网点遍布全国各地，非常适合陈某东在逃亡期间使用。网络监察工作组围绕“网汇E”开展工作后发现，陈某东曾于3月3日、4日分两次用“谢景涛”的假身份通过“网汇E”

向“支付宝”账号充值，每笔5 000元，用于购买易容逃亡的物品。据此，侦查人员认为陈某东一定还会再次使用“网汇E”向新的“支付宝”账号充值。

于是侦查人员决定从全国的“网汇E”业务入手开展侦查工作，利用“网汇E”只能向“支付宝”一家支付平台提供汇款业务的特点，很快形成了一个“通过‘网汇E’查找可疑‘支付宝’充值账号，再通过‘支付宝’平台查找转账人的虚拟身份、电子信息（邮箱、登陆地址、交易记录、收货人手机号等），最终找到陈某东”的清晰的侦查思路。

按照这一思路，侦查人员设计了一套针对“网汇E”的全新的查证方法：首先调取2月25日陈某东杀人后全国办理的1 000元以上的“网汇E”记录，然后从中查询这些资金都充值到了哪些支付宝账号上，接着从充值支付宝账号中再筛选出3月11日后新注册的账号，最后再分析这些新注册账号的详细交易记录和手机号码，从中找出与陈某东网购习惯类似的，列为可疑对象逐个排查。

经过不懈努力，侦查人员在11月8日发现一个名字为“张必良”的支付宝账户购物记录与陈某东的网购习惯高度类似：一是该支付宝账号于3月15日申请，在贵州省遵义市使用，3月24日之后未再启用，与陈某东在重庆用“谢景涛”的假名注册使用支付宝的情况类似；二是3月16日该账号从淘宝卖家“戴承艳”处以390元购买阿尔法D81儿童手机一部，而2月17日陈某东也是以购买儿童手机的名义通过网络从“戴承艳”手中购买到假身份证；三是“张必良”的支付宝购物记录里还有假睫毛、瘦脸针等易容用品，与陈某东在重庆时使用“谢景涛”的假身份信息网购的物品类似。专案组对“张必良”的轨迹进行扫描后发现，“张必良”在贵州省遵义市办理过4笔“网汇E”业务。

侦查工作组立即赶赴“张必良”的原籍湖南省娄底市，查明张必良本人的身份证在几年前丢失，张必良本人今年以来没有离开过原籍。专案指挥部分析，在遵义市使用“张必良”身份的人很可能就是陈某东。至此，陈某东的最后一张“画皮”——“张必良”纳入了专案人员的视线。

6. 挥师遵义，密捕余某，狡猾陈某东轨迹再现

11月9日上午，专案组主要领导带队，第一时间奔赴贵州省遵义市查找“张必良”的踪迹。经查，用“张必良”名字办理的4笔“网汇E”分别向用“张必良”“黄荣”名字注册的两个支付宝账号各充值2笔。这两个支付宝账户的送货地址均为遵义市海尔花园C栋8-3室，3~5月该地址的租住人名叫余某（男，19岁，遵义市人）。

11月13日，侦查人员在遵义市延安路“网事如风”网吧内秘密抓获余某。余某供述，今年3月上旬通过百度贴吧结识一个名叫“张必良”的男子，该男子想在遵义市租房。3月13日，“张必良”在遵义市找到余某，通过余某租下海尔花园C栋8-3室暂住。期间，“张必良”深居简出，雇佣余某为其送饭、购买生活用品，还帮其购买一台联想笔记本电脑。5月，“张必良”让余某找人将其送至安顺市后，此后再无联系。经余某辨认照片，自称“张必良”的男子就是陈某东。至此，断了将近8个月的线索再次连接起来，消失了近8个月的陈某东终于浮出水面。

7. 直捣安顺，顺藤摸瓜，布下天网擒凶犯

侦查人员很快找到送陈某东去安顺市的司机，据该司机讲，5月22日将陈某东送到了安顺市，陈某东下车后打了辆出租车离开，之后不知去向。

11月14日，专案组顺线追踪至贵州省安顺市，通过网络监察工作发现，陈某东使用的用“黄荣”名字注册的“支付宝”账号曾向一个新的QQ号充值，该QQ共有41名好友，其中一个好友的QQ号码自5月以后经常在安顺市登陆，登陆地点为安顺市某家属院，装机人为安顺市人陈某。

11月16日，专案民警通过陈某找到他的儿子陈小某，陈小某供述，自己5月在网上结识了“张必良”，“张必良”掏钱雇佣自己为其租房并照顾他的饮食起居。根据陈小某的供述，专案民警火速前往安顺市西水路一居民楼里擒获了在此租房藏身的陈某东。经讯问，陈某东对因家庭矛盾蓄谋杀害妻子和岳母的犯罪事实供认不讳。至此，“2012·3·8”杀人碎尸案宣告破获。

本案中，犯罪行为人陈某东表现出的逃跑行为可以说是预谋已久、思维缜密、执行谨慎。

为了自己能够顺利逃跑，陈某东作案之前就已经筹划好了脱身之术：先是利用公司的计算机购置假身份证，为逃跑创造基本条件；又卖掉房子，筹集逃跑资金；再通过网络学习如何处理尸体，拖延案发时间；最后制造被害人外出工作的假象，为自己争取外逃时间。

逃跑过程中，陈某东首先将女儿送回老家，解决后顾之忧；其次，又借兄长的口故设迷局，刻意扰乱公安机关的侦查方向；再次，抛弃以前的网络身份，回避可能的侦查措施；最后，数易身份，辗转数省，深居简出。陈某东的逃跑行为明显具有较强的计划性、周密性，使其较好地躲避了侦查机关的侦查，致使侦查机关数度失去其踪迹，对他本人起到了很好的保护作用。

而侦查机关在8个月的追捕过程中，侦查人员穷尽了调查访问、蹲点守候、物建特情、技术比对、视频侦查、情报比对、网络痕迹查证、通信信息摸查等各种侦查手段。在案件侦破最艰难的时候，通过对陈某东日常生活习惯的研究，结合陈某东在逃跑过程中表现出的因极力回避侦查机关的侦查而形成的谨小慎微的心理和深居简出的逃跑行为，牢牢抓住犯罪行为人陈某东依赖网络的行为习惯，并以此为突破口，坚定从“网汇E”入手查证的信心，最终成功顺线擒获犯罪行为人陈某东。

第三章　非正常意识行为

犯罪活动是犯罪行为人在实施犯罪过程中做出的所有行为的集合，所有贯穿犯罪始末的动作均称为犯罪行为。犯罪行为是构成犯罪过程的重要组成部分。本章论述的犯罪现场非正常意识行为是一种特殊状态下的犯罪行为，它是在非正常意识或异常心理状态支配下做出的行为。

犯罪现场非正常意识行为是本卷内容的又一理论创新点，它是对犯罪行为更深一步的探究，是指犯罪行为人在潜意识中易激惹敏感点被触动，由此产生扭曲观念，在扭曲观念的支配下所实施的侵害他人的犯罪行为。这类犯罪行为是犯罪行为人历经复杂的心理变化过程，在外部环境的刺激下做出的发泄性、报复性行为。行为爆发多有明显的外部刺激源，行为结果表现残忍。本章共分三节内容，第一节介绍犯罪现场非正常意识行为的概念，旨在将此类行为的概念界定清晰，指明此类行为分析的证据意义。第二节介绍犯罪现场非正常意识行为产生的原因，本节重点阐述此类行为产生、变化的心理过程以及外部环境因素对于此类行为产生的刺激作用。第三节的内容为典型案例分析，通过两起典型的案例，细致剖析此类行为产生的原因。

第一节　犯罪现场非正常意识行为的概念

一、犯罪现场非正常意识行为

行为是心理的外在表现，任何行为都是在一定心理意向主导下的使然，没有无因而至的结果，也没有无故而发的行为。然而，心理的多样性与层次性又决定了行为与行为之间的不同，一方面表现为行为呈现出来的内容不同，这是横向角度行为的多样性的体现；另一方面促使行为产生的心理层次不同，这是纵向角度行为复杂性的体现，二者一纵一横构成了行为的立体性。犯罪现场非正常意识行为是从行为产生的纵深角度定义整个犯罪过程的最初行为部分，挖掘触发行为产生的心理动因。

心理大致划分为两个层次：意识层面、无意识层面（潜意识层面）。心理的意识层面是指被个体觉知到的层面，是可以觉察到的心理活动，大部分心理内容都是可被意识控制的，它是在清醒状态下的觉知，它既包括对外界事物的觉知，也包括对自身内部状态的觉知；它既涉及觉知时刻的各种直接经验，如知觉、思维、情感和欲望；也包括个体对这些内容和自身行为的评价。因此，意识层面做出的行为多是个体自知和可控的行为，如吃饭、穿衣等。心理的无意识层面是指心理的意识下的部分，它多由本能冲动、原始欲望和受法律、道德及习俗的约束而被压抑、被排挤的观念，以及成长过程中经历的创伤性、挫折性事件所形成的不敢直面的经历、体验等组成。正常状态下不被觉知，以压抑的形式埋藏在心底。因此，无意识层面做出的行为多是个体不自知、难以把控的行为，如口误、笔误等。它不同于觉察不到的通常意义上的无意识，为区别起见，也称其为潜意识。然而，心理是一个完整的有机体，意识、无意识两个层面并非是决然分开的两个世界，且意识具有“流动”性（学界有“意识流”的论述）。心理在外界刺激或者特定作用下会激发无意识的内容瞬间进入意识层面，形成扭曲的观念，做出无法预知的行为。从犯罪研究的角度讲，常态意识是指与社会文化、价值评判、社会道德、法律规定相一致的需求、欲望、观念等；非常态意识是指反社会的或扭曲的认知、思维、情感和欲望等，是导致犯罪发生的直接动因。扭曲的观念即是一种非正常意识，由非正常意识引发的行为称为非正常意识行为。

我们将犯罪现场非正常意识行为定义为：犯罪行为人潜意识中的易激惹敏感点被触动，由此产生扭曲观念，在扭曲观念的支配下所实施的侵害他人的犯罪行为。犯罪现场非正常意识行为，有时虽然在表面看来有一定的突发性，甚至体现为激情犯罪，但其发生发展都有深层次的原因。这类行为是在复杂心理与特定环境因素刺激共同作用下的产物。这类行为背后的复杂心理表现为：一是心理的层次性——潜意识层面向意识层面的过渡，在这一过渡的过程中是怎样一种心理的动力所致，是怎样一种心理能量分配所致，又是怎样一种作用力促使这种能量分配的转移，这是心理纵深复杂性的体现。二是心理的发展性——心理历程的演革，这一演革的过程也是犯罪心理的形成过程，在发展变化过程中是什么样的早期抚养背景奠定了心理发展的雏形，在后期的成长经历过程中又是什么样的刺激性事件导致心理产生创伤性执着。特定环境因素刺激是指能够引起犯罪行为人内心激变的刺激性事件或行为，这类事件或行为触动了犯罪行为人的易激惹敏感点，类似导火索的作用，最终引发了非正常意识行为的实施。这类犯罪行为人同一般犯罪行为人一样，他们在作案过程中意识清晰，作案之前有犯罪欲望及有明确的计划和目标。

犯罪现场非正常意识行为分析旨在根据犯罪现场→犯罪行为→犯罪动机→犯罪心理全过程的逻辑关系，揭示犯罪行为人产生侵害他人的犯罪行为的真实心理。

二、犯罪现场非正常意识行为研究的意义和价值

犯罪现场非正常意识行为的研究有重要的意义和价值。

从非正常意识行为产生的角度看，非正常意识行为往往与犯罪行为人理想化自我过高、外归因和自我分裂导致的敏感、任性、固执等因素有关。犯罪行为人往往先自我抛弃、自我隔绝，进而自我封闭，然后导致环境和他人远离自己，个体和环境具有双向“排他性”，“个体排他”的原因不言而喻在于个体本身，“环境排他”实质上也是个体不融入环境所造成的结果，这就是说“双向排他”的根源均在于个体本身。

从侵害双方互动的角度看，犯罪行为人的非正常意识行为可能与被害人当时的某些反应有关，或许被害人的某种信息（如年龄、性别、体态、面部表情或眼神、肢体语言等）唤醒了犯罪行为人潜意识中的某种元素。

从司法鉴定的角度看，通过对犯罪现场非正常意识行为的分析，可以揭示犯罪行为人成长的心理历程和作案过程中的心理变化，能够帮助认定犯罪行为人的刑事责任能力，为司法疾病鉴定奠定基础，提供参考意见和支持。事实表明，非正常意识下的犯罪行为人，作案时有认知能力和辨认能力，思维连贯，意识基本清楚，具备刑事责任能力，应承担法律责任。

第二节　犯罪现场非正常意识行为产生的原因

一个行为的产生尤其是犯罪行为的产生不是随意为之的事件，它是经历复杂的心理机制在特定的环境作用下最终做出的。犯罪现场非正常意识行为的产生更是经历各种心理变化，在复杂的心理活动交织作用下，在特定外部环境的刺激下引发的。

一、内部心理状态

相关词条：压抑、经历、心理执着、创伤性经验、易激惹敏感点。

压抑是种正常的心理状态，然而长期压抑或是极度压抑则会预示着一种心理失衡状态的出现。压抑的产生多是人的本性需要、欲望得不到社会现实条件的满足进而产生心理不适应乃至失调所致。压抑状态常常伴随着犯罪行为人，犯罪行为人在实施犯罪行为之前往往内心处于长期或是极度的压抑状态，这种压抑或是历经长期不堪的生活，或是经历挫折性事件内心形成创伤，或是案发前强大的刺激加剧了之前的心理不稳定状态。

（一）创伤性经验——挫折性事件

创伤性经验是个体心理状态出现压抑的源点，也是首要原因，一切能够引起心理在短时间内受到高强度的刺激，并使个体心理能量的分配

发生混乱的事件都称为创伤性经验。它使得心理的正常发展顺序发生紊乱，形成心理阻断，且对整个心理的发展产生不易磨灭的、深远的影响。心理学中的精神分析学派最早对这个问题给予了阐述。弗洛伊德认为，“一种经验如果在很短的时期内，使心灵受到一种最高度的刺激，以致不能用正常的方法谋求适应，从而使心灵的有效能力的分配受到永久的扰乱，我们便称这种经验为创伤的。”① 之所以称为“创伤的”，是因为此类事件对于个体而言具有挫折性和痛苦性，往往带有突发性，以点的形式突然出现，短时间内完成，整个过程伴随着不愉快的感受和体验，是正常生活中不常有、不应有的现象。这也是当事人极力不愿意面对的，清醒状态下不愿思考或者回忆的事情，在经历时间的洗刷之后，出于趋利避害的自我保护本能，把这些创伤性经验慢慢地压抑到潜意识之中，从意识的世界中“抹去”“忘记”。

就犯罪行为人而言，创伤性事件必须具备两个明显的特点：一是事件的突发性，即事件必须是在短时间内发生的，突然、猝不及防；二是强烈的心理冲击力，这种心理的冲击力必须足以使个体心理能量的分配发生紊乱，甚至会使当事人的心理行为出现暂时的倒退，以来回避突然而来的打击。

由于每个人的成长环境、工作环境、生活境遇各有不同，遭遇的创伤性事件的表现形式也不同。早年的性虐待或过早过频的性体验会造成心理创伤，亲人的突然去世可以使人形成心理创伤，婚姻恋情的失败可以形成心理创伤，突患重大疾病或遭遇重大交通事故也可形成心理创伤。心理创伤的形成是内因和外因共同作用的结果，外部事件的巨大刺激加之心理应激的反应最终导致个体某方面心理品质的正常发展受到阻碍，心理能量的分配发生紊乱，形成障碍。创伤性事件大致划分为以下几类：

1. 直接发生在个体身体上的事件

这一类事件是直接发生在个体自身上的，关系到自身的切身感受和生理体验。心理的变化是通过生理的变化产生的。这类事件可以大致分两类。一是早年时期的对身体有影响的事件，比较典型的有：早年的性虐待和过度体罚、早年的性侵害、早年的血腥体验等。个体在早年时期的生理发育、心理发育同处于幼稚期，过早经历不合时宜的对待，即是一种摧残；在外使得身体负伤，在内使得心理产生创伤。然而不同的是，生理发育的关键期在 18 岁之前，心理发育的关键期在 6 岁之前，此时生理上的伤害可以痊愈，心理上的伤害却可能成为创伤伴随其一生。二是成年后的对身体有影响的事件，比较典型的有：突然患上重大疾病，重大交通事故造成肢体伤害等。意外事件的影响会给心理的正常发展带来巨大冲击，若可得到及时的心理疏导则不会形成心理障碍，反之亦然。成年后的外部事件的影响因个体的经济能力、社会地位等不同，其影响力也不同，处于社会底层的群体往往在受到不公平对待时更易形成心理创伤。

2. 与个体成长过程中有密切关系的事件

这里所说的成长是指个体早年的心理发育。这类事件直接关系到个体的成长环境，与个体心理成长息息相关。人类个体出生后是一个极度无能的生物体，一切生存所必须的要素都需要抚养人来提供和满足。从某种意义上讲，生理成长的满足较之心理成长的满足较为容易，生理成长的满足仅需要满足基本的生理需要即可，比如吃、喝、温暖等。心理成长在个体早年时期需要的则是抚养人的持续陪伴、语言的交流、行为的互动，以及参加一些简单的社会性交往，以给予其安全感、依恋情感及认知能力等基础心理要素的培养。而此时若出现心理发育所需主要外部条件的缺失，则可能会导致心理创伤的形成。比如：抚养人尤其是父母一方或双方的突然去世或离异、家庭结构的突然变故、父母或师长的长期的不当管教、家庭生活方式的突然变化、经常更换居住环境、移民异地等。

3. 一反常态的事件

这类事件是指在个体的正常生活中少见的、不应出现的事件，它带有冲击性和颠覆性，这类事件为个体当时难以接受和理解，并使个体产生恐惧、厌恶、愤恨等负面情绪体验及歪曲和错误认知。比如：早年看到血腥杀戮场面、幼时看到父母房事等。

当然，事件本身的表现形式应是多样的，但

---

① 弗洛伊德．精神分析引论［M］．高觉敷，译．北京：商务印书馆，1984.

无一不对个体的正常心理发展产生巨大的负面影响，以至于使个体形成心理创伤，因其常常伴有痛苦的体验，正常生活状态下处于压抑状态，随着时间的推移，这些创伤性经验慢慢进入了潜意识内，好似一枚不定时炸弹，受到类似情景的刺激时便会爆发出来。

（二）易激惹敏感点

易激惹敏感点是指促发行为人产生激惹行为的观念、观点、情绪、经历和行为，如深深刺伤的语言、对方的情绪反应模式、自己的特殊经历和体验、行为方式等，触动它的往往是生活中的小事，由一句话、一个眼神、一个动作所引发，产生强烈的情绪反应，导致过激的行为，这种强烈的情绪及行为反应持续时间较短暂。

易激惹敏感点与心理创伤有着密切的联系。心理创伤可以导致易激惹敏感点的形成，心理创伤的程度关系到易激惹敏感点的高低。

易激惹敏感点又与人的自控力有关。易激惹敏感点高时，犯罪行为不易爆发，犯罪率低；易激惹敏感点低时，犯罪行为易爆发，犯罪率高。易激惹的人在生活中往往表现为偏执、情绪勃然而起便忘乎所以、不能自已，极易出现冲动性的暴力行为。

【案例1】巩义市“2014·5·22”马栋梁杀人案：2014年5月22日凌晨2时许，巩义市回郭镇马口村一队居民李学国（男，67岁）在自家的商店内被人杀死，商店内存放的590余元现金被盗走。后经侦查，抓获犯罪行为人马栋梁（男，1985年9月13日出生，汉族，初中肄业，户籍地是河南省巩义市回郭镇马口村），与被害人同村。

经调查访问，犯罪行为人马栋梁无家无业，与生父母多年不来往，被养父母逐出家门，断绝关系。案发前处于流浪状态，居无定所，曾多次被被害人一家收留，与被害人一家关系密切。这么密切的关系，为何痛下杀手？这要从犯罪行为人的成长经历说起。

马栋梁出生后不久，由于父母感情不和，家庭矛盾不断，母亲便离家出走了。4岁时，父亲将其送出，被本镇另一家人收养，自那时起一直在收养家庭中生活。可以说在原生家庭中并未养成对抚养人的依恋之情，他在早期心理发育中情感缺失。然而，不幸的是在收养家庭中仍然没有得到家庭的温暖，没能弥补之前的情感欠缺。据马栋梁回忆，自记事起，养母对他十分严厉，凡事必须按照养母的意思去做，稍有不对，便是严厉斥责甚至体罚。同时，养父母还严格限制马栋梁的交往，尤其封闭其与原生家庭的联系，得知些蛛丝马迹便严加责问，以至于在其成长过程中关于身世的问题纠缠不休，困扰不断。

马栋梁自幼在本村上小学，初中是在回郭镇第四初中上学，学习成绩差，未能毕业。在求学期间，影响较大的事件便是同学嘲笑其身世，称其为“野种”，因此事其多次与同学发生冲突，而最终被学校开除。身世的问题也正式成为了他心头的最大烦恼。

成年后，随着认知能力的提高，对自己的身世更加讳避，跟收养家庭的关系一直处于敏感、紧张的状态，加之养母的强势及苛刻的对待，最终因一次事故使得双方关系恶化，收养关系破裂，马栋梁被逐出家门。

工伤事故。养父在镇上开了个小型工厂，一次在做工期间，马栋梁不慎将脚卷进了机床轨道里，导致脚面骨裂，严重受伤，医生叮嘱要卧床3个月休养。在家休养了28天，养母斥责其好吃懒做，不顾伤情催促其上工，马栋梁带伤上工后伤情加重，而得不到关心照顾，使得母子关系极剧恶化，关系无法维系。

不久，养母便将马栋梁逐出家门，马栋梁心中有莫大屈辱，自此，开始了一个人漂泊流浪的生活，尝尽了人间的疾苦，内心仇视社会、抱怨社会不公的情绪越来越强烈。同时，对身世的事情更为敏感、厌恶。这一问题可以说自犯罪行为人懂事以来一直困扰着其生活，每次提到都伴有痛苦的体验、自卑心理的加重，以及来自不同方面的压力，在其人生的各个阶段带来了持续的内心痛苦，是其极力压抑而不想去面对的。而这也正形成了其易激惹敏感点。

易激惹敏感点被触动。案发当晚，马栋梁偶遇同村几个小时候的玩伴，一起喝了酒。由于承诺给被害人家办的两件事（一是被害人的大孙女急需学费，马栋梁承诺给她解决问题，却一直筹不到钱。二是被害人的小孙女离家出走了两天，马栋梁承诺帮忙去找找）都没有办到，心情差到极点，借酒浇愁，席间当同伴再次问起家事时，又唤起了其痛苦的经历，马栋梁的易激惹敏感点被触动，急于发作，又不好发作，只得借故离席。在半醉半醒状态下，马栋梁走到以前暗恋过的女友家附近，又想起了情感深处的伤心事，心情愈加糟糕。迷糊中走到被害人家，被害人看到他这种状态又苦口婆心地说到其家世问题，老人爱唠叨，不厌其烦地一遍又一遍劝说，彻底激怒了马栋梁，触动了其极力压抑在内心的易激惹敏感点，周围消极因素聚多，负性心理能量上升，控制力迅速下降，马栋梁操起手中的啤酒瓶向被害人的头部打去，看到流出的血更加刺激了其狂怒的心理，一下接一下不停地朝被害人的头部打去，直至将内心的愤怒、压抑全部发泄出来，导致犯罪行为产生。

由本案我们可以看到，易激惹敏感点的形成过程，以及其在整个犯罪行为产生中的推动作用。在对诸多犯罪行为人的犯罪心理形成过程进行分析的时候，总能观察到这一点，对易激惹敏感点的分析意义重大，不容忽视。

（三）不良生活经历（长期）

不良生活经历，往往是犯罪行为人内心消极能量积累的过程，它是一种量变的过程，这一因素的影响加速了犯罪行为的产生。不良生活经历泛指社会漂泊、流浪的生活经历，被骗、被拐的经历，打击处理、接受改造的经历等。这些不良生活经历往往加剧了犯罪行为人内心的压抑状态，增加了犯罪行为人对社会的仇视心理。这里还要强调，这种不良生活经历要经过相对较长的时间，在经历的过程中，犯罪行为人内心会发生逐渐变化，不良情绪会持续积压。

【案例2】郑州市“2011·12·8”系列杀害卖淫女案：2011年12月6日9时许，在郑州市管城区十八里河镇十八里河村管城二中对面的无名按摩店内卖淫女胡某被抢劫杀害；7日10左右，在郑州市庙李镇一无名按摩店内又一卖淫女被抢劫杀害；8日8时左右，在郑州市上街区一无名按摩店内犯罪行为人黄帅抢劫并企图杀害一卖淫女时，被及时赶到的民警当场控制。后经审讯，黄帅供述前两起案件同属其所为。

犯罪行为人黄帅，又名黄业帅，男，汉族，27岁，身高163厘米，体重57千克，血型B型，小学文化程度，河南省商丘市宁陵县逻岗镇马尔村人，案发前系煤矿工人。

在本案中，我们主要论述犯罪行为人的不良生活经历对犯罪行为产生的推动作用。

（1）早期家庭抚养的缺失：犯罪行为人黄帅，出生在一个矿工家庭，父亲是原新密县煤矿工人，靠挖煤维持一家生计，母亲无业，下有一弟弟。自幼父亲在外地工作，母亲时常去矿区看望，经常住在矿区，这使得年幼的黄帅无人看顾，当被问及小时候的抚养情况时，他的回答是：“小时候我妈也经常去新密，我弟弟也在新密上学，小时候就我自己在家。我自己在家有时候去我姨家吃饭，有时候去我奶奶家吃饭。有时候住也是在他们家，有时候我就在外面流浪吧，也没人管我。”“小时候跟父母几乎不在一起。”“小学三四年级的时候，就开始不上学了，我小学一二年级的时候就开始天天逃学了。”“八九岁的时候就开始在外面流浪、捡垃圾、干活，自己卖塑料瓶养活自己”（源自讯问笔录），从笔录中不难看出，黄帅自小在家无人看护，亲情缺失，自小过着“在家的流浪生活”。

（2）后期不良的社会生活经历：小学四年级辍学后，黄帅踏入社会，开始半流浪的生活，到发案前，统计其主要经历是：辍学后一直靠捡垃圾维持生活，期间3次被骗至山西黑砖窑厂做童工；2001～2004年因抢劫在少管所劳教3年；2005年因强奸罪被判入狱7年，2011年1月6号刑满释放；2011年5月1日结婚，后经历不幸婚姻生活。

这里我们重点分析以下四个特殊经历：一是被骗至黑砖窑的经历；二是抢劫被少管的经历；三是强奸案的影响；四是婚姻的影响。

1. 被骗至黑砖窑的经历

黄帅八九岁便出来闯荡社会，在访谈中，了解到黄帅9岁那年被骗至山西黑砖窑做童工的经历：“我那时候去找我爸，就会从郑州火车站过，然后有人过来问我干活不干，我说干，他们开始说的不是去砖窑厂，是去摘水果，我去了之后发现不是去摘水果，而是干砖窑厂”，“一共被骗了3次，那时候也小，别人说个啥，也都相信了，也没接触过啥……”“累得很，每天都是从早上五点多干到晚上九点多，不停地干，也没有休息日，也不发工资，我要是不好好干，或者想反抗的话，他们就打我……”“你看我的小手指都是在砖窑厂里被砸断的”（源自讯问笔录）。

对于刚刚走出家庭步入社会的黄帅来说，这段痛苦的经历，更加剧了他对外部世界的仇视。几次被骗，最后都是自己死里逃生，“父母也曾找过几次”，但是“每次找回来，每次都是打我，他们打我吧，你说轻吧也不轻，你说重吧也不重，但是我就是心里觉得自己不应该来到这个世上”（源自讯问笔录）。由此我们不难看出，黄帅小时候没得到亲情的呵护，步入社会后又有这段痛苦的经历。

2. 抢劫被少管的经历

2001年，黄帅因伙同他人抢劫，被劳教少管。3年的少管经历，使他再一次偏离了正常人的生活，过早地受到社会律法的惩处，这无疑会潜移默化地影响着他的世界观、人生观，产生一些敌视社会、仇恨世人的思想，更为重要的是，正常同龄人此时应是学习新知新能，奠定生存技能基础的时候，而他却身陷囹圄。这些不良的经历同样会影响其一生。

3. 强奸案的影响

2004年，少管结束。黄帅为求生存，跟亲戚外出打工，打工的过程中认识了一个女孩（15岁），相识没几天便与其发生性关系。次日，女孩以强奸罪名，将黄帅告至法庭，经调查取证，法院判定强奸罪名成立，2005年1月黄帅再次锒铛入狱，开始了6年的铁窗生涯。刚被少管再又收监，又一次的痛苦经历再次强化了他内心对外部世界的仇恨。审讯中，我们了解到，关于强奸一事的叙述，两人本是相识没几天，少不更事，做出越轨行为，“那天她去我们那里玩，我们四个打牌玩到很晚，晚上她就没走，和我睡在一个床上，半夜俺俩发生关系了，她当时同意了，第二天起来她又去告我去了”“我跟她商量的，她当时同意了”（源自讯问笔录）。女孩可能出于羞愧之心，也可能出于恐惧之心，将其告至法庭，但随之而来的6年惩处，使黄帅对女性愤恨不已，“我想不通她为啥要告我，她当时同意了，我就是想不通，我当时非常恼火。她录完口供，她走的时候，我把她骂了一顿，我当时的想法就是逮住她打一顿”“在监狱里，还是对这女的吧，就特别恨，我出去都没打算结婚”（源自讯问笔录）。可以说，这次监狱服刑，使他对外部社会更加愤恨，尤其是对女性更是仇视，“女人不可信，都是骗子”（源自讯问笔录）。

4. 婚姻的影响

2011年1月6日，因在狱中表现好，黄帅被减刑1年释放，2011年5月1日经人介绍与邻镇一姑娘结婚成家，但婚后生活并不和睦，经常吵架，“婚后不久光吵架，我每次夜班回来之后白天睡觉，她白天在家干活，就喊我帮她，我不帮她，她就给我生气”“俺俩脾气搁不到一起去，她一会儿一个样，她做啥你得帮她，你不帮她，她一会儿就该给你吵起来了，并且她很容易生气，生气了我也不知道她想哩啥，反正俺俩就是处不来”（源自讯问笔录）。婚姻生活并没有给予他相应的幸福感，恰恰相反，夫妻的不和睦，使他再次对女性失望，产生更多的敌视心理。同时，因结婚家中举债四五万元，面对失败的婚姻，加之债务的重压，使其愈加心生愤恨。

通过本案，我们不难看出，犯罪行为人后期的不良生活经历，加剧了其社会情感的淡漠。八九岁便在社会上流浪，黑砖窑、少管所、监狱，这基本上是黄帅所有的生活场所，家庭中没有得到亲情的温暖，走向社会后，体验到的更是社会残酷的一面，劳力、毒打、法律惩戒等，使他一直在感受着社会的冷酷与无情，对世人的仇视尤其是强奸案使得他对女性的偏见更为强烈，失败的婚姻使他对女性彻底失去了信任和好感。这种种不良生活经历加剧了其内心的压抑状态，增加了其对社会的仇恨心理。一方面怀着报复社会、报复女性的心理，另一方面抱着自暴自弃、绝望的心理，实施了犯罪，做出非正常意识行为。

二、外部环境因素

相关词条：消极因素、诱因、酒精。

非正常意识行为是内因和外因交互作用的结果。有了犯罪的内部心理状态，使得犯罪行为的产生具备了内部条件。外部环境的消极因素包括别人的教唆、力量的悬殊、心理弱势、众矢之的的打击等，尤其是特定情形下的诱因刺激和酒精等化学物质的催化作用，构成了犯罪行为产生的外部条件。本部分重点论述诱因和酒精对犯罪行为产生所起的作用。

（一）诱因

行为的动因也可以由特定的外部环境条件直接引起，能够引起个体的定向活动，并能满足某种特殊需要的外部条件叫诱因。研究者们对诱因的定义很多，但无论怎样描述，诱因总是有以下两个特性：①它属于犯罪行为产生的外部因素。②它能够诱发犯罪行为人的心理发生突变，激发其潜意识的心理内容，引起心理能量的分配失衡；犯罪行为的实施多是在行为人内部心理失衡的情形下发生的，是内因和外因交互作用的结果。诱因的表现形式多种多样，可以是一个相似形象的人，可以是与犯罪行为人相关的某一个特殊事件，可以是一个特殊的物体，也可能是一个附带特殊意义的动作。它们都与犯罪行为人过去的经历有关，或者可以唤醒犯罪行为人过去的痛苦记忆，诱发犯罪行为的产生。

【案例3】新郑市“2013·10·11”王长春杀妻案：2013年10月11日18时许，新郑市一群众报案称，在新郑市和庄镇人民路与神州路交叉口东300米路南一莲藕池内发现两个编织袋，编织袋内装有多块尸块。接到报案后，刑侦民警迅速赶往现场，到达现场后，发现莲藕池内有两个编织袋内装有人体尸块，经初步检验，被肢解的尸块为女性尸块，死者系成年女性，身高160厘米左右，体态较胖，右上腹有一个4毫米×5毫米的黑痣，部分人体内脏组织缺失。后期经侦查，确定被害人身份，抓获犯罪行为人王长春，二人系夫妻关系。既然是夫妻关系，为何痛下杀手，并残忍分尸呢？

本案的犯罪行为是一种典型的非正常意识行为，行为产生的原因很多，我们重点论述诱因在本案中的作用。

调查中，我们发现王长春夫妻二人长期关系不和睦，王长春性格内向，不善言谈。妻子在家长期处于强势地位，并一直把持着家里的财政大权，平时丈夫稍有不是，便会辱骂呵斥。案件是在特定的时空状态下发生的，诱因事件作为这一特定时空下的催化因素，对案件的发生具有直接推动作用。就本案而言，夫妻双方因购房首付款的激烈争执，是案件发生的诱因事件。

2013年6月，犯罪行为人王长春将辛苦挣得的2.5万元交给老婆存放，以备给儿子购房时用作首付款。案发前一天得知老婆瞒着他将2万元存到了岳母的账户上了，并将剩下的5 000元捐赠了教会，这一行为令其十分生气，“她拿着我的钱存到她母亲的账户上，我想法就很大，这让他家人咋想？我把这钱取出来，这件事叫我理解的话，我买房用的是我岳母的钱，我会这么理解，何况别人不会这么理解吗？这件事情上，我是很生气！很生气！”（源自讯问笔录）。夫妻二人因此发生了一次激烈的争吵。2013年10月7日，犯罪行为人王长春瞒着妻子将2万元存款取出，这一行为一反其逆来顺受的常态。这件事似乎是挑战了妻子的权威，妻子得知后勃然大怒，从中午一直数落吵骂到晚上案发。此次激烈的争吵作为一个诱因事件，直接触发了犯罪行为的产生。

根据现场勘查及案后犯罪行为人的供述，犯罪现场重建如下：

案发时间在10月7日21时左右，二人已经争吵一下午，被害人喋喋不休的吵骂一直未间断。这里值得指出的是此次吵架不同往常，双方在心理上发生了不同往日的变化。犯罪行为人认为自己有理，所以当被害人粗暴地拔掉电视插座时，犯罪行为人迅即又插上；当被害人用手电筒打砸自己时，犯罪行为人勒颈以对，态度是直面对抗，这不同于往日的逆来顺受。同时，口不择言的辱骂，胡搅蛮缠的厮打，这也更加剧了被害人的反应程度。整个过程包括以下几种行为，每种行为承上启下，连贯一体。

1. 拔插座——被害人的挑衅行为

10月7日21时左右，犯罪行为人卧床看电视准备睡觉，被害人一直吵骂不止，看到对方不理不睬，一气之下将电视电源插座拔掉。我们认为这是被害人的挑衅行为，对对方看似无理的沉默态度进行挑衅。意在刺激对方，打压对方，进一步发泄自己心中的不满和气愤。

2. 插插座——犯罪行为人的对抗行为

当被害人粗暴地将电视电源插座拔掉，干扰犯罪行为人看电视，并变本加厉地羞辱对方时，没有想到对方报以对抗行为——直接捡起插座插上。这看似正常的行为却深深地激怒了被害人。在以往的争吵中，犯罪行为人迫于被害人的无理取闹，多以沉默的态度、置之不理以应对；被害人曾在这种沉默中体会到了自己的权威，习惯了这种沉默方式。可现在犯罪行为人的行为是明显对抗，似乎挑战了被害人的权威地位，这使得被害人接下来的行为近乎抓狂。

3. 打砸动作——被害人的疯狂报复行为

在看到对方明显的对抗行为后，被害人被激怒了，加之半天来的愤怒，让被害人怒火中烧。她一边口中辱骂，一边用双手撕扯对方，不择物件，随手拿起电视机旁的手电筒砸向犯罪行为人，正中其残疾的小指。被害人的过激行为彻底激怒了犯罪行为人，也唤起了犯罪行为人常年积压于内心的不满，终于做出了更加剧烈的对抗行为。

4. 勒颈——犯罪行为人的剧烈对抗行为

被害人近乎疯狂的无理行为，在当时深深刺激了犯罪行为人，谩骂的语言刺激了犯罪行为人易激惹敏感点，唤醒了他常年压抑在潜意识中的愤怒和不满，一种不由自主的力量使他从床上勃然而起，用手臂用力地勒住对方的脖子，致其死亡。

勒颈这一极端行为的实施是心理负能量占据支配地位的结果，在当时的时空状态下，被害人过分的言语和行为深深刺激了犯罪行为人，加之犯罪行为人内心积怨的唤醒，整个人于外于内充斥着负面的因素，促使其心理能量分配失衡，负能量上升，正能量下降，做出极端行为。

另外，从行为结果（致人死亡）上看，勒颈行为应是一种非正常意识行为。正常情况下，一方以手臂勒另一方的颈部，若想轻易达到致人死亡的效果并非易事，只有在非正常状态下才会产生。我们认为，犯罪行为人的勒颈致死行为正是一种非正常意识行为，是在当时情景的刺激下，潜意识中压抑的愤恨瞬间上升到意识层面，在歪曲观念的作用下，实施了整个行为，整个过程瞬间完成，不为犯罪行为人所注意。这在案后的讯问中也得到了印证，“当时我特别生气，勒她脖子的力气也很大，过了有几分钟，具体时间我想不起来了。我感觉不对劲，我爱人的身体也不动了，我就赶紧把勒着她脖子的胳膊松开，松了之后她就顺着我的身体瘫倒在地上”（源自讯问笔录）。

5. 碎尸——犯罪行为人的非正常意识行为

勒颈致被害人死亡后，犯罪行为人随即将其碎尸。根据现场勘查及审讯情况，我们认为犯罪行为人选择这种尸体处置方式，是犯罪行为的延续，同样也是愤怒之心发泄的延续，属非正常意识行为。

本案是一起典型的非正常意识行为案例，也是一起明显在诱因促使下发生的案件，试想若被害人没有偷偷将存款存在母亲账户上，便不会有这次激烈的争吵，案件至少不会在那时发生。

（二）酒精

在诸多刑事案件中，犯罪行为的发生都有酒精的催化作用。酒精的可怕之处不在于它使人的意识模糊，不在于它使人的情绪更加激动，也不在于它使人丧失明辨是非的能力，而是在于在特定的时空状态、心理状态下酒精能激发出人体潜意识中原始的本能、欲望以及邪恶扭曲的观念，使其瞬间上升到意识层面，主导犯罪行为人，实施犯罪行为。

根据现行司法精神疾病鉴定标准，醉酒分为生理性醉酒、病理性醉酒、复杂性醉酒。生理性醉酒易于理解，正常的成年人也常有体验，酒后多表现为恶心、呕吐、口齿不清、步态蹒跚、嗜睡等，一般没什么危害，少有引起犯罪；病理性醉酒亦称病理性酒精中毒，是指具有潜在性或过去发作过精神病或人格障碍的人，在少量饮酒后，出现罕见的行为紊乱，并继发记忆缺失的一种猝发性中毒状态，属于暂时性精神病的一种表现形式，现行刑法规定，处于病理性醉酒期间实施的犯罪行为不承担刑事责任，但行为人明知故犯除外；复杂性醉酒介于二者之间，酒后出现行为混乱、意识不清、失忆、行为具有危险性等症状。区分后两者是问题的关键。二者的区分点有：一是病理性醉酒最为显著的特点是饮用少量酒便致醉，当事人对酒精的耐受性低，平时不饮酒或少饮酒；二是意识障碍程度不同，二者均会出现意识障碍，只是复杂性醉酒的意识障碍是意识清晰度下降，或意识范围狭窄（管状视野），而病理性醉酒存在严重的意识障碍，可以出现视幻觉、听幻觉，常带有恐怖色彩，并伴有明显的惊恐反应、被害妄想和易于导致冲动、伤人、毁物的谵妄状态；另外，潜伏期也是区分二者的一项指标，病理性醉酒在饮酒过程中或很短时间内便出现症状。

在犯罪行为人中，常见的是生理性醉酒和复杂性醉酒，病理性醉酒较为少见。

【案例4】中牟县“2012·7·16”白燕辉杀人案：2012年7月16日凌晨1时许，犯罪行为人白燕辉酒后窜至本村（中牟县雁鸣湖镇万庄村）村民许雪家中，利用工具撬门进入室内，先用棍棒将被害人许雪暴打昏死，后多次欲对其实施性侵害未果，恼怒之下将一啤酒瓶插入被害人的阴道，致使被害人大量出血而死亡，随后逃离现场。

案后审讯中发现，犯罪行为人嗜酒如命，酒后行为怪异，几乎与酒分不开，喝酒成了其生活中必不可少的一部分，逢叫必到，逢喝必多。酒后的行为表现典型：酒后失忆，醒后对自己所作所为几乎全部遗忘，行为混乱且具有攻击性和破坏性，意识出现障碍，意识范围狭窄。犯罪行为人实施犯罪行为时多是在酒后，前科盗窃行为是酒后所为（2009年11月因盗窃摩托车被判刑1年），本案同样是酒后所为，访问到的几起隐案均是其酒后所为。本起案件的犯罪动机是性侵害，案件性质是以性侵害为目的的故意杀人案。犯罪行为人由于饮用大量的酒没有完成性行为，但其动机指向明显，脱被害人的衣服，抚摸被害人的乳房及阴部，多次试图进行性行为未果，恼怒之下做出恶劣行为——将啤酒瓶插入被害人的阴道，可以说性侵动机明显。酒后他的自尊心得到极度膨胀和满足，动作肆意张狂，做出非正常意识行为。

前述的马栋梁一案中，犯罪行为人作案前也是饮用了大量的酒，“我遇到村里的那几个自小一起长大的小伙伴，他们正在喝酒吃饭，拉着我一起喝，他们提到我的身世问题，我就特别烦，不想说话，只是喝酒，菜也不吃，我大概喝了半斤白酒，不想再听他们说起家里的事了，起身要走，他们塞给我两瓶啤酒让我带着，我拿走后，边走边喝了一瓶，直到被害人家手里还有半瓶没喝完，后来就是用这个啤酒瓶打的他”（源自讯问笔录），可以说这一起案件也是在半醉半醒的状态下实施的。

在诸多的刑事案件中，我们常常能见到酒精的影子，酒后的行为多为非正常意识行为的范畴，行为特点也不同于一般的犯罪行为，对此类行为的分析意义重大。

三、自控状态

相关词条：控制（能）力、心理能量分配、正能量、负能量。

自控状态是个体心理的制动系统，是决定行为实施与否的闸门，它不但受内部心理状态冲突程度的影响，也受外部环境刺激因素的影响，它属于综合决断系统。就犯罪现场而言，它一方面表现为犯罪行为人对被害人及其他犯罪要素的掌控能力，即控制能力。另一方面表现为犯罪行为人对自己的控制状态，即控制力。控制能力是对外的、对他的，控制力则是对内的、对己的。

所谓控制能力，是指对事物的起因、发展及结果的全过程的一种掌控能力，是预测和了解并决定事物结果的综合能力，并具备实现目的的技能、体能等能力。

控制力是自我意识的重要成分，它是个体对自身的心理和行为的主动掌控，是自觉地选择目标，在没有外界监督的情况下，适当地控制、调节自己的行为，压抑愤怒或强烈的欲望，抑制冲动，抵制诱惑，延迟满足，坚持不懈地遵循法律、道德、伦理、价值观等行为规范，保证目标实现的一种综合控制力。

由于控制能力具有对外性、对他性，也可以称之为“对他的控制能力”，它包含了对他人的行为控制能力、对他人的心理控制能力和对现场局面的控制及应对能力。控制力具有对内性、对己性，可以称之为“对我的控制力”（自我控制力），它包含了对自我欲望的控制、对自我情绪的控制和对自我行为的控制。

（一）对他的控制能力

就刑事案件而言，对他的控制能力是指犯罪行为人作案过程中对案件的起始、发展及结果的全过程的一种掌控能力，包括对现场以及对被害人、现场感知人的控制能力。因此，这里的“他”并不单单是一个人称代词，它包含有现场的意思；从广义上来讲，进入现场的方式、逃跑路线的选择都是“对他的控制能力”的体现。其中，逃跑路线的选择含有分析判断能力及对现场的熟悉程度，这些都是控制能力的体现。

具体来讲，对他的控制能力包括以下三个方面：

1. 对他人的行为控制能力

对他人的行为控制能力在现场上表现较多，如捆绑被害人、暴力侵犯被害人、威逼被害人、拘禁被害人。对他人的行为控制能力的强弱与犯罪行为人的年龄、性别、身高、体重、体能、职业、经验、阅历等有着密切联系。

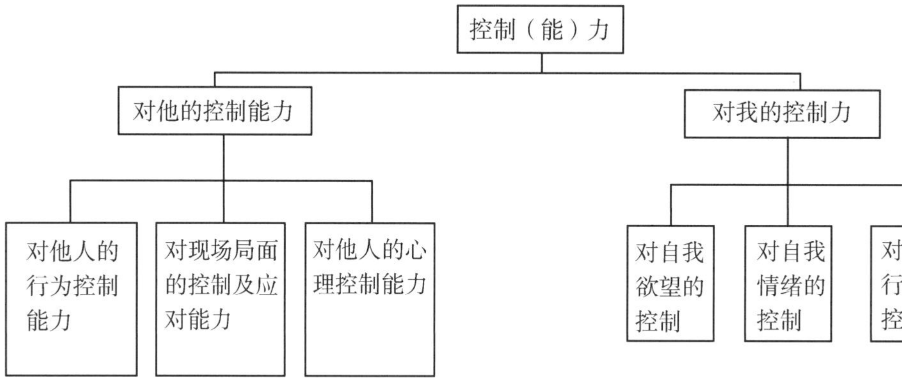

图1　控制（能）力内涵示意图

【案例5】2009年9月14日14时许，河南省巩义市伊洛河河面发现一具漂浮尸体，被害人为男性，50岁左右，身高160厘米左右，被绳子五花大绑，身份不详，经检验系机械性窒息死亡，死亡时间为10天左右。

尸体上的捆绑物共有5类7种，其中手工搓制而成的有3种，分别为红色条幅、帆布条、尼龙草搓成的绳索。

根据对现场的勘验和对被害人的研究，我们认为：①犯罪行为人表现为极不自信，捆绑状态杂而乱。②技能：即捆绑控制和致死方式均不熟练。③体能：从捆绑的复杂程度看，犯罪行为人与被害人相比处于弱势。④犯罪行为人对被害人有一种恐惧心理。⑤从绳索的制作技能看，现场反映有女性存在。⑥从被害人的衣着和致死方式看，被害人和犯罪行为人很可能同居一室，不排除女性参与作案。

依据对犯罪行为人“五大属性”的刻画，案件很快告破。犯罪行为人赵中梅，女，47岁，甘肃省礼县中北乡人，八年前来到巩义市，以拾荒为生。赵中梅于一年前认识被害人郑某后两人发展成姘居关系。后因生活矛盾，赵中梅趁被害人熟睡之际将其勒死捆绑抛尸河中。

在侦查实战中，侦查员要注重细节，从现场遗留痕迹、捆绑状态、损伤程度、死亡原因等中都可以分析出犯罪行为人的控制能力，进而分析其生理属性、地域属性、社会属性、心理属性和既往犯罪属性。

2. 对现场局面的控制及应对能力

对现场局面的控制及应对能力反映出犯罪行为人驾驭现场局面的能力和应对突发事件的能力，主要表现有排除外界影响的能力，如现场感知人突然出现、电话铃声、报警器声、敲门声和邻居喊叫声突然响起，或现场人数多于犯罪行为人的预想，或被害人强烈挣扎、呼救、反抗等；还表现有降低作案风险度的能力，如用一定的手段，或选择一定的时机将作案风险降至最低。这和犯罪行为人的年龄、性别、作案经验、心理成熟度、思维缜密度等有着密切联系。

【案例6】2008年9月2日，郑州市21世纪社区发生一起特大入室抢劫杀人案。32岁的王某（女）及其8岁的女儿和5岁的儿子被杀死在家中。尸检发现，被害人王某的右侧脸上有被咬伤的痕迹，两名被害儿童的胳膊、手背、手掌都有抵抗伤和防护伤，且受伤后仍有在现场各个房间跑进跑出的痕迹。结合现场勘验，我们分析认为：①被害人王某身材健壮，很可能在抵抗的时候双手拦腰抱住了犯罪行为人，并大声呼救致两名儿童闻声而起，受到恐吓后大声哭叫，干扰了犯罪行为人的行为。犯罪行为人情急之下咬了被害人，这是一种退化的兽性本能反应，是处于无奈情况下的解脱行为，可能是一种非正常意识行为（无比着急、无比愤怒）。②两名被害儿童跑进跑出，很可能是犯罪行为人无法控制局面，对年幼的孩子不知道怎么控制其行为，一刀又一刀地追杀，反复加害最终致其死亡。

通过对被害人的研究，结合现场勘验及调查访问情况，本案应是一起入室盗窃转化的抢劫杀人案件。但是案件现场却没有发现财物损失，而是出现了许多不可理解的多余动作。我们分析认为，正是因为犯罪行为人对现场局面的控制能力差，无法应对突发性事件，在入室盗窃时遇到了被害人惊醒并奋起反抗的意外情况，而无法控制局面，杀人后仓皇逃离。综合上述行为，我们得出结论：①犯罪行为人的生理属性：年龄不大，具备一定的攀爬能力；身材瘦小，不具备相应的职业技能，现场控制能力差。②犯罪行为人的心理属性：自控力差，现场行为混乱，心理素质不好，做事无计划，目的不明确，可能是酒后行为。③犯罪行为人的既往犯罪属性：有一定反侦查行为但无犯罪经验，控制能力差，可能没有受过打击处理。

破案后证实，犯罪行为人孙攀（男，20岁，无业，河南荥阳人），身高163厘米，身体瘦弱。孙攀供述此案是其初次犯罪，进入现场前喝了两瓶二锅头，酒后进入室内盗窃被王某发现，双方搏斗，孙攀将王某的脸部咬伤并将其杀死，又将两名醒来的儿童杀害。杀人后，现场局面的突然变化是孙攀始料不及的。此时，孙攀脑子一片空白，不知所措，唯一的想法是尽快离开这个是非之地，于是迅速逃离了现场。

在侦查实战中，有些案件的现场则反映出犯罪行为人对现场局面的控制能力较强。比如：骗门入室、和平进入、案后打扫现场、从容逃离现场等，这类犯罪行为人往往受过打击处理，年龄偏大，心智成熟。

3. 对他人的心理控制能力

对他人的心理控制较为间接、抽象，多表现为威胁、恫吓等。比如：①严厉愤怒的面部表情威胁。②手持某种器械的恐吓行为。③手持凶器压在被害人身体的某个部位的威逼行为。④语气严厉的恫吓行为。⑤挟持被害人的亲属或关系人的行为。⑥自伤自残的心理挟制行为等。

心理控制在现场难以直接反映，必须基于认真的现场勘验和调查访问，通过分析现场足迹、现场指掌纹、被害人损伤情况、现场的物质状态等，以及被害人的陈述来得出结论。比如，犯罪行为人进入一个现场，并没有和被害人有肢体上的接触（被害人无抵抗伤、无威逼伤），而只是走上一圈、瞪上一眼、吼上一句，就给被害人带来了巨大的心理震慑，这就是对他的心理控制，也可以称之为“心理挟制”。再如，犯罪行为人作恶多端、面目狰狞、恶名在外，让人不寒而栗。这些都是对被害人的心理控制。

（二）对我的控制力

犯罪行为人在现场表现出来的控制意识，于外部环境表现在“对他的控制能力”，于内对自我表现在自我控制，也即“对我的控制力”。

对我的控制力（自我控制）属于自我意识的意志成分，是主体的我对客体的我从心理到行为的把控能力，如自制、自主、自立、自我监督、自我教育等。自我控制是个体社会化的结果，是个体在同他人交往过程中所进行的社会实践活动的产物，是对规则、道德、伦理、法律的自我约束和反馈。它包含三个方面的内容：①就个体深层心理而言，它体现在对自我欲望的控制。②就个体意识层面而言，它体现在对自我情绪的控制。③就心理之外而言，它体现在对自我行为的控制。

1. 对自我欲望的控制

欲望是深层心理内容的重要组成部分。犯罪行为人之所以实施犯罪行为，往往与其难以克制的内心欲望有莫大关系，这些欲望（如贪婪、嫉妒、虚荣、情欲、性欲、仇视、报复等）多是与犯罪有关的扭曲观念、人性本恶的心理元素等。这些欲望因与社会规范、法律相违背，常态下往往压抑于个体潜意识中，以某种心理冲突、创伤执着的形式蛰伏于心灵深处，压抑状态的出现即是对自我欲望的控制，它是个体主动克制、主观遗忘、无相应诱因刺激的结果。

某些犯罪行为的爆发往往是犯罪行为人主观冲破压抑状态，加之外部刺激因素（尤其是诱因或是酒精）的“诱导”，将与犯罪相关的欲望瞬间上升到意识层面，以扭曲观念主导行为，实施犯罪。

外部刺激因素的“诱导”即是周边环境因素的刺激影响。就犯罪活动而言，外部环境因素有积极因素和消极因素之分。积极因素诸如外人善意的劝阻、巡逻警察的出现等，消极因素诸如饮酒、同案犯的唆使、适合作案的时空条件等。积极因素多或者出现得及时，犯罪行为人内心邪恶的欲望便会压制在意识之下；反之，欲望便会冲破禁锢，促使犯罪行为的实施。

在刑事案件中，我们常见犯罪行为临时升级或转化的情形，比如本是入室盗窃，结果发现现场只有单身女性，犯罪行为转化成强奸，而这种动机的转化即是犯罪行为人在外部消极因素的刺激下内心欲望的转变，是犯罪行为人自我欲望控制弱化的表现。

2. 对自我情绪的控制

情绪是个体的情感过程的一部分，是客观事

物是否符合其需要的态度体验。这里主要是指对消极情绪的控制。行为实施之前往往伴有与之适应的情绪表现。犯罪行为实施之前同样会产生相应的激烈情绪反应，紧张、焦虑、亢奋、激动、冲动是犯罪行为发生前的情绪状态，犯罪行为人对自我情绪的控制得当时，其对现场被害人、环境等的驾驭能力强，反之则弱。

环境因素同样刺激和影响着犯罪行为人的情绪控制。当积极因素带来的情景压力高时，犯罪行为人的情绪会得到舒缓，回归理性，犯罪行为实施的可能性变低；反之，当消极因素带来的情景压力高时，犯罪行为人则会加剧内心的亢奋状态，感性战胜理性，欲望冲破束缚，犯罪行为实施的可能性变高。

刑事案件中，我们也常见到被害人身体的某部位被严重伤害，被砍数十刀（斧）甚至上百刀（斧），我们可以认为这与当时的情景刺激有莫大关系。它是一种针对性极强的情绪宣泄，或者一种对自我情绪控制的失衡，是一种发泄内心愤怒的表现，辅之于其他现场痕迹物证我们可以初步认为这可能是一种报复性的行为或失控性行为，是因果关系人作案。

3. 对自我行为的控制

行为是心理外化的延续，是个体与外部环境发生联系的反应系统，它由一系列活动、动作和行动所构成。犯罪行为人对自我行为的控制力直接决定着犯罪行为实施的程度及对现场（人、物等）侵害或破坏的程度。

犯罪行为的最终实施往往与两个重要参量有关系：易激惹敏感点和自我控制力（图2）。

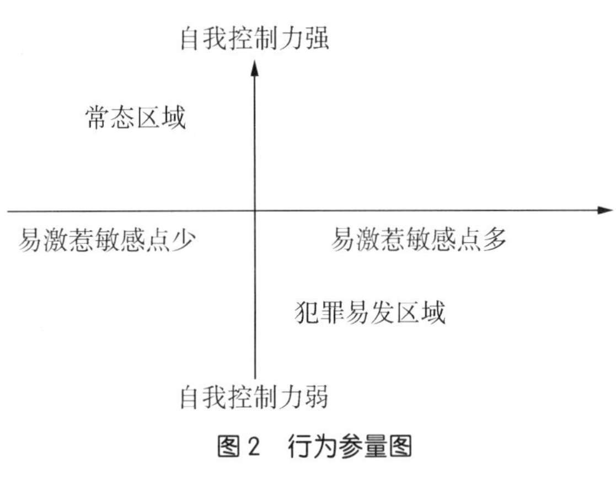

图2　行为参量图

易激惹敏感点是指促发行为人产生激惹行为的观念、观点、情绪、经历或行为。它可以是一句尖刻的语言、一个异常的眼神、一副特异的面部表情、一段特殊经历或痛苦体验，甚至一个有特殊意义的物品等，它可能是犯罪行为人的心理忍耐底线。易激惹敏感点，多产生于个体成长经历中的创伤性执着，往往是人们最想掩盖的、最薄弱的部分，俗语说：打人不打脸，骂人不揭短，这个“脸”和“短”即为人的尊严和易激惹敏感点。

行为的产生受心理能量的支配，心理能量一如物理能量同样具有守恒性，能量分配在积极方面和消极方面是此消彼长的关系。能量的发展是一个动态的过程。每个人的内心都是带有心理能量的，而只有健康、积极、乐观的人才带有心理正能量。人的意念力来自人类自身，来自于人体的能量场，减少不该有的欲望，保持心态的平和，多做对社会有意义的事能增加正能量，而自卑、虚荣、嫉妒、沮丧、消沉的心理状态则易产生不利于社会和个人的行为，增加负能量。外部环境刺激因素对能量分配产生着影响，积极因素决定着正能量的高低，消极因素决定着负能量的高低，能量的分配直接影响个体对行为的控制力。

如图2所示，易激惹敏感点多、自我控制力弱（心理能量分配的必然结果）时，在外部诱因的刺激下，犯罪行为易爆发；易激惹敏感点少、自我控制力强时，犯罪行为不易爆发。以此两个维度划分四个区域，个体自我控制力强、易激惹敏感点少为常态区域（健康区域），反之则是犯罪易发区域。

【案例7】2009年4月7日8时40分许，郑州市管城区紫荆山东路耿庄村59号210室一人被杀，尸体高度腐败，被发现在卧室的衣箱内。

经查，死者为赵丙乾，系一废品收购站工作人员，该收购站老板的儿子赵少鹏有重大作案嫌疑。赵少鹏有间歇性精神病，非常讨厌抽烟，不愿意闻到烟味，也讨厌别人对他说三道四。在废品收购站打工的赵丙乾很爱抽烟，并且经常以长辈自居对赵少鹏指手画脚。赵少鹏对此很不满，认为其只是一个打工者，而自己是少东家，其完全没资格对自己说教，心中一直对其不满。另外，赵丙乾明明是文盲却在赵少鹏面前看《三国演义》，装着读书的样子，这更增加了赵少鹏对他的反感。

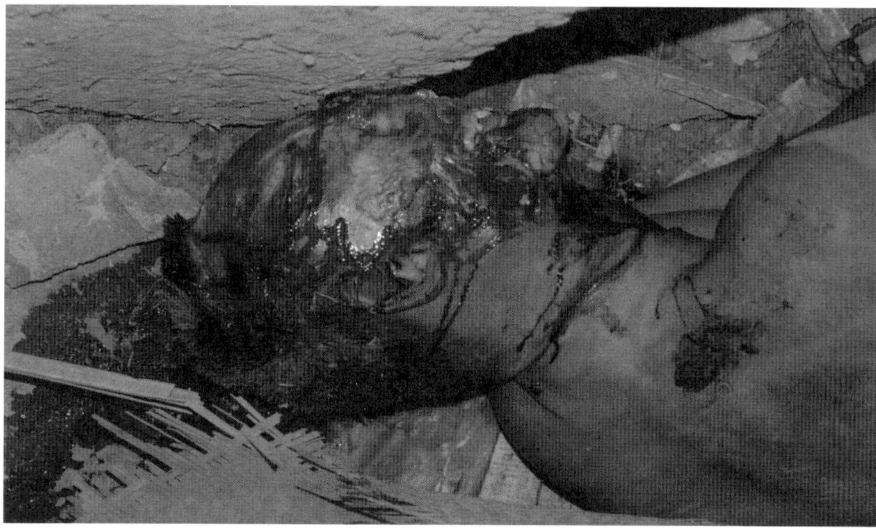

案例7图　郑州市管城区“2009·4·7”杀人案现场图

由上所述，我们可以发现犯罪行为人赵少鹏的易激惹敏感点：①非常讨厌抽烟，不愿意闻到烟味。②因自己做不成事，无能，虚荣心又极强，讨厌别人对他说三道四。③讨厌别人的装腔作势。对这些敏感点的触动，极易导致犯罪行为的发生。最后查明，2009年4月6日，赵丙乾又在赵少鹏面前抽烟、看书、说三道四，这再次激怒了赵少鹏，几个易激惹敏感点同时被触动，自我控制力随之降低，长期以来的忍耐一下子爆发了，赵少鹏跑进厨房，拿起菜刀猛砍赵丙乾的头部。将其砍死后装到衣箱中盖好后逃离。赵少鹏的父亲回来后发现两人都不见了，最后直到尸体腐败发出异味才发现，随即报警。

第三节　典型案例分析

一、巩义市“2011·9·14”王某杀人案

非正常意识行为的表现形式有很多种，其中常见的一类是心理障碍类犯罪行为人实施的犯罪。本案即是一起典型的具有心理障碍的犯罪行为人实施的案件。

（一）简要案情

2011年9月14日8时30分左右，在河南省巩义市涉村镇东大街发生一起恶性案件，犯罪行为人王某（男，30岁）沿巩义市涉村镇东大街用斧头先后砍死、砍伤6名过路群众（5女1男，其中包含2名儿童）。造成了恶劣的社会影响。

案后，警方对犯罪行为人王某及时进行了讯问，对王某的家人、同学、老师进行了调查专访。经调查及现场勘验、现场访问、现场分析，警方认为王某在犯罪现场造成的行为后果属于非正常意识行为的范畴。

（二）现场行为分析

2011年9月14日8时30分左右，小雨天气，犯罪行为人王某一手拿着斧头一手持雨伞行至涉村镇东大街，遇到少妇余某（26岁，当地村民）和其1岁的女儿，只因余某看了他一眼，王某便上前抬腿就是一脚，余某不知所措，十分惊恐，抱着女儿便跑，未跑出几步不慎摔倒，被手持利斧的王某追上，向其头部连砍数斧，致母女二人当场死亡。随后王某捡起地上的雨伞，沿路向南行约30米，遇到中年妇人柴某（52岁，当地村民）和其4岁的孙女，因柴某也看了王某一眼，王某上前不容分说抡斧就砍，致柴某当场死亡，孙女重伤，二人的伤害部位同在头部。王某在供述中说“我认为是对我的蔑视，看不起我”，王某沿路继续向前走，遇到夫妇两人，妻子李某（31岁，当地村民）当时怀中抱着孩子与丈夫翟某（31岁）同行在街上。仍然是因为妻子李某看了王某一眼，王某不由分说举斧便追砍，夫妇二人慌不择路逃进一超市内，李某不慎摔倒，此时穷凶极恶的王某已追上，李某遂将怀中的孩子递给超市工作人员，该行为被追上的王某看到，却并未制止，对工作人员说：“你把孩

子抱走吧。”随后王某抡斧砍杀李某，丈夫翟某赶到随手拿起一辆儿童自行车遮挡并说：“不要这样，有啥咱说说中不中？”但因王某此时情绪已达到疯狂境地，不由分说抡斧将其砍翻在地，妻子当场死亡，丈夫被砍成重伤。整个作案过程持续不到10分钟，6名无辜群众死伤。当地派出所民警闻警迅速赶到现场将其制服。

侦查人员在调查取证的过程中了解到，三起事件的被害人互不认识，同犯罪行为人也不相识，那么犯罪行为人为什么对陌生的路人下此狠手呢？我们得到的答案仅仅是因为“她看了我一眼，我认为那种眼神是看不起我”。不因财、不因情、不因性，仅仅是一个眼神，一个自己认为对他鄙视的眼神，便做出如此暴烈的、令人发指的罪恶行径，我们不禁要问为什么？这种暴力行为究竟源于什么心理？

1. 眼神的分析

在讯问中，当问到为什么要先后砍杀那几个人（而不是别人）时，王某的回答理由一致：“她看了我一眼，我认为那是对我的鄙视，看不起我”“她也看了我一眼，那眼神是鄙视我”“她抱着孩子上下瞟了我几眼，我觉得那是对我的蔑视”。这三起事件他都提到了眼神，我们认为此种眼神恰类似于恋爱失败时女友给他的最后一眼，而这最后一眼满含鄙夷、不屑与轻蔑，此情此景铭刻在王某的脑海中，因伴有极大的痛苦和挫败感在其内心，即形成创伤性经验，压抑在潜意识中，因此这种眼神成了王某的易激惹敏感点之一。案发时，正是被害人的这一眼神瞬间唤醒了王某潜意识中的创伤执着，触动了王某的易激惹敏感点，自卑、自恨、恨他，人本性中的正能量下降、消极负面的能量占据主导地位，以扭曲的观念——“她看不起我”为由，形成犯罪动机，实施犯罪行为，酿成惨案。

2. 细化三次眼神

（1）案发时天降小雨，街上行人稀少，当王某一手打伞，一手掂斧头走在街上，此时余某看了王某一眼，王某认为是一种鄙视的眼光，遂施暴抬腿便是一脚，余某无端遭受打击，情急之下选择逃避，恰恰是这一逃避动作唤醒了王某潜意识中女友、父母的逃避及抛弃他的情景，再次触动王某的另一个易激惹敏感点，暴怒之下，挥斧猛砍，致母女二人当场死亡。试想一下，在一个雨天，街上行人本就不多，正常行人走路时相互间的注视应属自然之事，王某作为一个30岁的青年人被一名少妇瞥视也在情理之中，眼神可能会是斜视，正常我们会理解，这种眼神只是一种对异性的正常关注。

（2）在砍死2名被害人后，王某沿路向南行约30米，与柴某遭遇，此时柴某又是瞥视了王某一眼，王某仍以为这种眼神是一种蔑视，再次施暴行凶。此时，我们同样可以试想，当看到身染血迹、手持斧头的一个人出现在街头时，谁都可能会看上一眼，这本是一种惊恐、好奇的眼神而已。

（3）几分钟后，王某遇到李某，也是因为李某看了他一眼，随之对其施暴。我们分析，当被害人李某看到满身鲜血、穷凶极恶的王某时，眼神同样是一种好奇、疑问、惊恐的表现，而并非蔑视。

（三）非正常意识行为产生的心理历程分析

1. 王某非正常意识行为产生的心理基础

王某非正常意识行为的产生与其早期的成长经历及后期的心理封闭和心理发育停滞有密切关系；是自卑、自闭、隔绝、排他等一系列心理痛苦至极的恨他、自恨、自毁；是在易激惹敏感点被触动的情况下，在扭曲观念的支配下导致的结果。

1.1　早期成长中的人格缺陷

犯罪行为人王某，出生在一个普通的农民家庭，父母务农，上有四个姐姐，在家排行老五，出生时爷爷健在，一家三代共同生活（6岁时爷爷去世）。据调查访问，王某的家庭中存在严重的重男轻女观念。这个家庭曾经有一个男孩，不幸早年夭折，为此母亲身心遭受重创，出现手麻等症状，经过及时治疗得以痊愈。王某的降临给这个家庭带来了巨大欣喜，家庭对王某的娇宠达到极致，事实上，王某在家庭中居于“小皇帝”位置，受到特殊照顾（图1），按正常家庭结构地位，孩子应该位居底层序列（王某和四个姐姐同属底层第四序列），父母应在中层序列，爷爷应在上层序列，事实上由于这个家庭的抚养方式，把王某宠在高高在上的地位，位于家庭序列的塔顶，正是这种不正常的家庭地位形成了其“小皇帝”式的性格特征和行为模式。

王某在供述中讲道："我们家里姊妹五个，我是最小，父母对我都不错，我因为是家里最小的孩子，所以我的四个姐姐对我都不错，那时我们家住的是窑洞，家里有两个单间，我跟爸妈、爷爷住一个大的单间内，有时跟爸妈一张床，有时我爷搂我睡。"爷爷、父母和姐姐们尽其所能地从各方面满足他的要求，包括一些不必要的甚至是无理的要求，最好的东西先给他，不让他做家务，为他料理日常生活，即便是他的错也要由姐姐们承担。

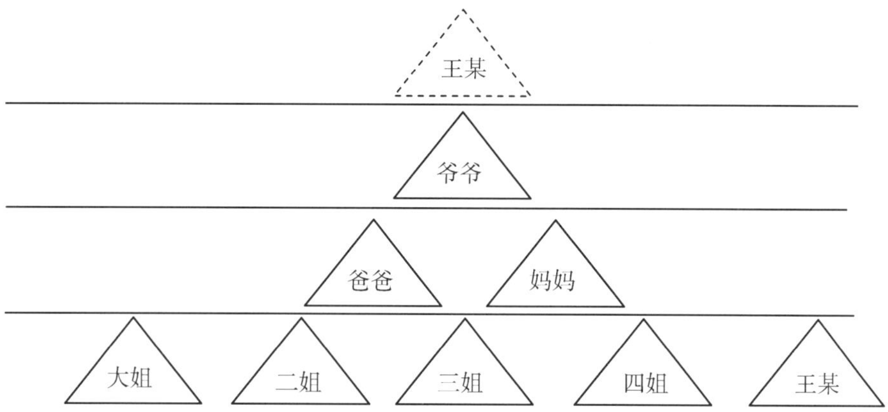

图1　王某家庭地位模拟图

家庭的这种成长氛围和抚养方式给王某造成不良影响：①使他形成了不良性格。王某任性、懒惰、以自我为中心，习惯于只为自己考虑，认为别人为他所做的一切都是应该的、理所当然的，认为规矩都是为别人制定的，与自己无关，使他逐渐形成自私、狭隘的性格。②使他缺乏自信。当地农村有男子很少做家务的习俗，王某上有四个姐姐，衣来伸手、饭来张口的生活模式造就了他的动手能力和独立生活的能力较差，习惯于依靠家庭生活，自己没有主见，缺乏独立解决问题的能力，无责任心，不会承担。不信任别人，也不可能从与别人的信任关系中获得安全感。③削弱了他的人际交往能力。他有很强的优越感，常常眼高手低，看到别人的进步，容易产生怨恨和沮丧的情绪（这是一种嫉妒之心，是人性恶的表现）。④使他变得无情。一位教育家说过，用溺爱培养出来的孩子不肯把心灵献一点儿给别人。"小皇帝"的地位，当然要有"小皇帝"的思想。王某从小比较喜欢看书，努力学习，以得到家人和邻里的夸奖和认可。为了被夸奖和认可，王某愿意做自己擅长的、容易的事，避开有挑战性的、可能失败的事，事实上是一种虚荣心在作祟，逃避的行为模式逐渐形成。自认为有知识，家庭和周围人的期望又那么高，王某觉得自己将来一定是个不一般的人，一定会出人头地，因此王某对后期的挫折是不接受的，这为心理的创伤执着打下了基础。

王某的童年被过强的优越感"侵蚀"。家中经营一个小百货店，有一定的经济收入。父亲是村里的党支部书记，在村内享有很高的地位和威望，这给整个家庭带来了至高无上的地位，而这一切也使王某在同辈群体中处于一个无与伦比的地位，小伙伴们经常围着他转，以其为核心。关于家境的描述，在讯问中，王某是这样供述的，"我记事是从四五岁开始，那时候俺爸妈都做着小生意，俺爸在俺村开了个小商店，俺妈卖鞋……那时候家里的条件还行，属于中等"。从家庭优越的成长环境中走出的王某，在小学、初中中同样延续了这种"优越感"，原因是学习成绩一直不错，在班级中有一定的地位，老师、同学比较喜欢他，在班级中有一定的认同感，"我上小学的时候学习不错，尤其到了六年级的时候，我基本上能排到班级的前十名，初中的时候我在学校的成绩也名列前茅，在学校，老师和同学对我都很好，也没遇到过什么不顺心的事情，所以那时候我有种优越感"。

王某早期的成长背景造就了他的任性、倔强、自我为中心、狂妄自大、虚荣等人格特质。"平时父母对我管教的比较少，我听父母和姐姐说我那时候比较任性"，在对其父的访谈中，我们也了解到"这孩从小任性，爱钻牛角尖"。

这些早年形成的人格特质以后很难改变，但也是能够改变的。只是王某后期形成的隔绝、逃避的行为模式严重阻碍了其正常心理的发展。青春期是人格成长与停滞明显展示的关键时期。王某童年的生活环境和人格特征决定了王某是心理成熟较晚的孩子，因此以后各阶段出现问题是在所难免的。

1.2 后期心理发展的停滞与创伤

王某不仅心理发展滞后而且极端地扭曲自己，最终导致自己走上不归之路。

（1）高中阶段出现的心理压抑：早期成长背景形成的优越心理发展态势，在高中时期受到了阻碍，出现了心理压抑的现象，早期养成的人格缺陷形成的低水平的心理承受能力，使得其在高中面对挫折时出现了逃避、退缩现象。

高中时期的变化体现在：①高中没有顺利考上。王某中考成绩是416分，当时高中录取的分数是460分，是父亲托关系花了8 000元才将其送进学校的，对此王某一直耿耿于怀，深以为耻，理想中自己非常优秀的面纱被撕破，原来优越感肆意增长的态势受到阻碍和打击。王某暗暗发誓要在学习上再次证明自己。孤注一掷，全身心投入学习，拒绝同学交往。三年下来成绩一直未有明显起色，高三才进入重点班，但瞬间的成就感被班内更优秀的竞争对象给抹灭，重新回到愤恨、自我封闭的状态。②城乡差距凸显，王某在生活上也不再被尊崇。就读的高中是城市中学，较之以前的学校环境已是大为不同，周围的同学多是城市的孩子，新鲜的事物、新异的刺激较多出现。此时环境的改变对王某心理最大的冲击是原来的在生活上的优越感得不到延续，代之以挫败感，自卑感萌生，“他们说我老穷……，城里的孩子欺负乡里的孩子……班长侮辱我，让我坐在班里的最后一排”。王某把自己人格中的缺陷导致的人际交往失败归结于家庭和同学，外归因模式让王某看不到真实的自己。讯问笔录中王某这样交代：“我变得压抑，性格从原来的开朗变得沉默寡言”“高一下学期，我的睡眠就不好了”“后来我喜欢独处，那样可以学习”“高中时我封闭了自己，外界隔绝自己，融入不进去”“高中时最愉快的事，便是放假回家”。这是对儿童成长期优越感的怀念，因为只有在这种环境中才能找到理想的自我，也是他逃避现实生活的写照。高中以后王某开始变得孤僻、沉默寡言，形成了极度自卑、自闭、压抑的心理。

（2）大学时期失恋导致的情感创伤：王某这种孤僻、自闭的心理态势继续发展，到大学阶段当面对更大的挑战、更大的挫折时，出现了更为严重后果——完全封闭了自我，时刻拿一本书横在自己面前，遮挡了自己与别人的联系。

王某以524分的成绩考入一所专科学校，进入这样的学校，王某一直未懈怠，在得知有专升本的机会时，更加努力学习，试图再次证明自己的实力，大学一年级时努力学习，并一度获得奖学金，但此时生活环境的改变，城乡差距更加明显地表现在大学生身上，对这种差距的体验远强烈于高中时期，周围同学的吃、穿、用等更优于自己，但仅仅这些不会造成太大的影响，问题在于此时他仍然延续着高中阶段的自我封闭，事事以学习为遮挡，每天手持一本书放在自己面前，这是一种与外界隔绝的行为模式，同时也是一种心理逃避和自慰的表现，其意是“我在学习，你们都不务正业”。王某用“巧妙”的方式拒绝周围的同学。“到大学二年级第一学期，朋友分开，背叛了我”，看不到自己对同学的排斥，怪罪于朋友的背叛，外归因模式再次呈现。他不愿意改变和成长，无意中不断地扩大外归因。既不善于交往，又总是将过错归于别人，还不能体会同学的感情，这些无疑会激起同学们的不满，几个同学结伴威逼殴打他也是必然。王某开始到校外租房独自居住，自卑、自闭、压抑变得更加严重。

大学二年级第一学期王某暗恋上班里的一个女孩，试图与其建立关系，内心想表白却不敢说，反复纠结。当最终冲破恐惧试图向女孩表露心迹时，却被对方以贫穷、无能、性格不好等理由拒绝。对方无情的眼神及鄙视的面部表情，在其心灵上留下了极为深刻的烙印，挥之不去，造成了巨大的心理创伤，王某自此对女性产生回避、愤恨等心理，并认为女性对他的态度——“鄙视”，在其内心形成固着。这次感情的拒斥深深刺痛了他的自尊，他越发觉得周围所有人看不起自己、鄙视自己，更加敏感、多疑起来。这种过分敏感、多疑的特质与压抑的内心矛盾结合，久而久之王某出现行为异常，与周围环境格格不入。

（3）精神病贴标签的影响：正是上述自闭心理的作用，使得王某行为孤僻，少言寡语，与周围的环境格格不入，当与同学发生摩擦时行为表现夸张、过激。

大学二年级第一学期，学校与其父联系，怀疑王某有精神病，王某被父亲强行带去医院，进行“精神病”治疗。王某说：“每次我都不想去医院，被我爸叫的七八个人捆绑着强行带去医院，这些人中有我二姐夫、三姐夫、四姐夫，他们把我押到医院，到医院就是打针、吃药”，可以想象当王某“被就医”时激烈的情绪状态。王某越反抗，“精神病”的标签贴得越牢固，直到被做了“全麻下行立体定向双侧颅内多靶点损毁术”。

《心理学导论》① 中曾记述了一个有趣的研究，斯坦福大学的研究者戴维·罗汉森提出这样的问题：“假如一个正常人被误送进精神病医院，医护人员能发现吗？他们能让这个人离开那里吗？”同时他还有另一个问题：“精神病院里区别精神病与健康人的手段到底有多大准确性？”为了找到答案，罗森汉和他的同事走访了各类精神病院，其中包括非常豪华的现代医院，也有设备落后、较为简陋的医院。他们跑进医院，谎称自己出现了某种症状，比如，说自己老是听到又“闷”又“空”的声音，等等。在12次试验中，他们有11次被诊断为患有“精神分裂症”。通过这个研究可以感悟到很多阐述不清的、汇合在一起的种种心理意识流的结果。在罗汉森的研究中，那些假患者因被诊断为精神分裂症而住院，通过治疗，当他们的症状消失后被准许出院。然而，即使被治愈后，“精神病患者”的标签已使得医护人员不把这些曾经住过院的人看作是正常人。正如精神病学家卡尔·门宁格所说：“即使一个人的心理疾病已经治愈，这个标签也足以破坏他的生活。”

（4）父母“逃离”的再次创伤：多次精神病院的治疗，王某内心痛恨其父将其带至精神病医院，在家多次与父亲发生冲突，行为失控，拳脚相加，其父在接受询问时讲，“严重时将我打得鼻子出血，看到血后才停手……有次将菜刀架在我脖子上”，父母年迈，不堪其苦。2011年春节后，王某因下棋与父亲再次发生争执，推搡老父，为保安全，父母在其吃药入睡后翻墙离家，至案发前没有回来，在这期间王某一人在家，将近7个月的独自生活使“我十分痛苦……几个姐姐也再没来看过我”。据邻居反映，这段时间常能听到他在家无故高声喊骂、纵火焚物的行为。后侦查人员去他家里搜查，发现室内物品摆放整齐，地面整洁干净，这可能是他内心混乱祈求平静的一种反应。可见其想要的与所做的是多么矛盾。心理学中有这么一个规律：内心混乱的人往往通过整洁的室内陈设来平衡。不难想象当时他的心理状态到怎样一种境地。

父母不堪其苦选择离开，王某理解为是一种抛弃，父母作为最亲近的人离他而去，唯一的情感支柱也失去了，这个以自我为中心的王某觉得整个世界都抛弃了自己，所有人对自己都有偏见。几个月的独居生活，这种痛苦思想反复纠缠，内心对外界的仇视和愤恨与日俱增。如果说大学恋情的挫败是其第一次情感创伤的话，此时父母的“抛弃”对其情感更是一种实在的打击。

（5）案发当晚的性发泄行为：当周围的一切人都离他而去，王某压抑的内心达到极致。周围再无发泄对象（父母离开、邻居避而远之、家畜虐待死完），使其养成了手淫的习惯。讯问中王某交代，“没有过真正的性生活，我从小到大没有和一个女人发生过性关系，我从2005年开始通过黄色录像学会了手淫，之后我就开始对不同的女性开始性幻想、手淫（手里拿着明星的照片进行），对象有我以前的暗恋对象、电影明星，有时候我1天手淫1次，最多的时候1天手淫3次，我作案的当天凌晨还手淫过。”

精神分析理论认为，力比多（Libido）的心理能量是巨大的。几个月的独居生活使王某倍受煎熬，案发时已至极限。案发当天凌晨的手淫行为是其生理发泄的表现，然而积聚在内心的压抑、愤恨之情一直得不到发泄，“我实际上有种性冲动，不但身体上有种发泄的冲动，而且我精神上还有种冲动，虽然案发当天凌晨我通过手淫的方式把身体上的冲动给发泄了，但是精神上还是处于兴奋状态”。最终犯罪行为的实施使其彻底得到发泄。

2. 王某非正常意识行为产生的心理机制

王某早年的成长经历造就了他理想化自我非常高、全能感特别强的心理特质，现实能力与高理想的差距太大，这是其自卑心理产生的根源之一。高理想一方面来自儿童时期的优越感，另一

---

① DENNIS · ZOON. 心理学导论［M］. 郑钢，译 .9 版 . 北京：中国轻工业出版社，2004.

方面是内化了父母的高期待。由自卑导致自闭、敏感、固执、任性、无情等，把周围的人推开，内心深处又离不开父母和朋友，这些冲突让他恨别人，更恨自己无力回天。想象中自己那么优秀，现实中却糟糕至极。他不满意自己，不接纳自己，更恨自己。压抑的愤怒，自恨的积累，王某没有能力通过恰当的方式化解。当能量积聚到极限时，王某放纵自己，产生犯罪欲望。当王某拿斧走上大街，女性+特殊眼神+逃跑动作触动了其易激惹敏感点，转瞬之间愤恨、自毁的能量爆发，犯罪理由形成——她瞧不起我，于是惨案发生。

二、郑州市须水镇“2013·1·11”系列强奸幼女案

（一）简要案情

犯罪行为人马某，男，1979年4月12日出生，身高160厘米，体重60千克，留短须，初中文化程度，户籍所在地为河南省巩义市新中镇桃花峪村马家门，系前科人员（2009年3月因为猥亵儿童被巩义市法院判刑一年半），2012年9月8日至2013年1月11日先后在郑州市中原区须水镇实施5起猥亵、强奸幼女案件，2013年2月2日，马某在居住的小旅馆内被办案民警抓获。

因是一人实施的系列案件，按发案时间梳理如下：

【案件1】“2012·9·8”须水镇柿园村中华旅社猥亵案：2012年9月8日16时左右，犯罪行为人马某在郑州市中原区须水镇柿园村的中华旅社208房间住宿期间，以购买东西为由先后将店主孙某某夫妻俩支走，随后在208房间的床上对店主女儿谢某某实施猥亵，后被返回的店主发现，遂报警。

【案件2】“2012·9·8”须水镇二砂村强奸案：2012年9月8日19时左右，犯罪行为人马某窜至郑州市中原区须水镇二砂村街上一个十字路口，以给被害人李某某买东西为名，将李某某诱骗至须水镇兰州路二砂村村委会南50米路东的沟里，采用掐脖子的暴力手段将被害人李某某掐晕，对李某某实施奸淫。

（案件2与案件1发生在同一天，两起案件有着紧密的关系，详见下文分析）

【案件3】“2012·11·15”须水镇宋庄村强奸案：2012年11月15日21时左右，犯罪行为人马某窜至郑州市中原区须水镇宋庄大街口，以让被害人贾某某帮助找丢失的钱包和给其买彩泥为名，将贾某某诱骗至须水镇宋庄北街西流湖旁边的小树林里，采用掐脖子的暴力手段将被害人贾某某掐晕，对贾某某实施奸淫。

【案件4】“2012·12·29”须水镇西岗村强奸案：2012年12月29日18时左右，犯罪行为人马某窜至郑州市中原区须水镇西岗村被害人许某某家楼下，以让被害人许某某帮助拿包为名，将许某某诱骗至须水镇郑上路大厨房（厨具批发市场）最后一排无门房间内，采用威逼恐吓的方式对被害人许某某实施奸淫。

【案件5】“2013·1·11”须水镇宋庄村强奸案：2013年1月11日13时左右，犯罪行为人马某窜至郑州市中原区须水镇西岗村与郑上路交叉口向北的路上（宋庄），强行将被害人王某某拉至路西边的小树林中，采用掐脖子的暴力手段将被害人王某某掐晕后实施强奸，未遂。

五起案件均是性犯罪案件，被害人均系未成年女性，年龄集中在4~9岁，多数发案时间集中在16~21时，手段残忍，致使多名被害人身体损伤（阴部撕裂），身心受到极大的伤害。五起案件对比详见表1。

表1 五起案件对比表

序号＼内容	发案时间	被害人	年龄	地点	控制方式	损伤	备注
1	2012年9月8日16时左右	谢某某	6.5岁	须水镇柿园村	支开家人实施猥亵	心理伤害	猥亵
2	2012年9月8日19时左右	李某某	4岁	须水镇二砂村	尾随→搭讪→买玩具诱骗→哄抱着走	颈部瘀血，阴道撕裂	强奸

续表

序号\内容	发案时间	被害人	年龄	地点	控制方式	损伤	备注
3	2012年11月15日21时左右	贾某某	8岁	须水镇宋庄村	搭讪→买玩具诱骗→挟持→扼颈至昏迷	脖子掐伤，会阴撕裂伤	强奸
4	2012年12月29日18时左右	许某某	9岁	须水镇西岗村	搭讪→诱骗→挟持→语言恐吓	会阴撕裂伤	强奸
5	2013年1月11日13时左右	王某某	9岁	须水镇宋庄村	搭讪→挟持→语言恐吓→扼颈至昏迷	左手臂瘀血，脖子多见掐痕	强奸未遂

（二）犯罪心理产生的历程分析

就大多数犯罪行为人而言，犯罪行为的发生多是一种必然，主要原因是案前犯罪心理已经形成，即指犯罪行为产生的心理基础已经形成。犯罪心理之于心理犹如身体疾病之于生理，患上重大疾病非一朝一夕，同样犯罪心理的形成也非一日一时，它的形成也是经历根源、产生、发展形成、稳固定型等过程，某人不会某一天突然犯罪，犯罪必有前因后果。

在整个犯罪心理的形成过程中，个体家庭成长背景往往是犯罪心理产生的根源所在，后期的教育背景、社会生活经历是犯罪心理形成发展的过程，犯罪心理形成以后，表现于外即是形成固化的心理行为模式。对本案犯罪行为人犯罪心理的形成分析如下。

1. 家庭成长背景分析

家庭是孩子来到这个世间的第一站，是个体初始社会化的开端，家庭给予孩子的首先是必要的物质生活产品，再次是必要的家庭温情。二者相辅相成，缺一不可，前者的满足给予孩子强健体魄，后者的满足给予孩子健康心灵。

1.1 贫寒家境

贫寒的家境，使其自小缺乏成长必需的物质生活条件，过早经历困苦、艰难等负向体验，萌生自卑心理。

犯罪行为人马某，出生在巩义市新中镇桃花峪村，农民家庭，家中兄弟姊妹五个，排行老幺，上有两个哥哥（大哥与其相差10岁），两个姐姐（大姐与其相差7岁），父亲兄弟少，爷爷早故，奶奶跟着父母生活，父母以务农为生，祖孙三代一起生活，家境贫寒，“我记事起，俺家穷，我小时候没穿过鞋”，“我记得小学时候家里特别穷，照毕业照的时候，衣服没扣，拿着扇子挡住了照的毕业照，看别人穿的、吃的，我都可羡慕，我自己每年还得领救济”（源自犯罪行为人讯问笔录，下同）。

出生序列是影响孩子性格、养成孩童基础心理十分重要的一个家庭环境因素，同样的出生序列在不同的家境成长背景下又形成不同的性情。马进周是家中老幺，出生序列排在最后的孩子成长在家境一般或富足的家庭里，往往会受到额外的关注和重视，甚至得到孩子中最多的宠溺和关爱，成长中需要的各种条件优先满足，然而，对于贫寒家境而言，则是偏向于另一个极端，他（她）往往是家庭额外的负担，当年长的兄弟姊妹可以为贫寒家庭做出些许贡献的时候，他（她）仍处于向家庭索取的阶段，此时他（她）往往给整个家庭带来多余感，导致其生活上各方面的要求得不到满足，过早体验到生存的困苦、艰难，此时对不谙世事的孩子来说，同龄人衣食无忧的表现，往往使其自然产生对比心，形成强烈的自卑心理。本案的犯罪行为人即有类似遭遇，家庭十分贫穷，在整个村里没有地位，“别人都看不起俺家”，自己在家中是最小的孩子，缺衣缺食更缺爱，过早承受着来自家庭环境、周围环境的压力。

贫寒家境并不意味着势必教养出自卑的幺子，自卑是种心理表现，父母关爱的缺失，家庭亲情的缺乏，是导致其自卑之心形成的主要原因。

1.2 缺乏家庭温情

缺乏家庭温情，缺失成长必要的关爱，使其基本社会情感反应模式未形成，内心冷漠无情，心理安全感严重缺失。

家庭情感泛指母子情感、父子情感、兄弟姊妹情感以及整个家族成员之间的亲情关爱，它是孩子社会情感发展的基础，其中尤以孩子对父母的依恋之情为核心；从狭义上讲，依恋之情是个体社会情感的雏形，依恋之情发展的好坏直接决定个体后期社会情感的发展水平。

贫寒、多子女的家境，使得父母每日为生计忙碌，往往忽略对子女的关心和教育，尤其是作为家庭负担的幺子，对这个家庭来说，在父母的潜意识中他是一个多余分子，于家庭没有贡献只是一味索取，因此，他在家中丧失地位，不被重视，常常被忽略，下面是一段讯问笔录：

问：你想过为啥家里对你哥好，对你不好呢？

答：我也不知道咋回事。从小父母对我大哥都比对我好。

问：为啥哩？

答：俺大哥挣钱早吧，可能是，很早都承担了家里的花销吧。

问：你大哥比你大多少？

答：十岁多点吧。

…… ……

可以看出，作为年长的大哥，在犯罪行为人年幼时便可以打工挣钱，补贴家用，因此在家中有一定地位，得到父母的关心和重视。犯罪行为人的年弱无知，无经济能力，使得其在兄弟之间对父母之爱的争夺上屡次失败，这种长期的不受关爱和争爱失败，使其内心的安全感严重缺失，这种缺失造成的影响一直伴随至成年，“只有在喝醉酒和梦到我妈的时候最安全”，同样也是促使其自卑心增强的又一因素。在这种情感抚养模式下成长起来的孩子，内心缺乏情感的滋养。心理要素的发展有关键期，错过这种早期情感发育的关键期，后期个体情感的发展便会出现停滞、阻断，久而久之内心变得冷漠无情，成年后基本的社会情感无法产生，对外界的人、物甚至整个社会表现出冷漠无情甚至残忍决绝，在发生冲突或是对抗时，实施的行为往往表现出暴力性、残忍性，本案的犯罪行为人即是基于这种心理情感基础实施的恶行。

2. 社会生活经历背景分析

如果说家庭成长背景是个体心理的初步社会化，那么社会生活经历背景便是个体心理真正的社会化，是个体真正步入社会、接触社会后形成适于个体生存的心理特征的过程。

犯罪行为人的简要经历：犯罪行为人马某，小学文化程度，初中上了3个月因成绩不好加之家中无钱支付学费，辍学回家务农；稍长大后，跟着大哥在城郊做小生意，逐渐接触社会，成年后，无特殊技能、无学历，仅靠身体做些体力劳动，打些短工，维持生计。期间曾在杭州、上海、南京、柳州等地漂泊流浪。2009 年 3 月 27 日至 2010 年 9 月 27 日，因猥亵幼女罪被巩义市法院判刑一年半。案发前后在郑州郊区打工，居无定所。

社会生活经历是心理成长的历程，相对平静的社会生活经历，使个体心理在早期心理发展的基础上沿着既定的趋势发展，而期间诸如父母离异、失恋、疾病、灾难等刺激性的外部事件，往往会加剧早期不良心理品质的发展、异化，甚至会产生新的心理障碍，扭转正常心理的发展态势。本案中，我们重点阐述犯罪行为人案发前社会生活经历中的几个典型的刺激性外部事件，以剖析其成年后心理发展的状态。

2.1 两次自杀性事件——内心压抑、易激惹敏感点触动，“惩罚”心理使然

自杀是一种过激的行为，也是一种非正常心理主导的表现。犯罪行为人有过两次自杀经历。

第一次自杀事件发生在 1997 年，事因是他向父亲要 300 元钱还朋友的账，父亲未满足其要求，一怒之下喝了农药，以下是一段讯问笔录：

问：当时是因为什么？

答：当时人家问我要钱，我就问我爸要钱，我爸说没钱，其实他有个小箱子，里面有钱，我哥问他要，他就给，我问他要，他就不给。有一次俺爸不在家，我打开那个小箱子，里面有俺家的家谱，还有一千多块钱。我把箱子关上了。后来有一次我同学问我要借的钱哩，我问我爸要，我爸说没钱，不给我。我当时就是想不通，为啥家里有钱非说没钱，还不给我。

问：你继续说。

答：那一次，我爸不给我钱，还骗我说没钱。我不依他，他说出去借钱，当时我心里就难受，为啥家里有钱不给我，给我哥都不给我。有一次我跟我妈在山上背木头，我背了两百多斤，干活干得我累得不行，结果干到最后，俺妈给了我五块钱，俺妈给我说那几天背木头背了有几百块钱，最后给我五块钱，我挣钱吧还拿不住钱，这一次家里有还说没有。我说死了算了，当时家里买的除草剂，我喝了一瓶盖。当时喝了之后腿

软都躺地上了，浑身没劲，后来俺家人赶紧喊医生，去医院抢救了两晚上了，待了一个星期，没死了。

…… ……

第二次自杀是因与父亲发生争吵，酒后，一怒之下拿刀抹了脖子，以下是一段讯问笔录：

问：第二次自杀是怎么回事？

答：后来又有一次想自杀，那一次喝酒了，俺爸说我："不成器的货，你去死吧！"我一气，就拿刀抹脖子，然后家人又给我送到医院了。我现在脖子上还有个疤。

…… ……

自杀行为多是长期内心压抑后的非理性行为表现形式之一，是一种行为人自以为是的压抑后的"彻底发泄"，是现实解脱也是一种内心报复。本案的犯罪行为人自小不被父亲关心，内心缺乏温情，稍懂世事以后，自我意识萌生，对父母的这种抚养方式有了觉知，并在兄弟姊妹中做出对比，发现爱的缺失和不公，体会到自身的多余，在历经家庭、生活诸事以后，多种需求得不到满足，甚至遭到奚落、吵骂，久而久之内心出现压抑。有要求得不到满足，相伴的是父母的吵骂和训斥，慢慢形成了内心的易激惹敏感点。

因为父亲不给钱还账、因为指责，便决定自杀，并付诸行动，事实上此时是犯罪行为人的内心的压抑被唤醒、易激惹敏感点被触动做出的非正常意识行为。我们可以分析，这一行为背后的潜在心理实质上是一种"惩罚"和"报复"，以自己的生命来"惩罚"父亲，以死亡来"报复"父亲，惩罚父亲对自己长久以来的不关心，报复父亲对自己自小以来的不关爱。行为背后的心理台词是：你们不是不关心我吗？不是想让我死吗？不相信你们真想我死！那我便死给你们看！总会让你们后悔的！

这里剖析两次自杀事件，是为说明在这种家庭抚养背景下成长起来的行为人，在历经事世后已经形成了一种顽固的"惩罚"心理，并在每次付诸行动之后，在周围人的行为表现中（如自杀后父母痛苦的抢救）病态地体验内心的愉悦感，久而久之这种心理外化成一种固化的行为模式，泛化到生活中的方方面面（下文中详细论述）。

2.2　外地漂泊流浪的经历

外地漂泊流浪的经历——历尽社会疾苦，内心"无情"又加"苦闷"，加剧了内心的压抑。

社会上漂泊流浪的经历，居无定所、衣食不保，尝尽疾苦的体验，即是前述的不良社会生活经历。这种经历给行为人带来最直接的体验便是"苦"，"苦"是一种内心体验，是一种心境，具有渲染力、泛化性和持久性，同时因这种体验长期得不到有效舒缓（无人倾诉、无处发泄），慢慢压抑在内心，使内心压抑加剧，内心稳定性越来越差。

本案犯罪行为人马某，有过几年的漂泊流浪经历，尝尽世间疾苦，以下是一段讯问笔录：

问：你都去过什么地方？

答：杭州、南京、柳州、新乡、周口、上海。

问：你这一段时间都干点啥活？

答：干过搬运工，给人拉拉沙。

问：这一段时间作案你住哪儿？（作案期间处于失业流浪期。）

答：搁公园住过，搁厕所住过，也搁旅社住过。

问：漂泊的日子你是啥感受？

答：你要是过我这个日子，你肯定过不下去。

问：为啥不好过？

答：漂泊的日子缺亲情……没有亲情，你挣钱再多，有什么用？

漂泊的日子最缺亲情，犯罪行为人自己道出了内心的感受。一个人在外流浪，食不果腹，遇到困难，家里没人帮助，也得不到家庭以外的情感慰藉或来自社会其他方面的帮助和支持，无人问津，自己的苦恼无处发泄，只有压抑到心里，有点钱便喝酒买醉，慢慢养成酗酒的习惯，用酒来麻醉自己，逃避现实，借酒发泄内心的不满。

走出家庭后的社会生活经历给犯罪行为人最大的心理体验即是"苦"，使其心理发展在原来的基础上又增加了"苦"的心理体验，且形成了易激惹敏感点，内心压抑感增加。

行为是心理的外在表现，心理发展对行为的影响，表现出来即是形成特殊的心理行为模式。

3. 固化的心理行为模式

多数犯罪行为人之所以犯罪不仅仅与其犯罪

的心理（人格）有千丝万缕的关系，与行为本身固化的模式（行为惯性）也有莫大关系。

心理行为模式，是指个体面对外部情景刺激，激发心理变化过程，并做出模式化的行为反应。一般意义上而言，一种行为模式的形成分为四个阶段，依次为被动性行为阶段、自发性行为阶段、自觉性行为阶段和自动性行为阶段，这四个层次是依次递进的，最终形成个体独具风格的心理行为模式。一旦固化的行为模式形成，行为便具有了自然性和惯性，并且随着类似行为发生频率的增加，行为模式便愈加稳定、顽固。

3.1　内在心理行为模式：挫折→消极对抗模式

挫折→消极对抗模式是指行为人在遇到挫折性事件时采取消极、负面的行为以对抗对方，行为的结果体现出惩罚、报复的特性，往往是一种非理性、极端的行为方式。犯罪行为人马进周便是此种心理行为模式。

两次自杀行为，事实上是对父母管教的一种消极对抗，以此行为来报复和惩罚父母。

第二起案件（“2012·9·8”须水镇二砂村强奸案）的实施，本质上也是在此种行为模式的主导下做出的，并伴有行为的升级。第一起案件和第二起案件在同一天发生，两起案件之间有较强的联系。在第一起案件中，犯罪行为人将被害人父母分别支开，对被害人实施猥亵，实施过程中被及时赶来的被害人的母亲发现，并被痛骂了一通，“正在我摸的时候，老板娘没有买到啤酒回来了，看见我这样干，就骂我是人不是人，我也不敢还嘴，接着老板娘把我给她的100元钱还给了我，并且把我撵走了”。我们可以想象一个心理长期自卑、缺乏内心安全的人，且行为具有一贯的消极对抗性，实施此类行为时被当面痛骂、指责，当时内心的感受是怎样的，将以怎样的行为反抗。我们认为，他的反抗即实施了第二起犯罪，并将行为从猥亵升级为强奸，行为背后的心理台词即是：你们不是说我不是人吗？那我就做给你们看！当然，行为的实施还有酒的因素在里面。

3.2　日常生活行为模式：打短工→挣钱→消费→打短工

据前期调查访问，犯罪行为人在成年后的生活行为模式是：打短工，靠体力挣几百块钱，喝酒、打牌消费完，再打工，再消费，如此循环。生活方式固定在这一模式上。当问及为什么不攒些钱结婚成家或补贴家用时，他的回答是，“家里穷，别人都看不起，发生了那次事后（巩义市猥亵案）村里人更看不起我，后来经常喝酒闹事，又自杀，名声坏完了，老爹也没本事，结婚成家是不现实了”“我爸对我不好，要钱也不给我，心理恨他，我妈去世后家里也没什么牵挂了，我自己挣钱自己花，不给家里”。这种不正常的生活模式，使其生活无聊空虚，没有生活目标，没有生活方向，极易出现事端。

3.3　作案行为模式：住小旅舍、看黄色影像、喝酒→寻找作案目标→作案

通过审讯和调查走访我们了解到，犯罪行为人在实施五起案件时，有着一贯的行为模式，即：作案前在小旅馆饮用大量的酒，同时看黄色影像寻求刺激，酒后，外出寻找作案目标，诱骗下手。五起案件中，这种行为模式均有出现，这说明与作案相适应的行为模式已经形成并固化。这一模式中有“酒精”和“黄色影像”两因素。关于酒精在犯罪行为中的作用，前文中已经论述，它往往是推动犯罪行为人实施罪行的最后一个“推手”，催生潜意识的意念、欲望蠢蠢欲动，做出清醒状态下不敢想也不会干的事情，使行为动机僭越理性束缚。本案犯罪行为人实施的每一起案件，都是在酒精作用的促动下做出的。“黄色影像”的刺激又激发了犯罪行为人蓬勃的性欲，勾起了犯罪行为人邪恶的性幻想，两个因素的叠加作用是促使犯罪行为实施的外在动因。

（三）犯罪动机解析

依据《中华人民共和国刑法》，“奸幼”一类犯罪，以强奸论，从重处罚，情节严重者，处十年以上有期徒刑、无期徒刑或者死刑。法条上对此类犯罪做了重刑处罚，从法理的角度而言，是因为此类恶行违逆了大众共遵的社会公德，从犯罪心理的角度而言，是因为它挑战了人类的基本情感——怜悯心和自尊感，势必处以极刑。在此我们不展开对此类犯罪量刑上的探究，仅从犯罪心理学的角度论述：既然法典早已对此类犯罪规以严刑，为何还有此类案件发生，我们对犯罪行为人的作案动机进行了深入剖析。

1. 性心理发育迟滞，是奸幼行为的心理根源

以幼童为目标实施性侵犯是一种特殊心理的

行为表现，系列案件更能反映出犯罪行为人此种心理的稳定性。通过调研，笔者认为本案犯罪行为人的这种心理即是一种幼稚的性心理，换言之，犯罪行为人性心理发育迟滞，性愉悦、性快感停留在孩童期。可以说性心理发育迟滞，是本案奸幼行为的心理根源。

依据之一：犯罪行为人有过早的性体验和性经历。犯罪行为人在供述作案动机时，自己也不知道为什么会以幼童为对象，在讯问策略的作用下，犯罪行为人供述出了“我总感觉做这种事跟小时候肯定有关系”，在犯罪行为人幼年时期（4~9岁），常和异性伙伴有不同程度的性接触和体验，以下是一段讯问笔录：

问：类似这种事你小时候有没有经历过？

答：我从小都有点受这种事的影响。我小学三年级的时候，那时候小还不知道咋回事，那一次跟几个小女孩儿一起玩哩。就是那时候也是出于好奇吧，就是说小孩儿是从哪儿出来哩，感觉有点奇怪。那时候小孩儿们穿的都是开裆裤，就是奇怪，当时有好几个小孩儿都在一起玩。一起过家家，那时候小孩儿也多，都没当回事，一直到五年级。

问：你说自己干这个事跟小时候有关系，是不是就这件事？

答：我觉得有吧。那时候初中一年级上过生理课，当时也是模模糊糊的，就过去了。在美发店上班的时候，那个妓女勾引我了，我才知道这个事。当时就是一种好奇心理吧。

由于传统观念的约束，性话题及有关性的活动往往是回避、遮掩的，犯罪行为人的供述中提到了早期性的经历这一事实，再结合案情，我们可以做出如下分析：犯罪行为人早年父母忙于生计，对其无暇管顾，疏于教育，犯罪行为人常有性经历和性体验，且程度过激，负面影响深远。成年后无能力成家，没有正常的性体验和性生活，对性的认识、幻想和愉悦体验一直停留在早期，久而久之，这种性心理便发生固着、停滞。

依据之二：犯罪行为人所实施的几起案件中，被害人的年龄为4~9岁，这吻合了他的性心理对象，此类性行为带给他心理上最大的愉悦感和满足感。犯罪行为人亦有嫖娼的行为，但最终选择了奸幼来发泄性欲，则也证明了犯罪行为人具有这种畸形的性心理。

2. 自卑心理和内心安全感的缺失是奸幼行为的主导心理

在前文中，我们论述了犯罪行为人是一个有强烈自卑心理且内心安全感极度缺失的人。强烈的自卑心理使其不敢奸淫成年女性，并且在与成年女性的性活动中也不可能体验到最大的心理满足。若是针对成年女性实施性侵，犯罪行为人会对行为本身不自信、对控制被害人的能力不自信、对周围环境的掌控能力不自信。内心的不安全感同样使其不敢去性侵成年女性。

3. 奸幼行为是一种非正常意识行为

犯罪行为人是一个性欲十分强烈的人，因无正常的性生活，有着常年的手淫史，“我的手淫史是从19岁到现在没断过，有时候一天两次，基本上没停过”，前面已论述犯罪行为人本是一个内心极度压抑且无正当发泄渠道的人，而压抑的心理中尤以性的压抑最为激烈，且性心理能量巨大，犯罪行为的实施正是这种内心压抑的不当释放。

犯罪过程中出现非正常意识行为，是因为环境因素的刺激触动了犯罪行为人内心的易激惹敏感点，使其产生扭曲观念、邪恶欲念，进而做出侵犯他人的行为。在第一起猥亵案件中，犯罪行为人作案被当场发现，被害人的母亲怒斥，并严厉羞辱了犯罪行为人，这激起了犯罪行为人内心的易激惹敏感点，加之犯罪行为人消极对抗的行为模式，当被害人的母亲辱骂其“不是人，怎么能干出这种事……”时，引起了犯罪行为人的消极对抗，此时遇到第二个被害人，遂将心中的怒气发泄到了第二个被害人身上（期间犯罪行为人饮用了大量的酒），将被害人诱骗，实施奸淫。行为背后的心理语言是：你不是说我不是人吗，我就做给你看！实质上这是犯罪行为人潜意识中对先前辱骂者的一种惩罚，通过伤害无辜、通过更恶劣的行为方式（强奸）惩罚对方。这是其实施第二起案件的真实动机。另外，第二起案件中，行为本身有升级（由猥亵至强奸），这种行为变化实质上是内在心理变化的外在体现，第一次实施强奸既是行为的转折点，也是犯罪心理发展的转折点。

综上所述，犯罪现场非正常意识行为作为犯罪发生原因的一种特定或特殊模式，值得深入探讨和研究。王某案和马某案这两起案件中的犯罪行为均是典型的非正常意识行为。纵观两起案件：就心理创伤性事件来说，王某追求恋人失败内心受挫造成心理创伤，马某童年期过早过频体验性活动以及长大后受被妓女诱骗等影响，使其性心理发育一直处于迟滞状态，处于幼年期；就犯罪行为人的不良社会生活经历来说，王某退学后多次被强迫去精神病医院就医及案发前自己独自生活等均可理解成不良社会生活经历。马某成年后在全国各地的漂泊流浪更是典型的不良社会生活经历；就案件发生的诱因而言，王某案中，被害人惊恐瞥视的眼神、拔腿逃跑的情景勾起了犯罪行为人过去的痛苦经历，触动了其内心深处的易激惹敏感点。马某案中，马某每次作案前大量饮酒，酒精在案件中的催化作用明显，女童的出现又充当了其心仪物色的对象。种种因素促使了犯罪行为人最终做出非正常意识行为，实施犯罪。

第四章　附加行为

第一节　附加行为的概念和价值

犯罪行为中的附加行为，指相对于实施犯罪行为而言非必需的行为之一。这类行为对于犯罪行为人来说是犯罪的一部分，是为了满足犯罪行为人心理需求的行为；但是对于一般常态犯罪来说，这些行为又是非必要的。这类行为在犯罪现场普遍存在并具有多样性。值得一提的是，附加行为和标记行为同属于非必需行为，但是附加行为又不同于标记行为，附加行为表现于个案之中，标记行为多体现在系列案件中。

在侦查分析中，充分认识和正确解读附加行为的表现形式和心理意义，对于分析犯罪性质，扩展附加行为的应用、考证犯罪过程、揭露犯罪事实真相、串并案件以及分析研判犯罪行为人的犯罪特征和人格特征等具有重要意义。常见的附加行为的表现形式有发泄行为、加固行为和悔罪（愧疚）行为。

第二节　附加行为的种类和表现形式

一、发泄行为

发泄行为是指犯罪行为实施后或被害人彻底丧失抵抗能力后，犯罪行为人为满足某种心理情感而对被害人再次实施加害的行为。发泄行为针对的对象是不确定的，有针对活体的发泄行为，也有针对尸体的发泄行为，还有针对现场物品的发泄行为。犯罪活动中，发泄行为的表现形式主要有过度伤害行为、尸体损毁行为、书写文字行为、放火和焚烧行为。

（一）过度伤害行为

过度伤害行为是在实施犯罪过程中非必要的伤害行为，此类行为多发生在被害人被控制之后，目的是为了发泄犯罪行为人内心的愤怒和不满。愤怒对象主要是被害人，也可能是犯罪行为人对其他人产生愤怒而迁怒于被害人。

过度伤害的部位、受伤害程度和犯罪行为人使用凶器等的不同，可以反映出犯罪行为人的心理状态、行为方式、愤怒产生的根源以及表达方式等的相关状况。因此，可以根据过度伤害的情况来推断犯罪行为人与被害人之间的关系，由此来确定案件性质。

1. 针对致命部位的过度伤害

致命部位包括头部、颈部、胸腹部，针对致命部位的过度伤害往往反映出犯罪行为人希望被害人死亡的主观故意，这种发泄行为往往是愤怒和恐惧的心理状态占主导所致。犯罪行为人在愤怒不能抑制的情况下攻击被害人，实施攻击行为之后，往往会有恐惧心理，这种恐惧的来源是犯罪行为人认为被害人威胁到自己的安全，只有杀死被害人才有安全感。从犯罪行为人和被害人的关系来看，被害人可能生前经常欺负犯罪行为人，犯罪行为人的潜意识里恐惧被害人，担心被害人不死，醒来再次伤害自己；另外，犯罪行为人与被害人是相互熟悉的关系人，出于自我保护的目的，担心被害人没有死亡将会给自己带来严重后果。这种行为一方面表明犯罪行为人与被害人有某种联系或关系，经常遭受被害人的欺负，内心充满压抑的愤怒；另一方面表明犯罪行为人面对被害人时无论是生理上还是心理上都处于弱势，极度不自信。

此类行为往往反映出以下特点：①犯罪行为人对被害人积怨很深。②被害人的激烈反抗引发了犯罪行为人的愤怒。③犯罪行为人往往具有易激惹敏感点较低的性格特征和容易被激怒的人格特质。④犯罪行为人是一种畏罪心理的自我保护。⑤犯罪行为人致被害人死亡的主观故意明显。

【案例1】2009年4月6日，在郑州市管城区耿庄村59号赵少鹏租房处，赵少鹏因不满合租房居住的赵丙乾吸烟，即用房间内平时做饭用的菜刀向赵丙乾的头部、颈部连砍二十余刀，将其杀死后藏尸于一个木箱内。

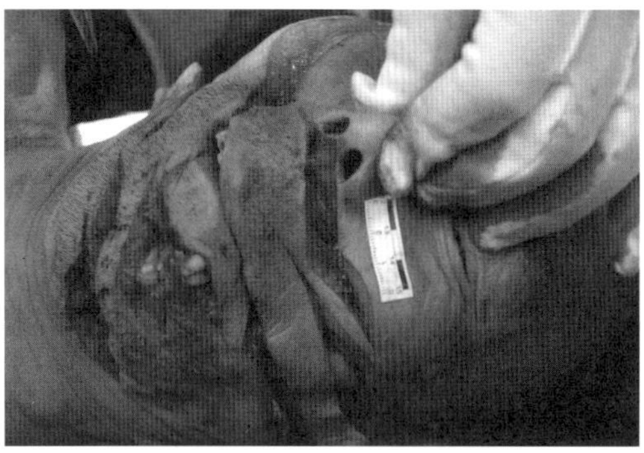

案例1图　被害人的头颈部受伤情况

犯罪行为人赵少鹏有轻度精神疾病，思维和行为都比较紊乱，易激惹敏感点较低，因此会在不经意间因生活琐事激发压抑在潜意识中的愤怒，并以扭曲的观念瞬间爆发，致使其对赵丙乾实施了无法挽回的暴力行为。从被害人的损伤情况分析，之所以砍这么多刀，是由于赵少鹏对赵丙乾充满愤怒，唯恐其不死。在赵少鹏的内心潜藏着一种对赵丙乾的恐惧，一方面赵丙乾对他的指责使他感到自卑和厌烦；一方面赵丙乾跟自己的父亲关系较好，经常替父亲教育自己，一旦父亲知道自己的行为，就会对自己不利。所以在对赵丙乾实施攻击行为的时候，由于愤怒和恐惧的心理，赵少鹏用菜刀砍了二十余刀，以此来获得心理的安全感和满足感。

对本案中的过度行为进行解读：

头颈部是人体的致命部位，几刀下去就足以致命，但是犯罪行为人将被害人的头、颈连砍二十余刀，明显是过度伤害。这一行为背后的意义有三点：①行为实施过程时自信不足，担心被害人不死，多次砍杀以达到致死目的。②犯罪行为人处于弱势地位，赵丙乾是赵少鹏的长辈，赵少鹏无论是在心理上、生理上还是社会经验上都处于弱势，多次过度砍杀，是自我保护、自我安全感的心理需要在起作用。③双方为关系人，彼此熟悉，将被害人杀死后仍未罢手，又多次举刀，唯恐对方不死，危及自身，这又是一种自我保护的心理。

在上述案例中，赵少鹏平时已经对赵丙乾极度不满，当天，赵少鹏感到忍无可忍，如果被害人身材较为瘦弱或者为女性被害人，那么对于被害人致命部位的过度伤害就可能是担心自己的犯罪行为暴露，出于自我保护的心理而实施的附加行为。当然，身材瘦弱的被害人或者女性被害人不一定就是弱势被害人，这主要看犯罪行为人和被害人之间的关系。例如，郑州市金水区“2009·6·3”案件中，被害人金凤启是一名73岁的年迈体弱的老人，但是她在面对自己的外孙周彦飞的时候，仍处于伦理和心理上的强势地位。

【案例2】2009年6月3日9时20分，郑州市公安局金水区分局接马李庄52号房东曹某报案称，在其出租的203房间居住的73岁老人金凤启（女）被杀死在室内。现场发现，被害人躺在地面上铺的凉席之上。法医检验发现，被害人衣着较为完整。被害人颈前两侧有三处刺伤，左边两处，右边一处，均刺在了锁骨上。背部左肩胛骨下方有两处刺伤，其中一处在左肺下形成穿透，刺穿了胸主动脉。从伤口判断，犯罪行为人使用的凶器是单刃刺器。被害人是因为胸主动脉被刺穿而引发失血性休克而死亡，死亡时间在早上5时左右。

后抓获犯罪行为人周彦飞，系被害人的外孙。

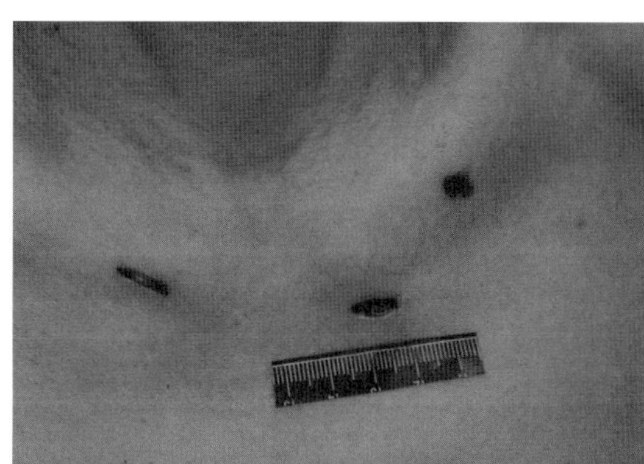

案例2图　受害人的胸部伤口

对本案中的行为进行解读：

现场提取到8枚“中南海”牌烟蒂，经检验系犯罪行为人所留。因犯罪双方系血亲关系，对犯罪行为人抽烟这一行为进行分析：①说明犯罪行为人在现场停留的时间较长。②说明犯罪行为人内心焦虑、愤怒等复杂情绪交织，经过了激烈的思想斗争。

被害人是一名73岁的老人，而犯罪行为人在行凶过程中使用锐器，造成被害人颈部三处刺伤和背部两处刺伤，这些都说明了犯罪行为人对自己的行为很不自信，其面对被害人的时候处于心理劣势。从房间内发现的数枚烟蒂可以推断，犯罪行为人在实施犯罪行为前非常焦虑，曾有过激烈的思想斗争。另外，屋内还铺着一张凉席，说明犯罪行为人曾在屋内留宿。综合屋内其他证据可以得出结论，犯罪行为人与死者有着某种亲情关系，依据主要为：①犯罪行为人必置被害人于死地，说明犯罪行为人应该是与被害人既往有过某种矛盾，对被害人充满了愤怒，两人之间以前就认识。②地上铺有凉席说明犯罪行为人在深夜进入现场后在被害人住处留宿过，来人愿意在这样一个脏乱的环境中留宿说明了犯罪行为人的层次不高，他熟悉这样的环境，并与被害人关系亲近；被害人是一个独自居住多年的老年妇女，能够留宿的人员范围很小，可以不避嫌半夜同屋居住，这种关系只能是某种血缘亲情关系。③现场的数枚烟头。这些都是犯罪行为人与被害人之间血亲关系的体现。

最终，犯罪行为人周彦飞被抓获，是被害人金凤启的外孙。周彦飞被捕后交代了自己因外祖母管教过严，自小让其“喝凉水吃咸菜”造成其身材瘦小、长相丑陋而怀恨在心，最后杀人泄愤的整个过程。

2. 针对面部的过度伤害

针对面部的过度伤害行为多为情感发泄行为，也可能是出于安全考虑而实施的关系切割行为。准确判断此类行为的动机，需要进行被害人研究，以掌握其他信息，如果能明确地知道被害人的身份，犯罪行为人也没有其他掩盖被害人身份的行为，那么对面部进行附加伤害行为的目的就可能是发泄；如果附带其他隐藏被害人身份的行为，如抛尸、碎尸、焚尸、剥光被害人的衣物等，那么对面部的过度伤害就可能是关系切割行为。

针对面部的过度伤害行为有四种心理动因：①关系切割。②报复。③厌恶、愤怒和恐惧情绪。④出于发泄愤怒的目的。犯罪行为人在杀死或控制被害人之后，看到被害人的面部都会觉得厌恶、愤怒和恐惧，于是就会对被害人的面部进行毁坏，或者直接对被害人的头面部实施打击。这样做旨在使被害人失去现实身份，让自己与被害人之间的关系完全切割，也是种极度发泄内心的表现。

【案例3】2009年12月18日14时，巩义市新中镇亚沟村4组村民张某报案称，其租用的房子里发现一具剥去脸皮的男尸。通过进一步的调查工作，12月24日下午，被害人家属向专案组指挥部报称家人余群失踪，其体表特征与悬赏通告上死者的特征基本相符。通过对被害人生前24小时活动轨迹的分析及其他侦查工作，最终将犯罪行为人张喜良和张喜增抓捕归案。张喜良（男，37岁）和张喜增（男，53岁）供述了他们8天前趁被害人余群不备，用钢丝绳将余群勒死并剥去脸皮，抛尸巩义新中镇亚沟村一间破房子内的犯罪事实。

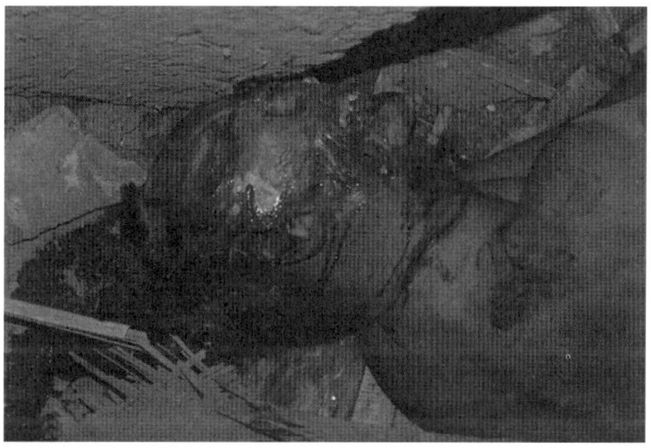

案例3图　被害人面部脸皮被剥

对本案中的行为进行解读：

犯罪行为人张喜良原本是一个包工头，被害人余群是其妻子的哥哥，两人在合作包一个工程的时候，张喜良认为余群有欺骗自己的行为，独吞了300万元的工程款。自己在欠下赌债和工人赔付款内外交困的情况下，余群不仅不帮他一把，还火上浇油让他还钱。张喜良对余群的愤怒和厌恶达到了极点，于是就策划并实施杀死余群并剥其脸皮的犯罪行为。张喜良在剥去余群脸皮的时候，一方面是为了不让人认出被害人，逃避打击处理；另一方面也表达了他对余群极大的愤怒和厌恶，使其以丧失身份的方式毁灭，使其失去身份特征而永远消失。

另一种对被害人面部的附加伤害是犯罪行为

人出于对被害人的喜爱和占有，由于对被害人强烈的占有欲，在被害人出现情感上的背叛行为之后，出于独占的心理将被害人毁容。这种毁灭的目的是不让其他人再看到被害人的容貌。这类行为多发生在情人之间因情感纠纷而引发的杀人案件中。

【案例4】2013年11月21日22时许，郑州市中原区牛寨村3街10号家庭招待所301房间内发生一起命案。被害人程亚静（女，35岁）被杀死在房间内，房间的两面墙上写着诸如“恨”，“为了她付出一切”，“她还是看不起我”，“为民除害，为下一个家庭解脱”等血字（语句）。犯罪行为人周江波（男，35岁）躺在血泊中，企图畏罪自杀，面部、颈部和手腕上有多处刀伤。

案例4图　被害人面部创口

对本案中的行为进行解读：

在本案中，周江波杀害程亚静之后将其面部毁容，并在杀害被害人后自杀，因此，很明显毁容不是为了切割关系而实施的反侦查行为，而是为了占有。他在被害人死后仍然对其表达了深厚的感情，他希望被害人程亚静为他一人所占有。“不占有就毁灭”，这是一些人对于情感的非正常态度，可以说，毁灭对于这些人来说，就意味着另外一种占有。

这类行为往往具有以下特征：①犯罪行为人具有性心理变态倾向。②通常发生在因情感纠葛引发的报复杀人案中。③属于一种情感和愤怒的发泄。④表明了犯罪行为人对被害人的一种变相的占有。

3. 针对性器官的过度伤害

对被害人性器官的过度伤害一般情况下是为了满足犯罪行为人的三种心理需求：①发泄性欲望。②通过破坏的方式占有。③发泄愤怒和仇恨。

人类性欲望的满足方式是多种多样的，一些犯罪行为人通过伤害的方式满足性心理并以此获得性快感；另外，破坏性器官的行为也可以满足一些犯罪行为人的控制欲和占有欲。

【案例5】2012年7月16日，中牟县雁鸣湖镇万庄村村民许雪被人杀死在家中，头部遭棍棒打击，阴道有撕裂性损伤。接到报警后，郑州市公安局立即成立专案组侦破此案，很快犯罪行为人白燕辉（男，28岁）被抓捕归案。

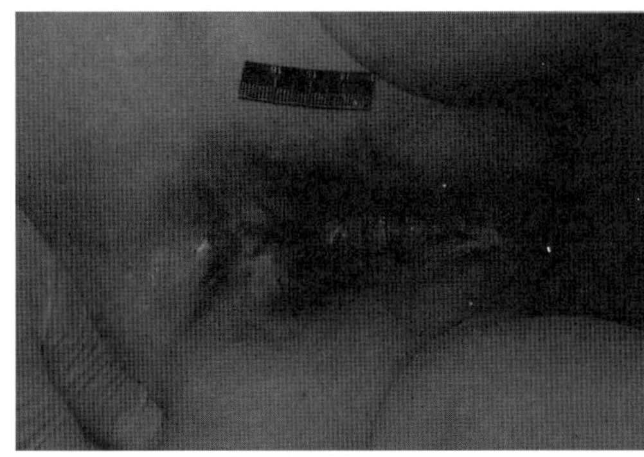

案例5图　被害人阴部撕裂伤

白燕辉，1983年3月18日出生，中牟县雁鸣湖镇万庄村村民，7月16日凌晨，他醉酒之后潜入同村村民许雪家中，趁许雪熟睡之际用棍棒敲击其头部造成其死亡。随后，在对被害人实施性侵害的过程中，由于酒后性无能，将啤酒瓶插入被害人的阴道，造成被害人阴部撕裂性损伤。最后，犯罪行为人逃出被害人家时还顺手拿走了被害人的手机。

本案发生后，侦查人员通过调查走访，访问出很多隐案，犯罪行为人白燕辉曾多次在醉酒之后潜入他人家中，如果有女性独自在家，就会用棍棒敲击被害人头部，控制被害人后实施性侵，并顺手偷窃财物。

白燕辉成长于一个不良的家庭氛围里，父亲没有文化又经常打骂子女，父亲在家里处于绝对的强势地位，母亲又不能及时地给予温暖和支持，白燕辉是家里的老大，承载着巨大的家庭责任，但同时又缺乏承担家庭责任的能力。在这种环境下，白燕辉就形成了表面强势、内心脆弱、渴望别人的尊重而又缺乏能力、有强烈的暴力倾向、内心缺乏温情的性格特征。在这种情况下，他只能通过暴力手段去满足自己的掌控欲。

白燕辉长期受父亲的压制，因此，他极力想摆脱父亲的控制当家作主，但是又恐惧自己的父亲，他想证明自己很有能力，在现实中又处处受挫。这个时候，他只能通过殴打和欺辱比自己弱势的女性来证明他的能力和满足他的掌控欲，并以此宣泄情绪。

白燕辉有着正常的性生活和性生活对象，但是他却想要对被害人许雪实施性侵，这是因为白燕辉内心有一种强烈的占有欲。据白燕辉供述，在侵害被害人的过程中，他发现自己在酒后不能勃起而无法实施性侵害，所以将啤酒瓶插入了被害人的阴道。这些都足以说明，白燕辉的行为不仅是为了满足自己变态的性心理需求，更是为了通过虐待被害人以宣泄自己的愤怒情绪，满足自己的掌控欲。这种愤怒情绪并非是针对被害人的不满，而是对所有让他不如意的事情的不满，是对自己的不满。这种对什么都看不惯、不满意的情绪和通过暴力手段发泄自己情绪的行为是反社会人格特征的体现。

对被害人性器官的伤害，还有一种情况是为了报复和发泄愤怒，这种愤怒可能是指向被害人的，也有可能是由于对他人的愤怒而迁怒于被害人。对性器官的过度伤害，是由于犯罪行为人认为被害人侮辱了自己，因此借助毁坏被害人的性特征或性器官的方法去消除自己被羞辱的感受。

【案例 6】2008 年 11 月 21 日下午，“110”指挥中心接到巩义市北山口镇水地河村村民张利武报警，称其父亲被人砍死在家中，其兄张耀武的未婚妻谢丽苹被砍伤。11 月 24 日凌晨 3 时许，犯罪行为人张耀武（张利武之兄）投案自首。据张耀武供述，当天其同谢丽苹在别处玩牌后回到家中，两人因生活琐事发生争执，在争执的过程中，谢丽苹向张耀武抱怨其父张志超对她有不轨行为并发生过性关系，张耀武得知此事后，便拉上谢丽苹同父亲张志超对质，在对质的过程中，双方矛盾进一步激化，张耀武便用菜刀将其父亲张志超砍死，同时将谢丽苹砍成重伤。

张志超的损伤集中在头面部和会阴部。对头面部的损伤说明犯罪行为人要置被害人于死地，在潜意识里附带了对被害人强烈的厌恶感和憎恨感。对会阴部的损伤则说明张耀武认为被害人侮辱了自己的人格和尊严，通过这种毁灭的方式去获得心理上的平衡并找回自尊。

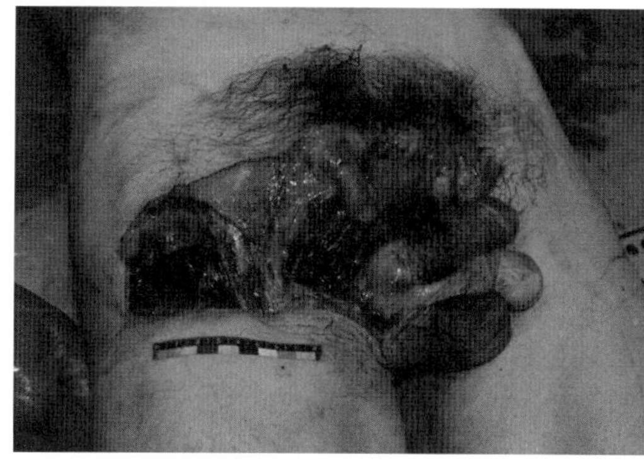

案例 6 图　被害人会阴部的损伤

实施此类行为的犯罪行为人往往对自己和他人有着高自尊的要求，具有极端的理想主义倾向，往往因为现实和理想的冲突而处于偏激的躁狂状态，被害人与犯罪行为人之间也会存在一定的情感纠纷。

4. 大面积的过度伤害

在一些案件中，经常可以看到被害人全身大面积损伤，并且损伤没有规律性和指向性。这一类过度伤害往往具有以下特征：①属于犯罪行为人情绪和体能失控的表现。②由于犯罪行为人面对被害人时心理上处于弱势，因此在实施伤害行为时，由于恐惧和愤怒而导致的行为失控往往会造成对被害人的失控性伤害。③犯罪行为人不知道怎么才能致人死亡。④犯罪行为人虚荣心膨胀。⑤属于犯罪行为人心理不成熟的表现。

【案例 7】2010 年 2 月 20 日 23 时许，新密市公安局“110”指挥中心接到刘寨镇新寨村一组村民张海峰（男，40 岁）报案称，其下夜班回到家中时，发现妻子薛海云（女，37 岁）被人杀死在家中床上。被害人身中 137 刀，损伤多集中在头面部、胸部，仅有 2 处损及颅底。

从被害人的损伤来看，损伤集中在头面部，分布不均匀，有轻有重。这些状况反映出犯罪行为人一方面由于恐惧要将被害人置于死地，犯罪行为人内心非常不自信；另一方面在实施加害行为时犯罪行为人情绪和行为失控，其心理不够成熟。从损伤的程度来看，137 刀只有 2 刀深至颅底，这说明犯罪行为人心理控制力差，现场控制力差，体力差，不成熟，极有可能是未成年人作案。

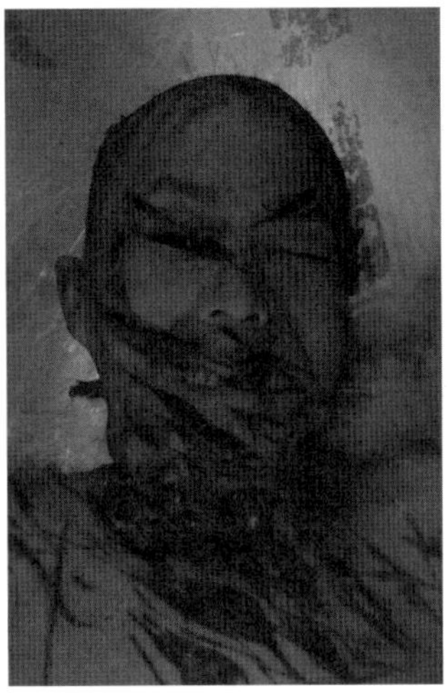

案例7图　被害人面部创伤

经过侦查人员的不懈努力，犯罪行为人张佳豪（男，14岁，新密市刘寨镇新寨村人，被害人的邻居）被抓获。后经审讯，张佳豪供认了其杀死薛海云的犯罪事实。张佳豪因为不满隔壁邻居张帅向母亲揭发自己花了100元压岁钱，遂产生了向张帅母亲薛海云索要100元钱、要求张帅母亲责罚张帅的想法。同时，张佳豪打定主意，如果薛海云不满足自己的要求，就拿刀吓唬她。当天21时左右，张佳豪看到张帅还在自己家看打牌，遂从自家厨房拿了一把菜刀，从自家房顶经由被害人家厨房顶翻到薛海云家，以张帅让自己帮忙为由，拿走了张帅的手机。出门时张佳豪担心薛海云告发自己拿走张帅手机一事，遂生歹意，返回屋内用自己携带的菜刀猛砍在床上休息的薛海云。

在此过程中，因自己带来的菜刀崩口了，张佳豪就将薛海云家厨房内的菜刀拿出再次对薛海云进行加害。他砍向薛海云的第一刀可能主要是出于自我保护的目的。但是，在对薛海云砍杀的过程中，压抑在自己内心深处的愤怒突然爆发出来，加之自己没有作案经验，总担心被害人不死，就连续地向薛海云砍去，造成行为失控，先后共砍了137刀。

5. 集中在某一部位的点状过度伤害

集中在某一部位的点状过度伤害多出于犯罪行为人的一种玩虐被害人的心态，在对被害人进行频繁伤害时，犯罪行为人对被害人的惊恐反应有着很强的满足感，所以会对被害人的某一特定部位进行多次重复的轻度伤害。这类犯罪行为人往往有心理幼稚和非成人化的表现。

【案例8】2011年12月8日，郑州市公安局上街区分局破获一起现行入室抢劫案，犯行为人黄帅在上街一按摩店内实施抢劫时被当场抓获。据黄帅交代，他曾于12月6日在十八里河分局辖区、12月7日在东风路分局辖区分别抢劫杀害按摩小姐各一人。

对本案中的行为进行解读：

黄帅在十八里河实施抢劫杀害按摩小姐案是该系列案件的第一起。在该案件中，死者手脚被铁丝缠捆，口部封有胶带，乳房上有两处交叉的刀伤，腹部被黄帅用刀尖轻轻刺了20余刀，形成集中点状的刺伤，此行为可能是为了实现某种特定目的而表现出来的玩虐心理。

由于在实施该行为的时候，被害人已经被完全控制，黄帅有着充分的时间对其实施侵害行为，他用胶带封住了被害人的口部防止她喊叫，所以，这20余刀并非是威逼行为，而是一种玩虐行为。在实施侵害的时候，看到被害人的躯体反应，他内心会产生特殊的报复和玩乐的快感。从这种心理行为我们可以分析出，黄帅心理发育迟滞，对女性有着强烈的自卑感和不安全感，内心压抑着对女性的愤怒和报复心理。

通过调查走访得知，黄帅，男，26岁，身高163厘米，体重52千克，体型较瘦，心智和情感发育迟滞，自小受到父母的冷落，家庭教育方式就是打骂，因此他情感淡漠，自我感和社会感缺失。黄帅的智力水平比正常人要低一些，而弟弟黄业茂则非常聪明，学习和为人处事各个方面都比他强了很多，他一直都有一种“我一直觉得我都不该来到这个世上”的被抛弃感和被否定感。在经历感情、婚姻的多次挫折之后，他把愤怒转移到了曾经看不起和侮辱过他的按摩女身上，因此萌生了抢劫杀人的想法。

在杀死第一个被害人的时候，黄帅在被害人身上连续刺了二三十刀。被害人身上的刀伤都比较浅，这种刀伤形成时间会比较长，满足心理情绪体验是相对缓慢的，更多的是在愤怒发泄之后享受对死者的占有感和控制感，是一种附加性和延迟性的心理满足。

6. 徒手过度伤害

徒手的附加伤害通常是通过殴打被害人来实现的。实施此类行为的犯罪行为人往往身体较为强壮，对被害人有着心理优势和较强的控制能力，犯罪行为人通过这种方式来彰显自己的能力。

【案例9】2010年2月16日，农历正月初三，巩义市鲁庄镇南侯村发生一起强奸杀害少女案。死者周梦琦，14岁，被人强奸杀死在一座废弃的砖窑内。被害人身着灰绿色毛衣，下身赤裸。损伤部位主要集中在头面部、颈部及会阴部，鼻梁骨粉碎性骨折，右眼睑皮下出血，颈部掐痕明显。

对本案中的行为进行解读：

这些行为动作表明犯罪行为人主观动机是性侵害，打击头面部属于控制性动作；侵害会阴部是其犯罪目的；被害人右上臂内侧局部皮下出血，这是违背被害人意志的暴力挟持行为的结果；乳头肿胀，会阴部撕裂，阴道与直肠贯通损伤，这些属于明显的性侵害行为，这一系列的暴力行为反映了犯罪行为人的作案能力和泄愤、仇视女性的心态。犯罪行为人实施暴力行为的方式是徒手，这说明其对被害人有着很强的控制能力。在控制被害人之后对其实施的过度伤害又说明了他内心深处对被害人有着很强的不安全感，可能存在因被女性伤害造成的严重心理创伤，充满对女性的愤怒和仇视。

犯罪行为人刘中锋（男，汉族，31岁，身体健壮）被抓获后，据他供述，自己当天被前妻拒绝，酒后路遇被害人，搭讪被无视后，一怒之下将其拉入窑洞内强奸杀害。刘中锋曾多次遭到女性的拒绝和抛弃，内心对女性又渴望、又恐惧、又愤怒，最终以泄愤的行为方式实施犯罪，造成严重后果。

7. 锐器类过度伤害

锐器类过度伤害是犯罪行为人利用锐器伤害被害人来实现的，实施此类行为的犯罪行为人主要有对自己体能不自信、对被害人缺乏心理优势、控制能力较弱等特点。犯罪行为人通过这种方式来实现对被害人的报复，以获得心理的平衡和安全感。

【案例10】2010年2月20日23时，新密市公安局“110”接到张海峰报警称，下班回家后，发现妻子薛海云（女，38岁）被杀死在自家卧室床上。法医检验时发现，作案工具为锐器类工具，被害人的损伤情况较为特殊，被害人虽然被砍130余刀，但没有一刀深达颅骨。

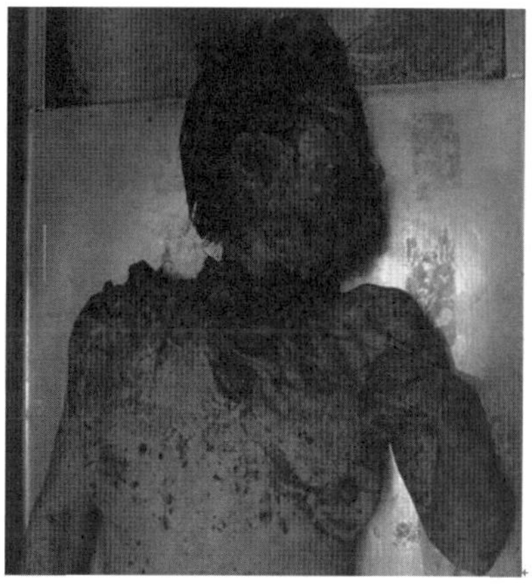

案例10图1　被害人的颈部损伤

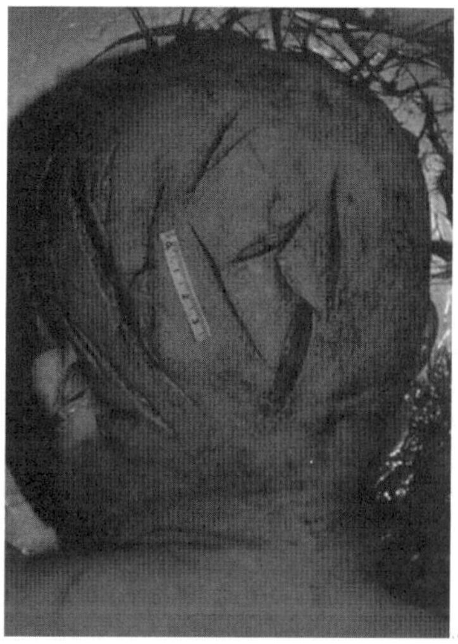

案例10图2　被害人的头部损伤

从被害人的损伤程度看，侦查人员认为：

（1）损伤次数多，共计130余刀。反映出犯罪行为人的愤怒和不满，有泄愤的可能，与被害人矛盾极深，必须置其于死地。

（2）损伤程度均伤及皮下但没有伤及颅骨，反映出犯罪行为人力量小，控制能力差，可能是女性或者未成年人。

（3）凶器为同锐器类，一人可以完成作案。

（4）反复伤害唯恐被害人不死，反映出犯罪行为人不自信，年龄小，无作案经验。

（5）无性侵害，反映出犯罪行为人伤害目的明确，无性的心理需求。

对本案中的行为进行解读：

后经进一步的侦查工作，抓获犯罪行为人张佳豪，男，作案时不满15岁，新密市刘寨镇新寨村人，现为新密市刘寨镇宋河初中一年级学生，身高 165 厘米，体重 55 千克，跟被害人属于同村。与被害人的儿子有矛盾，为了进行报复而到被害人家盗窃。因害怕被薛海云发现，将薛海云杀死。本案中犯罪行为人手持菜刀对被害人实施加害时，砍杀行为多达一百多次，但无一伤害致命，说明犯罪行为人在实施加害行为时存在以下几种可能：①犯罪行为人现场控制能力差，唯恐被害人不死，进行过度伤害，实施伤害行为时内心处于极度不自信的状态。②在整个犯罪活动中，犯罪行为人处于劣势地位，过度伤害行为的发生是犯罪行为人的一种自我保护的手段，这常常在未成年人作案中有所体现。

8. 棍棒类过度伤害

棍棒类的过度伤害是犯罪行为人利用棍棒对被害人实施多次击打来实现的，实施此类行为的犯罪人在击打被害人的时候潜意识中往往有教训对方的心理。自古以来，父母老师在管教孩子的过程中，经常利用棍棒类工具进行击打，因此利用棍棒类工具来实施侵害的犯罪行为人的内心深处认为被害人是错误的、不好的，应该被教训，有一种居高临下的心理作为主导。同时，犯罪行为人发泄愤怒的过程是缓慢的和渐进的。

【案例 11】2013 年 3 月 13 日，郑州市经济技术开发区圃田营村的一废弃小房子内发生命案，居住在本村的智障人员被犯罪行为人王宝森（男，汉族，1993 年 5 月 5 日出生，初中文化程度，郑州市田营村人）用棍棒打死。王宝森在村里的顺达驾校偷窃后，来到废弃的小屋内处理赃物偶遇被害人。被害人由于害怕就开始喊叫，王宝森用食物和香烟哄骗被害人未果，就用杨树枝教训他，被害人怕疼，就安静下来，但是，没过多久被害人又因为恐惧而继续喊叫。王宝森就又用树枝敲打他，打击力度越来越大，打击部位也越来越致命，最终将被害人打死。

对本案中的行为进行解读：

在该案中，王宝森对被害人是有心理优势的，他要主导被害人的行为，如果被害人不听话，他就用棍棒“教训”他。在“教训”过程中，王宝森的心理得到了极大的满足，一方面释放了对自己处境的不满，一方面满足了自己的控制欲，反复过度伤害最终将被害人打死。

9. 砖石类过度伤害

砖石类的过度伤害是犯罪行为人利用砖石对被害人实施多次砸击来实现的。利用砖石类工具进行过度伤害的案件，往往反映出犯罪行为人对被害人的愤怒具有爆发性和随机性。利用这种砖石类工具实施过度伤害的，多是由于犯罪行为人被压抑的愤怒突然爆发，这类案件往往符合激情作案的特点。

【案例 12】郑州市中原区“2009·9·7”吴才军杀人案：2009 年 9 月 7 日 9 时 25 分，中原区须水河东街和昌达路交叉口西北角的汪庄小庙内发生一起杀人案。被害人下身赤裸躺在庙内的地上，头部有大量血迹，为砖石类敲击伤。经过调查，死者李淑琴，女，59 岁，身高 160 厘米，体态偏胖。户籍地址为中原区须水镇汪庄村北队 167 号。

1. 破案前的分析

根据现场勘验和初步访问的情况，侦查人员依据“三定侦查法”做了系统分析：

1.1 定性质

这是一起以侵财为目的的、临时起意的激情强奸杀人案。

1.2 定范围

（1）人际关系范围：犯罪行为人与被害人是偶遇的非关系人。

（2）地域范围：不是本地人（被害人是当地人），熟悉现场大环境和小环境，在发案地附近有落脚点。不排除是案发地附近的外来打工人员。

1.3 定脸谱

（1）生理属性：此案系一人作案，男性，青壮年，35 岁左右，身高 170 厘米以下，上身着深色夹克。犯罪行为人的手面部可能有伤，依据是法医提供的被害人损伤情况及其指甲缝内的生物检材，这些情况反映出被害人生前和犯罪行为人有过面对面的厮打。

（2）地域属性：熟悉现场大环境和小环境，在发案地附近有落脚点。不排除是案发地附近的外来打工人员。依据是犯罪行为人的方言特征明显为外地人，案发时天气骤变，气温下降，而犯罪行为人穿有夹克外套，说明他在之前带有外套，有落脚点，换衣服方便。

（3）社会属性：①夫妻离异或独居、夫妻两地分居，对一名 59 岁的妇女实施性侵害，不择对象，对性有强烈要求。②异地他乡。是外地来郑务工人员。③居无定所。没有固定的居住地，很可能曾经到过案发的小庙休息、睡觉。④经济窘迫。有侵财的迹象，被害人的旧手机被拿走，也有侵占被害人电动三轮摩托车的意图，但因为某种外来因素干扰而放弃，结合小庙内的功德箱在案发前曾经被盗过，可以看出犯罪行为人经济窘迫。

（4）心理属性：①被害人头部有多处钝器伤和锐器伤，致人死亡的主观故意明显。②心狠手辣，有变态行为，下手重是非正常意识行为，不排除酒后作案。③被害人的手臂上被咬了一口，反映出犯罪行为人控制能力不强。④被害人头部的钝器伤为砖石类击打造成，说明犯罪行为人案前无准备、无预谋，就地取材，因此犯罪行为人属于激情作案的可能性大，见到被害人临时起意，实施强奸杀人。⑤白天作案、路边杀人、杀人奸尸，反映出犯罪行为人性欲旺盛，单身独居的可能性大，动机是侵财，性侵害是临时起意。

（5）既往犯罪属性：反侦查意识不强，可能没有受过打击处理。依据是现场遗留有精斑、指纹、足迹、唾液、烟蒂等痕迹物证，没有采取任何自我保护的措施。

根据“三定侦查法”确定的案件性质、划定的侦查范围和刻画的犯罪行为人脸谱，专案组制订了切实可行的侦查工作方案，仅用15天时间，就将犯罪行为人吴才军抓获。

2. 破案后的印证

犯罪行为人吴才军被抓获后，根据其供述，证实侦查人员对他的刻画十分准确，对犯罪行为人的准确刻画为提供侦查思路、采取侦查措施、及时破案发挥了重要作用。

吴才军为浙江省诸暨市人，2008年8月来到郑州打工，熟悉案发现场的大环境，熟悉中心现场一带的小环境。没活干的时候，居无定所，经常睡在案发地南边的须水桥转盘下。他六年前和妻子离婚，没有子女，性欲旺盛，性饥渴。没活干的时候就没有收入，近期正陷入生活困境，马上面临无钱吃饭的境地。作案时吴才军喝了6两白酒，属酒后行为。吴才军没有受过打击处理，没有反侦查意识，作案后仍在发案地一带转悠，被排查民警抓获。这些都与案件侦破前对其的刻画完全吻合。

（二）尸体损毁行为

1. 肢解、碎尸

犯罪行为人的肢解和碎尸行为，一般在封闭的空间内进行，而该空间往往是犯罪行为人的居住地，因此他必须采取保护自己的措施，肢解尸体即是逃避打击的一种方式。该行为主要基于以下四种心理：①关系切割行为，切断与被害人的一切联系，目的是自我保护。②反侦查行为，对尸体进行肢解便于隐藏和运输，避人耳目，延迟被发现时间，达到抛尸的目的，扰乱侦查视线。③肢解和碎尸行为也是满足犯罪行为人内心毁灭需求的一种表现。犯罪行为人对尸体进行肢解是为了发泄自己的愤怒，是发泄行为的一种延续。④在对被害人实施伤害并杀死被害人之后，犯罪行为人内心的愤怒还没有完全释放，就有可能继续对被害人进行肢解和碎尸，这种碎尸行为的目的是消除被害人的身份特征，使被害人完全消失在这个世界上。这种通过碎尸和肢解而进行发泄的行为有两种情况，一种是有意识的碎尸，在碎尸过程中犯罪行为人能够体会到消灭被害人的快感；一种是无意识状态的碎尸，犯罪行为人对被害人的愤怒压抑在潜意识中，由于案发前被害人触动了犯罪行为人的易激惹敏感点，造成犯罪行为人被压抑的愤怒瞬间爆发，以一种被扭曲后的观念实施发泄行为，杀人碎尸，一气呵成。在发泄愤怒的过程中，犯罪行为人处于疯狂状态，无意识状态中愤怒、惊恐占据了整个心理空间，大脑一片空白，不知不觉中完成了碎尸行为。

【案例13】2013年10月11日18时许，新郑市一群众报案称，在新郑市和庄镇人民路与神州路交叉口东300米路南一莲藕池内发现两个编织袋，编织袋内装有多块尸块。接到报警后，刑侦民警迅速赶往现场，到达现场后，发现莲藕池内有两个编织袋内装有人体尸块。经初步检验，被肢解的尸块为女性尸块，死者系成年女性，身高160厘米左右，体态较胖，右上腹有一个4毫米×5毫米的黑痣，部分人体内脏组织缺失。通过对被害人的研究，确定被害人为丁玉香（女，48岁），后发现被害人的丈夫王长春有重大作案嫌疑，随即抓获犯罪行为人王长春，王长春供述了整个作案过程。

王长春，男，汉族，生于1963年8月22日，身高170厘米，体重60千克，初中文化程度，案发前经营一家五金电料水暖日用杂货店。据王长春的儿女以及其他关系人反映，王长春平时勤俭朴实顾家，有责任感，夫妻长期关系不和，妻子在家中常常处于强势地位，家庭幸福指数低。被害人丁玉香信奉基督教，经常把丈夫挣来的辛苦钱大量地捐给教会，并且性格比较随意，粗枝大叶，没有家庭责任感和家庭观念。两人在生活上经常发生矛盾。由于王长春性格内敛，把对妻子的愤怒都压抑在内心深处。案发当天，两人又因为生活琐事发生矛盾进而发生激烈冲突。丁玉香对王长春纠缠打闹不依不饶，从下午一直吵到晚上，不让王长春休息。在吵骂的过程中，把王长春的手打伤，意外的伤害致使王长春忍无可忍，一怒之下将妻子勒死，之后碎尸。

勒颈致被害人死亡后，王长春随即将其碎尸。据王长春供述，对被害人勒颈致死和碎尸的过程中，他脑子一片空白，什么也不知道。直到最后满地是血肉尸块，移动脚步时碰到尸块才如梦初醒，不知道怎么是这样一种局面，醒悟后，王长春没有报警而是采取了关系切割行为。王长春的碎尸行为是犯罪行为的延续，同样也是愤怒情绪发泄的延续，同属非正常意识行为。

碎尸行为的背后，更重要的心理意义是潜意识中愤恨心理主导下的毁灭、破坏行为。“碎尸”直观上意味着“损毁”“破坏”，被害人的无理行为彻底激怒了犯罪行为人，仅仅一个勒颈行为还不足以发泄其心中的愤恨，对尸体的进一步破坏及损毁似乎更能达到心理上的发泄，而整个碎尸过程是在一种非正常意识的主导下持续完成的，直到将一具完整的尸体损毁，看到地板上一块块的尸块及横流的血水，犯罪行为人才回到正常意识当中。

心理支配行为，行为也可以证实心理，有什么样的行为表现便有什么样的心理在背后支撑，碎尸行为的发生便是对碎尸心理存在的最好证明。由于长期夫妻关系不好，矛盾尖锐，杀妻碎尸的场景应是在犯罪行为人脑海的潜意识中预演多次，只是一直未付诸行动，如今行为得以实施，即便在“大脑一片空白”“无意识”情形下杀人、碎尸也就成为水到渠成的事了。

本案是一个极其典型的案例。犯罪行为人王长春在外人眼里是一个典型的负责任、有担当的好人形象，是一个好丈夫、好父亲，符合人们朴素的价值观和道德观。但是他这种好人形象和道德感却极其狭隘，他的所作所为是为了获得身边人的认同以弥补自己内心强烈的自卑感，并且以同样的标准要求妻子，给予妻子极大的心理压力。妻子则是另外一种性格的人，与他的价值取向不同，加之长久以来的紧张夫妻关系，使其处于妻子以处处与之作对的形式对待他的境地。这使得王长春内心自觉委屈，对自己的妻子充满了怨恨，然而又因为自己受强烈的道德感和责任感约束，一直忍受和压抑着这种恨意。直到无法承受，悲剧发生。

2. 取走特殊部位

犯罪现场有时会出现被害人在死亡之后，尸体的某一部位缺失的情况，如头部、乳房、单手、双脚等。这些部位的缺失极有可能与犯罪行为人的心理因素有关，这些部位对犯罪行为人有着特殊的意义。

犯罪行为人取走被害人的外阴部、子宫、卵巢等性器官的行为，致使被害人丧失性别身份和性能力，这说明犯罪行为人对被害人的性别身份非常愤怒，对性别身份的毁坏意味着其对某种异性特征的仇恨。如果犯罪行为人的意图是毁灭被害人的性能力，则意味着他因为异性不正常的性关系受到过极大的伤害，通过对其性能力的剥夺释放自己的愤怒。另一种情况是，犯罪行为人取走被害人的某个部位和器官是为了占有、把玩、享用等。

【案例 14】2001 年 9 月 16 日晚，吉林省延边州开山屯镇外来打工妹史某霞和姐姐史某荣下班后，像往常一样正顺着铁路回家，眼看快到家了，两人便坐在铁轨上休息一会儿。这时，一个人影悄悄靠近两人，抡起手中的斧头猛砍史某霞，目瞪口呆的史某荣也被对方一斧子砍倒在草丛中，身受重伤的史某荣迷迷糊糊地听到用斧子连续砍剁的声音……

当晚，开山屯镇南山派出所接到报案，在铁路路基旁发现史某霞的无头尸身，史某荣则身受重伤。与此同时，延边州公安局成立“2001·9·16”特大杀人案破案指挥部。据勘查，现场惨不忍睹，除大量血迹外，还有两块骨头和几颗牙齿。被害人的手提包被扔在一边，里面物品没有翻动迹象。警方了解到，史某霞今年 29 岁，从外地到开山屯镇投靠姐姐，开有一家发廊，从未与人结怨。

侦查人员注意到，死者史某霞有一大特点，留有1米长的头发。近一年来，开山屯镇已陆续发生8起歹徒持凶器在住宅楼道内拦截妇女割头发案件，它们与这一案件是否有关，成为警方工作的重点。此时，案件已震动小镇，普通妇女晚间再没有一个人敢随便出门，一时间开山屯镇人心惶惶，充满恐怖气氛。

根据现场勘查和走访调查的结果，侦查人员认为犯罪行为人很可能心理变态，为了要死者的长发而杀人。随后，警方兵分三路开展侦破工作：第一路对开山屯镇进行拉网式的清查，重点是有前科劣迹的社会人员和单独居住的人；第二路是对死者生前的社会关系进行调查；第三路是对出入开山屯镇的所有道路进行设卡，盘查可疑人员。参战侦查人员个个全力以赴，发誓要把变态凶手挖出，给开山屯镇百姓一个说法。

随着时间的推移，一条条线索被一次次查否。在随后的一次排查中，南山派出所两名民警按计划来到居住在开山屯镇的朴永植家调查情况时，发现朴永植吞吞吐吐，答非所问，并承认“我家有很多刀，但不是用来杀人的”。当侦查人员提出要查看其家仓库时，朴永植显得有些坐不住，侦查人员迅速将其带至破案指挥部接受讯问。

在审查过程中，朴永植或闭口不言，或编造谎话。与此同时，民警在朴永植家中先后搜出10多缕女人头发，还有印满长发女人照片的杂志及一袋人肉。面对证据，朴永植不得不交代自己的犯罪过程。

40岁的朴永植早在16岁时就因故意杀人罪被判处过死缓，在监狱劳改18年后，1997年被释放。出狱后的朴永植又开始对女人的头发产生兴趣，只要见女人留有长发，就会产生强烈的占有欲。他屡屡跟踪单身女子作案，将被害人的长发割掉拿回家中。有一次作案时，由于被害人奋力反抗，朴永植不但没有弄到头发，还挨了几拳。从那时起，他下定决心，再发现目标，先杀人后取头发。

8月间，朴永植发现开发廊的史某霞留有一头秀丽的长发，便滋生杀人夺发的念头。此后，他多次尾随史某霞，掌握了她的上下班规律和行走路线。9月16日晚，朴永植从家中携带一把斧头和几个方便袋，埋伏在铁路边，当史某霞姐妹俩走近并坐下时，朴永植抡起斧头砍倒史某荣，砍下史某霞的头颅，并放进事先准备好的方便袋中。朴永植作案回家后脱去血衣扔进图们江。

残忍的朴永植将史某霞的头发连带头皮从头颅上完整地剥下，并将脸皮一并剥下，随后将头骨和作案时用的斧头、剥皮用的尖刀扔到野外。事后，朴永植还买来猪皮和着死者的脸皮一起炒了辣椒作为下酒菜。当发现满大街都是警察时，朴永植打算将头发和剩下的肉皮扔掉，不料被公安机关迅速开展的排查行动发现。至此，这一系列伤人割发的恐怖案件真相大白，犯罪行为人朴永植被依法严惩。

3. 剥皮

剥皮行为有着多种含义，剥皮的部位和方法的不同能反映出犯罪行为人不同的心理需求。例如，犯罪行为人剥去被害人的脸皮是为了切断与被害人的联系，使人无法辨认。犯罪行为人将被害人肢解后，将其手和脚上的皮肤都细致地剥下来，说明犯罪行为人在剥皮过程中有着很享受的感受，是一种变态的发泄行为。

【案例15】大家所熟知的电影《沉默的羔羊》中“水牛”比尔取走被害人的皮肤就是为了占有异性的外观，从而改变自己的性别。1957年11月17日，威斯康星州的帕兰菲尔德警署派人到达了艾迪·金那废弃已久的农场，他被怀疑抢劫了当地五金商店，同时店主伯妮斯·沃登也失踪了。艾迪·金是那家五金店最后的顾客，而且有人称他在此之前曾经在那家店附近徘徊。

这个农场仿佛就是建立在混沌世界中一样，农场里面、地板和桌子上布满了垃圾以及严重腐蚀的废物，在房间里几乎可以用寸步难行来形容，房间里有一股很强烈的腐臭味。当时的地方治安官亚瑟·施瑞拿着手电筒检查着厨房，他忽然感觉有什么东西碰到了他的夹克。当施瑞转过头来看自己到底碰到了什么的时候，一具挂在房梁上，摇曳不停的巨大尸体展现在他的面前。这具尸体的头部已经被砍掉了，只剩下了一道口子。尽管这是一个热衷猎鹿活动的郡，而且还是在这个猎鹿最繁忙的季节，但还是让治安官着实吓了一跳。

施瑞定惊后再仔细看了一眼，他立即发现，

这根本不是鹿的尸体，这是一具无头女尸！伯妮斯·沃登，报案人弗兰克·沃登55岁的母亲，被找到了。

当时搜索了艾迪·金的房子后，完全震惊了其他的治安官。他们意识到他们所发现的沃登夫人的尸体并非这个恐怖事件的终结，其实他们发现，这是一个名副其实的死亡农场，这里有很多“有趣”的东西，用于放人骨的碗，人皮做的灯罩和废纸篓等。

恐怖的清单如下：人皮做的扶手椅、放在鞋盒子里的女性外生殖器、用乳头制成的腰带、一个人头、四只鼻子、一个心脏。他们后来发现了更多恐怖的“战利品”，一套完全用人皮做的衣服，那些缝制的皮肤都是来自死于艾迪·金手中的女子。

通过对艾迪·金的调查了解到，他1906年出生，从小与哥哥一起跟随母亲长大，父亲是一个醉鬼，而母亲的管教非常专制和严格，母亲是一个清教徒，不允许兄弟两个犯任何的教规。所以，艾迪·金兄弟两个人的活动范围非常小，一生都没有结婚和拥有性生活。艾迪·金的父亲、哥哥和母亲分别于1940年、1944年和1945年去世，只留下艾迪·金一个人生活，艾迪·金对母亲非常依恋，母亲是他唯一的情感寄托对象，于是艾迪·金就开始猎取女人和盗墓，剥掉这些女人的皮肤，割掉她们的性器官，然后制造出复制品来代替对母亲的依赖。据艾迪·金自己交代，他经常穿戴着自己缝制的两个半身女人身体在月光下的农场里走来走去，以满足其依恋母性的变态心理。

4. 蒸煮和食用行为

蒸煮和食用行为是一种使被害人彻底消失的行为。此类行为通常反映了犯罪行为人的五种心理需求：①关系切割的目的。②反侦查目的。③对被害人的占有欲。④发泄愤怒的目的。⑤变态行为。

在多数蒸煮尸体的案件中，犯罪行为人是出于反侦查的目的。被蒸煮后的尸体具有极大的隐蔽性，使人无法辨识熟肉的种类和性质，同时容易被处理，能够消除与被害人的关系。在少数一些案件中，犯罪行为人会食用被蒸煮的被害人尸体，这是一种心理变态行为。通过食用完全掌控和占有被害人，是一种畸形的心理满足。

现实生活中，人们在表达对某人的恨意时常形容其为“恨不能食其肉、啃其骨、饮其血、寝其皮”。表面上看完全符合对一个血肉之躯在生理构造上的解构过程，而内在则透过从文明到野蛮的层层逆向递进，传递着一种不断递增的愤慨。“食肉寝皮”的典故早在春秋战国时期就已经出现，《左传·襄公二十一年》：“……庄公为勇爵，殖绰、郭最欲与焉。……州绰对曰：‘臣为隶新。然二子者，譬如禽兽，臣食其肉而寝处其皮矣。’”后遂以“食肉寝皮”喻敌人为禽兽，恨不得割他的肉吃，剥他的皮当垫褥，表示极端仇恨。

【案例16】2005年5月5日21时30分许，在惠济区南阳村东头公共厕所内发现部分人体尸块。5月6日7时许，郑州市公安局“110”再次接到报警，在二七区齐礼闫乡贾砦村北郑贾路边8号电线杆边又发现部分人体尸块。现场勘查提取了人的四肢长骨、椎骨、右手、右脚等，发现并提取印有“家世界”字样的超市塑料袋2只和印有“花园超市沙口路分店”字样的塑料袋1只。后经法医拼接和技术检验，两处尸块为同一人的。两处共发现尸块42块：头颅1个、脊柱两段、四肢长骨8块、双手及双足4块、胸骨1块、肋骨21根、肩胛骨1对、锁骨1根、髌骨2块。尸体的缺失部分有：皮肤、肌肉、左锁骨、肋骨3根、脏器、生殖器。

5月6日，通过在指纹识别系统中对两个抛尸现场遗留的十指指纹进行入库查询，认定被害人的指纹与前科人员白红勋3次犯罪时采集的十指指纹吻合，由此确定了死者的身份信息。专案组围绕被害人白红勋展开工作，发现白红勋在劳改期间的同室狱友于业平形迹可疑，侦查人员立即在其郑州的活动场所二马路劳务市场一带蹲点守候，5月13日16时许，成功抓获犯罪行为人于业平。

犯罪行为人于业平供述，2005年5月4日14时许，于业平在二马路劳务市场等活时，遇到白红勋。因二人曾在一个监狱内服刑，白红勋要求于业平将其带回家吃饭。到家后，白红勋又要求于业平给其买酒喝，于业平说没钱。吃饭间，白红勋又向于业平借钱，于业平说没钱。白红勋说“你住的地方我也知道了，我晚上再来”，这句带着威胁、恐吓的话将于业平惹恼，随即到厨房门后拿出斧头，走进卧室，乘其不备，向坐在沙发上的白红勋头部砍去直至将白红勋砍死。于业平后将白红勋的尸体拖进卫生间进行肢解。5月5日20时许，将尸块分别装进塑料袋后骑自行车丢弃在惠济区南阳村公共厕所、二七区贾砦村郑贾路边等地方。在肢解尸体的过程中，于业平曾将白红勋的尸体的部分肌肉煮熟后食用。

于业平1994年闹离婚期间，被陌生人打断腿，怀疑是当时的妻子所为。残疾后，于业平对社会产生仇视心理。1996年6月20日晚，于业平抢劫出租车，杀死女司机一名，1996年7月22日抢劫出租车，判刑10年，在驻马店监狱服刑，2004年9月23日释放。

对本案中的行为进行解读：

于业平由于自己的经历而仇视社会，他计划自己抢劫得手后，雇人使自己的前妻染上毒瘾，倾家荡产后消失，对于自己仇恨的人也计划了一系列的报复手段，他抢劫不以数量多少为目的，而主要是为获得心理满足。案发时，在被白红勋激怒后，于业平毫不犹豫地将其杀死，没有丝毫的恐惧和内疚感，这些都是其反社会人格的体现。他食用被害人的行为则更能体现出他人性的丧失和内心的仇恨。他杀死被害人并蒸煮食用有以下5点原因：①他内心充满对前妻、他人和社会的不满和愤怒，是一种报复和发泄心理。②他身体残疾后，很害怕别人嘲笑他或者利用他的弱点欺负他，这是他的易激惹敏感点，案发时被害人以一句“我晚上再来”威胁他，刚好激惹了他，触动了于业平内心的易激惹敏感点，瞬间爆发愤怒情绪，做出残忍暴行。③出于求生的目的，先下手为强，恐惧被害人一直欺负他。④出于自我保护的目的，关系切割行为。⑤变态心理。

5. 尸体陪伴行为

在一些案件当中，犯罪行为人杀死被害人之后，会有尸体陪伴行为。这种行为可以反映出：①犯罪行为人对被害人有强烈的留恋之情。②杀死被害人是为了控制被害人，不愿其离开自己，而陪伴则是一种对被害人的依赖和留恋。③这种行为往往发生在恋人之间，这两人的关系中一方十分依恋另外一方，而另一方没有同样的情感付出，付出的一方出于对失去对方的恐惧，往往会杀害被害人。④通过杀人后陪伴尸体这种方式去占有被害人。⑤是一种愧疚行为，通过陪伴尸体以表达自己的愧疚之情。

【案例17】因为不满同厂相恋三年的女友要跟自己分手，犯罪行为人黄某武一怒之下用尖刀捅死了女友曾某。其后，直到被工友发现的将近36个小时内，黄某武都陪伴着曾某的尸体。

黄某武是湖南永州人，曾某来自江西，两人同是石龙镇某塑料厂的员工。2004年9月，两人确定了恋爱关系，此后两人多次因感情问题发生争吵，曾某提出分手。2007年7月31日22时许，黄某武带着用来切割塑料的尖刀来到曾某所住的宿舍，要求曾某到楼顶再谈谈。两人到达宿舍楼顶后，黄某武要求曾某多给他一次机会，但曾某态度很坚决坚持分手。黄某武称，他当时很生气，认为“自己得不到也不能让别人得到”，于是在8月1日凌晨0时40分许，用尖刀向曾某的心脏位置捅去。

曾某大声喊救命，黄某武用刀往曾某的胸部捅了多刀，直至曾某死亡。经法医鉴定，曾某系被他人用锐器刺破左肺致失血性休克而死亡。

根据黄某武的朋友赖某陈述，8月1日凌晨2时许，他曾经到过工厂宿舍楼顶，看到了黄某武和躺在地上的曾某。他不好意思多问便下楼了，随后收到黄某武的短信称，他和曾某已经悄悄出厂了。侦查人员发现，从8月1日凌晨黄某武杀死曾某之后，黄某武一直陪伴着曾某，还把自己的衣服盖在死者身上。黄某武曾经试图自杀，用刀割伤自己身上多处，但没有成功。其间黄某武给其父亲发了3条短信，自称马上就要离开这个世界了，觉得对不起父母，“很不孝”，还告诉父母自己床上还有点钱。

2007年8月2日13时许，包括赖某在内的几名员工因天气炎热想到宿舍楼顶吹风，踹开被锁的门发现黄某武和死者曾某。黄某武看见工友后企图跳楼自杀，未果。公安民警接到报案后马上赶赴现场，将黄某武抓获。

据黄某武供述，他生活在一个单亲家庭，父母离异，从小受人欺负，生活艰难，只有与母亲相依为命，所以自己非常重视感情，在与曾某恋爱之后，自己几乎将一切都付出了，但是曾某仍然对自己不满意，执意要与自己分手，自己无法接受这样的事实，苦苦哀求，曾某居然说出

“跟谁在一起也不会跟你在一起”的话。这句话触动了黄某武内心的易激惹敏感点，幼年时期的心理创伤是父母的离异造成的，黄某武在成长过程中历尽艰辛，女友提出“分手”，唤起了黄某武早年的痛苦经历，激怒了黄某武，一怒之下，就杀死了曾某，杀死对方之后，仍然不愿意离开对方，于是有了上述行为。

（三）书写文字行为

犯罪行为人在对被害人实施侵害时或者侵害之后，为抒发心中的某种情绪或者情感，会在犯罪现场留下文字。文字内容的不同可以反映出犯罪行为人对被害人的情感，从而可以呈现出两者之间的关系。文字内容可分为：诋毁谩骂被害人、描写相关生活事件、表达愧疚之情、表达愤怒之情、粉饰杀人行为的情感、给相关人员留言等。这种行为和其中丰富的情感和情绪在“周江波杀人案”中体现得较为明显。

【案例 18】 案情简介见“案例 4”。

在案发现场，犯罪行为人周江波留下很多“遗言”。在解释这些“遗言”的时候，周江波这样说：“我当时写的时候就是想到哪儿，写到哪儿，也没深入去想为啥写这些字。”在回忆和分析自己杀人原因的时候，他说：“我也不知道自己为啥会做这事，我现在很后悔，小丽（被害人程亚静的小名）其实对我还是不错的。”对于周江波来说，写这些“遗言”是很随意的，但是这些“遗言”对于分析他当时的心理活动则是最真实的证据和依据。通过对这些“遗言”的分析，可以重现他杀人的行为和心理过程。

（1）“恨”及“我们可以在一起了”。在墙上这个大大的血字“恨”是当时他心理状态的强烈表达。这种恨有对被害人的恨，也有对自己的恨，更有对自己生存环境和身边人的恨。而这句“我们可以在一起了”则反映出周江波对被害人在情感上的依恋，所以他对被害人是爱恨交织的，而在实施杀人行为的时刻，“恨”占据了他的内心，在当时的情形——酒后、争吵、言语刺激等负性的环境因素占据主导，心理能量向负性能量倾斜，能量分配失衡，犯罪行为人控制力下降，被长期压抑的愤怒和冲动瞬间爆发，实施了犯罪行为。在案发之后，犯罪行为人的情绪“恨”得到宣泄和释放，无尽的后悔和愧疚就成了他主要的心理内容。

（2）“不要相信女人的欺骗”“都是你们逼我的”“杨萍，你害了小丽，好自为之”“回来这段时间我们都在一起，杨萍都知道”。这几句话存在于周江波的意识层面，他是倾向于外归因的。当问及这几句话时，他认为自己不能和小丽在一起，是别人逼的，是受杨萍诱惑和欺骗的。这几句话也反映出了周江波的性格，表面看起来，他认为之所以走到这一步，都是别人的错，自己只是被逼的。事实上，他是无法面对自己的自卑感和挫败感。他认为自己的错就错在没有钱，而没有钱也是被社会现实所逼迫的，与自己无能和不努力无关。

（3）“对不起，王振华”“振华，小丽她妈都知道我们在一起”“对不起振华，这种女人不配做你老婆，之前，他就和别人在一起!”“爸妈，对不起，孩儿不孝”。在“遗言”里，周江波三次提到被害人的丈夫王振华，表达自己的愧疚心理。在调研结束时，周江波表达了自己想给王振华写道歉信以表达悔恨的想法，他只有一次提及了自己的父母以及对他们的歉意。在谈话过程中，他提到自己的家庭、妻子和孩子时都是一句话带过。由此我们可以分析出，在他的意识里面，与小丽有关的一切仍然非常重要。如果深入分析他对王振华表达悔恨的言语，他内心深处最想表达的其实是“振华，小丽是我的，她母亲知道，杨萍也知道，我一直跟她在一起”。这是他内心深处的潜意识，即使死了，即使生活已经绝望，他也要证明小丽是他的。他通过愧疚感的加深去证明小丽对他感情的深入。当然愧疚感是有的，他只是无意识地把占有欲隐藏在这些愧疚感当中。

（4）“为民除害，为下一个家庭解脱”，这句话表面看来，是犯罪行为人标榜自我行为的正义性，是犯罪行为人对自己犯罪行为的一种“升华”，以此来平衡自己的愧疚感。当问及他写这句话的感受时，他所说的更能反映出他内心的嫉妒心理和不安全感。“我杀了她，下一个家庭就安全了，你想想要是死的是我，而不是她，那她以后肯定要找其他的男人，破坏其他的家庭”。这是周江波对这句话的解释。从这句话里我们可以看出，周江波对于小丽的不忠是有意识的，他也知道自己无法驾驭小丽，于是索性把她杀掉，也好过她再去找其他人。这是他内心占有欲、嫉妒心理和不安全感的强烈表达，只不过他把这种情感升华成一种“为民除害”的正义感，以此获得心理平衡。他内心的感受能欺骗的也只有他自己而已，甚至连自己也欺骗不了。在一定情景下，内心是愤怒还是正义，是自私的占有欲还是无私的为人着想，可以通过一些案情细节呈现出来。

(5)“她看不起我”“小丽借给三儿（小丽的弟弟）4.5万元办纱厂”，这两句话看起来毫无关联，小丽借给弟弟钱办纱厂也看似与案件无关，那么周江波为什么会写出这句话呢，他自己也不明白。这是周江波内心深处自卑心理被揭露后的表达。此时写出这些话就说明这句话在内心深处刺激着他。如果结合周江波当时的境遇我们就不难得出结论。实际上小丽借给弟弟钱办纱厂这个事深深地触动了周江波的易激惹敏感点。

周江波当时回郑州来找小丽，住在旅馆内并且一直找不到工作，可以说是生活窘迫到了极点。据小丽的朋友王爱凤的笔录显示，小丽说过周江波曾经问她借过钱。在这样一个事实下，我们就可以分析出，小丽原本是想依靠周江波的，但是没想到周江波反倒问自己借钱，在这种情况下，小丽肯定会显得不太愿意。在周江波看来，自己为小丽付出了一切，家庭也毁了，生意也做得不好，千里迢迢回来找她，衣食无着，窘迫到了极点，这时候向自己的爱人寻求帮助，居然遭到了嘲讽。原本周江波向小丽借钱就是鼓着极大的勇气的，也是让自己很没面子的事，没想到还遭受鄙视，而小丽并不是没有钱，轻轻松松就借了4.5万元给其弟，他感觉到自己的情感受到了欺骗，巨大的牺牲得不到回报，使自己的自尊心和情感都受到了极大的挫伤。所以在他发现小丽居然连自己生日都不记得的时候，就愤怒到了极点。最终，自己内心深处积累的在尊严上和情感上的不满、压抑和愤怒爆发出来，导致其实施了杀人并毁尸的行为。昔日爱人已经不在，美好的情感也随之消失，面对眼下残酷的现实，怀着一了百了的心理，在激动情绪及酒精的作用下，随之做出了自杀行为。

（四）放火和焚烧行为

放火和焚烧，广义上是指故意或恶意烧毁他人财物、身体或尸体的一种毁灭行为。放火和焚烧行为本身并不能使放火的人获得实际利益，所能获得的只能是心理上的满足。在很多案件中的纵火行为，由于犯罪行为人的心理特征、个性特征、工作经历、生活背景不同，他们的放火动机也各不相同。放火和焚烧行为附带的四种动机：

1. 寻求关注，获得认同感和价值感

有些人放火就是为了寻求某种刺激或是吸引他人的注意力，得到他人的认同，希望在大火或是扑灭大火的过程中寻找一些刺激来满足其内心的虚荣。对火的恐惧是人的本能，人类在能够控制火的情景下才会觉得安全，如果火势蔓延，那么人本能的恐惧就会被激发出来。平时在家庭和社会中得不到认同的一些人会通过纵火的方式引起他人的注意和恐惧，从而获得价值感和认同感。他们在引起他人恐惧的时候得到了关注，在别人的恐惧中获得了释放愤怒和控制他人的快感。此种类型放火的形式多种多样，可能从小的垃圾火灾到大的建筑火灾甚至到针对人群的火灾。比较典型的案例是巩义市“2006·5·8”白宁阳纵火案。

【案例19】2006年5月8日9时许，巩义市河洛镇石关村幼儿园发生一起特大纵火案，两名儿童当场被烧死，多名儿童被烧伤。

专案组通过对现场所留的菜刀、油壶残片及打火机残片等物证进行分析，认定此案系一起故意纵火案。犯罪行为人倾向于报复社会，不排除为情或寻仇放火。

(1) 人际关系范围：犯罪行为人熟悉现场环境，针对无反抗能力的弱势群体实施纵火行为，个体目标不特定，旨在通过制造某种影响彰显自身能力的行为特征明显，可以排除关系人作案。

(2) 地域属性：犯罪行为人熟悉大环境、小环境，熟悉中心现场环境，主要是针对二楼教室内的儿童实施犯罪，作案后迅速逃离现场(现场留有自行车)。犯罪行为人应是本村人或现场周边邻村人，当地常住人口，不排除长期居住的外地人。

(3) 生理属性：从现场情况看，一人可以完成，青壮年男性，会骑自行车，现场控制能力差，不成熟，倾向于青年人作案。

(4) 社会属性：此案发生在山区农村，人员流动性不强，侵害对象选择为幼儿园师生，推着自行车带着装有汽油的塑料桶到达现场，社会层次不高，当地务工人员的可能性不大。

（5）心理属性：动机是为了显示自身能力，目的是满足自我存在的欲望，让人们知道自我存在的价值，心理承受能力差，性格压抑，不适应家庭生活环境和社会生活环境，侵害目标的选择是无任何防范心理和反抗能力的幼儿，案前有计划，精心预谋。无反侦查意识，自行车留在现场，无任何伪装，放过自己熟悉的人，白天作案，心狠手辣不计后果，属于明显的非正常意识行为，不排除有某种人格障碍。

（6）既往犯罪属性：有暴力倾向，有打架斗殴类劣迹，无反侦查意识，可能没有犯罪前科，也可能没有被打击处理过。

2006 年 5 月 9 日 16 时许，专案组在石关村北侧山崖搜索时，将跳崖摔伤的白宁阳抓获。经讯问，白宁阳供述了其犯罪事实。

白宁阳因和本村村民发生口角，遭到家人训斥，遂产生想办大案让村里人觉得自己不好惹的念头，因此选择了在幼儿园放火。2006 年 5 月 8 日 9 时许，白宁阳携带事先准备好的两把菜刀、三壶汽油窜至石关村幼儿园二楼一教室内，让其认识的白鹤翔出去后，持菜刀逼迫教室内的儿童及教师到教室后面，将两壶汽油泼到教室里的课桌、地面及儿童、教师身上，用打火机点燃汽油后逃窜。

犯罪行为人白宁阳性格孤僻、内向，性情古怪，在日常生活中经常被人排挤、嘲笑，其父更是每日数落他不争气。案发当天白宁阳又与他人发生争执，回到家中遭到父亲训斥，一怒之下，产生做一件大事以证明自己能力的想法，就选择在幼儿园放火，引发恐惧，从而获得关注和存在感。

2. 报复或泄愤行为

有些人可能是因为其在现实生活或在思想意识方面受到了某些侮辱或敌视而选择放火和焚烧的方式进行报复、泄愤。在看到物体被焚烧的过程中，可以充分享受报复带来的满足感和快乐感。这种感受会随着犯罪行为的增多而升级。

【案例 20】2012 年 1 月 14 日至 4 月 7 日，许大生（河南周口人）为泄私愤，先后在郑州市二七区张魏砦村、老代庄村及周边地区，采用将烟头从车门玻璃缝隙处扔进车内引燃座位上的布料、进入车内用打火机点燃座套的方式，烧毁、烧坏陈某等人的机动车辆共计 16 台。

1990 年，许大生和妻子从周口老家到郑州打工，主要是赶早市卖日杂。1995 年夏天的一个晚上，他在大学路被一辆面包车撞倒，右侧肋骨断了一根。由于肇事车逃逸，他自己花了 6 000 多元治疗，这起事故也让他开始对面包车心生仇恨。1999 年，许大生在短短半年之内又先后两次被面包车撞伤，一次肇事车当场逃逸，另一次肇事车虽没跑，但司机一直不愿承担治疗费用。三起事故给许大生造成巨大的身心伤害，头部留下了伤疤，腿伤留下了后遗症，走的时间稍长就会一瘸一拐。为治病，几年打工挣的钱几乎都搭进去了。他认为，自己所有的不幸都是汽车惹的祸，于是在心底深处对面包汽车类交通工具产生刻骨铭心的仇恨，开始实施报复计划。

2012 年 1 月 14 日，许大生首次作案。当晚，他喝酒后从租住的地方出来，经过张魏砦村一胡同时，发现路边停着一辆面包车。他上前用手推了推车玻璃，把嘴里的烟头随手扔进面包车内。两天后，他在同一地点用烟头又点着了一辆面包车。每次作案后，他都会返回现场，看看车被焚毁的样子。看着一辆辆面包车被烧得漆黑一团，他有种出了口恶气的快感。尽管接连烧了几辆面包车，但是警方并没有注意到自己，这让许大生胆子越来越大。许大生供述，他先后烧毁 20 余辆车，警方根据其供述，确定的有 16 起案件，最终许大生被判处有期徒刑 8 年。

3. 净化（以烧掉记忆中的“污点”）行为

人们在遭受挫折和创伤的时候，会造成心理阴影，这种阴影像“污点”一样时刻存在。个体为了洗刷掉自己的心理污点，就有可能采取放火的方式，烧掉引发个体焦虑的事物，从而达到自我“净化”。在实施放火行为时，个体往往控制不住自己的冲动，对火和与火有关的事物迷恋、感兴趣、好奇，在纵火、目睹火势或参与火灾的善后工作时体验到兴奋、愉快、满足或放松。事后又对自己的行为后悔莫及。

【案例 21】1987 年，陈志超出生于下关区一个普通的家庭。因为小时候生过重病的缘故，他的学习成绩一直不太好。和大多数家长一样，从小到大，父母都在拿他和亲戚邻居家的孩子比较。比较之后，多数时候就是将他痛骂一顿。“他们有时说，有我这样的孩子真给父母丢人，该早点把我掐死。”陈志超说。

2007 年 12 月 26 日，同事丢了一个工具，后来在陈志超的箱子里面找到了。老板和同事认为是他实施了偷窃行为，他自己觉得很委屈，并且老板恶狠狠地对他说“你的行为就像是布上的污点一样，永远也洗不干净”。

2008 年 1 月 2 日，陈志超买下了一个黄色打火机，他闲逛来到了离家不远的一栋居民楼。当他看到楼道内放的一个麻袋时，“老板的脸又立即出现在麻袋上”。在那一瞬间，他的脑子里再没有了其他的一切，眼前浮现的都是别人骂他的脸。他几乎是冲向了楼道，迅速用打火机点着了麻袋。看着火苗蹿起，“老板”在火中挣扎，陈志超感觉内心的烦躁都消失了，他慢慢平静了下来。

自此之后，陈志超开始四处寻找目标，易燃的麻袋成为了他的首选。而他看到居民门口的布帘子时，他也会上前点着。因为，对他来说，布帘子上也留有他受侮辱的印迹。所以，凡是见到布帘子，他都想去点着，以烧掉记忆中的“污点”。每天 6 时多出去“上班”放火，这样的日子，陈志超持续了 5 天。“我放过火后，自己心中的委屈得到了发泄，感觉就会好多了。”陈志超说。

1 月 6 日，陈志超又一次放火后，仍站在附近看别人救火，他的行为引起了一名保安的注意，随即，他被保安送到了派出所。在派出所，他交代了自己的所有放火行为。最终被判刑二年零六个月，缓刑两年。

4. 尊重（如将尸体火化升天为安）

很多杀人凶手都有杀过人之后焚尸的行为，这些行为大多数是以关系切割为目的的反侦查行为。当然，犯罪行为人也可能出于另外一种目的，那就是对被害人的尊重和愧疚行为，把尸体以火化的方式进行处理。新密市“2010·9·19”白寨镇杀人焚尸案中的李小武就是这样处理的。

【案例 22】2010 年 9 月 19 日 10 时许，在新密市白寨镇皇帝岭村一座废弃的采石场空房里发现一具被焚烧的无名女尸，尸体已经高度腐败。9 月 29 日在郑州市公安局大情报中心数据库中比中暂住人员李新慈，查明尸源，并于当晚在三门峡市湖滨区将犯罪行为人李小武（27 岁）抓获。

李小武是李新慈相依为命的儿子，李新慈心高气傲，早年离婚，独自带着李小武长大，对儿子不仅关爱有加，并且管教十分严格。来到郑州以后，母子两人的感情和生活都十分不顺，母亲被情人抛弃，儿子也被女朋友抛弃并且做生意失败，欠下十几万的债务，在万般无奈绝望之际，母子两人产生了自杀的念头，李新慈让李小武将电线套在自己脖子上勒死自己，李小武对自己的母亲又爱又恨，又依赖又害怕，绝望之后将母亲勒死。自己却失去了自杀的勇气。

对本案中的行为进行解读：

李小武对母亲的恨主要有以下原因：①童年时期，由于母亲的离婚，自己经常被别人嘲笑没有父亲。②母亲平时性格比较强势，对李小武要求很高，掌控欲强，李小武内心非常排斥母亲对他的管束。③母亲给自己带来了很大的经济、生活和心理压力。④母亲行为不端，自己内心一直都很不满。

案例 22 图　被害人的尸体概貌

李小武租车把母亲抛尸在新密市白寨镇野外的一间废弃的小屋内，又不愿母亲曝尸荒野，想要土葬又找不到合适的位置，就想把母亲火化之后，用骨灰盒装起之后埋葬。由于缺乏经验，火化并未成功。李小武对尸体进行火化的行为是一种对母亲的尊重和愧疚行为。另外，焚烧也夹杂着对母亲愤怒情绪的表达，通过焚烧使其在人间消失，这说明两个人之间具有比较亲密和复杂的情感关系。

二、加固行为

加固行为是指行为人为了发泄或者满足某种心理情感而对行为对象实施的行为。在杀人案件中，加固行为是指犯罪行为人为了确保行为对象的某种特定结果的发生而实施的行为，即加固行为是发生在攻击行为之后的。加固行为往往反映了犯罪行为人的主观动机和对犯罪结果的不自信，同时也反映了犯罪行为人对犯罪结果的强烈愿望，这种动机可能来源于愤怒、恐惧、厌恶、不自信和憎恨等，因此犯罪行为人需要通过加固行为确定行为结果必须发生。

（一）损伤加固行为

损伤加固行为是指犯罪行为人对被害人实施重复伤害，以达到伤害、恐吓或者杀死被害人的目的而实施的行为。通过对损伤加固行为的分析，可以了解犯罪行为人的生理属性和心理属性。

【案例 23】2008 年 9 月 2 日 11 时 30 分，河南省郑州市公安局“110”指挥中心接到群众报警，郑州市金水区花园路北段 21 世纪社区发生一起特大杀人案，户主王某凤及一双儿女 3 人被杀死在住室内。

经过现场分析获知，犯罪行为人是通过攀爬经窗台进入室内的，现场十分混乱，有激烈的搏斗痕迹。现场有两种足迹，一种是穿袜子的足迹，一种是穿运动鞋的足迹。在作案人数这个问题上，专案组人员产生了分歧，一种观点认为，两种足迹代表有两个犯罪行为人；另一种观点则认为，这两种足迹是一个人的，分别是这个人穿鞋和不穿鞋的足迹。

最后通过对 3 名被害人损伤的分析，确定只有一名犯罪行为人。3 名被害人被害的方式基本一致，均是在丧失抵抗能力的情况下，颈部被切割 4 刀，应当是同一个人的手法，用的也是同一把刀。结合这些分析，推断 1 人可以完成更为准确。同时，在调取的监控录像中，也反映出作案人是一名背着包的男性青年。

3 名被害人颈部的 4 刀就是典型的损伤加固行为，犯罪行为人唯恐被害人不死，在被害人失去抵抗能力的情况下实施该行为，充分反映出犯罪行为人对自己不自信和在现场慌乱、恐惧的心理状态。结合监控录像和犯罪行为人进入现场的方式，可以排除该案件是有预谋的谋杀，而是由入室盗窃转化的杀人案件，在犯罪行为人进入室内之后，被户主发现，在搏斗过程中，两个小孩儿被惊醒，开始哭喊，犯罪行为人慌乱之中，杀死 3 名被害人，并且唯恐被害人继续喊叫，就在每个被害人颈部切割 4 刀。这个行为不仅反映了犯罪行为人的人数和心理特征，也为案件性质的

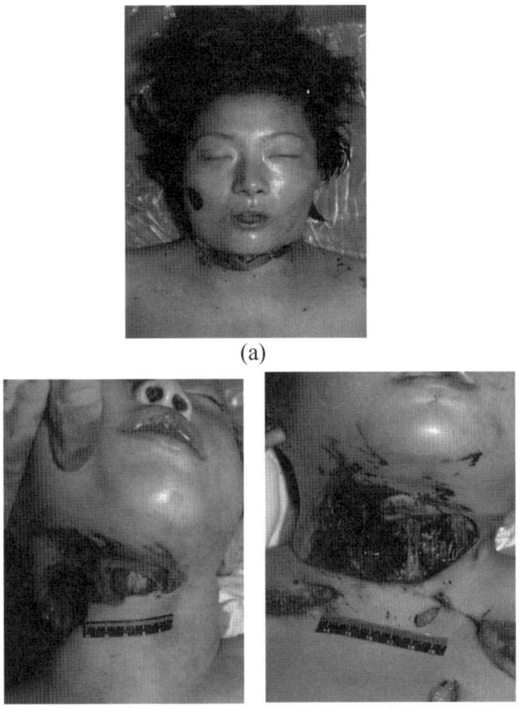

(a) (b) (c)

案例 23 图　颈部加固损伤

分析提供了线索。

根据颈部损伤加固行为并结合现场分析，专案组对犯罪行为人进行了准确的刻画：①在作案人数上，分析 1 人可以完成。②青年人作案，年龄 20 岁左右。依据是：犯罪行为人在现场的控制能力不强，本案被害儿童的胳膊、手背、手心上都有抵抗伤，现场有男童、女童在室内跑进跑出的痕迹，这些都表明犯罪行为人控制能力较差，控制不住小孩。另外，女被害人面部皮肤被生生咬掉一块，我们分析认为，女被害人身高 160 厘米，体态强壮，反抗的时候力气很大，犯罪行为人可能因身材瘦小，控制能力差，被被害人控制住双臂，无法脱身，情急之下咬了女被害人面部。此外，犯罪行为人能够轻松地借助平台和空调主机攀爬到 4 楼作案，案后在受伤的情况下仍能顺原路逃离，表明他具有比较强的攀爬能力，应当是体力较好的青年人，推断其年龄在 20 岁左右。③犯罪行为人身高 165 厘米左右，体态不胖，不强壮。主要依据为：一是根据现场足迹长度反映犯罪行为人的脚不大，推算其身高在 165 厘米左右。二是足弓明显，表明其体态偏瘦。三是 3 名被害人的身上都有多种被加害损伤，反映出犯罪行为人的力量较小，不是一刀毙命。技术人员在

现场室内的很多部位，以及逃跑路线上都提取到了犯罪行为人滴落的血迹，儿童房内提取到了犯罪行为人被切掉的手掌皮肤，这些都说明了犯罪行为人手部受了重伤，必须缝合，至少7天后才能拆线，这是一个非常显著的外部特点。

依据对犯罪行为人的刻画，专案组在案发后第7天抓获了犯罪行为人孙攀（男，20岁），郑州市荥阳市广武镇孙寨村人，身高166厘米，体态中等。孙攀被抓获时，手上还包扎着纱布，不能自由活动。他如实供述了自己当天晚上入室盗窃被发现，慌乱中杀死一家三口的犯罪事实。

（二）窒息加固行为

窒息加固行为是指犯罪行为人为达到确定被害人死亡的目的，在被害人丧失行动能力或死亡之后采用按压颈部或捂口鼻等方式保证其死亡而实施的行为。窒息加固行为有唯恐被害人不死的心态，采用这种方式的犯罪行为人，往往对自己上肢的力量比较自信，在窒息加固过程中，需要直视被害人，表明犯罪行为人对被害人的愤怒和仇恨强烈，在实施过程中有摆脱被害人控制和困扰的快感。此类行为表明，犯罪行为人对被害人有着长期积压的愤怒和厌恶，急于摆脱控制。

【案例24】2012年2月11日，郑州市中原区中原西路一居民区发生一起命案，被害人郭凤枝（女，45岁，无业）被发现在自己家中遇害。接到报警后，郑州市公安局立即成立专案组展开侦查工作。案件迅速告破，被害人的儿子程立雪（男，17岁）被抓捕归案。程立雪对自己杀害母亲的犯罪事实供认不讳。

犯罪行为人程立雪，身高167厘米，体重62千克，案发前系郑州市第一中学在校高二学生，学习成绩良好。程立雪长期生活在母亲的严格控制之下，没有任何私人的时间和空间，压抑着对母亲的不满、厌恶和愤怒。当天考试成绩下降，遭受挫折，母亲采取的方式是指责、翻旧账，以此来证明儿子的不对，表面是关心儿子的学习，潜意识里则有控制儿子，让儿子付出更多来顺从母亲的目的。在这种多重挫折的刺激和压力之下，程立雪忍无可忍，用准备好的半个哑铃和铁棒把母亲砸死。

在杀死母亲之后，程立雪实施了多个加固行为：①窒息加固，他将击打母亲的哑铃放在床上，顺手拿起枕头下面的铁棒，用右脚踩在床上，用双手握住铁棒的两头，将铁棒的中间部分压在母亲的脖子上使劲地压了一会儿，等到他觉得母亲已经死亡之后才松开。②损伤加固，他用裁纸刀对母亲实施割喉。③重复窒息加固，程立雪用母亲的鞋带从她脖子的右边穿到左边，缠了两圈之后在她脖子的左侧打上了结，先是打了两道平常系东西那样的结，最后又打了一道系鞋带那样的活结，以确保母亲死亡。

从这一系列的加固行为可以看出，程立雪对母亲的仇恨和厌恶十分强烈，十分渴望摆脱母亲的控制。在案后对程立雪的访谈中了解到，他对自己杀死母亲的行为并不愧疚，他认为自己摆脱了母亲的束缚，即使在看守所也比在家的感觉舒适和自由。

（三）捆绑加固行为

捆绑加固行为是指犯罪行为人为达到对被害人的稳定控制的目的，对已经被控制或失去抵抗力的被害人实施的重复捆绑和加固捆绑行为。捆绑加固行为往往反映了犯罪行为人对自己不自信的心理状态，面对被害人时处于心理劣势，必须通过重复捆绑才能获得安全感。通过对捆绑加固行为的分析，不仅可以通过捆绑方式和捆绑工具分析犯罪行为人的社会属性和心理属性，也可以根据行为本身分析犯罪行为人和被害人之间的关系。

【案例25】2009年9月19日14时许，巩义市河洛镇石关村6组村民在伊洛河岸上的沙场附近闲转时，发现河面漂浮一具尸体，随即拨打“110”报案。

侦查人员赶到现场后发现，浮尸的双手被绑在背后，双脚被捆绑后，向后向上弯曲，与双手捆绑在一起。经初步勘验，死者系男性，50多岁，尸体长160厘米，口腔卫生差，牙齿颜色发黑黄，牙结石情况严重。右侧肋骨多发性骨折，头部有损伤，颈部缠有一件黑色无袖夹衣；死因是机械性窒息死亡，死亡时间7天左右。

死者上身穿绿色军装（87式冬季作训服），右肩部有一破口；上衣右下兜内有一块《大河报》碎片（经查为2006年7月15日第11版）；内着黑蓝色长袖T恤；下身穿蓝色牛仔裤，左右膝盖部均有破口；没有穿内裤，左大腿内侧附有一小块皮革碎片；腰系浅蓝色女式布腰带。尸体上的捆绑物共有4类7种，分别是鞋带、衣物残片、尼龙草绳和布绳。7种绳索中手工搓成的就有4种：分别为撕开后的红色条幅、帆布条、尼龙草（2种）搓成的绳索，其中红色条幅搓成的绳子，展开拼接后显示“恭贺某某某新婚誌禧”字样。

被害人身上的捆绑方式和捆绑物引发了侦查指挥员的思考。从捆绑方式来看，被害人被重复捆绑，这种捆绑加固行为说明犯罪行为人对被害人极不自信和有恐惧感的心理状态，而捆绑所用的绳子则都是各种布条搓制而成的。一般来说，把这么多布条搓成绳子需要极大的耐心，往往是女性所为，而这些布条都是一些废弃不用的物品。由此可以得出结论，犯罪行为有女性参与，犯罪现场很可能在伊洛河两岸的某垃圾收购和处理点。

案例25图1　尸体打捞上岸后的状况

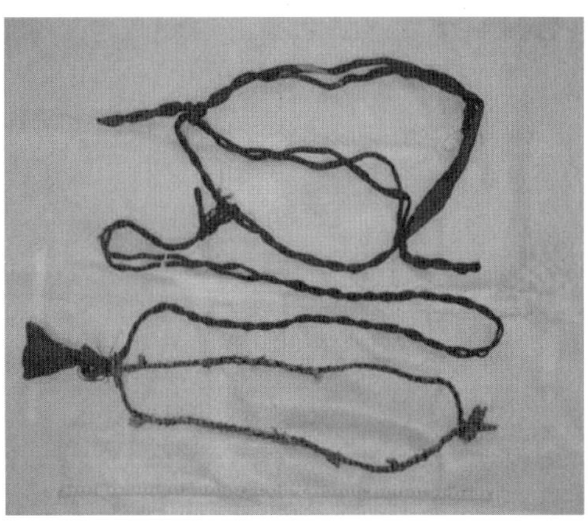

案例25图2　捆绑状体及捆绑物

结合现场其他证据，侦查指挥员对案件进行了全面细致的分析：

1. 定性质

本案是因某种矛盾纠纷引起的激情杀人案。

2. 定范围

作案人员范围是，关系人作案。地域范围是，伊洛河沿岸，巩义市城郊结合部的废旧品收购站点。

3. 定脸谱

（1）生理属性：1人可以完成作案；年龄与被害人相当；身单力薄。犯罪行为人中有女性或为女性所为。主要依据：①捆绑尸体的7种绳索中手工搓成的就有4种，一般来讲女性更擅长搓绳。②死者裤子的膝盖处磨透伤及皮肤，反映犯罪行为人体力差，搬运尸体时力量不足。

（2）地域属性：犯罪行为人熟悉伊洛河两岸的大环境、小环境，住地在巩义市城郊结合区域，作案地点很可能是被害人的居住地或犯罪行为人与被害人的共同居住地。

（3）社会属性：犯罪行为人可能为废品收购人员，社会层次较低，有简易交通工具。

（4）心理属性：犯罪行为人的作案动机是出于报复；犯罪行为人做事细致，但计划不周密，准备不充分；捆绑尸体的绳索杂乱无序，反映出犯罪行为人能力较弱、不自信；没有作案经验，有一定的反侦查意识。

（5）既往犯罪属性：犯罪行为人没有受过打击处理。

专案组依据对案件的分析和对犯罪行为人的刻画，对在伊洛河两岸，巩义市城郊结合区域从事废旧收购行业的人员展开排查，寻找突然失踪人员。侦查人员仅用3天时间，就在9月22日查清了死者叫郑海宣，同时抓获了犯罪行为人赵中梅。二人都是在巩义市从事废旧收购行业的外来人员，长期在巩义市单身生活。2009年5～6月，二人曾在一起生活过。共同生活期间，两人经常因琐事发生矛盾纠纷，逐渐由口角升级为打架。后来，赵中梅就有了杀死郑海宣的念头。9月14日晚，赵中梅将郑海宣骗至两人曾共同生活过的住处，趁郑海宣睡熟后，将其勒死。在9月16日晚，赵中梅将郑海宣的尸体从巩义康店桥抛入伊洛河中。

（四）棍棒打击加固行为

棍棒打击加固行为是指犯罪行为人利用棍棒反复击打被害人，以达到教训、控制或杀死被害人的目的而实施的行为。用棍棒实施加固行为，往往具有教训和威逼的心理，说明犯罪行为人对被害人具有心理优势和掌控力，通过棍棒击打的方式胁迫被害人就范。在案发现场出现此类行为一般表明，犯罪行为人对被害人比较了解，双方具有某种矛盾，犯罪行为人通过这种方式教训被害人或者为达到某种目的。

【案例26】2009年5月6日7时20分新密

市公安局“110”指挥中心接到刘遂年（男，51岁，新密市牛店镇土门村三组人）电话报警称，其到自家麦地打农药时发现冉遂卿家的杨树林内地上躺有一具男尸。被害人“罗锅”，男，50多岁，汉族，文盲，四川人，具体住址不详，农民，在牛店镇土门村的砖厂打工。身上都是棍棒击打过的伤痕，致命伤在头部，死亡原因系颅脑损伤。

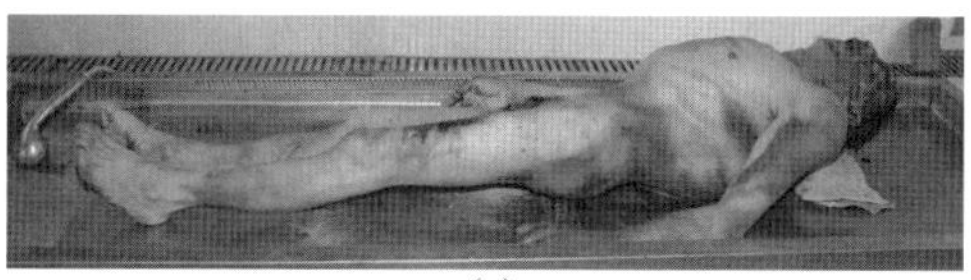

(a)

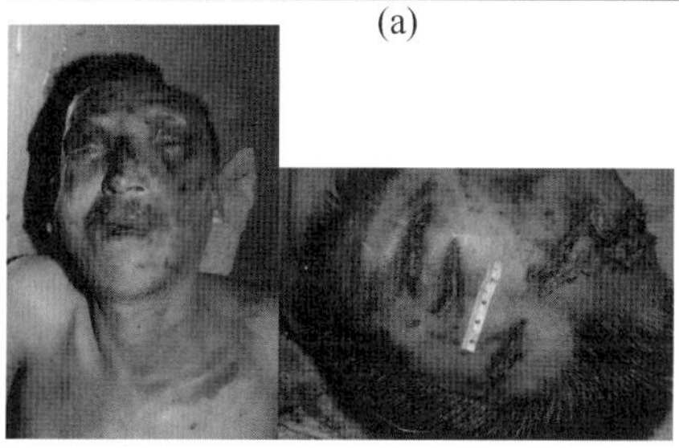

(b)　　(c)

案例26图　被害人身上的棍棒打击伤

死者全身上下都是棍棒打击过的伤痕，可以推断被害人在死前经受过长时间的虐待和拷打。死者上衣被脱下，口袋有被翻动过的痕迹，可以推断虐待和拷打是威逼被害人交出财物。由此不难判断，犯罪行为人熟知被害人的情况，对被害人有心理优势，利用棍棒进行威逼说明其年龄不大，心理不成熟，威逼这样一个穷困的老人，说明其经济状况很差。因此，犯罪行为人很可能是跟被害人在一个砖厂打工的年轻人，年龄在20岁左右。

根据专案组的分析，案件很快告破，犯罪行为人孙逊（21岁）和李玉国（出生年月不详）被抓捕归案。两人供述了在2009年5月4日晚以喝酒的名义将“罗锅”骗出对其实施抢劫，后在新密市牛店镇土门村用棍棒和啤酒瓶打死“罗锅”的犯罪事实。

（五）砖石类创伤加固行为

砖石类创伤加固行为是指犯罪行为人利用砖石类工具对被害人实施重复致伤致死的行为或者固定控制行为。砖石类创伤加固行为的工具往往是就地取材，比较符合激情作案的特点，该行为往往反映出犯罪行为人对被害人的仇恨在短时间内爆发时冲动而不计后果的性格特征。这类行为经常发生在具有某种利益关系和矛盾纠纷的非情感类关系人之间，因双方言语不和或者仇恨积累，犯罪行为人在愤怒情绪的主导下实施该行为。

【案例27】2009年6月24日19时20分，郑州市公安局郑东新区分局接到报警称，郑汴路汽车新东站东300米路南圃田乡二十里铺村一废旧物品收购站店主林成发（男，汉族，57岁，河南省固始县蒋集镇孙岗村平塘组人）被杀死在自家店中。

现场位于郑州市郑东新区商都路与东风东路交叉口向东300米路南一废旧物品收购站。现场北临商都路；东侧、南侧、西侧均为荒地。

中心现场位于商都路南侧的一间场院内，院子呈长方形，四周由木板、石棉瓦、铁丝等做成围墙。院内中部地面上有石棉瓦6张，红色农用三轮车一辆。在院子的东北角处，有简易平房一间，房门向内呈开启状态。死者林成发的尸体躺在屋内地面上，尸体上覆盖有被褥两条，被褥上压盖有自行车一辆、圆柱形石块一块。

案例27图1　压在尸体上的自行车

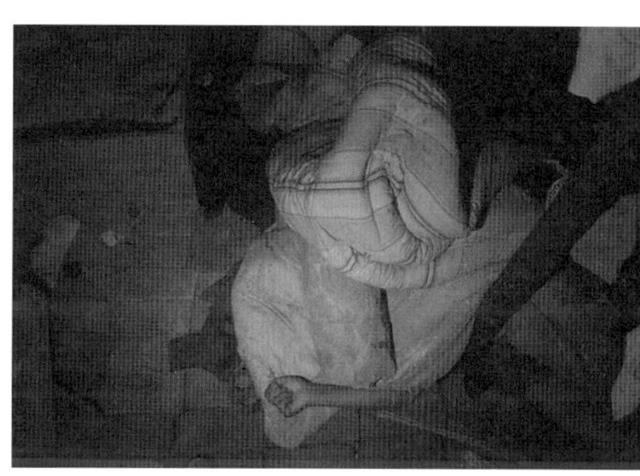

案例27图2　压在被害人身上的石块

被害人体表有多种损伤，其中头面部有砖石类及金属钝器类物体多次打击伤，颈部有扼伤，胸腹部有重物砸压伤。被害人的损伤多集中在头面部。头面部有多处创口，冠状缝裂开，右颞骨线性骨折。左眼眶粉碎性骨折，左侧颧骨斜行粉碎性骨折，左额叶脑挫裂伤，左颞叶蛛网膜下腔出血，右侧额、颞、顶叶蛛网膜下腔出血，左颅前凹、右颅中凹粉碎性骨折，系被他人用砖石类及金属钝器类物体多次打击头面部致颅脑损伤而死亡。

通过分析被害人的损伤可以得出结论，被害人是损伤为砖石类和金属钝器类伤，犯罪行为人很有自信心，未携带工具，一块大石头砸压在被害人胸口，只有两人结伙作案才有可能实施该行为。被害人的头面部被重复击打，有砖石类损伤加固行为，被害人失去抵抗力之后，犯罪行为人又将一块大石头砸压在被害人胸口，说明犯罪行为人对被害人极其愤怒和仇恨，并且有唯恐被害人不死的心态。

在勘验调查的基础上，专案组运用“三定侦查法”对案件进行了分析：

1. 定性质

该案件是因矛盾纠纷引起的以侵财为目的的报复抢劫杀人案。

2. 定范围

(1) 人际关系范围：依据现场分析，极有可能是关系人作案。

(2) 地域范围：熟悉大环境，熟悉小环境，熟悉中心现场环境；距离现场有一定的距离，可能到过现场卖废品，了解现场情况，有备而来，目的明确。

3. 定脸谱

(1) 生理属性：结伙作案，依据是被害人胸口压的大石需要至少两人才能抬起；青壮年；工具为就地取材，用现场的砖石和金属钝器击打被害人，推断犯罪行为人未携带作案工具；不排除因矛盾纠纷导致杀人。依据是犯罪行为人对被害人的头部打击力度较大，并反复进行加害，反映出犯罪行为人必置被害人于死地的主观动机。

(2) 地域属性：犯罪行为人熟悉现场大环境、小环境，曾到过现场，在周边有落脚点，无交通工具。

(3) 社会属性：社会层次不高，农村或外来务工人员，与被害人的社会层次相当，有某种联系（如同行业或买卖关系）。

(4) 心理属性：①动机是侵财。②杀人致死的主观故意明显。③自我保护的行为存在。④至少有一人办事沉稳，考虑问题周密，事先预谋。⑤有备而来，结伙作案，下手重，有泄愤的因素。⑥熟人，有矛盾纠纷。⑦盖尸、移尸是为了延缓被发现时间。

(5) 既往犯罪属性：①有暴力倾向。②结伙作案。③延缓被发现时间，有作案经验，心理成熟。④反侦查行为明显。综合推断，犯罪行为人有打架劣迹，有侵财前科。

2009年12月5日凌晨，警方将犯罪行为人吕海涛、王玉东一并抓获。两名犯罪行为人供述，2009年6月3日左右，吕海涛来到郑州市郑东新区“绿城百合”工地打工，期间曾多次盗窃工地上的管子扣和铜件拿出去卖，由于害怕在工地附近销赃被发现，吕海涛专门乘坐公交车到距工地9.6千米的被害人林成发经营的废旧物品收购站销赃。在交易赃物时，林成发以揭发其盗窃行为为要挟，有意压低收购价格，同时言语上多次侮辱吕海涛，吕海涛因此心怀怨恨。吕海涛又发现林成发身上有大量现金，且单独居住，于是就伙同自己的外甥王玉东抢劫并报复杀害了林成发。

（六）特殊部位的附加损伤

在特殊部位实施的附加伤害都带有某种特定的含义，往往是犯罪行为人在发泄自己特有的情绪，对特殊部位附加损伤的研究和分析，便于侦查人员把握犯罪行为人与被害人的关系，确定侦查范围。

【案例28】2011年11月21日11时5分，登封市公安局君召派出所接到报案称，在常寨村东200米处的桥下发现一个黑色塑料袋包裹着的疑似尸体的物体。接到报警后，侦查人员迅速赶到现场，经现场初步勘验，黑色塑料袋中包裹一具无头男尸，初步尸体检验系他杀。

死者一共身中8处刀伤，有7处都是刺在了死者的胸腹部、肩背部等位置。唯独位于死者臀部的一处刀伤与其他损伤有区别，形成的时间为被害人死亡后，刀伤的位置不致命，属于典型的多余动作，动机是泄愤。在臀部的伤口里，法医还发现了一条细小的黑色碎屑，经过仔细比对，这条黑色碎屑来自包裹尸体的黑色塑料袋。被害人已经死亡，犯罪行为人已用塑料袋对尸体进行了包裹，可犯罪行为人仍不善罢甘休，还要透过塑料袋再扎上一刀，这种做法，定有隐情，应属于发泄愤怒形成的加固行为。

在对现场和尸体进行细致的勘验后，专案组召开案情分析会，利用“三定侦查法”对案情进行了分析：

1. 定性质

本案件是因矛盾纠纷引起的预谋杀人案。

2. 定范围

犯罪行为人不熟悉现场大环境，不熟悉小环境，距离案发地有一定距离，关系人作案，会驾驶机动车，犯罪行为人与被害人系同村或邻村的关系。

3. 被害人脸谱刻画

（1）体格较健壮，手脚较大，从事体力劳动人员。

（2）社会层次较低。

（3）有吸烟嗜好。

4. 犯罪行为人脸谱刻画

（1）生理属性：一人可以完成，不排除两人结伙作案，可能有女性参与，与被害人年龄相当的农村人。

（2）地域属性：不熟悉现场大环境，距离现场有一定的距离。

（3）社会属性：会开车，有交通工具，与被害人的社会层次相当，从事体力劳动的村民。

（4）心理属性：与死者有某种矛盾，社会层次和被害人相当，心理素质较好，做事有计划，下手狠，有明显的反侦查行为，对被害人有愤怒。

经过分析，被害人臀部的一刀应该是被害人死亡以后，被装入塑料袋抛尸，而在抛尸之前，犯罪行为人的愤怒情绪再次爆发，就隔着塑料袋又在被害人的臀部捅了一刀，这一刀反映了犯罪行为人与被害人之间存在着感情纠纷，所以才会有对其臀部实施加固伤害的附加行为。

（5）既往犯罪属性：有打架斗殴的劣迹，可能没有受过打击处理。

就是由于被害人臀部的这一刀，专案指挥员做出一个大胆的假设——勾奸夫害本夫。依据如下：在河南农村，45 岁左右的男人，如果不是特殊情况保持独身，一般都已结婚成家，并与父母分开单过。因此对丈夫行踪最了解的，就是他的妻子，亲友邻居们都不一定清楚其行踪。如果妻子想隐瞒丈夫的去向，很容易找个理由搪塞别人，最好的借口就是外出打工了。被害人的着装和臀部上的一刀，正显出犯罪行为人和被害人之间有某种亲近而特殊的关系。因此，极有可能是哪一家的丈夫被害了，妻子是参与者，或是知情人，所以故意不报案。于是，郑州警方再次部署，对通过 Y-STR 数据库比中的登封的 3 个家系和洛阳的 2 个家系重新排查，重点是声称在外打工、春节都没有回来的人员家庭。

很快，洛阳市晶沟村附近的一个村民引起了警方的注意。张振怀（男，49 岁），拉马店村一组村民。已婚，有一儿一女。他的妻子说他一直在浙江打工过年没回来。警方了解到，张振怀除了年龄、身高、体重、身材这些特点与无名男尸比较相符之外，这个张振怀还曾在多家建筑工地打工，这和无名男尸的职业特点也十分吻合。

经调查，张振怀的妻子牛巧丝，由于张振怀长年在外务工，即与同村的曹连堂发生婚外情。曹连堂气愤张振怀经常欺负、打骂牛巧丝，最终杀害了张振怀，将他抛尸在几十千米外的登封市常寨村。在抛尸之前，曹连堂气愤的情绪仍旧难以平复，他又在被害人的臀部捅了一刀。面对证据，曹连堂对故意杀人的犯罪事实供认不讳。

第三节　悔罪（愧疚）行为分析

刑事案件特有的危害性在给被害人造成巨大伤害的同时，也会给犯罪行为人带来巨大的心理压力。为了应付这种压力，犯罪行为人或者是改变认知，通过扭曲心理认识、否定已成事实来重塑自我达到暂时的心理平衡；或者是通过自己的罪后行为来补偿被害人，重新评价自己，重建对自己的信心以此来获得内心的平衡，这类行为我们称之为悔罪（愧疚）行为。

悔罪（愧疚）行为是指犯罪行为人在犯罪完成后，内心会产生激烈的心理对峙，对自己的所作所为进行评估。在案后，犯罪行为人往往会出现紧张惶恐、忐忑不安、张皇失措、自我谴责、自我否定等负面情绪，使其内心感到巨大的压力和不安，为了释放这种突如其来的巨大压力和不良情绪，犯罪行为人往往会有所行动，以此来缓解负面情绪，达到内心平衡的目的。此类行为往往发生在犯罪行为结束之后，可能是犯罪行为人有意所为，也可能是犯罪行为人在无意识的状态下所为。不管是有意为之，还是无意为之，此类行为都能给我们提供一些信息，例如，犯罪行为人和被害人的关系，犯罪行为人的人格特征和心理特征等。

悔罪（愧疚）行为一般有四种表现形式：遮盖行为、救治行为、特殊的风俗仪式和自我伤害行为。

一、遮盖行为

遮盖行为包括盖面部、盖胸腹部、盖会阴部等。

遮盖行为是指犯罪行为人在杀死被害人之后，不愿意把被害人的尸体暴露在外，因此用某种物品进行遮挡的行为。经常出现的遮盖行为有面部遮盖行为、胸腹部遮盖行为和会阴部遮盖行为等。遮盖行为所用遮盖物往往是就地取材，在室外，可能为柴草、树叶等，在室内一般为衣服、毛巾、床单、被单、席子、被子等。遮盖行为往往反映出犯罪行为人对被害人的怜悯心理，说明犯罪行为人对被害人有一定的情感。通过对遮盖行为的分析，可以缩小侦查范围，可以对犯罪行为人进行细致的刻画。

案例 29 图 1　被害人身上的遮盖情况

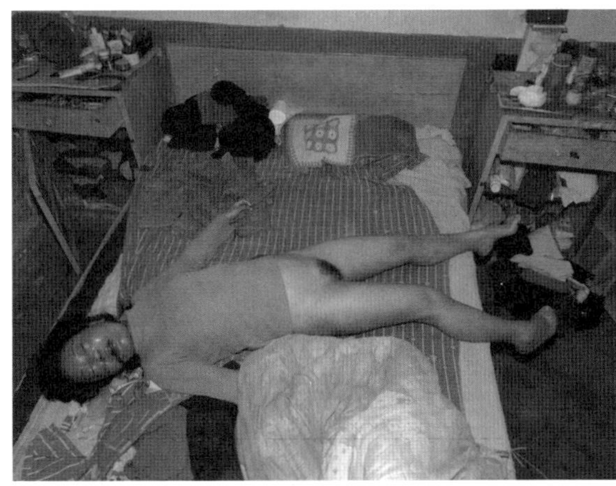

案例 29 图 2　拿开被害人身上的被子后的情况

【案例 29】2009 年 5 月 13 日 8 时 57 分，新郑市辛店镇辛店村 6 组村民白某（男，49 岁）报案称，其妻子黄某某（女，45 岁）被人杀害在自家堂屋东耳房卧室的床上。据白某反映，5 月 12 日晚自己到单位（辛店镇镇直幼儿园）值班，5 月 13 日 8 时多，接到儿子电话说："家里东西翻得可乱，扔了一地，俺妈在床上躺着，不知道咋回事，你赶紧回家。"白某回家后发现其妻被杀，随即报警。

案件现场有明显的翻动痕迹，但是并没有物品损失，室内也只有被害人及被害人的丈夫、儿子的足迹。被害人系机械性窒息死亡，脖子有一道明显的勒痕。

被害人横躺在床上，身上盖了一床被子，根据被子遮盖的方式可以得出结论，被子明显是被害人被杀死后由犯罪行为人盖上的。另外，盖被子的时候，犯罪行为人很仔细并非草草了事。揭开被子可以看到，被害人下身赤裸，但是没有性侵害的迹象。那么犯罪行为人为被害人盖被子的目的就是不愿意把被害人的尸体暴露在外，这是明显的愧疚和悔罪行为。结合现场的足迹和现场动而不翻的情况，就可以得出明显的结论，本案的现场系变动过的现场，犯罪行为人应当是被害人的关系人，很可能就是被害人的丈夫或儿子。

经过进一步调查，锁定犯罪行为人就是被害人的儿子白小某。据白某供述，2009 年 5 月 12 日晚，其因与情人周某约会的事和母亲黄某某发生争吵，一时恼怒之下将黄某某勒死并伪造了家中遭盗窃，其母被人杀死在床上的犯罪现场。

二、救治行为

救治行为是指犯罪行为人在伤害被害人之后，为避免被害人受伤过重或者死亡，对被害人实施的救治行为。实施救治行为的动机往往是因为犯罪行为人对被害人的伤害超过了自己的预期，或者是犯罪行为人在情绪失控的情况下对被害人实施侵害，在意识到事情的严重性之后的应急行为，此类行为是典型的悔罪行为。对救治行为的分析对于认定犯罪动机和案件性质具有借鉴意义。通过分析救治行为的方法和手段，也可以对犯罪行为人进行更为准确和全面的刻画。在诉讼过程中，救治类悔罪行为也应作为定罪量刑的重要依据和证据之一，在法庭上发挥作用。

【案例 30】2009 年 2 月 23 日，郑州市管城区某家属院内发生一起杀人案。“家乡豆腐坊”的老板娘王静（女，29 岁，高中文化）在自己家将丈夫的情人袁芳杀死。

犯罪行为人王静自身具有很高的自控力和忍耐力，易激惹敏感点较稳定，丈夫外遇，王静的敏感点增多，丈夫的情人袁芳的一再紧逼触惹了到王静的敏感点，最终王静忍无可忍情绪失控杀死了袁芳。

案例 30 图　被害人的尸体概貌

王静杀死袁芳的动机和原因如下：

（1）王静本来家庭和睦，是袁芳的插足造成了其家庭破裂。

（2）王静已经默许袁芳和自己的丈夫在外面同居，但是袁芳却得寸进尺，居然搬到王静家居住，鸠占鹊巢。

（3）袁芳主动打电话约王静回家说事儿，王静回家后，袁芳却一直用王静家的电话聊天，反客为主，不把王静放在眼里，欺人太甚。

（4）双方发生争吵后，袁芳言语激烈、态度蛮横、极具挑衅地指着王静的脸说：“事情到这个地步了！我逼你怎么样了？你能把我怎么样？我逼你怎么了？我逼你怎么了！”王静被彻底激怒，拿起桌上的水果刀向袁芳捅去。

在杀死袁芳之后，王静意识到自己行为的过激，立即拨打“120”进行救助，并且主动拨打“110”报警自首。王静的救治行为充分说明自己在主观上没有杀被害人的想法，袁芳的一再激惹和咄咄逼人是她挥刀行凶的原因，在对案件定性和定罪时，救治行为都是重要的行为证据。

在系列案件中，救治行为也可能转化为犯罪中的惯技行为。犯罪行为人为了实现对被害人的控制，在对被害人实施威胁和控制的过程中，可能会下手过重，然后通过熟练的救治行为救治被害人之后再实施性侵害或者反复威胁。此类救治行为如果是无意为之，则是悔罪行为；如果是控制被害人的手段，则可归类为惯技行为。

【案例 31】2002 年 6 月至 2007 年 12 月，登封市发生多起强奸案件。经过对现场行为的分析和研究，确定犯罪行为人为一人，登封本地口音，作案手法是采取尾随、拦路及入室等方式，对被害人进行威胁、恐吓、诱骗后实施强奸，侵害对象多为青少年女性。

1. 特点

在这一系列被害人中，具有如下特点：

（1）年纪小。多为 13~18 岁，20 岁以上有 5 人，且实际相貌看起来明显小于实际年龄。

（2）被害人的外貌特征具有相似点：长发、多是高个子、身材好。

（3）14 起拦路强奸的被害人均是独自外出时被侵害。

（4）被害人均是在从事日常活动时遇袭，没有心理防备。

（5）被害人均没有激烈反抗。

（6）7 名被害人遭犯罪行为人掐晕，其中 3 名醒后看到犯罪行为人在为自己做心肺复苏。

2. 结论

通过犯罪行为人对被害人实施的救治行为，可以分析得出如下结论：

（1）有 3 名被害人醒后看到犯罪行为人在为自己做心肺复苏。

（2）犯罪行为人夜间进入学生宿舍和员工宿舍实施强奸反映出其胆大妄为和极为自信。

（3）犯罪行为人作案的过程大致为：与被害人搭讪→遭拒绝→语言威胁→再遭拒绝→暴力→施救→安抚，这一行为过程一是反映出犯罪行为人为达目的不择手段。二是反映出其不愿意犯罪后果升级。三是反映出其对女性（弱者）有一定的同情心理。

（4）从犯罪行为人给被害人做心肺复苏的行为看，犯罪行为人具有一定的急救技能，应该有过学习急救的经历或者有着与医疗行业相关职业的背景。另外，犯罪行为人心理素质稳定，遇意外不惊慌，心理成熟。

(5) 犯罪行为人懂得心肺复苏急救技能且手法相对熟练，综合分析推断其家庭成员（父辈）中可能有从医人员。犯罪行为人不杀人，怜悯心强（有给被害人钱的举动），很可能就是受家庭环境（救死扶伤）的影响。

2008 年 3 月 5 日下午，专案民警在登封市告城镇告城村将犯罪行为人杨治欣抓获，杨治欣（男，47 岁）的父亲是以前村里的医生，家里办有小诊所。他曾经在部队里当过兵，所以熟练地掌握了急救技巧。杨治欣由于对自己的婚姻和人生不满意，通过强奸女性来释放内心压抑的情绪，满足自己的控制欲和情感上的失落感。所以，他先尾随然后掐晕被害人，是满足其控制欲，而后又通过救治的方式救助被害人，则是释放自己压抑的感情，表达出对被害人的怜悯心理。怜悯心理有时候是一种变相的控制欲，表达了犯罪行为人对被害人居高临下的心态。

三、特殊的风俗仪式

在一些案例中，当犯罪行为人杀死被害人之后，往往实施特殊的风俗仪式，以表达对被害人的愧疚和悔恨心理，通过这种方式获得心理上的平衡或者满足特殊的心理需要，这些仪式包括特殊的摆放位置和摆放姿势、特殊的服饰和包裹物、特殊的尸体处理方式和掩埋方式等，这类行为往往反映出犯罪行为人和被害人之间的关系。同时，这些风俗仪式也往往具有地域性。对犯罪现场的特殊风俗仪式行为进行研究可以帮助侦查人员分析犯罪行为人和被害人之间的关系，由此准确划定侦查范围。

【案例 32】登封市颍阳镇“2009·8·13”杀人案

2009 年 8 月 13 日，登封市颍阳镇刘村大队龙宿沟村一玉米地内发现一具高度腐败的尸体。

现场位于登封市颍阳镇刘村大队龙宿沟自然村西侧，村民韩某家的玉米地内。尸体位于韩某家玉米地内东南角的一个坑内，该坑南北长 1.3 米，东西宽 0.82 米，坑周围堆积有新鲜的泥土。尸体在坑内头南脚北，呈侧卧状。尸体全身由多层包装物包裹，尸体包裹物有 6 类 7 件，由外到内分别是深绿色塑料布、红色被面、塑料编织袋上捆扎的两道铁丝、红白蓝相间的塑料编织袋、套在尸体头部的白色塑料手提袋、包裹尸体下半身的绿色毛毯，解除包裹物后发现尸体全身赤裸。

案例 32 图 层层包裹的尸体

尸体为男性，长 160 厘米，黑色短发长约 3.0 厘米，发育正常，营养一般，尸体已高度腐败。尸体额部、左耳部、右颞部、右顶部、头顶部各有一创口，左后枕部共有 10 处创口，且创口创缘均不整齐，创周有挫伤带，其中 3 处深及颅骨；综合推断被害人系遭他人用钝器打击，致使颅骨多发粉碎性骨折引起严重颅脑损伤而死亡。

尸体的包裹物和头部的过度伤害引起了侦查指挥员的注意。根据尸体身上包裹的被面和毛毯可以推断，被害人的死亡地点应该在卧室。被害人的损伤集中在头面部，然而全身其他部位没有损伤，身上也没有抵抗伤，那么被害人很可能是在睡眠状态下被杀死的，由此可见，被害人是对犯罪行为人没有防备之心的。从损伤的程度来看，凶器很可能是锤类钝器，反复的击打表现出犯罪行为人强烈的仇恨，也表明犯罪行为人面对被害人时内心极度不自信。

另外，尸体身上层层的包裹物也显示出犯罪行为人跟被害人的关系非同一般。在河南洛阳伊川一带的农村地区保留着死人埋葬时“送五样”的风俗，即在死者下葬时，会包裹上他平时所用的被单、床单等物品。这种层层包裹的风俗行为为该案侦查范围的划定起到了重要的参考作用。由此可以推断，被害人与犯罪行为人关系亲密，有同居生活的情感。

犯罪行为人能与被害人共处一室也可以证明

被害人与犯罪行为人的关系非常亲密，犯罪行为人对被害人内心充满愤怒而被害人毫无知觉，这类情况往往发生在一个强势的男子与经常被自己欺凌的妻子或者情人之间。女子由于自身个性原因，对男人的愤怒不表露于外，在内心决定杀死自己丈夫或情人的时候，往往表现得更加顺从和温柔，以此获得自己丈夫或情人的信任，以达到出其不意杀死对方的目的。

经过对犯罪现场的推断和对被害人损伤的分析，有比较充分的理由可以认为，此案件是一起由矛盾纠纷引发的预谋杀人案，犯罪行为人很可能是被害人的妻子或者情人，有第三者的参与，一旦查清尸源，案件即能告破。

2009年8月27日中午，侦查人员在洛阳市洛龙区滨河北路瀛洲大桥处将犯罪嫌疑人杜凤（被害人王会治的妻子）和孙发展（杜凤的情人）一并抓获。

经讯问，犯罪行为人杜凤供述了其因婚姻情感问题，不堪忍受丈夫虐待于2009年7月31日晚，趁王会治熟睡时用家中的大铁锤将王会治杀死。然后按照当地风俗，拼凑了五样物品（深绿色塑料布、红色被面、红白蓝相间的塑料编织袋、白色塑料手提袋、绿色毛毯）将王会治的尸体进行包裹，然后伙同情夫孙发展将王会治的尸体从洛阳市洛龙区安乐镇栖霞宫村的租住地用出租车拉到伊川县江左乡。后又在孙发展外甥何志阳的帮助下，三人一起用何志阳的三轮车将王会治的尸体拉到颍阳镇的一玉米地掩埋。对此，孙发展和何志阳均供认不讳。

四、自我伤害行为

自我伤害行为是指个体在没有明确自杀意图的情况下，故意、重复地改变或伤害自己的身体组织，表现为自伤行为、自残行为、自虐行为、自杀行为等。它是自我发泄比较极端的一种方式。用自身的痛苦来麻痹外界带来的痛苦，它甚至是种想活下去的呐喊，希望自己藉由这些方法，摆脱纠缠不去的不愉快感觉。自伤的危险性是非常大的，同时对自伤者心理上的影响也是无法估量的，它会造成自伤者的一种依赖心理，当遇到痛苦时，会依赖于用自身的痛苦来抵御外界的痛苦。自伤行为的产生与个体的个性有着密切关系。有些人因有强迫性格或太过追求完美主义而自伤。还有一些人依赖性格过重，会以自伤行为来吸引别人的重视。自伤者多认为自己是无能的、有缺陷的或是能力不足的，他们觉得情感上没有人可以依赖信任。在刑事案件中，自伤行为往往与伤害他人的行为同时发生，两种行为都反映出犯罪行为人的脆弱心理，伤害他人以此来获得被害人的恐惧，从而彰显自己的能力，控制被害人。自伤行为也可以引起被害人的恐惧，以此在心理上对被害人进行恐吓、控制，自伤行为有时候也反映出犯罪行为人在心理上对被害人的依赖，通过引发被害人的同情和怜悯的方式来控制被害人。

自杀行为是指有意自行采取结束自己生命并付诸实施的行为。自杀是当一个人的烦恼和苦闷发展到极端，对将要发生的事情产生恐惧，对生活失去信心，对现实感到绝望而采取的唯一的、最后的“保护”手段。自杀一般始于心理挫折——挫败感，发生在摆脱抑郁的心理冲突的过程中。按其心理类型，可分为心理满足型和心理解脱型两大类。前者如宗教中的绝食坐化，为坚持某一信念的示威性、赌气性自杀；后者包括由于挫折、自卑、厌世、绝望等为排解心理抑郁而自杀。在刑事案件中，也存在此两种类型的自杀。心理满足型的自杀往往是在犯罪行为人与被害人之间发生激烈争执和冲突的情况下，犯罪行为人为了获得被害人的关注、同情、悲伤或者恐惧而实施的自杀行为。心理解脱型的自杀往往发生在犯罪行为人在伤害或者杀死被害人之后，犯罪行为人内心陷入绝望，对未来失去信心为求解脱而实施的自杀行为，这往往表明犯罪行为人在内心深处对被害人存在强烈的依赖性，当被害人要离开犯罪行为人时，犯罪行为人由于恐惧和愤怒先杀死被害人，再由于愧疚和绝望而自杀。

第五章　标记行为

第一节　标记行为概述

一、标记行为的定义

标记行为是指犯罪行为人为了满足某种心理需求而实施的特定且固定的与犯罪目的无关的非必要行为。

标记行为是犯罪行为人为了满足某种特殊心理需求而必须要做的固定行为。标记行为也是一种犯罪手段，它具有特殊含义。标记行为是犯罪过程中非必要的行为，犯罪行为虽然已经完成，但是犯罪标记行作为犯罪行为人表达某种犯意仍在深化。因此，对标记行为的研究仍有非常重要的意义。

最早提出标记行为的是美国联邦调查局行为科学组特工约翰·道格拉斯。他认为，标记行为具有独一无二、个人必须做且稳定的行为特征。该行为是一种超越了案犯实施犯罪所需的行为。案犯不需要通过它来成功完成犯罪，但是此种行为是案犯犯罪的先决条件。该行为是特殊的、显著的，如同一个人自己的签名一样。一个犯罪行为人的标记应该是一种明显的行为模式，这种行为模式属于他的人格特征，是为满足其情感和心理上的特殊需要而出现的行为模式。

与一般行为所诠释的犯罪信息相比，标记行为的不同之处主要表现在5个方面：①标记行为需要花费额外时间，其超出了行为惯技的范畴。②就实施犯罪而言，标记行为是非必要行为。③标记行为的刻意实施表现出了犯罪行为人的某种情绪和情感。④标记行为或许涉及犯罪行为人某种幻想的实现。⑤标记行为可能反映出犯罪行为人的成长环境、生活环境以及工作环境。

二、标记行为与附加行为的关系

（1）标记行为是附加行为的一种，但是并非所有的附加行为都包含标记行为。附加行为中能满足犯罪行为人心理情感需要的才是标记行为，而那些反映犯罪行为人生理、安全防护等基本需要的部分是附加行为，而非标记行为。

（2）标记行为的显现必须要有适当的前提，比如，特殊的犯罪行为人与适合的环境条件、工具条件和充裕的时间条件。附加行为则不需要这样的条件。

（3）标记行为较其他附加行为更具稳定性。标记行为是犯罪行为人受心理情感需求支配的行为，不受其他因素的影响和干扰，具有较为明显的心理强迫性，犯罪行为人唯有这样才能达到他的犯罪目的，满足他的心理需求。

三、标记行为的甄别

标记行为在犯罪现场的表现并非是静止、刻板、永不变化的，许多系列案件中，标记行为反映了犯罪行为人稳定的人格特征，因此标记行为具有稳定性。然而，犯罪行为人的心理会随犯罪过程的深入而有所变化，那么标记行为就可能随着这种心理的变化而在形式上有所变化。只有深入分析标记行为的心理根源才能认定其是否属于同一类的标记行为，进而进一步串并分析案件。

第二节　标记行为的种类

按照行为方式可以将标记行为分为以下11类：①遗留物类标记行为。②破坏类标记行为。③人体特定部位损伤类标记行为。④仪式类标记行为。⑤恐吓（警告）类标记行为。⑥识别类标记行为。⑦线索类标记行为。⑧挑衅类标记行为。⑨地点类标记行为。⑩着装类标记行为。⑪返回现场观望类标记行为。

一、遗留物类标记行为

遗留物类标记行为是指犯罪行为人把一些特殊物品留在特定位置的行为，这类行为的动机因物品的种类、来源、摆放位置等的不同而不同。一般遗留物类标记行为有以下几种形式：

（一）随身携带作案工具

在一些系列案件中，犯罪行为人每次都会将自己随身携带的物品或者作案工具故意遗留在作案现场。这类行为往往有3个目的：①遗弃不必要的物品以便于离开犯罪现场，尽可能多地带走现场上所需物品以满足其犯罪欲望。②为了表明案件与自己存在某种联系，通过标记行为彰显犯罪行为人的能耐和本领，向警方提出挑战。③作案成功后，犯罪行为人的心理得到满足，心情上欣喜若狂，通过标记行为来庆贺，甚至有的记录犯罪行为成功的次数，进一步满足内心的邪恶需要。

【案例1】郑州市第二公交公司“1988·5·13”保险柜被盗案：1988年5月13日凌晨3时30分，位于郑州市人民路上的市第二公交公司二楼财务室保险柜被盗。

经现场勘查，财务室保险柜被打开，保险柜拨盘9点钟方位钻有一小孔。在保险柜前的地面上，与小孔相对应的位置有散状分布的金属屑。现场提取手摇钻1把、钻头1个、小手电1把、钢锯1把、钢尺1把、“万宝路牌”烟蒂1枚、手套印痕和可疑足迹若干。

随后，根据专案组研究制定的排查提纲，侦查人员在郑州市范围内展开大范围搜索和设卡盘查，犯罪行为人彭超雄（男，28岁，四川涪陵人）在郑州被抓获。

经查，自1987年起，彭超雄先后在湖北的武汉、襄阳、宜昌和沙市，湖南的株洲、四川的云川和泸州、河南的郑州和洛阳、广西的桂林、江西的庐山、江苏的苏州等7省12市实施47次撬盗保险柜案。

审讯中，彭超雄供述说：“我从小就不幸福，我仇恨社会、仇恨国家、仇恨派出所，既然你们也知道这些案是我做的，何必要我自己说。从这些现场就可以看出来，这些都是我一个人做的案，我知道我早晚会出事，早晚会死。但是我有我的幸福感，每当我撬开保险柜之后，我不会急于打开柜子拿钱，我会抽上一支‘万宝路’牌的香烟，慢慢地享受这个过程，体验我成功的喜悦。最后我就把烟头和所有的作案工具扔在现场，只带上我的战利品离开。”

对本案中的标记行为进行解读：

彭超雄每次作案时都会在现场抽一支“万宝路”牌香烟并将作案工具遗留在现场，他的这两个行为属于明显的标记行为。彭超雄的标记行为有以下目的：第一，在打开保险柜的门前通过抽烟充分享受自己成功的喜悦。第二，把烟头和作案工具扔在现场的目的有两个，一是带在身上行动不方便，容易被发现，二是以此来彰显自己的作案本领，通过这一行为向公安机关示威，以此表达自己对现实和社会的不满。这些潜态信息告诉我们此案件是外来人员作案，故其不惧怕个人信息遗留在发案现场。

（二）大小便斑渍

在一些案件中，犯罪行为人会在现场的特殊位置留下大小便。犯罪行为人最初实施这种行为可能是出于生理需要，但是当其在这种行为中体验到快感之后，便会重复此类行为。留下某些便渍主要有以下动机：第一，侮辱和蔑视被害人，在实施侵害后，通过侮辱和蔑视被害人的方式获得成就感。第二，表明犯罪行为系自己所为，彰显自己的作案能力，向公安机关示威。第三，视为作案过程中或者作案之后的宣泄，以此释放心理压力。第四，出于玩乐或者戏耍，这种心态说明犯罪行为人的心理不够成熟，是一种心理发育的停滞和退行。

【案例2】2010年慈溪市横河镇系列盗窃案：29岁的陈某因盗窃被提起公诉。陈某每次偷盗后都要在现场大便，警方根据其遗留的大便痕迹，通过DNA检验确定身份后将其抓获。对于偷盗后在现场遗留大便这一奇特习惯，陈某表示：“以前看小说，那些江洋大盗都喜欢留下点记号，我觉得这样做很酷。”

2010年4月16日凌晨4时多，陈某和同伙来到了慈溪市横河镇的罗先生家偷盗。到达犯罪现场后，饥肠辘辘的两人并不急于偷盗，而是走进了罗先生家的厨房，一顿“搜刮”。但是，酒足饭饱后，两人在罗先生家门口实施了排便行为。

同年8月，陈某和同伙再次来到了横河镇。这次两人选定了胡先生家，“收获”了1 000余元现金和一台电脑。同样，两人在胡先生家里大吃大喝一顿后，在门口留下两滩大便后扬长而去。两起案件案发地点相同，作案手段相似且被害者家门口都留有大便。警方根据现场遗留的大便痕迹，做了DNA检验，经过相关资料库比对，很快就比中陈某，两起盗窃案都是惯犯陈某所为。

对本案中的标记行为进行解读：

在这几起案件中，陈某在案发现场排便的行为，在首案中是戏弄心理在作祟，作案后没有及时受到公安机关的打击，这种心理受到强化，在后期的案件中屡屡出现这一行为以致形成一种标记行为，是一种作案之后的宣泄心理，以此释放作案时的心理压力。

（三）精液、淫液等

在一些性侵害类案件中，犯罪行为人会在现场的特殊位置或者被害人的身体上、衣物内故意留下精液和淫液等形成一些特殊线索，满足其畸形的心理需求，借此挑逗公安机关，表明案件系自己所为来满足自我的控制欲。此类犯罪行为人的心理特点主要表现为：第一，具有较强的反侦查能力，善于藏匿自己，对自己的犯罪行为比较自信。第二，往往发生在系列案件中，随着作案手段和心理需求的升级，开始产生与公安机关对抗和挑战的心理，以此来彰显自身的作案能力。第三，作为作案过程中或者作案之后的宣泄，释放心理和生理上的压力。第四，此类行为往往发生在性暴力系列案件中，犯罪行为人往往有着怪异的性行为癖好。第五，犯罪行为人往往对女性有着强烈的仇恨心理，通常有过被女性伤害的经历，借此行为来满足对女性的报复心理。

【案例3】1994年广州“雾夜屠夫”系列杀人案：1990年2月至1994年9月，广州市连续发生了19起强奸杀害女青年案件，其中有18起碎尸抛尸于野外。经现场勘查，死者均为年轻女性，多为外地来广州务工的女青年，其中有些可能是暗娼。死者均被扼颈、勒颈致窒息死亡。大部分尸体用大小相近的麻袋包装，用小四轮货车运载，抛尸地点多为偏静的路旁或就近的垃圾堆里。案犯的杀人手段、所用裹尸物品和弃尸地点等都十分相似。此系列案最早发生在1990年2月中旬。

1992年7月，广州市公安局通过深圳市公安局刑侦处获悉6807部队驻军战士张启得杀人割乳房、挖女尸阴部的情况，刑侦处随即与部队联系，协同到河南省等地追捕抓获张启得，虽然证实张启得不在广州市作案，但通过张启得案对此类案件的凶手增加了新的认识，同时更加注意发挥刑侦基础业务的作用，把新科技运用到侦查实践工作中去。专案组经过研究分析，勾画出犯罪嫌疑人的基本特征：

第一，根据在海珠区发现几具女尸的地点均在比较偏僻的地方，不熟悉地形的人难以到达的情况，推断案犯现在或过去可能在海珠区新窖镇工作或者生活过，应重点在新窖镇排查嫌疑对象。

第二，根据女死者穿着打扮近似暗娼的情况，推断出案犯有流氓、嫖娼、调戏妇女的行为，应当在全市范围内根据案犯的特征排查20~40岁有犯罪前科的嫌疑对象。

第三，根据案犯专门杀害暗娼及其割女死者乳房、外阴和用物品塞口、塞阴道、塞肛门的情况，推断出案犯有性变态行为和仇恨报复女性的心理，应当在全市的精神病医院或专科门诊部调查了解这方面的精神患者。

第四，根据案犯抛尸的地点比较偏僻，多个抛尸现场有类似0.6吨小型货车轮胎痕迹的情况，推断出案犯会驾驶汽车，并有夜间使用汽车等条件，应在全市范围内对0.6吨小型货车的车主和使用者进行调查，从中查出嫌疑人员。

1994年9月19日8时，海珠区公安分局新窖镇派出所接外省女青年黄艳红的报案，称其9月18日24时在火车站被一名男子骗劫，被抢走手提袋并险遭扼杀。侦查员迅速出动，在发案地区认真排查，最后把视线落在犯罪嫌疑人罗树标的身上，经黄艳红辨认确定无疑后，立即将犯罪嫌疑人罗树标抓获。经搜查，在罗树标家中搜出被劫的手提袋，同时还发现其床铺上放着一堆女性的衣物，床头柜内还有上百件有穿戴痕迹的女性内裤和乳罩。经进一步侦查，确定罗树标就是系列奸杀抛尸案的作案人。

至此，经历4年半，1 600多个日夜，奸杀女青年的恶魔罗树标终于落入了法网。经审讯，根据罗树标的交代及技术痕迹和法医鉴定，确认罗树标作案19起，杀死女青年18人。

后查，罗树标生于1954年8月20日，广州市人，出身工人家庭。读书时曾有多次盗窃行为，高中毕业后学过木匠，1974因盗窃被送劳动教养2年。1977年初，释放不久的罗树标又潜入广州市家电研究所盗窃，被女事主冯丽云发现，罗树标残忍地杀害了冯丽云并逃脱了法网。1979年，罗树标又因盗窃被送劳动教养3年。1982年，罗树标刑满释放，同年9月结婚，先后育有一子一女。1983年2月，罗树标又因盗窃被判有期徒刑5年，服刑期间开始出现偷盗女性内裤、乳罩进行性发泄的变态行为。1987年刑满释放后，罗树标先从事个体装修，后来一直从事个体运输行业。

据罗树标交代，1987年刑满释放后，他经常观看色情、暴力的录像带，其中一套是以香港杀人碎尸的出租车司机林过云为原型的录像带，是一个名字为“雾夜屠夫”的英文录像带，叙述的是一个杀人狂如何奸杀女青年，割外阴和乳房的故事，对他的影响最大最深刻。他认为很刺激，很有挑战性，遂产生了一种强烈的模仿欲望。为了发泄性欲，罗树标四处偷盗晾晒的女性衣物，仅其笔记本记载的就有208次之多。从1989年开始，罗树标将时装店丢弃的一些残缺塑料全身模特胶像捡回家中，拼装成完整的女模特，给模特穿上偷来的衣裙后置于床前欣赏，同时还用镙丝批、焊枪制作了一个女模特，用于发泄性欲。1989年至1994年9月被捕前，罗树标夜间驾驶0.6吨小型货车到天河区大街一带一共将260多名在路边招嫖的暗娼载到黄埔区附近的野外嫖宿，对不顺他意的、反抗他粗暴动作的、嫖宿时要他戴避孕套的、不让其奸两次的、上车时察看其车牌的，他都会置其于死地。

1990年2月7日晚，也是罗树标第一次杀人奸尸的开始，他利用2个多小时的尾随守候，在新洲路段将一番禺市女青年骗上车载至琶洲乳牛场强奸，遭到该女青年的强烈反抗。于是，罗树标将她扼杀后奸尸，再将尸体抛在敦和路边，次日上午他还去抛尸现场察看动静。此后的一段时间里，罗树标十分害怕，但后来见警察并未查到他的头上来，胆子又大了。他认为，“警察只会查破有因果关系的案件，我与被害人素不相识，看你们能奈我何。”

从1991年2月开始，罗树标继续作案，越来越疯狂。每次深夜杀人后，罗树标都用小型货车将尸体载回家里，扛上独住的阁楼上，连续奸尸数次，还模仿看过的录像带中割尸的情节，用刀把一些女青年的乳房、外阴割下来，烘干后继续玩弄发泄。尸体则分别用麻包袋、油桶、木箱包装好，经小道和偏僻路段绕过公安民警的哨卡和检查岗亭抛尸于野外。

对本案中的标记行为进行解读：

据罗树标自我供述，他作案得手后心里都有一种随心所欲飘飘然的畅快感。他在有的被害人的阴道、口腔内塞入内裤、袜子，故意让自己的精液留在里面，主要是看看警察有无能力查出来，要与公安机关玩一场“死亡游戏”战。

作案后，罗树标每次都将女青年的体貌特征、衣服的款式和颜色，奸淫经过、自己的感受以及抛尸的过程详细地记录在笔记本上，供日后欣赏回味。后来，他闻讯公安机关查控得太紧，才将笔记本销毁，再另提纲式地重新记录下来。

1992年5月25日深夜，罗树标因嫖娼被天河区公安分局民警抓获，送工读学校收教半年。期间，罗树标看到了广州市公安局有关女尸系列案的紧急协查通报，极为恐惧，认为这次彻底玩完了。后来，罗树标从工读学校侥幸得以脱身，虽然停止了作案近半年之久，但是他犯罪的恶念却从未打消过，心头总是痒痒的，不奸杀女青年总觉得不好受。到此一阶段，我们认为罗树标的作案动机已发生转变，不仅仅是为了满足性生理的需要，更是一种性心理变态的表现。

1994年3月至9月，罗树标又奸杀了4名暗娼。直到案发前被抓获，共实施作案19起，其中18次杀人碎尸后抛尸。

该案例中，犯罪行为人罗树标故意在被害人的内衣上留下精液并塞入被害人体内的行为就是典型的标记行为，通过这种行为，他一方面告知警方，所有的案件是他一人所为，一方面通过这种方式获得性欲的发泄，并且通过挑战警方的侦查能力来满足自我的控制欲，彰显自己的作案能力。这些行为与他5次被控制、被管制失去自由有重大关系。罗树标内心的性压抑和反社会人格激发了他强烈的控制欲，同时也是多次作案得手后，内心虚荣心膨胀的表现。

（四）留下文字

犯罪行为人实施犯罪后，在犯罪现场留下文字是为了表明自己的心态或者发泄内心淤积的愤怒。如果犯罪行为人在现场上留下文字或者在多起犯罪现场留下同样或相似的文字，则可认为该行为是一种标记行为。犯罪行为人留下文字有以下目的：①发泄自己内心的不满或者表达成就感，是一种心理满足的延续。②向警方或者社会示威，彰显自己的作案能力。③通过自我标榜的方式提升自我价值，获得自我存在感。

【案例4】南昌市进贤县“2014・1・26”系列盗窃案：2014年1月26日，南昌市进贤县警方破获一起盗窃案件，一名90后的“飞天大盗”吴某准备节前进行最后一次盗窃时被蹲守的民警抓获。据调查，吴某由于多年“从师学艺”一直没有机会显示自己的技能，2013年10月“出师”，每次盗窃得手后都会在被害人家门前“题字”、留小便，并点上三根香以求心理安慰。

“告诉你一个秘密，一般人我不告诉他。你家好穷，下回我不来了喔！哇咔咔。”2013年年底，进贤县一被盗住户在屋内墙上发现了这样一段文字，文字下还疑似有尿迹。此外，被害人还发现有三根香。案发后，进贤县公安局迅速组织民警赶赴现场调查取证。通过走访群众，民警初步掌握犯罪嫌疑人的外貌特征等基本情况。2014年1月26日，犯罪嫌疑人吴某在进贤县的一小区盗窃时，被蹲守的民警抓个正着。在铁证面前，吴某对所犯罪行供认不讳。

经审讯，吴某交代，其于2013年10月学会偷盗技术后，怀着成为“飞天大盗”的梦想开始盗窃生涯。他自称因为信奉做坏事有报应，所以一定要在被盗事主家点上三根香。因从小不被父母和师傅重视，内心缺乏“存在感”，每次盗窃得手后，吴某都会题字留名，并留下小便。据悉，吴某涉案价值3万余元。

对本案中的标记行为进行解读：

该案例中，犯罪行为人案后在被害人家留字，这是一种标记行为，是为了彰显个人能力，满足内心的存在感，满足虚荣心，同时也是年青人作案的一种特点。

二、破坏类标记行为

破坏类标记行为包括撕碎衣橱里的衣服、破坏家具和门窗、破坏车库里的汽车等。

三、人体特定部位损伤类标记行为

犯罪行为人通过对被害人身体特定部位的损伤以满足自己特定的心理需求。在系列案件中，犯罪行为人对被害人每次都实施同样的损伤方式，这种方式就会成为自己特定的标记。在实施此类行为的开始阶段，犯罪行为人可能只是为了满足自己需要发泄的某种欲望和心理诉求，随着案件的深入，犯罪行为人会从特定的损伤中获得一种自我标记的满足感，这标志着犯罪心理和犯罪行为的升级。通过对特定部位损伤的分析，可以分析出犯罪行为人的心理诉求，进而对犯罪行为人进行刻画和描述。

【案例5】甘肃省白银市“1988・5・26”系列杀人案：在1988~2002年的14年，甘肃省白银市有9名女性惨遭入室杀害，部分受害人曾遭受性侵害。凶手专挑红衣女性下手，作案手段残忍，极具隐蔽性，造成巨大的社会恐慌。经当地警方串并案后，认定9起案件均为同一人所为。

1988年5月26日17时许，白银公司23岁的女职工白某在白银区永丰街的家中被杀害（简称“1988・5・26”案件）。警方勘验发现，被害人“颈部被切开，上衣被推至双乳之上，下身赤裸，上身共有刀伤26处”。

1994年7月27日14时50分，白银供电局19岁女临时工石某在其单身宿舍遇害（简称“1994・7・27”案件）。被害人“颈部被切开，上身共有刀伤36处”。

1998年1月16日16时许，居民发现白银区胜利街29岁的女青年杨某在家中遇害（简称“1998・1・16”案件），调查证实杨某被害时间为1月13日。被害人“颈部被切开，全身赤裸，上身共有刀伤16处，双耳及头顶部有13厘米×24厘米皮肉缺失”。

1998年1月19日17时45分，家住白银区水川路的27岁女青年邓某在家中遇害（简称“1998・1・19”案件）。被害人“上衣被推至双乳之上，裤子被扒至膝盖处，颈部被刺割，上身共有刀伤8处，左乳头及背部有30厘米×24厘米皮肉缺失”。

1998年7月30日18时许，白银供电局职工曾某8岁的女儿苗苗（化名）在家中遇害（简称“1998·7·30”案件)。被害人“下身赤裸，颈部系有皮带，阴部被撕裂并提取到精液”。

1998年11月30日11时许，白银公司女青年崔某在白银区东山路的家中被杀害（简称“1998·11·30”案件)。被害人“颈部被切开，上身有22处刀伤，下身赤裸，双乳、双手及阴部缺失”。

2000年11月20日11时许，白银棉纺厂28岁的女职工罗某在家中被杀害（简称“2000·11·20”案件)。被害人“颈部被切开，裤子被扒至膝盖处，双手缺失”。

2001年5月22日9时许，白银区妇幼保健站28岁的女护士张某在白银区水川路的家中被杀害（简称“2001·5·22”案件)。被害人“颈部等处有锐器伤16处，并遭强奸”。

2002年2月9日13时许，25岁的女子朱某在白银区陶乐春宾馆的客房中被杀害（简称“2002·2·9”案件)。被害人“颈部被切开，上衣被推至双乳之上，下身赤裸，遭到强奸”。

经过专案组人员长时间的调查和对多种证据的反复论证，最后确定了犯罪行为人的基本特征和作案特点。

犯罪行为人的基本特征是，出生时间为1964~1971年，年龄为33~40岁，男性，身高168~176厘米。此人应该是在白银市长期居住，有较严重的性变态心理或者生理缺陷，特别是具有性功能间歇性障碍症，对女性怀有仇恨心态。根据调查发现，该嫌疑人在白银市区有独居条件，还与内蒙古包头市有一定的联系，其性格特征基本趋向于内向、抑郁、冷漠、不善交际、孤僻不合群、做事极有耐心，并且具有非常明显的双重性人格，做事隐蔽性极强。

犯罪行为人作案时多选择青年女性为目标，强奸后杀害，作案时间大多选择在星期一至星期五的上班时间，作案时多采取尾随、敲门等手段入室行凶，手段极其残忍。

在该案例中，犯罪行为人最典型的标记行为就是把每一名女性被害人的颈部切开。犯罪行为人可以通过多种方式杀死被害人，但是每一个被害人的颈部都被切开，对于实施犯罪来说，显然是一个多余行为，也许在一些犯罪现场，在对被害人实施切颈的时候，被害人已经死亡。那么该犯罪行为人实施该行为就具有明显的标记意义。一是表明其内心对女性的仇恨，必置其于死地；二是延迟享受杀死被害人的过程；三是以操纵被害人生命的方式满足自己内心的控制欲。由此可以分析，犯罪行为人在女性面前是一个自卑的人，曾经受到过女性的侮辱和伤害，平时不善于或者不能表达自己的情感，内心压抑。

四、仪式类标记行为

“仪式类行为”是一种人类共有的行为模式，是指为了满足心理的需要而进行的一套个人化的、重复的、遵循一定程式的、具有象征意义的行为。人在特定的环境下，有时会产生仪式行为，这些行为可能有助于减轻压力并且通过此类仪式获得自我的认同感和安全感。此类行为往往和邪恶的宗教信仰有关，个体在社会生活中丧失价值感，就通过对宗教的信仰和特定的仪式去强化自我的存在感和归属感。犯罪行为人在实施犯罪行为的时候往往把这种行为仪式化和神圣化，在该行为过程中利用虚幻的行为在精神上去麻醉自己。

一般来说，仪式类标记行为可分为两类：一是人体损伤类标记行为；二是祭祀类标记行为。

【案例6】据英国媒体2010年5月24日报道，俄罗斯日前曝光了2008年的一起凶杀案，7名信奉邪教的少年诱拐、谋杀、烹食了4名跟他们年龄差不多大的受害人，其作案手法之残忍让人难以相信。

这起谋杀案发生在2008年6月底，俄罗斯西部城市雅罗斯拉夫尔连续两晚有人遇害，被害人都被抛尸在森林深处。后来警方经过缜密的侦查后发现，凶手竟然是当地7名年轻人，其中还包括一个女孩。

据当事人交代，他们自创了一种信仰魔鬼撒旦的邪教，为了举行所谓的邪教仪式，他们决定杀人献祭。这几名少年先后把4名年龄为15~17岁的被害人诱骗到森林深处，以围坐在篝火旁开派对为由将被害人灌醉，然后用匕首刺死。后来警方检查被害人的遗体时，竟发现每人身上都被刺了666刀，而“666”正是魔鬼撒旦的标志之一。刺死被害人后，4个凶手还将被害人分尸，然后吃掉了他们的心脏和舌头等器官，最后再将被害人埋进深坑。坑上还放了一个倒置的十字架和一只死猫。

警方称，被害人分别是3个女孩和1个男孩，而案犯口中所谓的邪教组织建立于2006年，成员们所有关于撒旦仪式的认知都来自互联网。开始他们只是拿猫、狗等动物献祭，后来发展为用人来“祭祀”撒旦。主审法官称，7名凶手中，有4人的年龄在作案时还未满18岁，所有人都来自富裕的家庭，出身背景与人们印象中会犯下此类案件的问题少年有很大不同。

对本案中的标记行为进行解读：

在该案件中，在被害人身上刺666刀，分尸并吃掉被害人的心脏和舌头，埋葬的时候放置一个倒立的十字架和一只死猫的行为均属于仪式类标记行为。在实施该行为过程中，犯罪行为人就是为了满足自我虚幻的精神信仰，以逃避他们在现实生活中的失落感和空虚感。

在一些案件中，犯罪行为人往往会通过拜祭或者祭祀行为去获得心理的平衡感、安全感和赎罪感。

【案例7】2014年4月的一天，遂昌县样条村村民章大为发现自家养在院子里的2只土鸡不见了，章大为随即报了警。民警赶到之后，发现章家大门上有一行字“钢筋到此一游”，门前泥土里还插着一根燃尽的香。

几天后，民警又接到报警，黄庄村张生家养在猪笼里的8只土鸡被盗了。而张家大门上也写着“钢筋到此一游”，门口也插着一根香。

很快，第三起案子发生了。这次被偷的是15只土鸡和2只天鹅，外带12枚蛋。被盗人家的门口题字和燃香依旧。

民警按作案方式和笔迹判断，这三起案件应该是同一人所为，这些土鸡和天鹅应该会被售卖套现。

果不其然，在农贸市场里，警方发现了这名正在贩卖天鹅的小偷。

2014年12月4日，遂昌县法院开庭审理了这起案件。

被告席上回答法官讯问的是一个留着寸头、身形瘦削的中年男子，他姓何，因为又瘦又高，外号叫“钢筋”。

“你为什么要偷别人家的鸡和天鹅？”

“因为我和他们几家人的关系不好，我小时候被人欺负，我妈以前被人打，他们还经常说我坏话，我很早就想找他们报仇雪恨了。”

原来，“钢筋”脾气极差，经常酗酒，老婆前几年受不了他就和他离婚了，女儿也随了老婆。“钢筋”更加睚眦必报，别人得罪他了，他就一定要想方设法、变本加厉讨回来，日子久了，乡亲们都不敢惹他，背后称他是“脑子少根筋”的“钢筋”。

“你为什么在作案后要题字‘到此一游’？”

“我写‘到此一游’是想证明我是个男人，敢作敢当。”

“那你为什么要烧香？”

“因为我想求老天宽恕我。”

“你都知道让老天宽恕你，那你为什么要犯罪？”

钢筋无言以对。

“那你认罪吗？”

“我这不是盗窃，我这是报复性盗窃，我已经求老天宽恕了，我不怕。”

作案后烧香、题字，以求得老天宽恕，本来就是掩耳盗铃、自欺欺人的手段，就算老天能宽恕，法律也不会留情。最终，结合本案案情和其认罪态度，“脑子少根筋”的“钢筋”何某被法院判处6个月的拘役。

五、恐吓（警告）类标记行为

恐吓（警告）类标记行为是指犯罪行为人在恐吓和威胁被害人的过程中，通过特殊标记增加恐吓效果、夸大自身作案能力的行为。标记类型可以是人的器官和部位，也可以是某种特殊行为或者特殊称谓。通过恐吓（警告）类标记行为，犯罪行为人要达到以下目的：①渲染恐怖色彩，增加恐惧效果。②夸大自身的能力，虚张声势起到震慑效果。③向被害人和警方示威，彰显自我能力。

【案例8】1999年11月3日上午，郑州市金水区柳林镇一村民家门上被人挂上了一个提包，打开一看，里面装有一个无耳女人头和一封敲诈信，敲诈信要求户主于11月4日24时送钱到107国道东风渠桥一电线杆处。敲诈信的署名为“钢筋头黑枪会”。同日下午，该辖区祭城镇一村民家的门上也突然出现一只塑料袋，内装两只人耳朵和一封敲诈信，信里要求该户村民于4日24时送钱到东风渠八里庙桥头石碑处。敲诈信的署名仍为“钢筋头黑枪会”。

专案组通过串并案发现，分别在1999年6月13日和8月13日，郑州市某村村长和某公司总经理都不止一次收到过同样的恐吓信，恐吓信的署名都是“钢筋头黑枪会”。

11月3日，金水区警方连夜研究分析案情并部署侦破方案。当天19时整，20余名侦查员提前进入两个“阵地”潜伏守候。

11月5日零时30分左右，在东风渠八里庙桥头，目标出现。正当侦查员准备围捕之时，歹徒受惊骑车朝八里庙街道方向狂逃，同时向警方开枪。大约追出1 300米，金水区公安分局刑侦大队民警将歹徒堵住并鸣枪示警，但疯狂的歹徒却拔出手枪向民警射击。民警果断将歹徒击毙，当场从歹徒手里和腰间搜出两支自制钢筋磨头弹手枪。

经警方查证，这名自称“钢筋头黑枪会”的犯罪人叫张海关，系金水区柳林镇东马村农民，“钢筋头黑枪会”也只有他一人。

张海关近年来作案多起。1997年8月25日，张海关在祭城镇贾岗村西400米处，枪杀该村村民朱老魏；同年8月，他多次威胁、敲诈贾岗村某饲料厂厂长；1999年6月20日，张海关枪杀庙李村村民邵天禄，并割下邵的头埋在东风渠八里庙桥头；他又以此为要挟，多次威胁、恐吓、敲诈祭城镇某预制厂厂长和某公司经理；1999年11月3日，张海关在管城区南曹乡上庄村村东一小路上杀害一名无辜女青年后，割下该女青年的头和耳朵，又故伎重演。

对本案中的标记行为进行解读：

张海关每次作案都署名留字即是一种恐吓类标记行为，他自己一个人虚张声势，每封恐吓信都署名为“钢筋头黑枪会”，增加恐吓效果，逼迫被害人就范，最终阴谋诡计被警方识破，受到严惩的下场。

六、识别类标记行为

识别类标记行为是指犯罪团伙或犯罪行为人在实施侵害行为时，在被害人的住所或活动场所留下特殊标记，以便进行辨认和识别不同的被害人和区分被害人等级，进而对其实施不同程度的侵害，这类行为往往在系列盗窃案中比较多见。通过对识别类标记行为的分析，可以有效地对案件进行串并，划定案件的侦查范围，提高打击力度，提升侦破效率。

【案例9】2010年5月以来，中原区阳光四季园小区发生多起入室盗窃案件，其中8月30日和8月31日，连续4户居民家失窃，其中一家失窃20余万元。居民家门前出现的“–”“○”“×”等符号引起了警方的高度重视，郑州市公安局有关领导在案情报告上做出重要批示，要求中原区公安分局协同郑州市公安局刑侦部门全力侦破此案，并成立了专案组。

9月2日，侦查员在排查中发现一条重要线索：一个叫崔某的吸毒人员今年以来在中原区频繁出现，且多为夜间活动。自从阳光四季园小区一户居民失窃20余万元后，崔某经常出入高档场所，出手阔绰。专案组派出5名侦查人员，经过15天的跟踪，于9月17日凌晨，将在淮南街某家属院入室盗窃的崔某当场抓获。9月19日，其同伙程某和王某相继落网。

经审讯，3人交代了从2007年年底以来，先后在金水区、二七区、中原区、惠济区、高新技术开发区等地的20多个小区入室盗窃53起的犯罪事实。犯罪行为人崔某交代，该团伙常用的符号是“×”“○”“–”，有的团伙用的是“S”“△”和“Z”等。“×”代表“必偷”，标这种符号，说明房子的主人经常外出，可以随时下手。“○”表示这是一套空房子，没有偷的价值，但实在偷不到东西的时候，可以进去碰碰运气。9月17日晚上被抓那天，就是因为一直没得手，才进了一家长时间没人住的空房子里，可翻了半天，只翻出两件瓷器。“–”代表家中经常有人，不能轻易下手。其他团伙画的符号表示的内容大致相同。每次行窃，团伙成员只带一张塑料卡片，对着门锁缝隙一捅就开，每次只需3秒，超过3秒就换地方，绝不“恋战”。

因此，如果发现了此类可疑符号，一定要及时擦掉并报警，通知小区保安或民警加强治安防范，另应及时通报全市加强防范。另外，夜间一定要反锁家门。窃贼在作案时发现，有60%的居民夜间不给房门加上防盗锁，只是简单锁上就完事。一般情况下，防盗门只要不反锁或不加上保险，用卡片很容易捅开，这也是窃贼屡屡得手的原因。

七、线索类标记行为

线索类标记行为是指犯罪行为人在实施侵害行为后，在被害人的住所或作案现场留下特殊标记，有助于公安机关开展侦查和抓获犯罪行为人的行为。这类犯罪行为人随着作案次数的增多会在内心产生愧疚感和绝望感，主观上有结束自己连续作案的意愿。但是，心理上的畸形满足和成瘾使自己无法终止作案，自身的愧疚感和厌倦感越来越强烈，这时候犯罪行为人就会主动留下一些线索给警方，希望通过外部力量去结束自己的生活状态。

【案例 10】宋京华是内蒙古来京人员，1978年出生，初中文化。他的哥哥比他大一岁。宋京华的父母在京做生意，家里经济状况很好，宋京华的哥哥当过兵，复员后和弟弟都不急于找工作，无所事事，到处游玩。

据宋京华交代，因为家里有钱，他们兄弟俩当时对学习都没什么兴趣，每天在离家不远的北京工人体育场附近混，向停在那里的趴活司机收取保护费。

1996 年，因为一名出租车司机不愿意交钱，兄弟俩便带人实施了抢劫。事后，他们将司机杀害。当时，宋京华年仅 17 岁。

1997 年，法院判处宋京华的哥哥死刑立即执行，宋京华因为犯罪时未成年，被法院从轻判处有期徒刑 8 年。2002 年，宋京华被假释回家。

宋京华出狱后，他的父母在丰台区鹏润家园给他买了一套房子，并总是拿哥哥的事教育他。但这在宋京华看来，是一种无法承受的刺痛。

后据宋京华供述，从小哥哥就是他的偶像，因为父母做生意，经常不在身边，哥哥就是他的保护伞。不管有什么事情，他都愿意和哥哥商量。出狱后，他一想起哥哥，心里就痛，“不是简单的难受，是疼”。他经常到哥哥的坟前大哭一场。

宋京华想给哥哥报仇。他供述说，与哥哥抢劫杀人时，他有个女朋友，因为在女友离开他的第二天，他和哥哥就被警察抓了，且在当时的庭审中，他的女友作过证，他就对这个女友怀恨在心，“我就想一定把她杀了，并且碎尸”。此后，经过较长时间的寻找，宋京华都没有找到前女友。他于是开始仇恨女性，特别是和他前女友长得像的女性。宋京华供述说，2005 年，他开始找和前女友样子相似的青年女子，想通过杀死这些女子来达到自己的报复目的。他为杀人碎尸买了斧子、刀、手套、塑料布等，并为自己找了一个帮手闫金光。

闫金光来自江苏，身体强壮，比宋京华小一岁。宋京华供述说，2004 年冬天，他在一个朋友的婚礼上认识了刚刚来京的闫金光，两人随后成为朋友。一次，宋京华提出，一起抢劫，并提出把人弄上车后，人归他，钱归闫金光。闫金光和宋京华一拍即合。

2005 年 2 月，他们首次作案。据宋京华供述，一天晚上 23 时许，他开着自己的捷达车带着闫金光去了丰益桥的一个小区外面，看见一个20 多岁的女子，他把车靠边停下，闫金光过去捂着女子的嘴，他开车门把女子拽上车。到他家后，他逼着闫金光把那名女子掐死。次日，他们将尸体抛弃到河北。女子随身带的 100 元钱和手机都给了闫金光。

此后，他们多次半夜开车出去，先后在北京市的丰台、朝阳、平谷、海淀等地区作案。每次都是宋京华寻觅作案目标，再以打车名义将女青年骗上车或者暴力劫上车，杀害被害人后实施抢劫。

在 2005 年 2 月至 2007 年 9 月的两年多时间内，他们一起劫杀了 8 名女子，被害人最小的只有 16 岁，最大的 28 岁。此外，2006 年 11 月下旬，宋京华还单独杀害了一名 17 岁的女孩。

起初，宋京华只是简单杀人，到了中后期，他还特地在平谷区租了一间平房，专门用来杀人碎尸。作案过程逐步升级、强度越来越高。

据调查，被害女青年的交际圈子多数很小，有些女青年失踪之后都没有人知道，因此，在被害人身份无法确定的情况下，几起案件一直没有侦破。直到 2007 年 9 月 26 日下午，宋京华劫杀了与他熟识的女邻居杜某，才致使案发。

宋京华和闫金光是在杜某的家里作案的。当时，侦查员在勘查现场时，发现了一条刚开封的“白沙牌”香烟。据杜某家人介绍，杜某是一家公司的行政人员，没有抽烟的嗜好。侦查员判断，这条香烟很可能是犯罪嫌疑人留下的，于是对小区附近的烟店进行了走访。在一家烟店，老板认出了这条烟是他们卖出去的。因为他在烟的外包装上做过记号，以防止有人拿假烟敲诈。老板称，案发当天上午，有一个住在鹏润家园的老客户买走了这条烟，这个人就是宋京华。2007年11月6日，警方将宋京华抓获归案。

到案后，宋京华先被羁押在丰台区看守所。宋京华不承认杀了杜某，也不愿意配合预审民警的调查，直到遇见了看守所一名安姓警官，他的态度才发生了改变。宋京华进看守所的时候穿得很少，而当时大风降温。安警官看自己的衣服宋京华也能穿，就给了宋京华几件。同时，他也耐心开导宋京华，“既然你敢做，你就应该敢承担”，安警官劝宋京华堂堂正正地说出来，也不枉此生。

虽是一件小事，但对宋京华而言是一种难得的温情，对其内心也是一种感化。宋京华说，他当时感觉安警官就和自己的哥哥一样，“我没有衣服，没有钱，什么都没有，都是管教照顾我。能碰上那么一个管教，我觉得也算是命吧”。

宋京华随后向安警官承认了杜某是他和闫金光杀的。根据这一线索，警方很快抓获了闫金光。此后，宋京华还交代了另外8起案件。

据宋京华交代，他心里也想过，肯定早晚有这么一天。他向办案检察官提过，为警方提供破案线索的那条烟，是他故意留下的。他自己也想赶紧了结这个事情。他还说，被他杀死的女邻居杜某，和他关系其实不错。只是有一次，他作案后把其中一个被害人的头颅带回了家，没有来得及处理，结果被杜某看见了。虽然当时解释说是猴头，但担心被举报，他就和闫金光商议杀掉杜某。

宋京华曾经说，他哥哥死后，他的心理压力跟别人的不一样，“我释放心理压力的方法就是去杀人，去寻找快乐，去刺激我的神经。到最后，等于就是控制不住自己了”。宋京华说，在看守所外，没有什么可让他去感动的，“杀的人越来越多，自己的良心一点一点就没了”。而在看守所里，他却为管教送他几件衣服而感动。“到最后，感觉还是人能打动心吧”。

承办此案的检察官介绍，宋京华曾对他坦言，自己有点控制不住自己的想法和行为，都感觉自己有点儿变态了。以至于到最后，宋京华自己也想赶紧了结这个事情，想让公安机关尽早把自己抓获。

宋京华的性格是两种极端性格的融合。近距离和宋京华交谈，可能会觉得宋京华不是一个很恶的人，有基本的情感反应，比如聊到他的父母，他可能会掉眼泪。但要是看宋京华犯过那么多的事，他实在是非常残忍和暴力。“他可以像讲故事一样把所有杀人、碎尸的经过娓娓道来。视生命如草芥一样”。

在法院开庭审理此案时，宋京华和闫金光均未辩解。宣判后，宋京华没有上诉。“以前杀过那么多人，我也是慢慢去忏悔，我也知道最后的结果。我觉得挺踏实，挺好”。

在本案中，犯罪行为人宋京华从小受到了哥哥很好的照顾，哥哥是其唯一的情感来源和精神寄托，也是哥哥自小的照顾给他的情感发育埋下了种子，其内心是有感情的。哥哥作案被判处死刑后，使其情感上受到沉重的打击，心理发生了巨大的变化，他开始将矛头对外，报复社会，报复女性。随着作案的升级，宋京华自身的愧疚感和自我毁灭感渐渐增强，但是又无法自己停止作案，所以会在犯罪现场留下一条“白沙牌”香烟作为线索，使自己被警方抓获，从而停止自己的犯罪行为。所以在被判决之后，宋京华反而会觉得自己内心很踏实、很有安全感。

八、挑衅类标记行为

挑衅类标记行为是指犯罪行为人在实施侵害行为后，在被害人的住所或作案现场留下特殊文字或者信息挑衅公安机关的行为。这类犯罪行为人随着作案次数的增多会有越来越强烈的、明显的挑衅行为，随着挑衅程度的加深，犯罪行为人会有越来越强烈的满足感。此类犯罪行为人往往有以下心理特点：①首先通过残忍的侵害行为去发泄自己的不满，然后再通过对执法机关的挑衅去释放自己的侵略性。②此类犯罪行为人往往是在生活中很失败的人，极力想通过此类行为来证明自己的价值。③犯罪行为人是内心极度缺乏安全感的人，通过挑衅行为去彰显自己的作案能力，由此获得自我价值感。④如果挑衅行为不被重视，犯罪行为人往往会加剧此类行为的强度并改变方式，试图引发更广泛的关注。⑤此类犯罪行为人往往是在现实生活中被忽略的人，他们想通过这种方式获得关注。

【案例11】2014年4月3日，昆明市丰宁小区北区31栋一户人家发生杀人案，死者是名青年女性，身中5刀而死，生前被性侵。

犯罪行为人杜志国被捕后交代，那天，他尾随女导游张某到家门口后，悄悄趴在门上听动静。半个小时后，门突然打开，打算出门的张某迎头撞上贴在门上的杜志国。两人分别一愣后，杜志国强行将张某推进屋关上门。当时张某叫了一声，林志国拿刀威胁："再叫捅死你"。在杜志国的威逼下，张某从衣柜拿出5 000元现金给他。实施强奸后，杜志国勒住张某的脖子，连捅4刀。张某倒地，以为对方已死的杜志国转身准备离开，但张某"又动了，想爬起来"。情急之下，杜志国上去又是一刀，胸腹部连中5刀的张某当场死亡。

勘查人员在现场提取到一封信，信件中充满对警方的挑衅，同时还声称将继续制造类似案件，看看警方到底能不能抓住他，并在末尾署名"小白"。犯罪行为人在信件中自称对民警办案了如指掌，并介绍了自己从15岁强奸未遂后，就十分留意公安机关破获的案件，总结落网嫌疑人的不足。

4月11日，专案组综合前期掌握的线索、死者关系的排查、现场周边的走访、现场遗留痕迹物品情况的分析，并通过城市报警监控录像，在某超市门口提取到了犯罪人影像，确定了其相貌特征，有针对性地展开对犯罪行为人身份的核查工作。

4月12日，成都市公安局金牛区分局与专案组联系，称其辖区内发生一起入室强奸、抢劫案。犯罪行为人自称"小白"，并通过被害人转交给警方一封信，在信中表示对发生在昆明市丰宁小区的杀人案件负责。专案组通过字迹鉴定，确定两起案件中犯罪行为人的留信为同一人书写。

4月13日，专案组赶赴成都开展案件的串并侦查工作，通过成都被害人辨认，比对昆明、成都两地的监控视频，确定两起案件的犯罪行为人为同一人。

后据审讯，犯罪行为人杜志国作案后潜逃至长沙等地，不断地变换着租住地点，继续作案。

杜志国曾在长沙市人民新村附近对一女子实施抢劫并企图强奸，因被害人奋力反抗未果，之后在另一地点准备对一女子再次预谋抢劫时，发现其还带着一个小孩，不知是一时良心发现还是其他原因，他心软下来："杀了妈妈，小孩怎么办？"几天后，挥霍完赃款，在某小区电梯内准备实施另一起案件，侵害另一名年轻女性，该女子的大声叫喊，让做贼心虚的他逃离现场。"长沙的妹子太凶了，我三次想做事都没法下手。我已身无分文，准备投案自首。"芙蓉区分局侦查员清楚地记得杜志国说过这样一句话。

1981年出生的杜志国，身高183厘米，体格偏瘦，长发。"他很健谈，有强烈的倾诉欲望。"长沙警方这样评价。

杜志国随身携带的记事本和网上的日志里记载了自己作案、逃亡的全过程。日记记载，他在去天津的火车上发生过一件事情，随身携带的装有假发、胡须和作案工具的包在上厕所时被偷了，这件事对他触动很大。

"这是天意，老天都不想让我再杀人了。"杜志国说，当他在网上看到昆明警方贴出的通缉令和5万元悬赏金时，甚至想找朋友把自己供出来，让朋友拿到悬赏金后给他母亲，"让她过好"。杜志国受审时告诉民警，15岁时强奸未遂，从此专门研究过警察。杜志国作案前很谨慎，确认最佳作案地点是开放式小区，时间是上午8~10时，下午14~16时。因为这段时间家里不会同时有几个人且白天在家的女性"一般都是有钱的"。

杜志国到长沙先后抢劫三起，均选择在室外。杜志国认为，"入室抢劫必须杀人"，而经过昆明的事之后，他不想再杀人了。

5月1日上午，昆明警方得到杜志国在长沙的消息后，一方面通知长沙警方协助抓捕，一方面通过杜志国户籍所在地黑龙江鸡西警方，希望其母做工作劝说儿子投案自首。5月1日17时50分，杜志国从长沙打电话至昆明警方专案组，声称"有本事就来抓我，不要骚扰我家人"。5月2日19时，他再次拨打了昆明警方的电话，称自己去吃个饭洗个澡，一个小时后会自首。当晚22时，杜志国再次拨打了昆明警方的电话，称自己"正在芙蓉中路富神桑拿中心，消费了600元，还没有买单"。民警赶到现场，将正在嚼槟榔的他铐上手铐，押上警车。

对本案中的标记行为进行解读：

在这起系列案件中，犯罪行为人在现场给警

方留信、通过被害人转送给警方信件、打电话通知警方等行为都是一种挑衅性的标记行为。其行为背后的意义是对自己作案手段的自信，对警方的挑衅，这类犯罪行为人多数是独来独往，心理素质较好。但是，正是因为这种心理优越感的膨胀，常常会在现场留下蛛丝马迹，勘查此类现场应更加细致严谨。

九、地点类标记行为

地点类标记行为是指犯罪行为人在同一地点或类似地点作案。做出此类行为的犯罪行为人往往有以下原因：①在同一地点或者类似地点，自己比较熟悉地形和环境，容易产生心理安全感。②在同一地点犯罪的成功会使犯罪行为人认为同一地点适合作案。③在同一地点作案容易引发公众和公安机关的注意，以此来显示自己的作案能力。④犯罪行为人潜意识中具有对自己犯罪行为的厌倦感，希望通过此类行为被公安机关抓捕以便结束自己的犯罪行为。

【案例12】2013年11月11日凌晨2时许，永安派出所接到报警，一名出租车司机被持枪抢劫。值班民警到达凤凰村现场时，出租车司机吴师傅回忆起事件经过，吴师傅当天搭载了一名身高170厘米的年轻小伙子，“小伙子从成都玉林南路上车，要到永安镇。刚刚走到凤凰村2组一条偏僻小路时，小伙子就拿出枪指着我胸口。”吴师傅说道。出租车司机吴师傅回忆。“那人对我说，‘把钱拿出来，不然我就弄死你！’”在对方的要挟下，吴师傅拿出了仅有的300元钱。犯罪行为人抢过钱后，随即逃窜。

4天后的11月15日，又一名成都出租车司机肖师傅被人持枪抢劫2 000元，警方询问得知，此次抢劫的方式、地点和11月11日那起抢劫案几乎完全一样。11月23日、28日，出租车司机毛师傅、江师傅先后遭遇抢劫，抢劫时间、地点、手法及抢劫者的特征都和前两起案件很相似。

办案民警经过对犯罪行为人的体貌特征、作案手法、作案地点比对分析，决定对几起案件进行串并侦查，并展开了讨论，对案情进行仔细分析。一系列案件中，警方从被抢出租车上提取到了重要物证：犯罪行为人递给驾驶员的一支“中南海”牌香烟。侦查员分析：“犯罪行为人可能烟瘾较大、消费水平偏低。我们应该加强对中小旅馆、网吧以及出租房的清查力度，必要时将清查范围辐射到周边的乡镇。在加大清查力度的同时，我们还必须加强夜间的巡逻力度，特别是发案地周边地区。”

在进行高密度的巡逻及排查的同时，对案发周边住户的清查以及对辖区内重点人口的清查工作一并开展，并调集全镇的治保巡逻力量进行夜间设卡、巡逻。针对嫌疑人带有“枪支”，具有很高的危险性等情况，还专门制订了堵截、盘查出租车的工作预案。

12月1日凌晨，设卡民警发现一辆出租车打着双闪缓慢地向路边开过来。民警发现只有一人在驾驶室，另外两人在车后面推车。民警仔细观察后发现，推车人之一与抢劫案的犯罪行为人的体貌特征非常相似，便要求男子拿出身份证做登记，男子神色顿时慌张起来，称没带身份证。民警迅速将该男子控制住，从其身上查获了一把黑色的仿真手枪以及空的“中南海”牌香烟盒、打火机等物。经警方盘问，当天抢劫者正在“捕猎”，还没得手碰巧出租车坏了。

经查，犯罪行为人潘震亚（化名）为成都人，平时在黄龙溪居住。对当地以及附近的地形非常熟悉，最近一段时间在成都一小旅馆暂住，他如实供述了6起抢劫出租车的犯罪事实。他的黑色仿真手枪是在一地摊上购买的。潘震亚是刑满释放人员，出狱后对外界社会不能很好适应，也不具备谋生技能，总感觉人情冷淡。

由于潘震亚住的地方离被抢地点较近，依仗着自己熟悉地形，潘震亚几乎都在同一地点犯案。“其实我晓得迟早都要遭你们逮的，我也解脱了。”犯罪行为人面对抓获他的民警说道。

对本案中的标记行为进行解读：

在此系列案件中，犯罪行为人每次作案几乎都在自己熟悉的路段，这一行为实质上是犯罪行为人潜意识主导下的使然，选择特定路段去作案，往往是因为犯罪行为人对这一地点相对熟悉，能使其内心产生安全感，作案后能够及时逃离。这类案件的犯罪行为人往往在案发地曾经居住或是在此有过生活、打工的经历。

十、着装类标记行为

着装类标记行为是指犯罪行为人每次作案都

穿着同样的衣服或佩戴相似的饰品的行为。

【案例 13】1964 年，美国的马萨诸塞州、康涅狄格州、罗德岛州和新罕布什尔州都因为一个强奸犯而陷入极度恐慌之中。这名强奸犯后来被称为“绿衣人”，因为他一般都穿着工人穿的那种深绿色的工作服。他要么以进屋修理东西为由让屋内的妇女让他进去，要么以其他方式潜入室内。有一次，他一天之内强奸了 4 名妇女。在巨大的社会恐惧影响下，以至于真正的修理工人和送货工人都经常被拒之门外。

“绿衣人”往往用一把匕首威胁被害人，然后就在被害人身上乱摸，最后将被害人强奸，整个作案过程几乎可以说是比较随意的方式，并且在离开之前还会向被害人道歉。1964 年 10 月，他潜入马萨诸塞州里奇市一名 20 岁女子的卧室内，用匕首逼迫该女子就范，将她捆起来，之后强奸了她，然后请求该女子的宽恕。当他要离开时，被害人说绳子捆得太紧，于是他帮她把绳子解开了。在这名被害人的帮助下，警方绘制了一张草图，识别出他就是 3 年前的“量身人”。

3 年前的 1961 年，一名男子经常跟随漂亮女子，敲她们的门，然后说自己是模特经纪公司的，想为她们量一下身材，以发现有前途的模特。但后来一直没有电话打来，这时女孩子们才知道被骗了。犯罪行为人名叫阿尔伯特·亨利·德沃萨，29 岁，工厂工人，退伍老兵，与德国出生的妻子和两个年幼孩子一起居住，曾因多次入室盗窃被捕。他被判处有期徒刑 18 个月，于 1962 年 4 月被释放。

据德沃萨供述，自己一天至少要过 6 次性生活，在回答自己为什么做“量身人”时，他说：“我相貌不好，没有受过任何教育，而我可以使那么高等级的人被骗，她们都受过良好的高等教育，而我几乎一无所有，我耍了她们。”

1948~1956 年，德沃萨在军中服役，认识了现在的妻子，曾在服役期间因为猥亵少女而被指控。退伍之后，在 1956~1960 年的 4 年间，曾多次因潜入他人室内而被捕，但每次都被判以缓刑。警方逮捕“绿衣人”德沃萨的时候，他因为在自己妻子面前戴上手铐而羞愧难当，但是妻子敦促他说了实话。他承认自己曾在 4 个州潜入过 400 间公寓房，强奸了大概 300 名女子。

后经警方调查得知，德沃萨于 1931 年 3 月出生于马萨诸塞州的切尔西，是六兄弟中的一个。父亲弗兰克是一个暴力倾向严重的人，几乎每天都要打骂妻子和孩子们，他还经常把妓女带回家中，当着全家人的面与其性交，因此从五六岁开始，德沃萨就开始和兄弟们玩性游戏了。

儿童早期的成长环境对于其人格的发育至关重要，其中最为重要的是抚养人的教育方式。德沃萨成长于一个缺乏温情的家庭，父亲简单粗暴的教育方式严重影响其心理正常健康发展，过早的性经历、性体验，更使其性心理发育畸形。

十一、返回现场观望类标记行为

返回现场观望类标记行为是一类特殊的标记行为，犯罪行为人在实施完犯罪行为后，重返现场观望。这类犯罪行为人往往是对自己所作案件十分自信，带着侥幸和戏弄的心理回到现场，一是看警方在现场忙碌犯难而自喜，一是自我欣赏（作品）暗自庆贺。

【案例 14】2012 年 1 月 14 日至 4 月 7 日，犯罪行为人许大生（河南周口人）为泄私愤，先后在郑州市二七区张魏砦村、老代庄村及周边地区，采用将烟头从车门玻璃缝隙处扔进车内引燃座位上的布料、进入车内用打火机点燃座套的方式，烧毁、烧坏陈某等人的机动车共计 16 台。每次作案后都返回现场在一旁观望，看着熊熊的烈火焚烧车辆，内心有说不出的兴奋和满足。

据后期审讯得知，早在 1990 年，许大生和妻子从周口市老家到郑州打工，主要是赶早市卖日杂。1995 年夏天的一个晚上，他在大学路被一辆面包车撞倒，右侧肋骨断了一根。由于肇事车逃逸，他自己花了 6 000 多元进行治疗，这起事故让他开始对面包车心生仇恨。事巧的是在 1999 年，许大生短短半年之内又先后两次被面包车撞伤，一次肇事车当场逃逸，另一次肇事车虽没跑，但司机一直不愿承担治疗费用。3 起事故给许大生造成巨大的身心伤害，头部留下了伤疤，腿伤留下了后遗症，走的时间稍长就会一瘸一拐。为了治病，几年打工挣的钱几乎都搭进去了。他认为，自己所有的不幸都是汽车惹的祸，于是从心底深处对面包汽车类交通工具产生刻骨铭心的仇恨，开始实施报复计划。

2012 年 1 月 14 日，许大生首次作案。当晚，他喝酒后从租住的地方出来，经过张魏砦村一胡同时，发现路边停着一辆面包车。他上前用手推了推车玻璃，把嘴里的烟头随手扔进面包车。两天后，他在同一地点用烟头又点着了一辆面包车。每次作案后，他都会返回现场，看看车被焚毁的样子。看着一辆辆面包车被烧得漆黑一团，他有种出了口恶气的快感。尽管接连烧了几辆面包车，但是警方并没有注意到自己，这让许大生的胆子越来越大。据许大生供述，他先后烧毁20余辆车，警方根据其供述，确定的有16起案件，最终许大生被判处有期徒刑8年。

【案例15】 1987年，陈志超出生于下关区一个普通的家庭。因为小时候生过重病的缘故，他的学习成绩一直不太好。和大多数家长一样，从小到大，父母都在拿他和亲戚、邻居家的孩子比较。比较之后，多数时候就是将他痛骂一顿。“他们有时说，有我这样的孩子真给父母丢人，该早点把我掐死。”陈志超说。

2007年12月26日，同事丢了一个工具，后来在陈志超的箱子里面找到了。老板和同事认为是他实施了偷窃行为，他自己觉得很委屈，并且老板恶狠狠地对他说“你的行为就像是布上的污点一样，永远也洗不干净。”

2008年1月2日，陈志超买了一个黄色打火机，他闲逛来到了离家不远的一栋居民楼。当他看到楼道内放的一个麻袋时，“老板的脸又立即出现在麻袋上”。在那一瞬间，他的脑子里再没有了其他的一切，眼前浮现的都是别人骂他的脸。他几乎是冲向了楼道，迅速用打火机点着了麻袋。看着火苗蹿起，“老板”在火中挣扎，陈志超感觉内心的烦躁都消失了，他慢慢平静了下来。

从1月2日点燃楼道内的麻袋后，陈志超开始四处寻找目标，易燃的麻袋成为了他的首选。而当他看到居民门口的布帘子时，他也会上前点着。因为，对他来说，布帘子上也留有他受侮辱的印迹。所以，凡是见到布帘子，他都想去点着，以烧掉记忆中的“污点”。每天早上6时左右出去“上班”放火，这样的日子，陈志超持续了5天。“我放过火后，自己心中的委屈得到了发泄，感觉就会好多了。”陈志超说。

1月6日，陈志超又一次放火后，仍站在附近看别人救火，他的行为引起了一名保安的注意，随即，他被保安送到了派出所。在派出所，他交代了自己的所有放火行为。最终被判刑2年零6个月，缓刑2年。

对两起案件中的标记行为进行解读：

以上两起案件，犯罪行为人都是在作完案后重返现场，在现场附近驻足观望，“欣赏”自己的“作品”，内心感到莫大的满足，这种行为产生的根源在于其早期的不良社会生活经历，犯罪行为人内心长期处于压抑状态，形成易激惹敏感点，遇到类似场景或刺激物时便会爆发，实施完报复行为后仍不能满足内心的需求，还要在一旁观望，感受整个过程，方能释放内心的压抑。给侦查人员的启示是：若是在野外现场，类似案件要注意细致勘查外围现场，留意可疑足迹。若是城市内发生类似案件，要注意视频监控中可疑人员的甄别，侦查人员要带着犯罪行为人可能重返现场的意识去研判视频资料。

第六章　被害人研究

所谓被害人，是指由于犯罪行为而使其合法权益及其精神等方面遭受损害的个人、单位以及因为犯罪而受到危害的国家和整个社会。[①] 被害人具有被害性的特征，被害性指的是个体具有满足加害人不良需求的潜在的属性，包括个体的生理、心理特性，也包括个体的附属物及所处的情境特点等。[②]。刑事案件中被害人的被害性可以表现为身体受到伤害、财产受到损失，但并不是只要身体有伤害、财产有损失的人就是被害人，只有在构成的损害达到刑法追究的程度，受行为侵害的人才能成为被害人。在本章中，仅讨论身为自然人的被害人。在侦查实践中，被害人研究最常用于严重暴力犯罪案件，如杀人和伤害案件，强奸案件，爆炸、纵火和投毒案件，绑架与敲诈勒索案件等，特别是在系列杀人案件、强奸案件中，有极为重要的价值。

被害人研究，是公安机关在刑事案件侦查过程中，通过对被害人的生理、心理、人际关系等各个方面以及犯罪现场进行系统分析勘查后做出合理的推断，以此帮助划定侦查范围、确定犯罪行为人，进而推进侦查工作的全过程。

犯罪行为人为满足某种内在的强烈需要，或在外部诱因的刺激之下，由大脑产生某种意识，进而产生犯罪动机，犯罪动机引起和推动犯罪行为人实施犯罪行为，并最终实现犯罪目的（结果）。从以上犯罪行为发生的一般过程可见，犯罪行为并不是一种单方面的行为，而是犯罪行为人与犯罪被害人的相互作用，有犯罪行为必然存在被害人，犯罪行为人是犯罪行为的实施者，而被害人是犯罪结果的承受者，二者因犯罪的发生紧密相连；在犯罪过程中，二者始终相互影响，相互作用，构成一种特殊的人际关系。实践证明，在大多数情况下，刑事案件的性质都能够依据现场勘验、调查访问、被害人研究等工作获取的信息，进行综合分析后来确定。对被害人进行研究，能获得案件的前因后果、相互联系及侦查方向等重要信息，有助于客观地建立起被害人和犯罪行为人之间的关系链，为案件迅速准确定性、解析犯罪动机提供方向，在侦查实践中，往往可以直接划定侦查范围，甚至直接确定犯罪行为人。

利用已知的一方（即被害人）去推知未知的一方（即犯罪行为人），通过建立被害人和犯罪行为人之间的联系，划定具有特定行为与人格特征的嫌疑人范围，缩小侦查范围，是进行被害人研究的最终目的。进行被害人研究具有以下三点重要意义：

1. 可以推断案件的起因和背景

通过收集被害人的工作情况、社会交往情况、生活情况、经济状况、近期特殊行为等信息，我们可以推断案件可能的起因和背景，比如：被害人是否可能因为与他人存在经济纠纷而被害，是否可能因为与他人发生冲突而被害，是否可能因为与他人存在感情纠葛而被害等；另外，通过现场勘验获取的与被害人有关的明态信息，分析出隐含的潜态信息，也可以重现被害人案发时的心理状况，以及与犯罪行为人的关系等。如：通过勘验发现被害人刀伤均深达内脏，则可怀疑被害人与犯罪行为人之间是否存在仇恨，在一些案件中，犯罪行为人对犯罪现场的伪装，往往也是为了掩盖其与被害人之间的关系，这些行为反而为侦破案件提供了方向。通过现场痕迹物证分析犯罪行为人的作案动机，寻找犯罪行为人与被害人之间可能存在的联系，划定侦查范围。

---

① 赵可，周纪兰，董新臣．一个被轻视的社会群体：犯罪被害人［M］．北京：群众出版社，2002.

② 郭建安．犯罪被害人学［M］．北京：北京大学出版社，1997.

2. 可以推断犯罪行为人的犯罪动机和惯技行为

通过研究被害人的具体情况，可以从犯罪现场遗留下的痕迹物证重现犯罪发生的过程，进而推断犯罪行为人是否是第一次作案（既往犯罪属性），实施犯罪行为是为了满足何种需求、达到何种目的；通过勘验过程确定的犯罪行为人的具体犯罪手段、下意识行为、多余行为等，判断犯罪行为人与被害人是否存在一定关系（社会属性）；犯罪行为是否具有特殊性、是否带有地域或职业特点（地域属性）等，通过对比同类案件，推断犯罪行为人的犯罪动机和惯技行为等，为案件的串并与侦破提供帮助。

3. 可以对犯罪行为人是否会再次作案做出预测

通过被害人研究，尤其是系列案件的被害人研究，我们可以推论犯罪行为人为什么选择这一（或这一类）被害人、怎样选择被害人，并据此预测下一个最可能的侵害目标。因为一般情况下，系列案件的发生是存在一定模式的，而犯罪行为人不会轻易改变自己的犯罪模式。当然，犯罪行为人在选择侵害目标时也会有所变化，即便是随机选择的被害人，我们做出的预测仍有一定意义。

刑事案件的被害人，可分为已知名被害人和未知名被害人，已知名被害人是指被害人身份清楚的刑事案件中的被害人。不知名被害人是指在刑事案件中，经过初步调查，暂时不能查明真实身份的被害人。本章将分别详述对这两类被害人进行研究的具体方法，并将简要探讨在侦查实践中，被害人研究方面存在的问题。

第一节　对已知名被害人的研究方法

刑事案件的侦破，很大程度上依赖于信息收集的数量和质量，对被害人的研究也不例外。被害人研究不可脱离案件本身和犯罪现场，即使是对已知名被害人的研究，也不可仅仅局限于了解被害人的基本情况、个人特征，而应当立足现场，着眼案情本身，全面收集有关被害人的信息，包括犯罪现场勘验中收集到的全部信息，并将被害人遇害前的所有信息进行详尽的收集整理，不仅要将被害人信息与案件进行关联，更要将收集到的关于被害人自身的信息关联起来分析；调查被害人最后的活动轨迹，找出被害人的活动规律和反常行为；调查被害人遇害后与现场相关的信息，从中找出可能存在的有关犯罪行为人的行为线索。

对被害人进行研究，主要采用的方法概括起来分为四类，即勘验检查、调查访问、侦查实验、司法鉴定。对这四类方法进行综合运用，能够在很大程度上帮助侦查人员掌握与案件和被害人相关的明态信息，便于利用这些信息对隐藏在其中的潜态信息做出分析，潜态信息虽不是能够直接收集到的证据，却能够反映出被害人和犯罪人在犯罪行为发生前后的全过程中，各自的心理状态、行为特点等重要信息，为分析犯罪动机、确定侦查范围提供正确的方向。

对被害人的研究，除了要求全面细致，更要注意把握重点，被害人研究主要应包括以下内容：被害人身份、被害原因、被害时间、被害地点、被害过程、被害人与犯罪行为人可能存在的关系、被害人与犯罪现场可能存在的关系等。一起案件的发生，客观上必然存在时空上、手段上、侵害对象上的条件，犯罪行为人选择何地作为实施犯罪的地点，选择何时实施犯罪行为，选择何人作为侵害对象，选择何种手段、何种凶器实施犯罪，都必然有一定的内在原因。不管是系列案件还是单一案件，是预谋犯罪还是临时起意犯罪，犯罪行为客观的发生都必将留下痕迹，而对此进行的调查分析越充分，透过被害人对犯罪行为人进行的刻画就会越清晰。

侦查人员对被害人研究的过程，就是对被害人进行画像的过程，通过对被害人生理特征、地域属性、社会属性、心理特征、既往犯罪属性等五大基本属性的细致刻画，再结合现场物证研究，可以勾勒出犯罪行为人的生理属性、地域属性、社会属性、心理属性和既往犯罪属性。同时，通过这一过程分析揭示出犯罪行为人与被害人之间隐藏的关系链。这些关系链可能是社会关系链，如亲人、同事、情人，或只是陌生人；也可能是时空关系链，如被害人是否可能只是恰好出现在犯罪行为人选定的时空条件下。只有当侦查人员深入了解被害人是一个什么样的人、过怎样的生活、有何种活动的轨迹之后，才有可能发现导致他们死亡的真正原因和过程。这就要求侦查人员在案件侦办过程中，按照规范的被害人研究方法，去发现并掌握被害人的一般生活方式和特殊行为活动情况：被害人是什么人？他的受教育程度怎么样？是什么社会层次的人？他的经济收入情况怎么样？他如何安排生活、工作的时间？工作、生活的环境怎么样？会接触到哪些人群？谁能接触到他？他又能接触到谁？在全面了解了被害人的情况后，对被害人进行被害风险评估，依照犯罪行为人的视角，走一遍被害人走过的路，建立一个被害人最后 24 小时的活动时间表。研究一个被害人所花费的时间，与侦查破案、寻找犯罪行为人所用的时间大致相当。

上文对已知名被害人研究的概述，以图 1 形式进行简要概括。

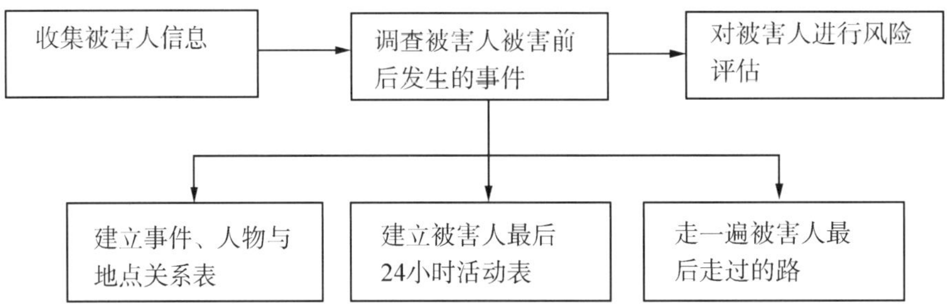

图1 对已知名被害人研究的方法

确定了被害人研究的主要途径，下文将结合案例，详述被害人研究在侦查实践中的具体运用方法。

一、对被害人身份加以确定，收集被害人的各种信息

在收集被害人信息时，侦查人员必须坚持的方针是：不带有任何偏见地全面收集有关被害人的信息，直到穷尽一切可能为止。

侦查人员可以采取向被害人本人（被害人并未死亡且意识清醒）、向与被害人有关的其他人员了解情况收集被害人相关信息；也可以通过现场勘查、访问收集与被害人相关的信息。

除现场收集到的相关痕迹物证之外，需要收集的与被害人相关的信息有：

（1）被害人的自身属性：包括姓名、性别、职业、民族、身高、体重、头发式样等。

（2）被害人的健康状况：疾病就诊情况（经常去哪家医院看病、有没有精神病史等）、药物服用情况（吸毒、服用成瘾性药物）等。

（3）被害人的受教育背景：包括学习经历和学习期间的表现、交往等。

（4）被害人的家庭成员情况：包括父母、妻子、兄弟姐妹等人的基本情况，家庭内部是否有矛盾，感情是否和睦等。对于一些关系人作案的案件，还要收集更远一些的旁系亲属的相关情况。

（5）被害人的工作情况：包括上班地点、上下班的时间、往返路线、乘坐交通工具情况及在单位与同事交往情况、相处是否和睦等。

（6）被害人的社会交往情况：包括邻居、同学、朋友、情人、性伙伴的相关信息。对被害人的社会关系，要逐人询问，用“滚雪球”的方法，发现深层次的交往人员。

（7）被害人的生活情况：包括是否有犯罪经历、生活方式、生活习惯、惯常的活动规律、近期特殊行为活动等。

（8）被害人的经济状况：包括经济来源、收入支出、债权债务及银行卡信息、保险信息等情况。

（9）被害人的居住状况：包括何时、何地、与谁居住在一起，居住区域的环境状况。

（10）被害人的通信、计算机和网络信息：包括被害人使用的手机型号、号码、串号，个人通信录，私人或单位电脑内的有关文档，电脑最后一次使用情况，电子邮件及网络通信号码（QQ 号码、MSN 号码等）等。

除了上述可以归类的信息外，侦查人员还要尽可能关注并收集与被害人有关的各种细碎的信

息，比如被害人的爱好、崇拜的偶像、消遣娱乐的方式、日常看的书籍、近期的生活计划、以及被害人的住处有没有特殊物品、衣物，相册里、钱包里有谁的照片，是否写日记等。

以上罗列出的信息基本上涵盖了被害人的各种基本属性，但具体到不同案件中，难免会有所疏漏，因此侦查人员在对案件被害人进行研究的过程中要立足基础、灵活对待、随机应变，抓住那些隐性的转瞬即逝的信息。

【案例 1】 2007 年 7 月 11 日，新郑市发生一起杀人案，被害人是附近村庄的 24 岁未婚女青年杨某。侦查人员通过被害人研究，做出了如下分析：

(1) 被害人杨某社会交往复杂，主要通过网络和声讯台交往各种朋友多达 100 余人。

(2) 被害人经常与网友约会见面，并同时与多名男子保持朋友关系，生活不检点。

(3) 被害人曾有夜不归宿的情况。

(4) 案发当天下午，被害人与母亲一起在田间劳作时，曾两次接到电话，当时被害人的神情、语气均表现出不耐烦。

综合分析被害人研究获取的信息后，专案指挥员认为该案的起因应与杨某喜欢通过网络和声讯台交友有关，犯罪行为人和被害人很可能是通过网络或语音聊天认识的，后因情感矛盾而引发命案。专案指挥员根据被害人研究情况，结合案件现场勘查及调查访问获取的信息，对犯罪行为人进行了脸谱刻画，并依照刻画的脸谱，很快在新郑市薛店镇抓获了犯罪行为人马闯杰。据马闯杰供述：2006 年通过广播交友热线认识了杨某，但杨某对他的态度始终不冷不热。马闯杰认为自己付出了时间、金钱、感情，却得不到杨某的承认，心理不平衡，便于 7 月 10 日晚将杨某约出强奸后杀害。

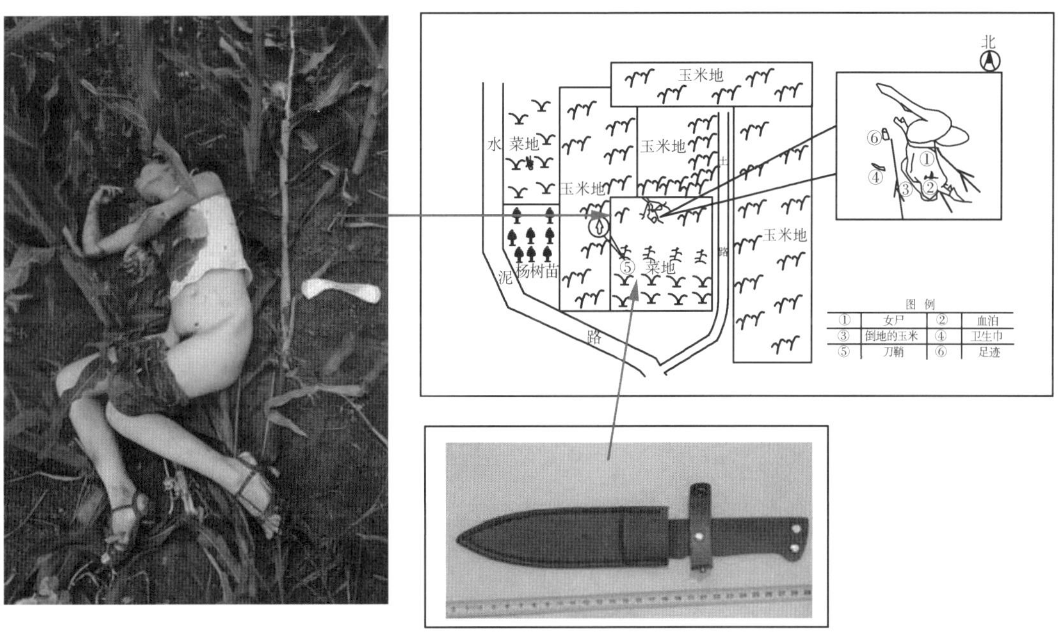

案例 1 图　案发现场的情况

二、调查被害人被害前后发生的相关事件

通过对被害人被害前后发生的相关事件的调查，可以使侦查人员了解被害人最后的已知行为，重现被害人在案发前的行为活动、接触的人员情况和接触的方式，找出被害人与环境和其他事件的关系，推断犯罪行为人选定被害人的原因，直接或间接地还原犯罪行为人的案前、案中和案后行为等。

（一）按照时间顺序建立一个人、事、物、地关系图表

在现场调查访问中，侦查人员总能够在一些特殊的地点发现一些与被害人有关的特殊的事件，这些特殊的事件单独看或许没有什么特别之处，但是，一旦按照时间顺序把这些分散的事件以地理图表的形式串联起来之后，就能从中发现并分析得到很多信息，这些信息包

括：被害人与犯罪行为人最可能的、最初的遭遇地点和接触方式，被害人是在什么时间、什么地点被害的，犯罪行为人为何选择这个侵害目标，犯罪行为人的作案过程、案后如何处理现场等。图表可以采用表格的形式绘制，也可以采用地图标注的形式绘制，使用地图标注会更加清晰直观。

【案例2】在郑州市二七区“2007·2·2”杀人碎尸案的侦办过程中，侦查人员收集到以下与被害人赵某有关的特殊事件情况：

(1) 2006年10月15日20时许，兴华南街和汝河路交叉口东北角小卖部（东侧是嵩山快捷酒店，当时正在装修）老板尚某见赵某的收废品三轮车停在路边，赵某坐在路边剥鸡蛋吃。

(2) 10月15日24时许，废品收购人员李某见到赵某的三轮车停在正在装修的嵩山快捷酒店楼下，车锁着，没有见到赵某本人。

(3) 10月16日6时许，废品收购人员程某见到赵某的三轮车停在路寨西街（嵩山快捷酒店向北300远的一条东西路），20时许，见车仍停在原地。

(4) 10月16日22时许，废品收购人员张某在路寨西街垃圾中转站见到赵某的绿色废品包。

(5) 10月17日，赵某的姐姐在民安路（嵩山快捷酒店东南）发现赵某的三轮车。

据此，绘制成下图。

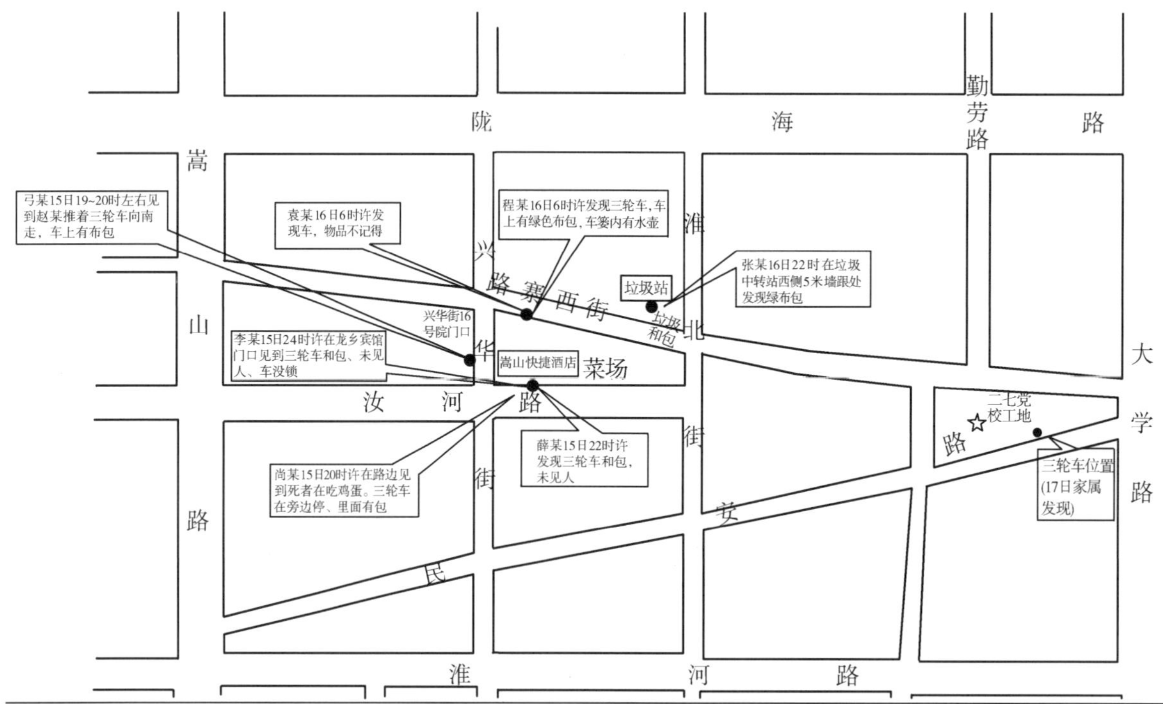

案例2图　被害人遇害前的活动轨迹

通过研究被害人遇害前的活动轨迹，结合赵某日常的活动规律，侦查人员可以分析被害人最可能遇害的时间、地点、接触方式以及犯罪行为人在案前、案后的活动情况。

（二）建立被害人被害前最后24小时活动轨迹表

尽可能按照时间顺序，客观记录下被害人被害前最后24小时的活动轨迹，包括行动路线，接触过的一切人和事，对外通信联络、网络联络等。将被害人最后的活动情况制作成表格后，对于了解被害人同现场环境的关系、了解被害人与犯罪行为人的关系、了解案件相关事件之间的关系都有重要意义。

【案例3】2006年9月30日21时许，郑州某医院的人事处处长方某（男，41岁，美国留学归国的博士）在郑州市郑东新区明理路与金水东路交叉口被人杀死。根据调查掌握的情况，侦查人员制作了被害人遇害前（9月30日）的活动表（表1）。

案例3表 被害人遇害前（9月30日）的活动表

时间	活动情况	异常情况
8时	方某到外科12楼病房查房，随后回办公室，整个上午都在办公室办公	未发现异常
10时24分	方某用办公室电话给朋友薛某打手机，和薛某商量高中同学包某借钱的事	未发现异常
12时15分至14时30分	方某到饭店，参加医院同事的婚礼。席间接了两次电话	未发现异常
15时	方某回到单位，在人事处和三名同事一起打牌，打牌时他对同事说，自己还有事只能打到17时。通过座谈，方某准备17时和同事去长葛吃饭办事	未发现异常
15时30分	方某的哥哥打电话让方回老家看儿子，方某说有事，没时间回去。方某的哥哥说要从老家来郑州看他，方某让他们过几天再来，并说自己晚上还有事	未发现异常
16时26分	方某接到电话1352351××××发来的短信："我在你家楼下，马上来见我，有很急的事情"	可能就是此人将方某约出
16时30分	人事处的一名副处长回来接替方某打牌，方某回到自己办公室，其他人打完这把牌后就散摊了	未发现异常
17时10分至17时15分	方某的女同事看到方某锁了办公室门，自己驾车离开单位	未发现异常
17时50分	方某的女同事李某提前下班，路过二七区教委门前时，看到方某的车头朝东停在路边	接触人员可疑
17时50分	二七区教委旁边一家粮油店的赵老板见到一辆黑色本田车在店门边停着，驾驶座上有一男子，后座上有一男一女，停了有半个小时，因为妨碍大家过车，被人撵走	接触人员可疑
18时10分	人事处的秦处长让任某给方某打电话问值班表的事，当时方某接电话说按正常的报	方某还未被控制
18时30分至18时40分	同事刘某给方某打电话约去长葛，一直未打通，电话已不在服务区	方某可能已被控制

分析被害人被害前最后24小时的活动轨迹，侦查人员发现，方某在17时前一直反应正常，17时后出现异常反应：①方某约了同事17时去长葛办事，却突然失约且电话打不通，应当是发生了一个比较大的变故。②16时26分，1352351××××号码的机主向方某发出可疑短信，分析应当是发短信的人将方某约出。③17时50分，群众见到方某和一男一女在一起，此后半个小时，被害人的手机非正常关机，这一男一女很可能就是被害人被害前最后接触的人，具有重大作案嫌疑。专案组迅速查明可疑手机号码的持有人为郭某（女，23岁），曾在方某任职的部门工作过。通过进一步的侦查工作，侦查人员发现郭某还分别在尸体现场和焚车现场附近出现。郭某的作案嫌疑迅速上升。10月2日凌晨1时许，侦查人员在郑州火车站候车大厅将正准备外逃拉萨的郭某及其男友王某一举抓获。犯罪行为人郭某、王某供述了其在郑东新区路边杀死方某，在新郑市郊区焚烧汽车的犯罪事实。通过被害人研究，该案件历时29小时即胜利告破。

（三）走一遍被害人最后经过的路

侦查人员必须走一遍被害人最后经过的路，用第一人称的视角直观感受被害人到底看到了什么，遇到了什么人，发生了什么特殊事件；推断在他走过的路上会不会发生与案件有关的事情。用犯罪行为人的视角走一遍被害人最后经过的路，需要思考犯罪行为人为什么会在案发时间经过此地，为什么选定这个地点作为犯罪实施地，在何种心理支配下选择了被害人，在何种状态下实施了犯罪，是如何进入现场、如何离开现场的。

【案例 4】 2010 年 2 月 16 日 17 时许，巩义市鲁庄镇南侯村群众发现村边一座废弃砖窑风洞内有一女孩尸体。经查被害人为附近村庄的 14 岁女孩周某，被人强奸杀害，会阴部损伤较为严重。现场遗留有粉红色餐巾纸和一种成人足迹。

侦查人员走访被害人家属得知：

2010 年 2 月 5 日被害人周某随母亲前往距家 7.9 千米外的鲁庄镇赵城村其外公家居住。

2010 年 2 月 11 日 14 时左右，被害人独自一人从外公家返回鲁庄镇西侯村自己的家，途中遇害。

1. 被害人活动情况

案发后，侦查指挥员带队以被害人外公家为起点，沿着她最后走过的路，步行 7.9 千米进行沿途探勘、调查访问，分析推断出被害人最后的活动情况如下：

（1）被害人应当是从外公家村口搭乘摩的回家的（从被害人身上带的钱可以分析出）。

（2）案发当天鲁庄镇村口的上坡处积雪路滑，车辆无法通行，被害人必须在此下车，步行往家走。

（3）被害人步行至西侯村西的水渠桥边，被人强行胁持到砖窑内加害。结合现场环境分析，不排除犯罪行为人和被害人一路同行。

(a) (b)

案例 4 图 1　案发现场照片

案例 4 图 2　案发现场方位示意图

2. 行走路线判定

通过走被害人最后走过的路，侦查指挥员认为：

(1) 案发前，犯罪行为人很可能在鲁庄镇的小饭店喝酒吃饭，在返家途中偶遇被害人，产生犯罪动机。依据是：案发现场遗留的同类餐巾纸，只在被害人下车地鲁庄镇的小饭店内发现。

(2) 犯罪行为人应当在现场附近居住。依据是：将被害人挟持到路边废弃的砖窑内，说明犯罪行为人熟悉现场大环境和小环境。

专案组很快划定了侦查范围：以案发现场为中心1 000米范围内的村庄、企业常住人口或长期在此生活、打工的外来人员。工作重点是侯地村（西候村、南候村、北候村、东候村）。专案组很快在划定的范围内抓获了犯罪行为人刘中锋（男，汉族，31岁，鲁庄镇南侯村三组村民）。经审讯，刘中锋供述了2月11日强奸杀害周某的犯罪经过：案发当天中午，刘中锋在鲁庄镇一饭店内与前妻、另一名朋友三人一起吃饭喝酒（刘中锋喝了500克左右），饭后徒步回家，在鲁庄镇路边偶遇被害人周某。刘中锋一路跟随被害人到南侯村西渠堤边，将被害人强行拉至附近废弃的砖窑内毒打，掐死被害人后奸尸。

三、对被害人进行被害风险评估

侦查人员可以根据收集到的关于被害人信息，对被害人进行被害风险评估。被害风险是指由一个人的性格、私生活、职业和所处的社会环境所导致的所有可能使其遭受侵害的风险，被害风险的程度有三种：一是低度风险，指私生活、职业和社会生活通常都不易遭受伤害或损失。二是中度风险，指私生活、职业和社会生活都有遭受伤害或损失的可能。三是高度风险，指私生活、职业和社会生活随时都有遭受伤害或损失的可能。对被害人进行风险评估，可以分析出犯罪行为人对被害人的选择是特定行为还是随机的，被害人的遇害是偶发事件还是必然结果，进而判断犯罪行为人与被害人是否存在一定的关系。

对被害人进行风险评估时，要同时考虑被害人的被害风险度和犯罪行为人的作案风险以及犯罪技能水平。对被害人来讲，自身的被害风险度越低，针对其犯罪的犯罪行为人的作案风险越高、惯技水平越低，其被害风险就越小。

（一）对被害人进行被害风险评估的意义

对被害人进行被害风险评估有两方面的意义，一是可以用科学的评估方法有效避免美化、丑化被害人。二是可以通过研究被害人是否存在被害风险，在哪些方面存在被害风险，来推断犯罪行为人可能会针对被害人的哪些被害风险去实施犯罪，进而推断犯罪行为人的其作案动机、与被害人的关系等。

【案例5】2007年5月9日16时，郑州市中原区郑上路路边桃园内发现一具高度腐败的女尸，尸体双脚踝及右手腕被女式连裤丝袜捆绑。经查被害人系郑州市国棉一厂女工闫某（32岁），5月4日晚从单位请假回家途中失踪。

据了解，闫某性格平和，不张扬，与同事关系融洽，交往人员简单，没有与他人结怨；生活节俭，衣着朴素，在外没有经济纠纷；比较顾家，跟丈夫感情较好，平时下班就回家。由于闫某家距离公交汽车站有一段距离，一般情况下，闫某上、下夜班由丈夫到车站接送。闫某的日常生活比较规律，生活方式被害风险度很低。侦查人员调查了被害人最后24小时的活动情况，发现案发当晚闫某的生活方式发生了变化，造成她意外被害风险提升。闫某被害前的生活方式有以下改变：

(1) 应当在单位上夜班，却请假离开。

(2) 平时回家下公交车后要么由丈夫在车站接，要么搭乘三轮摩托车回家，当晚却没有让丈夫接，也没有乘坐三轮摩托车。

(3) 向同事说自己腿疼，下车后仍步行。由于被害人深夜独行，选择的路线又远离市区，路上行人相对稀少，很容易遭到侵害。

通过对被害人进行被害风险分析，我们可以推断犯罪行为人很可能在被害人的选择上针对性不强，也就是说他不是有意针对这名特定的女职工实施犯罪的。据此可以排除有针对性的杀人案，为划定侦查范围，刻画犯罪行为人脸谱提供"不一定是熟人关系，侧重拦路抢劫"的关键信息。案件破获后，犯罪行为人陈明清、刘立先和严政三人供述，2007年5月4日23时左右，三人在中原区郑上路附近寻找作案目标，看到闫某独自一人步行回家，就对她实施抢劫、强奸，最后将闫某杀死。

案例 5 图 1　案发现场照片

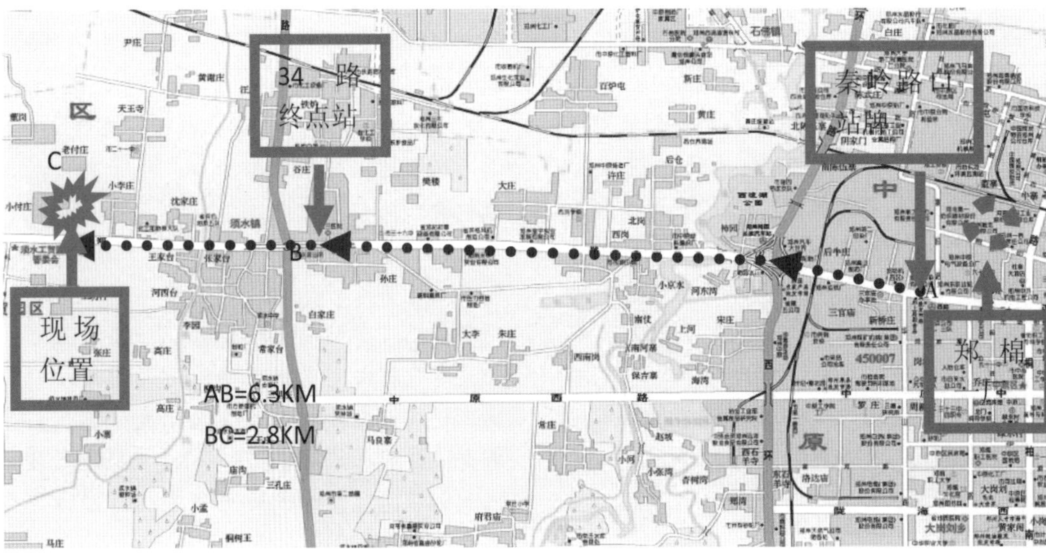

案例 5 图 2　案发现场方位示意图

（二）如何对被害人进行被害风险评估

被害人的被害风险主要来自生活方式的被害风险和意外的被害风险两个方面。在对被害人进行被害风险评估时，也要围绕这两个方面进行分析。

1. 个性特征及生活方式造成的被害风险

个性特征及生活方式造成的被害风险主要是指被害人的个人性格、私生活、职业和所处的社会环境使其容易遭受侵害。为了方便评估，我们建立了一套包含 30 项反应特点的“被害人生活方式被害风险评估体系”，这些反应特点在被害人生活中出现的越多、越强烈，被害人生活方式被害风险就越大。反之，风险度就越小。这些特点还要与被害人的年龄、职业、犯罪史以及被害之前的经历联系起来进行分析评估。

被害人生活方式被害风险评估体系包括的 30 项反应特点：①脾气暴躁；②倔强、不服输；③个性强、占上风；④情感爆炸；⑤易冲动；⑥好斗、有侵犯性；⑦胆大夜行、无恐惧感；⑧忧愁；⑨沮丧、消极；⑩独居；⑪酗酒、吸毒；⑫焦虑；⑬情感迟钝；⑭无精打采；⑮需要关注同情；⑯占有欲强；⑰占小便宜（小偷小摸）；⑱嫉妒心强；⑲与同事关系难处；⑳有沉迷于某一行为的倾向；㉑活跃；㉒不自重、有挑逗性；㉓有自我伤害史；㉔有自杀或威胁史；㉕有越轨性行为；㉖自我约束能力差；㉗不拘小节；㉘粗心行事；㉙邻里关系紧张；㉚婚姻家庭不和。

2. 意外的被害风险

意外的被害风险是指由于当时环境或被害人的精神状态等意外的情况，使被害人容易遭受侵害。以下因素会影响意外的被害风险度：

（1）被害人生活方式的被害风险度：如果被害人生活方式的被害风险度越高，那么他的意外的被害风险度也就越高。

（2）被害人的心理状态：主要指被害人遭

受侵害前、被侵害中和被侵害后的情绪状态。可以通过了解被害人对攻击或感觉不安全时的反应情况去推测，如果被害人在被攻击时比较激动，反应激烈，比较痛苦，都可能会刺激犯罪行为人实施进一步的加害，增大意外的被害风险。如吵嘴殴斗引起的激情杀人。

（3）案发时间：一天中有一些时间的被害风险度是比较高的，这些时间往往对犯罪行为人来说风险度较低，如夜晚22时到凌晨2时之间易发生抢劫案。

（4）案发地点：地点是影响意外被害风险的重要因素。有些地点，犯罪行为人容易隐藏；有些地点，被害人不易被人援助（如行人稀少的偏僻路段、乡村小道）；还有些地点，能够将被害人与外界完全隔离（如废弃的房屋、矿洞、长满庄稼的田地）。

（5）被害人的人数：人多的时候总是相对安全的，单身独居、独行的被害风险度较高。

【案例6】2006年5月1日，中牟县尚庄村一机井内发现一具女尸，尸体下身赤裸，系砖石类钝器打击头部、扼颈机械性窒息死亡。经查，被害人侯某，女，63岁，尚庄村孤寡老人，文盲，以捡破烂为生。经对被害人侯某进行深入研究，发现其先天性智力发育不全，晚上睡觉有不关灯、不脱衣服的习惯，平时总在邻居家放一把自家大门的钥匙；侯某信仰基督教，逢周三、周五晚村内的30名女性基督教徒都会到其家中聚会；侯某的活动区域范围不大，主要在城关镇一带捡破烂；侯某曾和邻居有过矛盾争执。根据收集到的侯某的个人情况，侦查人员对其进行了被害风险评估。评估情况见下表：

案例6表 “2006·5·1”杀人案被害人侯某生活方式被害风险评估表

反应特点	评估结论	反应特点	评估结论	反应特点	评估结论
①脾气暴躁	有	⑪酗酒	无	㉑活跃	有，参加基督教聚会
②倔强、不服输	不掌握	⑫焦虑	不掌握	㉒不自重、有挑逗性	可能有
③个性强、占上风	有	⑬情感迟钝	有	㉓有自我伤害史	不掌握
④情感爆炸	有	⑭无精打采	有	㉔有自杀或威胁史	不掌握
⑤易冲动	不掌握	⑮需要关注同情	有	㉕有越轨性行为	可能有
⑥好斗、有侵犯性	因智力原因，有侵犯性	⑯占有欲强	有	㉖自我约束能力差	不掌握
⑦胆大夜行、无恐惧感	有	⑰占小便宜（小偷小摸）	不掌握	㉗不拘小节	有
⑧忧愁	不掌握	⑱嫉妒心强，背后议论人	不掌握	㉘粗心行事	有
⑨沮丧、消极	不掌握	⑲与同事关系难处	无	㉙邻里关系紧张	有
⑩独居	有	⑳有沉迷于某一行为的倾向	有	㉚婚姻家庭不和	丈夫去世

在案例6表中的30项反应特点中，有15项在被害人的生活中出现，且比较强烈，据此分析，被害人生活方式的被害风险度较高。结合被害人的其他信息分析，犯罪行为人应是能够接触到侯某，且专门针对侯某独居、先天性智力发育不全等特点作案。据此，我们刻画和犯罪行为人的特征有：与侯某处于同一阶层、层次不高、有性侵害劣迹、年龄偏大、与侯某有过某种接触或纠纷、性饥渴、熟悉现场情况、熟悉被害人等。最终，根据分析意见，抓获了犯罪行为人尚某，背后议论人（侯某的邻居，两人曾发生过纠纷），尚某供述了某强奸杀害侯某的犯罪事实。

【案例7】2010年3月5日，郑州市管城区书院街主事胡同13号房东发现女租户郭小翠（女，19岁，河南平顶山市人）被人杀死在房间内。据了解，郭小翠性格内向，平时很少与人交往，在郑州租住期间不怎么出门。侦查人员围绕郭小翠的生活方式展开了深入调查，情况如下表所示。

案例7表 “2010·3·5”杀人案被害人郭小翠生活方式被害风险评估表

反应特点	评估结论	反应特点	评估结论	反应特点	评估结论
①脾气暴躁	无	⑪酗酒	无	㉑活跃	无
②倔强、不服输	无	⑫焦虑	有	㉒不自重、有挑逗性	无
③个性强、占上风	无	⑬情感迟钝	有	㉓有自我伤害史	无
④情感爆炸	无	⑭无精打采	有	㉔有自杀或威胁史	无
⑤易冲动	无	⑮需要关注同情	有	㉕有越轨性行为	有
⑥好斗、有侵犯性	无	⑯占有欲强	无	㉖自我约束能力差	有
⑦胆大夜行、无恐惧感	有	⑰占小便宜（小偷小摸）	无	㉗不拘小节	无
⑧忧愁	有	⑱嫉妒心强，背后议论人	无	㉘粗心行事	有
⑨沮丧、消极	有	⑲与同事关系难处	无	㉙邻里关系紧张	无
⑩独居	有	⑳有沉迷于某一行为的倾向	无	㉚婚姻家庭不和	无

通过上表可以看出，郭小翠在30项被害风险评估中占有11项，尤其在以下方面存在高度被害风险，具体表现为：

（1）郭小翠一人在郑州市与男友武朋涛同居，其父母在平顶山市居住，且均患有精神疾病，对郭小翠不闻不问。

（2）郭小翠的男友以盗窃为生，多次被公安机关打击处理，郭小翠被害时，武朋涛正被关押在看守所内。

（3）武朋涛曾多次带同伙回自己的租房处住宿，武朋涛不在家时，同伙也来此借宿。

通过对郭小翠生活方式的了解，侦查人员认为曾在郭小翠家留宿过的人员具有重大作案嫌疑，遂围绕武朋涛的同伙展开调查，很快将曾在武家留宿过的艾春军、魏光辉、孟庆新抓捕归案，三人对抢劫、强奸、杀害郭小翠的犯罪事实供认不讳。

案例7图 郑州市管城区“2010·3·5”命案现场照片

第二节 对未知名被害人的研究方法

未知名被害人，是指经过初步的调查，一时不能确定身份的被害人。通常是由于案发时间较晚，尸体已高度腐败或残缺不全，一时难以辨认；也有的是由于作案人有意识地远距离抛尸，致使被害人尸体远离熟悉他的人群，身边缺乏证明文件，尸体身源难以查清。未知名被害人通常有完尸、碎尸和白骨尸三种类型。① 由于被害人身份不明，往往难以判明犯罪动机，导致案件难以定性，因此，此类案件一直是刑事案件侦查的一个难点。

对未知名被害人的研究，侦查人员要按照“观—析—画—查”的程序进行研究。第一步是“观”，即在现场观察、搜集与未知名被害人有关的各种明态信息；第二步是“析”，即根据看到的明态信息，研究、分析其中包含的潜态信息；第三步是“画”，即用文字、语言对未知名被害人进行特征描绘，最终形成被害人的“脸谱”刻画结论；第四步是“查”，即按照刻画的未知名被害人的“脸谱”特征，查清尸源。未知名被害人的身份一旦查清，侦查人员就可以依据第一节中所述对已知名被害人的研究方法进行系统研究，找到犯罪行为人企

① 任克勤，徐公社．刑事案件侦查［M］．北京：中国人民公安大学出版社，2007.

图刻意切断的与被害人之间的关联。

对未知名被害人的研究，也可用图表概括如下：

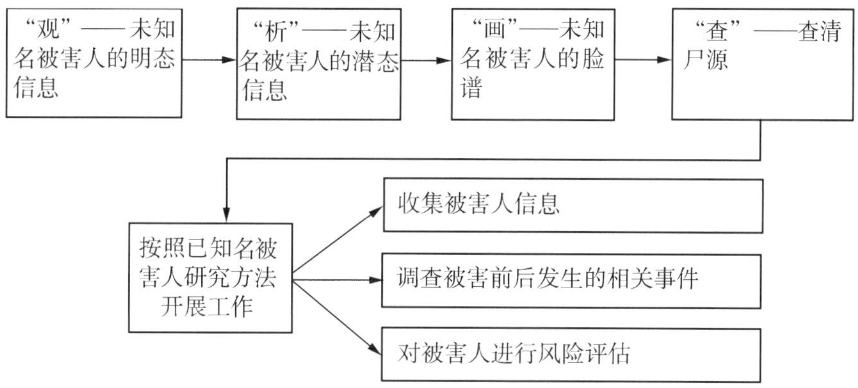

图　对未知名被害人研究的方法

一、立足现场，观察、收集与未知名被害人有关的明态信息

明态信息是指以明态形式反映的信息，比如指纹、足迹、现场感知人的证言等。明态信息是事物的表象，具有揭露、认定犯罪的证据效力。在未知名被害人的研究中，需着重关注的明态信息有：

（1）被害人数。

（2）被害人的性别、身高、年龄范围。

（3）被害人的衣着情况。

（4）被害人的卫生状况。

（5）被害人的体表标记。

（6）损伤及尸体被肢解情况。

（7）胃肠道内食物情况。

（8）尸体附着物及微量物证情况。

（9）包装物及其他抛出的物品情况。

（10）作案工具情况。

（11）当地的失踪人员信息。

【案例8】2006年7月9日9时，巩义市涉村镇四坪村村民上山拾柴时在102电台公路200米+300米处，公路西侧的草丛中发现一具女尸。根据勘查检验，案发现场为抛尸现场。被害人系被扼颈窒息死亡，死亡时间为4天左右，由于天气炎热，案发时尸体已高度腐败，面部肌肉已经严重腐化、脱落，无法辨认。死者身高171厘米，中等体态，上身穿粉红色无袖背心，下身穿黑蓝色牛仔裙，十个脚趾甲均被染成红色，口中安装有14颗高档烤瓷假牙（为美观所用），同时侦查人员还在现场发现一双“金利来”牌女式皮拖鞋。被害人所穿内衣均为名牌，价值不菲。

通过对被害人明态信息的全面收集，侦查人员对被害人的生理属性、社会属性有了一个清晰的刻画，专案指挥部确立了“以物找人”的侦查思路，并以死者的衣物、烤瓷牙等为突破口，以查找尸源为侦查工作的切入点，迅速展开工作。7月14日，通过身体特征、衣着情况、假牙特征在失踪人员中查到了与之完全相符的信息，并很快查明了被害人身份，案件也随之迅速告破。

(a)　　(b)

案例8图1　“2016·7·9”杀人案现场照片

案例 8 图 2　尸体概貌及被害人的衣着情况

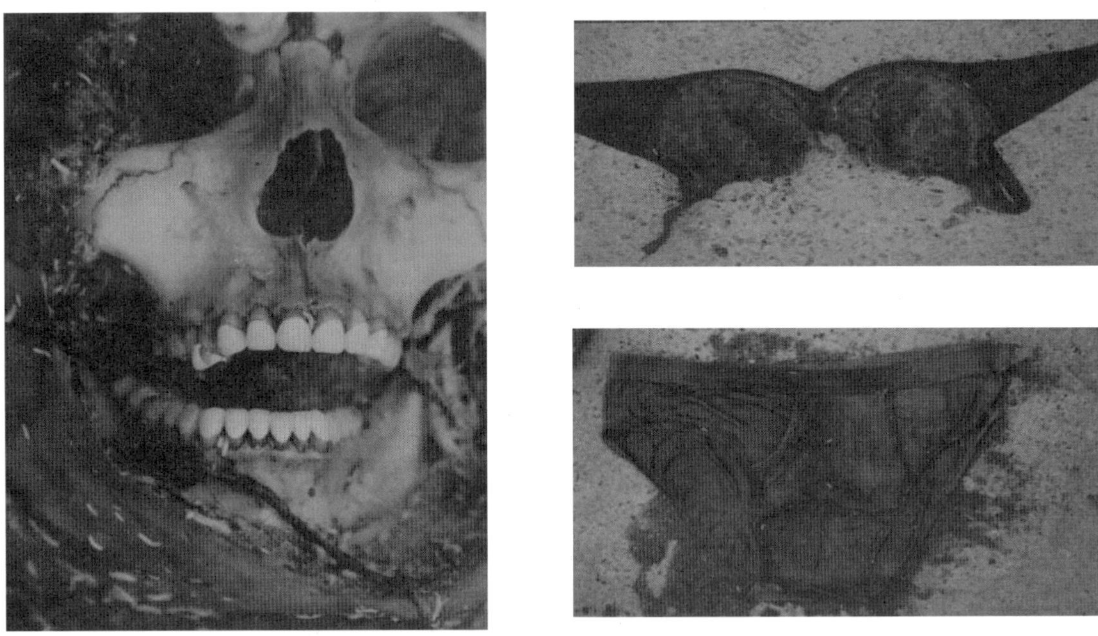

案例 8 图 3　被害人的烤瓷牙及内衣均价值不菲

二、从明态信息中分析与被害人及犯罪行为人有关的潜态信息

潜态信息是指以潜态形式反映的信息，能够反映出个体的本质属性。潜态信息是隐含在明态信息中的事物的本质，潜态信息虽然不具备证据效力，但却能为侦查工作提供方向和重要依据。相较于明态信息的易于发现而言，潜态信息更难以捕捉。在未知名被害人的研究中，要从明态信息中分析得出与被害人及犯罪行为人有关的各种潜态信息。这些信息包括：

（1）现场特征。

（2）被害人的死亡原因、致死手段、被害前的状况。

（3）被害人的社会层次和职业特征。

（4）被害人的生活习惯、活动规律以及特殊生活方式。

（5）被害人生前的居住情况以及被害时所处的环境。

（6）被害人的财物损失情况。

（7）被害人遇害时的对抗情况。

（8）使用工具情况。

（9）犯罪动机。

（10）犯罪行为人与被害人的关系。

（11）犯罪行为人的社会层次和职业特征。

【案例9】20世纪80年代，河南省新密市来集镇娘娘庙岭发生一起杀人抛尸案，侦查指挥员对未知名被害人进行研究后发现，死者穿的塑料底布鞋鞋底的磨损情况与常人不一致：一是左脚鞋掌磨损比右脚严重，二是两只鞋的磨损部位不同，左鞋靠近内脚掌一侧，右鞋靠近外脚掌一侧。进一步分析被害人的潜态信息后，侦查指挥员推断，鞋底特殊的磨损很可能与被害人经常驾驶汽车有关。再结合被害人颈部缠绕的钢绞线（经检验为汽车离合拉线），推断被害人很可能是一名汽车司机。侦查人员围绕汽车驾驶员行业内的失踪人员进行排查，很快确认了死者的身份，案件随之告破。

【案例10】20世纪80年代，河南省某市一废弃的煤窑内发现一具高度腐败的未知名尸体。细心的侦查指挥员发现：被害人穿了一双白袜子，左脚袜子比较干净，只有轻微的磨损；右脚袜子的前脚掌和足根部比较脏，有穿鞋、着地、洗涤等形成的磨损。侦查指挥员据此推断被害人的左腿应在近期受过伤，一直不能落地行走才造成两只袜子磨损状态不同。法医立即检查了被害人的左腿，果然在胫骨处发现一个瘢痕，解剖后确定被害人的左腿在两个月前曾经骨折。随即，指挥员做出了“以现场为中心向外辐射，迅速排查周边的卫生所、乡镇医院以及市区医院，寻找两个月前因骨折就诊人员”的部署，侦查员很快根据一家诊所的接骨治疗记录查清了被害人身份，抓获了犯罪行为人。

三、对未知名被害人进行脸谱刻画

对未知名被害人进行脸谱刻画，即对被害人进行五大属性刻画。

（一）被害人的生理属性

被害人的生理属性包括性别、年龄段、身高、体表特征、体态等。对未知名被害人进行生理属性刻画时，应当注意两点：一是尽量准确，二是适度放宽。对于能够通过测量获取的生理特征要尽量准确，如身高、足长、头长等。但是对有些特征的描述不能太绝对，比如年龄。

（二）被害人的地域属性

被害人的地域属性是指未知名被害人由于长期生活在某一区域，受到周边人文环境、自然环境、生活习惯、民族风俗习惯等因素的影响，而表现出的明显区别于另一区域人的相对稳定的认知事物的方法和行为方式的征象和标志，包括工作、学习、居住地的地域范围。对未知名被害人的地域属性的刻画包括三个方面：

（1）与现在居住地相关联的地域属性，即被害人现住什么地方。

（2）与童年成长期相关联的地域属性，即被害人可能是哪里人。

（3）与中心现场的关联度。

（三）被害人的社会属性

人具有生物属性，更具有社会属性，人的本质是社会属性。人的社会属性受家庭和社会生活环境的影响。对未知名被害人的社会属性的刻画主要包括四个方面：

（1）职业特征。

（2）婚姻与性经历。

（3）经济能力、社会层次。

（4）人际交往范围。

（四）被害人的心理属性

人的某些心理活动是无法直接看到的，只能通过个体的行为来反映。侦查人员可以透过犯罪现场遗留的行为痕迹和行为结果来推测未知名被害人的心理活动，勾勒出其个性特点。

（五）被害人的既往犯罪属性

被害人的既往犯罪属性是指未知名被害人的违法、犯罪经历和种类及劣迹史等。

四、依据脸谱刻画条件澄清被害人身份

查找尸源的方法：

（1）可利用媒体公布被害人情况（要注意的是不能公布现场物证情况）。

（2）利用张贴悬赏启事等手段查找尸源。

(3) 在本市、本省、全国或特定区域内发布公安机关内部协查。

(4) 在失踪人员信息库中进行比对。

五、按照对已知名被害人的研究方法，解读犯罪行为人

【案例 11】2006 年 8 月 24 日，郑州市上街区某国道边玉米地内发现一具高度腐败的未知名尸体。为了尽快查清被害人身份，侦查人员按照"观—析—画—查"的程序进行了认真研究。

案例 11 图 "2006 · 8 · 24"杀人案现场情况

首先，侦查人员通过现场勘验获取了与被害人有关的明态信息：

(1) 被害人为女性，身高 160 厘米左右，年龄 20 岁左右。

(2) 被害人衣着正常，从衣物的磨损情况看，衣服、鞋子应是近期购买：①短袖衬衣为"钰贝"牌（L 型 165/86A），同款于 2005 年在邻近上街区的荥阳市有销售，售价 120 元。②裤子是"冰逸雪涵"牌（L 型 165/86A），同款裤子在荥阳市有售，售价 150 元。③黑色乳罩和黑色内裤无品牌，一套市场售价 80 元左右。④鞋子为"达芙妮"牌休闲鞋。经查 2006 年 7 月 22 日两名女子在上街区南邻的新密市专卖店购买，售价 137 元，买鞋女子衣着与被害人的社会层次相近。

(3) 被害人的卫生状况较差，牙齿较黑，有烟垢。

(4) 被害人的头发长 17 厘米左右，漂染成浅棕色；手指指甲长，其中小指指甲长约 2 厘米，指甲边缘修剪整齐，呈椭圆形；脚趾甲涂染紫红色指甲油；没有发现戒指、耳环等饰品；因尸体腐败，体表其他特征无法辨识。

(5) 尸表无明显外伤，尸体颈部有两根鞋带绕颈两周，并在颈后部打活结。甲状软骨腐化消失，舌骨无骨折；身体其他部位未发现骨折。

(6) 作案工具即被害人颈部缠绕的两根运动鞋鞋带。

(7) 胃肠道内食物情况。胃内容物共 150 克，含有海带、葱、姜、蒜、韭菜等碎末，未检出酒精和毒物。

(8) 被害人鞋底黏附的泥土与现场泥土一致，被害前在现场有自主活动过程。

(9) 现场丢弃物。技术人员在尸体南 1 米处发现一个深紫色"狩猎仕"牌女式挎包，拉链呈开启状，包内无物品；皮包产地广州，2005 年在郑州市大同路箱包市场销售，售价 120 元。在尸体南 9 米处发现一白色塑料袋，塑料袋上有"国邮手机城，地址：上街区中心路邮政局"等字样。塑料袋内装有两包打开的"宝路"牌狗粮（均为半袋），其中一包为 500 克装"成犬脆香乐"牛肉狗粮，一包为 250 克装"成犬脆香乐"饼干狗粮。

（一）分析推断

根据上述明态信息，侦查人员做出10项分析推断：

（1）发现尸体的现场是原始现场。因为此处不是最佳抛尸地点，现场不远处有水沟、机井更适合抛尸。被害人的死亡时间为2006年的8月4日至10日。

（2）被害人在被害前在现场有自主活动情况，后来突然被鞋带缠颈，没有任何反抗，表明她遇害前对犯罪行为人没有防备。

（3）被害人穿着的衣物较新，头发染色，脚趾甲涂有紫红色指甲油，表明她比较讲究穿衣打扮；从衣服、鞋子、皮包的市场价格看，被害人应有一定的经济收入。

（4）被害人的牙齿上积存有烟垢，表明她有较长的吸烟史。20岁左右的女孩如果跟随父母居住，长期吸烟的可能性不大，可以推断她应该是离开父母独立生活一段时间了。综合吸烟、衣着、指甲等情况，分析被害人可能有娱乐、服务行业工作经历。

（5）从抛弃在现场的两袋打开的狗粮看，被害人应当养有小型宠物狗。一般工作繁忙的年轻女性养宠物狗的可能性不大，加之被害人手指甲较长，不便劳动，可以推断被害人现在可能没有工作，生活清闲，因比较寂寞才喂养宠物。结合被害人有一定的经济收入，分析其可能被人包养。

（6）犯罪行为人杀人的时间是在8月初，被害人的尸体被发现是在8月24日，期间上街区公安机关没有接到类似的失踪人员报案信息，也没有发现群众散发与被害人有关的寻人启事，表明被害人很可能不是上街区的本地人。

（7）被害人随身携带狗粮外出，表明她在案发前处于正常的生活状态，居住地可能离现场不太远；同时，丢弃在现场的塑料袋上有“上街区”字样，也表明被害人可能居住在上街区。

（8）丢弃在现场的女式挎包内没有物品，被害人身上也没有发现现金、手机、手饰等物品，表明她应当有一定的财物损失，但不能排除是犯罪行为人顺手牵羊。

（9）犯罪行为人很可能就是包养被害人的人，因为情感矛盾或为了掩盖两人关系而杀人。

（10）犯罪行为人能够负担被害人的生活，表明他有一定的经济收入。

（二）被害人脸谱刻画

侦查人员对本案的被害人进行了详细的脸谱刻画：

1. 生理属性

（1）女性，年龄20岁左右，身高160厘米左右。

（2）发长约17厘米，局部漂染，体态稍胖。

2. 地域属性

被害人应是与上街区有关联的外地人，案发前在上街区居住。

3. 社会属性

（1）有一定生活档次，但档次不高。

（2）农村人，但不是体力劳动者，喂养有小型宠物（狗、猫等），可能从事过娱乐、服务工作，后被人包养。

（3）被害人与犯罪行为人应是情人或包养、非法姘居关系。

4. 心理属性

生理正常，人格特征无异常。进入玉米地是自主和犯罪行为人一起进入的，反映出其对犯罪行为人非常信任，无防范意识。现场附近有一果园，不排除其和犯罪行为人一起来到此地采摘水果。

5. 既往犯罪属性

不排除被害人有性服务类违法经历。

依据对被害人的特征描绘，专案组制订了明确的查找尸源方案，立足上街区查找尸源。经过6天工作，发现在上街区暂住的唐某（女，23岁，荥阳市人）于7月30日外出后失踪，唐某平时养宠物狗，与被害人特征相符。后经DNA检验确定被害人就是唐某。

（三）犯罪行为人脸谱刻画

尸源查清后，专案组立即调整警力，围绕唐某的生前活动情况、社会交往情况等进行调查，结合已掌握的信息，按照“三定侦查法”的思路，对案件进行定性，并对犯罪行为人做出了脸谱刻画：

1. 定性质

本案的性质为因情感纠纷引起的有预谋杀人案。

2. 定范围

犯罪行为人为在上街区居住或与上街区有联

系的被害人的关系人。

3. 定脸谱

（1）生理属性：青壮年男性。

（2）地域属性：居住地距离现场不太远的上街区或荥阳市人

（3）社会属性：①与被害人有某种关系，可能是包养被害人的人。②非体力劳动者，有一定的经济收入。③可能是经营某种生意的小老板。

（4）心理属性：与被害人有情感纠纷，目的是杀人，动机是摆脱被害人。

（5）既往犯罪属性：无反侦查意识，可能未受过打击处理。

侦查范围一旦确定，案件侦破工作进展迅速，很快抓获了犯罪行为人——荥阳市一经营煤炭生意的老板卢某。卢某供述，2004 年其在荥阳市某歌舞厅认识了坐台小姐唐某，不久二人即在离荥阳市不远的上街区租房同居。后来，唐某多次要求与卢某结婚，二人因此产生矛盾。2006 年 8 月 3 日上午，卢某以带唐某去案发现场附近的苹果园摘苹果为名将唐某骗出，用鞋带将唐某勒死；隐藏尸体后，卢某顺手拿走了自己买给唐某的钻戒、手机等物品。

第三节　被害人研究中存在的问题

犯罪行为人与被害人作为犯罪活动互动的双方，是构成犯罪事实缺一不可的要素，在刑事侦查过程中，两者应当占有同样重要的地位。然而，无论是在犯罪学研究领域还是在刑事侦查实践中，二者受重视的程度却是厚薄悬殊。这与被害人研究自身存在的局限性有关，同时，一起刑事案件发生后，侦查人员更容易将注意力集中在未知的犯罪行为人身上，对谁是犯罪行为人、犯罪行为人究竟实施了“何种行为”、要达到“何种目的”倾注大量精力，而对已知的被害人关注较少，甚至普遍存在漠视被害人、美化或丑化被害人以及研究方法不得当等问题。

一、被害人研究的局限性

被害人研究是从已知的被害人信息入手，推知犯罪行为人的过程，以被害人和案发现场为研究起点，通过对被害人和案发现场的分析得出犯罪行为人的行为信息，以达到缩小侦查范围、帮助破获案件的目的。这一过程，存在两个基本的局限性：一个是它假设人类的行为具有一致性；二是它假设侵犯方式和在现场收集的证据与特定的人格特征直接相关。人的行为会随情境或社会背景的改变而改变，当社会背景差异显著时更是如此，因此在侦查实践中对被害人进行研究时，对被害人行为的推断不可武断、绝对，应当全面收集被害人的行为习惯后，大胆假设，小心求证，以免分析结果流于一般化，失去特殊性；相似或相同的行为由不同的人做出，也可能是出于不同的原因或目的，因此在被害人研究中做出的任何推断，都必须基于被害人已知的心理特点、行为特征，不可盲目下论断；刑事案件在对现场证据进行分析的时候，要善于把握实物证据、行为证据与特定人格特征的关系，在此过程中也要注意立足已掌握信息，避免将问题泛化，任意联系。

与侦查中的其他环节不同，被害人研究除了注重实物证据，更重要的是发掘心理线索，因此上述局限性难以完全避免，这就要求侦查人员在工作中善于总结经验，及时发现问题，调整思路，使被害人研究在侦查实践中发挥更大的作用。

二、漠视被害人

在一些刑事案件高发地区，侦查人员几乎天天面对杀人、伤害、强奸、抢劫等暴力、恶性犯罪，残忍的手段、血淋淋的现场都给侦查人员带来最直接的生理和心理冲击，也带了巨大的工作压力、心理压力和情绪困扰。出于对血腥和暴力场景的本能的心理防卫，他们会将自己置身事外，对被害人所遭受的侵害采取“漠视”的情感应对机制，不被痛苦所影响，亦不被情绪所左右，仅把被害人当作一个客观存在的物体进行检查和分析。

从保护侦查人员心理健康的角度看，“漠视”是有一定益处的，但是“漠视”对被害人研究却百害而无一益。侦查人员一旦无动于衷地冷淡对待被害人以及他们的遭遇，不把他当作一个有故事的、活生生的人去研究，往往会出现只关注了被害人的生理属性，却忽视了对被害人的关系背景、社会属性的深层调查；只关注犯罪行为作用到被害人身上造成的客观变化（如被害人的损伤情况、致死原因等），却忽视了犯罪行为人与被害人之间的关联性研究；只关注与被害人有关的某一特定事件，却忽视了事件与事件之间的千丝万缕的内在联系等问题。

三、美化、丑化被害人

被害人作为一个现实中的人，都是有自己的优点和缺点的。侦查人员在实际工作中，很容易出现不能客观公正地对待被害人的问题，总是避免不了以社会一般评价标准衡量被害人，认为有些被害人是“好人”，就给予更多的关怀；有些被害人因为从事不当职业或道德败坏，就爱答不理。其实，不管被害人处于什么阶层，从事何种职业，智力水平如何，受过何种教育，侦查人员都应该把被害人当作一个现实的主体而非物体，对被害人的遭遇都应抱有同情心，不考虑被害人社会地位的高低、从事职业的贵贱，一视同仁。侦查人员都不能美化他们，更不能丑化他们。任何来自主观的赞誉和偏见，都会影响侦查人员的辨识能力，对被害人进行过多的粉饰和无端的诋毁也必然会掩盖他们的客观真实面目。

1. 美化被害人

美化被害人是指侦查人员不自觉地放大某些被害人的优点，将其理想化。容易被美化的被害人包括：受过高等教育、从事良好职业、社会地位较高的人员及儿童、青少年等。侦查人员往往武断地认为这些被害人是无辜被害的，是值得同情的，进而心生怜悯，情感也向之靠拢。这样一来，被害人自身特有的，且易诱发犯罪行为发生的主观特征（如行为方式、生活习惯以及处理社会事务和人际关系的能力等）很容易会被侦查人员忽视掉。

【案例12】2006年3月23日18时30分，家住在登封市大金店镇文村十一组的三岁男童张拾豪突然在村口失踪，当晚21时50分，群众在村南的废弃窑洞内发现张拾豪的尸体。经勘验，张拾豪有明显的被虐待现象。由于张拾豪的父母开办有工厂，家里经济条件较好，一些人认为张拾豪遭到了歹徒的绑架勒索，还有人认为张拾豪的父母因为和别人有经济纠纷，张拾豪是被报复杀害的。值得庆幸的是，侦查人员在围绕张拾豪进行调查时并没有武断地下结论，很快，侦查人员就从他的父母那里得知，张拾豪小小年纪却爱无端骂人，也就是这个不良的行为方式成为他被害的直接诱因。

【案例13】2005年6月8日，河南省政府办公厅向郑州市公安局报案称，河南省副省长吕德彬的夫人陈俊红被绑架，下落不明。吕德彬，52岁，1981年在河南农业大学研究生毕业后留校任教；1982年赴美攻读第二硕士和博士学位；1988年放弃国外的优厚待遇回国任教；2003年任河南省人民政府副省长。副省长吕德彬是高级干部、高级知识分子，不了解情况的人会认为他的夫人必定知书达理、端庄贤淑。加之其住在省委大院，驻地有武警把守，谁会绑架她？谁敢杀害她？

破获本案的关键是专案组没有因为被害人的身份特殊而美化她，而是认真做好被害人研究，经调查发现，陈俊红，河南省鄢陵县大马乡人，38岁，小学文化程度。为人脾气暴躁、性格泼辣，嚣张跋扈，1998年认识吕德彬，次年结婚，遂来郑州居住，与吕德彬有严重的矛盾纠纷、情感不合。在家中受了陈俊红的气，吕德彬便向自己的司机、下属以及省委省政府秘书长、常务副省长、省人大和省政协的领导倾诉，借以发泄自己的不满。由于心理承受能力达到了极限，吕德彬便心生杀念，吩咐自己的学生新乡市副市长尚玉和雇佣社会闲散人员张松雪、徐小桐杀害了妻子陈俊红，并伪造了妻子被绑架的假象。由于对被害人的研究充分、全面，方法得当，仅用3天，便将此案破获。

2. 丑化被害人

与美化被害人相反，丑化被害人也是侦查人员容易产生的一种偏见，丑化被害人是指侦查人员在主观上对某些被害人产生“轻视”情绪，认为他们注定是要被社会遗弃的人，不予关注。容易被丑化的被害人包括：精神和智力上有缺陷、行为方式和生活习惯特殊（如街头流浪者、同性恋）、从事不正当职业（如暗娼、窃贼）或处于社会底层（如拾荒者）的人员。侦查人员甚至觉得为这样的被害人投入大量警力、财力、物力很不值得。与美化被害人一样，丑化被害人也是错误的，侦查人员不能因为被害人的反社会倾向或不良的职业、生活方式就去否定这个人。

否定人并不是侦查人员的工作职责，我们的职责是研究谁会侵害他。而且在现实中，一些犯罪行为人在选择犯罪侵害对象的时候也会有意选择这些人群，除特有的犯罪目的外，这类被害人真实身份难以查明、本身不受重视的特点，也是犯罪行为人心怀侥幸、敢于实施犯罪行为的原因之一。

【案例 14】2006 年 10 月 16 日，赵秀英（女，安徽省临泉县人，在郑州收废品）到二七公安分局淮河路派出所报案称，10 月 15 日晚其妹赵秀枝（女，38 岁）在淮河路与兴华南街一带收废品时突然失踪。赵秀枝失踪后，赵秀英在其经常收废品的区域内查找了一天，将赵秀枝失踪前的活动轨迹以及失踪前后的可疑情况提供给派出所民警。派出所的同志只是根据被害人家属提供的情况，在被害人失踪前最后活动的沿线做了简单调查，并没有深入收集相关证据，仅仅按照普通的失踪案做了登记。直到 2007 年 2 月 2 日，群众在二七区长江路与工人路交叉口的西侧 180 米处路南发现一个人头，引起了公安机关的重视，随后经过大量工作，在 6 月 12 日认定此案被害人就是 2006 年 10 月 15 日失踪的赵秀枝，此时已经丧失了破案良机。

四、对被害人研究的方法不得当，研究的内容不全面

侦查人员由于经验不足或重视程度不够，对研究被害人的方法掌握不足，也是造成被害人研究工作较为滞后的重要因素之一。主要表现为侦查人员不知道通过何种途径收集被害人信息，不知道收集被害人的哪些信息，不知道如何分析收集到的被害人信息。要改变这一现状，首先应当提高基层侦查人员对被害人研究的认识，同时加强对侦查学、犯罪学、生理学、心理学等学科的基本知识的学习，通过综合素质的提高，提升侦查人员对被害人研究的水平。在具体案件中，被害人研究水平的提升，会有助于案件侦破工作的进展，侦查人员通过被害人研究获益，则会进一步认识到被害人研究的重要性。

第七章　激情犯罪行为及特点

第一节　激情犯罪概述

激情犯罪是情绪型犯罪的一种，在此种场合，犯罪行为人基于情绪冲动而实施犯罪行为。对激情犯罪的研究主要围绕犯罪行为人和犯罪情境两方面展开。一方面，激情犯罪和犯罪行为人自身的精神状态关系密切，特别是受到了犯罪行为人性格特点、感情经历和情绪酝酿等因素的影响。另一方面，激情犯罪是在特定的情境下实施的，特别是犯罪行为人在此种情境中受到了刺激临时产生犯罪的意图。随着药家鑫案、夏俊峰案和贾敬龙案等案件的报道，激情犯罪开始被人们所关注。从理论研究出发，加强激情犯罪的研究能够帮助人们更加清楚和准确地认识激情犯罪；从侦查实战出发，加强激情犯罪的研究能够积累激情犯罪的办案经验，同时为具体案件的办理提供经验指导。

一、激情犯罪

关于激情犯罪，从不同的视角，存在不同的认识和理解。就理论研究而言，激情犯罪存在刑法学意义上的激情犯罪和犯罪学意义上的激情犯罪两种定义。

（一）刑法学意义上的激情犯罪

刑法学意义上的激情犯罪是从规范法学的角度来认识的，特别是从是否能够作为量刑情节来展开研究的。刑法学视角下激情犯罪的概念都强调了从被害人过错和犯罪行为人的刑责减轻角度去定义。具有代表性的观点有，激情犯罪是指行为人因被害人不当言行刺激，在短暂的、强烈的非理性情感支配下实施的犯罪行为。① 刑法学意义上的激情犯罪认定较为严苛，其需要从诱因范围、主观方面、时间标准、对象限制、罪名要求等方面予以认定。②

从激情犯罪的范围来看，主要反映为故意杀人和故意伤害，其中故意杀人最为常见。从激情犯罪的司法认定来看，需要将激情犯罪和相关概念予以区别。和相关行为进行比较，有助于我们更加准确地认识激情犯罪。与正当防卫相比，二者的区别在于行为目的。正当防卫的目的是行为人在自身合法权益受到侵害的紧急情况下，为了保护自身合法权益而实施的行为；激情犯罪则是行为人因被害人的刺激而实施的侵害行为，其目的重在“报复”和“泄愤”。与临时起意相比，二者的范围不同。临时起意主要反映行为人产生犯罪动机的时间，在没有预谋的情况下，突然产生犯罪的想法，当然也可能是受到外界的刺激。这种刺激是微弱的，不足以让行为人在情绪上发生波动，特别是不会产生“报复”等负面情绪。激情犯罪也属于临时起意，其是临时起意的一种特殊情形。与义愤杀人相比，二者的犯罪动机不同。义愤杀人是指行为人基于义愤而产生犯罪的想法，比如，大义灭亲，其有可能是预谋型犯罪。激情犯罪是行为人在受到被害人的挑衅和刺激后临时产生犯罪的想法。

从刑法学的角度研究激情犯罪，旨在加强犯罪具体情形的研究，实现刑罚个别化。在刑法的语境当中，激情犯罪是作为一种减轻刑罚的辩护理由而存在的，所以对激情犯罪的界定直接关系到对行为人如何定罪如何量刑。③ 一般而言，减轻激情犯罪行为人刑事责任的理由有三：①激情犯罪的场合，存在被害人过错，行为人是在受到被害人刺激的情况下实施的犯罪，因此，行为人

---

① 顾忠华．激情杀人：犯罪与被害互动下的典型特征与防控对策［D］．上海：华东政法大学，2011.

② 李鹤群．论刑法上的激情犯罪［D］．石家庄：河北经贸大学，2015.

③ 同①.

的责任相对较轻；②激情犯罪行为人是在情绪爆发之下的冲动之举，情绪稳定后思想上会有悔改，甚至会有自首情节，其再犯可能性较小，人身危险性也较小；③主观恶性上，激情犯罪和一般的犯罪行为存在明显差异，其和预谋犯罪存在较大区别。

（二）犯罪学意义上的激情犯罪

犯罪学意义上的激情犯罪是将其作为一种犯罪现象来认识的，更多地是从社会学角度展开研究的。犯罪学意义上的激情犯罪比刑法学意义上的激情犯罪范围更广。一方面，就英美刑法而言，激情犯罪只能用于杀人罪的辩护，而在犯罪学中，激情犯罪则包括杀人、伤害、强奸等多种暴力犯罪；另一方面，刑法中激情杀人罪成立的前提是有足够的挑衅，而通常言语刺激很难被认定为足够的挑衅，但在犯罪学中，言语的刺激产生的犯罪也极有可能被作为激情犯罪来对待。[①]犯罪学意义上的激情犯罪研究多从犯罪心理和社会矛盾的角度展开。一般地，性格偏激、情绪冲动、心理脆弱的人在受到外界刺激特别是被挑衅和歧视的时候容易实施侵害行为。比较突出的矛盾关系也容易引发激情犯罪。当前，激情犯罪研究主要从高校师生矛盾、地域和民族性格特征、性别（特别是女性）等视角展开。

从相关研究来看，激情犯罪和被害互动存在着较为紧密的联系，被害互动主要表现为被害人对行为人所实施的言语、行为、态度等方面的刺激。以激情杀人为例，其生成具有以下特征：[②]

①从行为人和被害人的关系来看，熟人居多；②从行为人和被害人的身份关系来看，家庭成员内部的激情犯罪多集中在夫妻关系、父子关系、兄弟关系、母女关系，朋友关系的激情犯罪多集中在男女朋友、情人关系；③从行为人和被害人的性别特征来看，犯罪行为人男性居多，被害人男女人数接近；④从行为人和被害互动的起因责任和事态发展推动关系来看，被害人过错或不当行为推动下的犯罪居多；⑤从犯罪与被害互动的诱因来看，多种诱因并存，这也反映出激情犯罪的复杂性；⑥从行为人和被害人双方矛盾诱发点来看，激情犯罪多起因于情感纠葛、债务纠纷、不正当性交易、日常琐事等方面；⑦从诱因的表现形式来看，在激情杀人案件中，言语冲突是主要的诱因形式，逞口舌之快而遭遇杀身之祸的占多数，有些激情犯罪行为人和被害人可能还涉酒，酒精一定程度上成为激发矛盾的催化剂；⑧从犯罪和被害互动的时空特征来看，激情犯罪晚上居多，行为人和被害人双方住所地居多；⑨从行为人的作案手段来看，激情犯罪使用作案工具的居多；⑩从犯罪与被害互动的犯罪人群特征来看，青少年居多，低学历者居多，普通打工者居多；⑪从犯罪与被害互动的犯罪心理特征来看，行为人在实施犯罪时的不良心理体验通常急剧扩张，行为人的心理反应和承受能力与情境刺激不相称，受冲动情绪的影响，行为人的犯罪意志表现得较为坚定。

侦查实战研究激情犯罪更侧重于犯罪学意义上的激情犯罪，通过分析犯罪行为人的行为特征和双方的矛盾关系能够帮助侦查人员刻画犯罪嫌疑人的特征，明确侦查要点和确定侦查方向。

二、激情犯罪的特点

（一）突发性

行为状态上，激情犯罪具有突发性。和预谋犯罪相比，激情犯罪不存在预谋和准备实施犯罪的过程。因为激情犯罪受到不良情绪的主导，所以，犯罪行为会随着情绪的迸发而实施。在激情犯罪的场合，被害人对激情犯罪是没有预期的，这种行为的突发性对于被害人而言完全属于意外。激情犯罪的突发性也为被害人的防范制造了难度，这种犯罪行为“来得快”，被害人完全来不及躲闪和回避。

（二）短暂性

行为持续上，激情犯罪具有短暂性。激情犯罪的短暂性和行为人的心理状态紧密相连。从犯罪动机上看，行为人实施犯罪多为泄愤或者报复，同时也受到不良情绪的主导，当犯罪行为实施完毕，行为人的情绪也趋于稳定，犯罪行为也就停止。同时，激情犯罪因其极强的爆发性，通常会使用暴力手段，会立即造成严重后果，这一犯罪过程持续时间较短。

---

① 帅红兰．浅论大学生激情犯罪及其预防策略［J］．山西青年职业学院学报，2014（2）：41.

② 顾忠华，高飞．激情杀人犯罪的生成特征及防控路径：以上海市M区近年来所受理的激情杀人案件为参考［J］．中国刑事法杂志，2013（10）：90-96.

（三）暴力性

行为方式上，激情犯罪具有暴力性。一般地，激情犯罪以杀人或者伤害为主，会造成比较严重的后果，被害人非死即伤。另外，激情犯罪的目的在于发泄内心的不良情绪，受情绪恶化的影响，行为人通常会选择较为极端的方式来侵害被害人。

（四）公开性

行为过程上，激情犯罪具有公开性。在公共场所发生的激情犯罪是激情犯罪的主要类型，在公共场所通常会有相关人员目击整个犯罪过程。在当前视频监控普及的状态下，在公共场所发生的激情犯罪也会被记录下来。这样，犯罪过程中，行为人和被害人之间发生的事情和发生的身体接触具有一定的公开性。在家庭场所发生的激情犯罪，虽然鲜有目击者，但是矛盾双方的关系和冲突可能被一些人了解，所以，从犯罪的生成角度来看，此种场合的激情犯罪也具有一定的公开性，并不是无据可查的。

三、激情犯罪的分类

激情犯罪行为是激情犯罪的核心内容，激情犯罪在不同的场合表现各异。通过对激情犯罪进行分析，能够帮助我们更准确地认识激情犯罪。依据不同的标准可以对激情犯罪做出不同分类。

（一）突发型激情犯罪和积蓄型激情犯罪

根据行为人和被害人是否有积怨，可分为突发型激情犯罪和积蓄型激情犯罪。突发型激情犯罪的场合，行为人和被害人之间不存在积怨，仅仅因为被害人在言语或者行为上的“失当”刺激到行为人，才引发犯罪的发生。这种情形又受到行为人的个性特质和被害人刺激行为的过分程度等因素的影响。积蓄型激情犯罪的场合，行为人和被害人之间积怨已久，被害人的刺激或者挑衅行为成为引发犯罪的导火索。在这种情况下，被害人对自己的刺激或者挑衅行为是无意识的，其对可能招致的被害风险也无感知，比如，因长期遭受家暴而引发的激情犯罪就是典型。

（二）主动攻击型激情犯罪和被动防卫型激情犯罪

根据犯罪行为是积极主动实施还是消极被动实施，可分为主动攻击型激情犯罪和被动防卫型激情犯罪。主动攻击型激情犯罪反映出行为人犯罪行为的积极性和主动性，这种场合的犯罪行为主要是因为行为人对自身情绪的控制能力较差所导致的；被动防卫型激情犯罪的场合，能够反映出被害人自身过错的存在和其咄咄逼人的气势，这种情形下的行为人多是“隐忍”型的，但是这种犯罪的意志更坚定，危害后果更为严重。

（三）言词诱因型激情犯罪和行为诱因型激情犯罪

根据激情诱因表现形式的不同，可分为言词诱因型激情犯罪和行为诱因型激情犯罪。言词诱因型激情犯罪主要是行为人和被害人因为争吵而引发的犯罪行为，这种场合的犯罪反映出行为人在性格和心理上的冲动和暴力倾向。行为诱因型激情犯罪主要是因被害人的行为所诱发，反映出行为人被攻击的状态，行为人实施犯罪行为“事出有因”。此种情形需要和正当防卫严格区分。

（四）病理型激情犯罪和生理型激情犯罪

根据激情的性质不同，可分为病理型激情犯罪和生理型激情犯罪。病理型激情犯罪是指行为人基于发病的精神状态所实施的犯罪，患精神疾病的人精神承受能力是比较脆弱的，面对外界的刺激可能会做出极端的行为。生理型激情犯罪是指行为人因外界的刺激导致情绪爆发所实施的犯罪，这是激情犯罪的主要类型。

（五）公共场所的激情犯罪和家庭场所的激情犯罪

根据激情犯罪场所的私密性程度，可分为公共场所的激情犯罪和家庭场所的激情犯罪。其中，公共场所的激情犯罪，具体又包括以下三种：工作场所的激情犯罪、学习场所的激情犯罪、休闲娱乐场所的激情犯罪。不同的犯罪场所反映出行为人和被害人之间矛盾的类型和激烈程度，同时也反映出行为人和被害人的关系。在公共场所发生的激情犯罪具有不确定性，行为人和被害人之间的关系和矛盾相对较为复杂。在家庭场所发生的激情犯罪，通常以熟人为主，矛盾冲突主要表现为生活琐事和积怨。

（六）排解型激情犯罪和报复型激情犯罪

根据激情犯罪的犯罪主体的心理特征不同，可分为排解型激情犯罪和报复型激情犯罪。排解型激情犯罪主要是指行为人内心存在积怨或者深层次矛盾，因为被害人无意的言语或者行为的刺激，行为人为了“发泄”而实施犯罪。在这种犯罪场合，被害人可能不是行为人内心矛盾的对象，只是因为被害人“无意识”的行为或言语不当导致了悲剧的发生，行为人的行为不具有针对性。报复型激情犯罪是指行为人对具体的对象实施的犯罪行为，目的重在“报复”。在这种犯罪场合，行为人实施犯罪是有针对性的。

第二节　激情犯罪行为人的心理特质分析

在激情犯罪的场合，行为人因受被害人的刺激实施犯罪行为。从激情犯罪生成机制来看，大体经历了“刺激—情绪—行为”的变化过程。其中，情绪是重要的链接点。行为人的情绪又和其自身的心理特质和对情绪的控制能力相关。一般地，激情犯罪行为人的心理特质主要有三种表现，即易激惹心理特质、极端心理特质和精神病心理特质。

一、易激惹心理特质分析

易激惹心理是指容易被激怒或者情绪容易波动的心理状态。易激惹心理反映出一个人面对外界刺激的脆弱性。每个人都会因一些事情感到羞愧、懊恼以至于羞于启齿。这些事情可能是身体残疾、过往糗事、不良记录或者不光彩的经历等。受到性格、心态等因素影响，不同的人对于同样事情的态度可能有异。也就是说，不同人对于一些刺激的承受程度各不相同。一般而言，易被激惹的人对情绪的控制能力相对较差。在激情犯罪的场合，面对被害人的刺激，行为人不能够正确看待，不能采取正确的应对方法，情绪的波动容易激发其采取极端方式予以回应，最后以至于犯罪。受易激惹心理支配的行为人往往会形成以发泄愤怒为目的的主观认知，进而实施具有暴力性的犯罪行为。

二、极端心理特质分析

极端心理是指面对外界的刺激以极端的方式特别是暴力或者武断的方式来应对的心理状态。极端心理的形成和一个人的成长经历、家庭环境和个人处遇有关。一般地，拥有极端心理的人在行为处事方面选择较为单一，这就导致其面对复杂的事态不能够做出最佳的选择。受极端心理支配的行为人很难忍受被害人的刺激和挑衅，往往会形成以报复为目的的主观认知，进而实施具有暴力性的犯罪行为。

三、精神病心理特质分析

精神病心理是指患有精神疾病的人面对外界的刺激以非正常方式予以回应的一种心理表现。患有精神疾病的人其思维方式和正常人存在较大差异，有的时候其行为不受自身的控制。也正是因为这一原因，通常情况下，精神失常的人不需要承担刑事责任。精神病患者可能会受被害人的嘲笑、蔑视等行为的影响，以“不分轻重”的方式回击被害人。尽管在刑事责任认定上，精神病患者无须对自身行为负责，但是，从犯罪学和侦查实践的角度出发，有必要对精神病患者实施激情犯罪的行为进行研究。在犯罪防控和案件侦查方面，研究精神病患者的激情犯罪具有现实意义。

第三节　激情犯罪的侦查视角分析

一、激情犯罪的表现形式

从行为后果来看，激情犯罪的表现形式以故意杀人和故意伤害为主，除此以外，还可能涉及故意毁坏财物等。从激情犯罪案发数量和研究重点来看，研究激情犯罪主要体现为研究激情杀人犯罪。

（一）激情犯罪的种类

以犯罪主体为标准，常见的激情犯罪主要有以下几种：

1. 大学生激情犯罪

大学生激情犯罪作为激情犯罪的一种重要类型，其凸显的是行为人的身份，即大学生。大学生激情犯罪和大学生的心理特征、精神状态和经历事件存在很大关系。一般认为，大学阶段是人形成稳定价值观的重要阶段，同时也是学生走向社会的重要节点，要面对学业压力、就业压力和情感生活，外界的刺激容易引发情绪和思想的波动，也就容易诱发犯罪行为。在大学生激情犯罪案件中，有一类较为特殊，那就是“弑师案件”。高校师生的矛盾也成为当前较为特殊的社会矛盾类型之一，因为无法忍受导师的剥削和欺压而自杀的案例已有多起。“弑师案件”和因师生矛盾而自杀的案件中，身为师者可能存在问题，但是这样的悲剧和惨案中大学生的表现值得我们关注。大学时期是个体的人格逐步完善的关键时期，是人对自我认识和自我定位的关键时期。处于这个阶段的大学生都有较强的自我认同感，一些我们可能不会注意或忽略的偶然事件刺激就有可能导致行为人的情绪在极短的时间内由弱变强。这些偶然的事件主要包括：对行为人的言语刺激，如讽刺和谩骂；对行为人行动上的刺激，如殴打和侮辱等；行为人在感情上的变故，如失恋。① 研究大学生这一特殊群体的心理状态和特质是研究大学生激情犯罪的重要内容。

2. 女性激情犯罪

女性激情犯罪作为激情犯罪的一种重要类型，其凸显的是行为人的性别，因女性性格的特质引发的激情犯罪也不在少数。国内研究认为，实施激情犯罪的女性大体存在以下几种情况：①女性遭遇了生活挫败；②女性的认知水平低下；③从生理状态来看，女性犯罪时的大脑皮层活动异常；④女性患有一定的心理疾病；⑤女性对司法不公极为不满；⑥胆汁质的女性。② 通常情况下，女性性格偏向于“柔”，这就导致在和异性发生矛盾时倾向于“隐忍”，但是久而久之，这种负面的体验会在积累到一定程度时予以爆发。当然，这种负面体验在爆发的时候会受到一定导火索的影响，一般表现为异性的再次施暴或者侵害。以女性激情犯罪常见的“因家暴杀夫案件”为例，行为人长期遭受家暴，后来因为被害人的再次施暴或者挑衅而精神几近崩溃，进而实施反击，这是女性实施激情犯罪最典型的模式。

3. 青少年激情犯罪

青少年激情犯罪作为激情犯罪的一种重要类型，其凸显的是行为人的年龄特质。一般地，青少年在处理事情上表现为年轻气盛、做事冲动、考虑不周等，这就导致其在面对矛盾和冲突时认知上存在一定偏差，同时还不能很好地控制自己的情绪，所以容易选择极端的行为方式予以回击。青少年趋乐或避苦的心理更为严重，当被各种诱惑所吸引或是被各种挫折所打击时，在特定的客观情境刺激下，容易使得个人主观“合理化”心理倾向出现，使得大脑出现盲点，道德和法律心理监督功能丧失，进而产生过激行为。③ 青少年激情犯罪符合激情犯罪的生成机制，但是，因行为人主体的年龄特质，又具有特殊性。加强青少年自身的心理特征研究是研究青少年激情犯罪的重要内容。

4. 弱势群体激情犯罪

弱势群体激情犯罪是指在社会中处于弱势地位的人群在社会交往过程中因遭受不公平待遇，激发其对社会的不满进而对强势对象实施犯罪的一种犯罪类型。身处弱势的群体面对复杂的矛盾局面，求助无门，没有更多的选择空间，往往会选择极端方式来武断解决问题。较为典型的案例有夏俊峰案和贾敬龙案。2009 年 5 月 16 日，夏俊峰摆摊被沈阳市城管执法人员查处，后同执法人员到沈阳市城市管理行政执法局沈河分局滨河勤务室接受处罚。处罚期间，夏俊峰与执法人员发生争执打斗，夏俊峰刺死两名城管队员又重伤一人后逃离现场。2010 年 11 月 10 日，贾敬龙之父与村委会签订了同意拆迁协议，并按协议从村委会取得平价房一套、置换房一套后，搬离了旧房。但是，贾敬龙拒不听从其父母及女友等人的规劝，不同意从旧房搬迁。2013 年 5 月 7 日，北高营村村委会按照统一拆迁规划以及事先与贾敬龙之父贾同庆签订的拆迁协议，对贾同庆家的旧房实施拆除，导致双方发生冲突。贾敬龙遂对该村党支部书记兼村委会主任何建华产生怨恨，2015 年 2 月 19 日，贾敬龙用射钉枪将何建华

---

① 贺撒文．高校师生矛盾冲突导致的违法犯罪问题研究［D］．北京：中国政法大学，2009.

② 谢亚平．论女性激情犯罪的生理学原因［D］．济宁：曲阜师范大学，2011.

③ 刘永江．青少年激情犯罪问题初探［C］//中国犯罪学学会第十八届学术研讨会论文集（中册），2009：406.

射杀。

以上两个案例是处于弱势地位的下岗工人和普通群众在面对执法和拆迁等敏感事件时选择用极端方式予以回应的事件。在社会矛盾不断激化的背景下，矛盾的积累和升级会引发不同主体间的冲突，这在一定程度上为犯罪埋下了隐患，这是诱发激情犯罪的社会因素。在一些敏感的社会事件中，执法不公、暴力强拆等则可能成为激发行为人情绪冲动的外界刺激。深入分析社会矛盾，坚持妥善化解社会矛盾才能消除弱势群体实施激情犯罪的矛盾基础。

（二）激情犯罪的具体表现

结合相关案例，激情犯罪的具体表现有以下几种：

1. 受外界刺激的激情犯罪

（1）见财起意的激情犯罪：是没有预谋的犯罪，一般属于临时起意实施犯罪行为。临时起意有不同的表现，大多是受到了外界的刺激。见财起意是一种较为常见的激情犯罪类型，犯罪行为人基于非法占有为目的，大多通过抢劫或者抢夺的方式获得他人财物，然后将抢来的财物供自己使用或者转卖。有的犯罪行为人看到别人从银行出来，手里拎着鼓鼓囊囊的包，可能会临时产生抢钱的想法；有的犯罪行为人看到别人手里拿着最新款的手机，可能会临时产生抢走的想法；有的犯罪行为人看到别人（特别是女士）佩戴金银首饰，可能会临时产生行抢的想法。

2018 年 6 月 11 日，K853 次列车运行到宜宾至水富区间时，成都铁路公安处乘警支队当班乘警长接到旅客夏某报案，称其放在座位上的手机被盗。接到旅客报案后，乘警立即开展调查和访问工作。就在乘警对车厢座位逐个进行排查时，原本坐在旅客夏某旁边的一名男子，迅速移步走到同车另一个座位，其反常举动极为可疑，乘警立即上前询问。询问时，该男子邓某支支吾吾，语无伦次。随后，乘警在邓某刚刚坐下的 105 号座位的座套中，找到了旅客夏某报案称的被盗手机。在证据面前，邓某交代了自己盗窃手机的犯罪事实。据邓某交代，上车后他一直坐在夏某旁边的位置上，看到旅客夏某使用的手机后，临时起意产生了将手机占为己有的“贪念”，趁夏某睡觉时就顺手将手机放在自己的裤包内。得手后，邓某便继续若无其事地坐在原位置。直到邓某发现乘警逐个座位排查之后一下就慌了神，为了逃脱关系，他便移步离开原座位，没想到最终还是没有躲过乘警的眼睛。①

（2）见色起意的激情犯罪：见色起意是另外一种较为常见的激情犯罪类型，犯罪行为人也是受到了外界的刺激才临时产生犯罪的想法的。在此类犯罪中，犯罪行为人通常有较为强烈的性需求，因此，一般地，单身汉、青少年和性欲旺盛的人通常会实施此类犯罪。从犯罪条件来看，犯罪行为人因被害人的刺激产生性需求，可能是因为被害人衣着暴露、容貌姣好、言语轻佻、浓妆艳抹等刺激了犯罪行为人。另外，深夜、被害人独行、地处偏僻等环境条件也会刺激犯罪行为人产生“劫色”的想法。

2013 年年底，23 岁的邓某生邀集朋友邓某海、关某打算出去抢劫。22 时左右，关某驾驶摩托车搭载邓某生和邓某海窜至高州山美红绿灯附近，发现逛街夜归的张某和吴某，于是决定抢劫这两人。3 人尾随两名女子至一铁桥涵洞时，关某认出其中一名女子是他妻子的同学，怕被认出，放下两名同党离开。行至偏僻处，邓某生用塑料枪指着张某和吴某，邓某海对两人进行搜身，抢得人民币 100 多元、女式摩托车一辆、手机两部。后来，两人驾驶抢来的摩托车离开。开出几米远，两人想起张某和吴某长得漂亮，于是起了色心，又回头拦截她们。邓某生用恐吓、殴打等方式劫持她们上车。两人用抢来的 100 多元在宾馆开两间房，邓某生哄骗张某，只要她做他女朋友并和他发生性关系，以后就好好保护她，张某不从，邓某生便两次奸淫张某。另一边，邓某海企图强奸吴某，因吴某来例假未能得逞，不死心的邓某海提出加吴某 QQ 好友。次日，两人把劫来的摩托车及手机归还张某和吴某。张某回家后在家人的帮助下报警。三名歹徒很快被当地警方抓获归案。②

2. 侵害行为升级的激情犯罪

（1）因泄愤而失手实施的激情犯罪：激情

---

① 见财起意，男子坐火车顺手摸手机，半小时后落网［EB/OL］．［2018-06-13］．http：//sc. sina. com. cn/news/m/2018-06-13/detail-ihcwpcmp7211762. shtml.

② 男子抢劫后见色起意，开房强奸女事主［EB/OL］．［2014-09-01］．https：//www. nanrenwo. net/zlht/55698. html.

犯罪一般属于临时起意，不存在预谋过程。社会生活中，因矛盾发生打斗的现象时有发生。在打斗的过程中，双方的情绪均处于亢奋的状态，强势的一方为了发泄自己内心的愤怒会采取极端的行为控制弱势的一方。在这一过程中，侵害行为可能升级，导致弱势的一方被害。

2012 年年底，40 多岁的胡某建在一个洗脚房认识了 20 多岁的闫某，时间一长，两人发展为情人关系并姘居在一起。因为胡某建在外打工挣钱不多，难以满足闫某的生活需求。于是，闫某向胡某建提出分手，同时向胡某建索要 10 万元的青春损失费。胡某建无力支付，二人因此经常争吵不休。2013 年 3 月 5 日，胡某建和闫某在住处又因青春损失费再次发生争吵。争吵过程中，闫某抓挠胡某建的脸，对胡某建不依不饶。胡某建恼羞成怒从房间口的纸箱内拿出一根绳子缠到闫某的脖子上，将其勒死，并制造闫某自杀的假象后逃跑。2013 年 3 月 6 日，胡某建在其家属的劝说下到公安机关自首。

（2）因对方反抗而实施的激情犯罪：从侦查实践来看，一起刑事案件中，可能涉及多个侵害行为，这些侵害行为的危害程度各有不同。犯罪行为人最初只想实施一般的侵害行为，比如，伤害、抢劫、盗窃等，但是，因为被害人的反抗，侵害行为就可能升级。升级的侵害行为不是行为人犯罪前就预谋好的，而是属于临时起意。

张某初中毕业后从河北老家来北京打工，刚开始在一家食品厂上班，与老乡住在一起。干了一个月，张某拿了 3 000 元工资后辞职打算去外地找工作，之后又决定返京，但是在路上弄丢了钱，身上只剩 19 元。回京后，张某和朋友到剧组做过群众演员，收入只够吃饭。后来，张某连吃饭的钱也没有了，就想到了抢劫。

2014 年 3 月 27 日 18 时许，张某来到地铁口蹲守，直到次日凌晨 5 时看到吴女士才决定动手。当天下着小雨，吴女士手持一把红伞，背着一个红色包，在商场上班的她因为早上 7 时就要赶到单位，因此每天很早出门。吴女士当时正要进地铁站，张某就拿着刀上去胁迫吴女士跟他走。张某和吴女士说，他只要钱不伤人。张某拿完钱后转身刚要走时，吴女士突然大声呼叫。慌乱之下，张某便转身用刀扎向吴女士，直到她不动了才停手。张某说，他扎了不到 17 刀，因为害怕，所以一直在扎。但是，最后验尸结果显示，吴女士身中 34 刀。

作案后，张某打了辆车回到暂住地，将染上血的外衣和刀扔掉，还用抢来的手机给女友打了电话，后将手机也扔掉。2014 年 3 月 28 日下午，张某用抢来的钱买了一套新衣服并吃了饭。当晚 21 时许，张某在网吧被抓获归案。①

3. 被侵害对象反击的激情犯罪

（1）因难忍家暴而实施的激情犯罪：从已经发生的案例来看，家庭暴力的受害者多为女性。在大多数家庭中，女方处于弱势地位，男方凭借经济实力、身体状态和传统男尊女卑的观念处于优势地位。家庭暴力一般具有较长时间的持续性，不仅仅是发生一次或者两次。当实施一次又一次的暴力时，被侵害的一方的忍受程度也经受着一次又一次的挑衅。当这种忍受达到极限，那么被侵害的一方就会爆发进而反击。家暴中男方往往对女方放松警惕，这也为女方反击提供了有利条件。家暴中女方的反击是在长时间的刺激下形成的，但是其反击施暴的男方的想法是在反击那一刻才产生的。

方某（男）和姚某（女）系夫妻，育有四个子女，来自江西上饶，在温州某鞋厂务工。2013 年方某有了外遇，之后便对姚某实施多次家暴，姚某对此敢怒不敢言。2014 年 8 月 16 日，方某向姚某提出离婚，同时要求姚某抚养子女。姚某此时忍无可忍，在浙江省温州市某鞋厂三楼员工宿舍内持铁棍猛击方某头部数下，又持菜刀实施割颈，致其当场死亡。②

（2）因反抗过度而实施的激情犯罪：犯罪行为作为一种侵害行为，其会引起被害一方的反抗。一定限度内的反抗是受法律保护的，但是超过一定限度的反抗有可能转化为犯罪。在刑法中，正当防卫属于违法阻却事由，但是防卫过当的行为人仍然要承担刑事责任。在被侵害的过程中，被害人无论是精神上还是身体上都受到了施害方的侵犯，被害人的反抗是一种应激行为，是

① 女乘客遭劫呼救被扎 34 刀身亡，疑犯自称没钱吃饭［EB/OL］.［2014 - 11 - 27］. http://news. sohu. com/20141127/n406421804.shtml.

② 德惠发生命案，女子疑似不堪家暴杀死自己老公［EB/OL］.［2017 - 07 - 23］. http：//ln. qq. com/a/20170723/003376. htm.

没有准备的。所以，被害人的反抗超过合法的限度可能会转化为犯罪。引发社会高度关注的于欢案就属于这种情形。

2016年4月13日，吴学占在苏银霞已抵押的房子里，指使手下拉屎，将苏银霞按进马桶里，要求其还钱。当日下午，苏银霞四次拨打“110”和市长热线，但并没有得到帮助。2016年4月14日，由社会闲散人员组成的10多人催债队伍多次骚扰女企业家苏银霞的工厂，辱骂、殴打苏银霞。苏银霞的儿子于欢目睹其母受辱，从工厂接待室的桌子上摸到一把水果刀对催债的人群一顿乱捅，致使杜志浩等四名催债人员被捅伤。其中，杜志浩因未及时就医导致失血性休克死亡，另外两人重伤，一人轻伤。2017年2月17日，山东省聊城市中级人民法院一审以故意伤害罪判处于欢无期徒刑。原告人杜洪章、许喜灵、李新新等人和被告人于欢不服一审判决，分别提出上诉，山东省高级人民法院于2017年3月24日立案受理。2017年6月23日，山东省高级人民法院认定于欢属防卫过当，构成故意伤害罪，判处于欢有期徒刑5年。

二、激情犯罪的侦查方法

激情犯罪的侦查需要考虑犯罪主体、犯罪手段、被害关系、犯罪现场和目击证人等因素，合理分析案情，科学制订侦查方案。

（一）细致勘查现场

激情犯罪多为杀人、伤害或者破坏行为，所以通常会形成明显的犯罪现场。对现场进行细致勘查是侦办激情犯罪案件的首要工作。有的激情犯罪，犯罪现场不在室外，不容易找到第一现场，这就需要侦查人员仔细认真地寻找第一现场。有的激情犯罪，侦查人员最先发现的可能是抛尸现场，那么侦查人员就要尽力发现第一犯罪现场。在犯罪现场可能会遗留一些搏斗痕迹，这为研究行为人和被害人的关系提供了依据，更有助于侦查人员进行犯罪现场重建。犯罪现场遗留的血迹、衣物、工具等物证对于侦查而言是很重要的，其有助于帮助侦查人员确定被害人身份和刻画犯罪嫌疑人特征。勘查现场作为一项基础性工作，侦查人员必须重视。

（二）走访目击证人

激情犯罪的场合，通常会有目击者感知犯罪过程，所以，走访目击证人是侦查激情犯罪的重要方法。有些激情犯罪可能发生在室内，比如，在家庭场所内发生的犯罪案件，通过走访邻居和其他知情人能够明确被害人的身份，划定侦查范围，确定嫌疑人。目击者的证言对于还原犯罪过程是非常重要的，侦查人员应当重视寻找目击者和知情人，这是侦查激情犯罪的基础性工作。当前视频监控安装率高，在还原犯罪过程和寻找目击者时，可以通过调取现场或者关键部位的监控来帮助侦查人员分析案情。

（三）确定被害人身份

激情犯罪的场合，被害关系明显，特别是会出现被杀或者被伤的情形。如果被害人仅仅是受伤，那么访问被害人就是侦办案件的重要突破口。如果被害人遇害，加之存在抛尸等转移视线隐藏现场的行为，案情相对就较为复杂。此时，就需要采取勘查抛尸现场、关联现场和检验尸体等措施来收集案件信息。确定被害人身份是侦办此类激情犯罪的第一步。以被害人的身份为起点，才有可能解开犯罪过程、嫌疑人范围和嫌疑人身份等谜题。在确定被害人身份后，通常要研究被害人的被害风险度，由此进一步分析被害关系。

（四）刻画嫌疑人特征

确定犯罪嫌疑人是侦查办案的目的之一，对于侦查激情犯罪而言，明确犯罪嫌疑人的特征是侦查活动的关键环节。刻画犯罪嫌疑人的特征需要建立在前期侦查所获得的相关线索和信息基础之上，大体上包括物证信息、被害关系、作案可能等。物证信息主要是指侦查人员通过勘查现场所获得的与犯罪嫌疑人和犯罪相关的信息，比如，现场遗留有犯罪嫌疑人的血迹、足迹、指印等。被害关系主要反映被害人和犯罪嫌疑人的关系，特别是双方之间存在合理的施害和被害理由，比如，犯罪嫌疑人和被害人有过节、积怨较深等。作案可能是指被确定有作案嫌疑的人实施犯罪的嫌疑较大，这一依据通常能帮助侦查人员划定犯罪嫌疑人的范围。比如，通过调查走访，犯罪嫌疑人曾扬言要“杀了”被害人。通过现场勘查、调查走访等常规侦查措施所获得的犯罪信息为侦查激情犯罪提供了明确的侦查思路，是侦破激情犯罪的重要保障。

第四节　激情犯罪典型案例分析

一、案发情况

2016年9月5日17时许，开封市祥符区公安局“110”指挥中心接到报警，称在开封市祥符区黄河迎宾馆北侧经二路上的一窨井盖下面发现一具尸体，侦查员迅速赶到现场。经初步勘查，死者为一裸体女性，45岁左右，长发，尸体头下脚上，已高度腐败，死亡时间为6天左右，经初步判断此为一起杀人抛尸案件。

二、办案过程

办案人员先开展了失踪人员排查。2016年9月5日20时许，办案人员发现重大线索。2016年9月5日上午有人到祥符区城关派出所报人口失踪，根据报案人的描述，被打捞上来的尸体与报案人的描述极为相似，指挥部立即做出决定，对该失踪人的居住地点进行勘验并提取其所用的毛巾、牙刷上的DNA样本，和被抛尸体的肋软骨进行DNA比对。在此期间，同时派询问组联系报案人，详细询问情况，并和其家人座谈，根据对其家人的询问情况，发现报案称失踪的女子与被打捞上的尸体相符。同时通过尸体辨认、DNA比对确定了死者就是该失踪人员孙某某。

通过研判孙某某的最后电子活动轨迹，在分析孙某某的152××××5965手机号码的电子活动轨迹时，发现与其最后通话的是一个151××××6389手机号码。孙某某于2016年8月30日18时从开封市东郊到祥符区东方百合小区，后从该小区外出返回到开封市东郊劳动路中段附近，于当晚20时许从开封市东郊劳动路中段到兴隆乡薄店村。

通过分析151××××6389手机号码的电子活动轨迹，认定该号码基站位置经常停留在兴隆乡薄店村孙某某家附近。151××××6389这个号码从2016年8月30日18时许从兴隆乡薄店村到祥符区东方百合小区附近后一直和孙某某的152××××5965号码伴随同行，该号码与孙某某的手机号码152××××5965于2016年8月30日21时许在兴隆乡薄店村同时关机，经侦查发现151××××6389手机号码不是实名制登记，且该号码除了与孙某某有通话记录外没有其他通话记录。经走访调查，办案人员发现孙某某的生活和感情情况不稳定。孙某某是寡妇，她和同村仅一墙之隔的邻居贾某是情人关系，贾某经常到孙某某家中，还经常带孙某某外出。

通过调查，办案人员发现贾某日常用的手机号码是139××××5437，139××××5437手机号码经常与151××××6389手机号码伴随，而且该号码没有与孙某某的通话记录。经走访，最后查证，151××××6389手机号码的持机人是贾某。至此，贾某有重大作案嫌疑，办案人员对其实施抓捕。

三、案件事实

到案后，犯罪嫌疑人贾某对杀人抛尸的犯罪事实供认不讳。孙某某丈夫多年前因车祸去世，贾某帮助孙某某干农活，后二人发展成不正当男女关系。2016年，孙某某又认识一名男子，和该男子在开封市住，不经常回兴隆乡薄店村老家见贾某。案发当晚，孙某某和贾某二人在孙某某家房屋内发生性关系。后来，二人争吵起来。贾某害怕街坊邻居听到，就用胳膊勒住孙某某的脖子直到她不动弹为止。贾某松手后发现孙某某已经没有呼吸了。当日23时许，贾某回到自己家中推着自己家的电动三轮车到孙家，把孙某某的尸体抱到电动车上，用被子盖住，后将孙某某的尸体抛至祥符区黄河迎宾馆北边的下水道内，并用窨井盖盖住。

四、激情犯罪行为分析

（一）激情犯罪的认定

从本案的接报案来看，最初无法直接断定此案为激情犯罪。从案件性质来看，通过勘查抛尸现场只能认定此案属于杀人抛尸案。在确定侦查基点之后，应该坚持开放的侦查思维，因此不能排除此案为激情犯罪。从本案的侦查过程来看，在确定被害人孙某某的身份和其个人情况之后，通过分析她被害时的活动轨迹才确定本案为激情犯罪。在确定案件性质之后，侦查方向也就明确下来了。

（二）激情犯罪的侦查

在激情犯罪案件的侦查过程中，确定被害人

身份后，紧接着要对被害关系展开分析和研究。调查走访是侦破激情犯罪案件的重要方法。上述案例也是在走访村民之后才获得了突破性信息，犯罪嫌疑人贾某进入了侦查视线。从案件的侦办过程来看，这一步是侦破案件的关键。通过审讯贾某，犯罪过程逐渐清晰，贾某对犯罪事实供认不讳。经查，贾某因对孙某某“移情别恋”不满，两人发生争吵，心中积蓄的愤怒难以遏制，在情绪失控的情况下将孙某某杀害并抛尸。由此不难看出，这是一起典型的激情犯罪案件。

本案的侦破难点在于划定犯罪嫌疑人范围和刻画犯罪嫌疑人特征，确定尸源是一项重要的基础性工作。围绕被害人展开被害分析实现了本案侦查的突破，激情犯罪侦查的相关理论为这些分析和研究提供了重要指导。

第八章　预谋犯罪行为及特点

第一节　预谋犯罪概述

一、预谋犯罪

预谋犯罪是犯罪学意义上的一种犯罪类型，和非预谋犯罪相对应。预谋犯罪是指犯罪行为人为了保证犯罪活动的顺利进行，在实施犯罪之前准备犯罪工具、研究犯罪路线、制订犯罪方案再实施犯罪的一种犯罪形式。有人认为，预谋犯罪和激情犯罪相对应。准确地说，预谋犯罪和临时起意的犯罪相对应。临时起意是指犯罪行为人事前没有犯罪的想法临时想实施犯罪的一种状态。和临时起意相比，激情犯罪只是临时起意犯罪的一种具体表现。

一般地，团伙作案、惯犯作案和一些重大的案件通常都有预谋活动，这是为了保证犯罪活动顺利开展进行的。侦查研究人员和侦查实务部门必须对预谋犯罪予以足够的重视。①预谋犯罪占据了犯罪发案的较大比例，是侦查办案主要侦办的案件类型。②预谋犯罪因为有预谋活动的存在，一般对社会公众的人身和财产安全造成了严重侵害，是侦查办案需要重点侦办的案件类型。③地域性犯罪和习惯性犯罪频发并且呈扩散趋势，它们又多为预谋犯罪，是侦查办案需要重点打击的案件类型。④预谋犯罪因其严密的作案计划和熟练的作案手法，犯罪成功率较高，是侦查办案需要重点研究的案件类型。⑤有的预谋犯罪具有作案惯性，可能连续作案，制造系列案件，是侦查办案需要重点防范的案件类型。

对预谋犯罪进行研究，需要围绕预谋犯罪的特征、危害、表现形式、侦查方法和防控对策等方面展开。

二、预谋犯罪行为的特点

（一）隐蔽性

为了实现犯罪目的，犯罪活动本身就具有隐蔽性，犯罪行为人总是在秘密的状态下实施犯罪的。就预谋犯罪而言，其预谋行为更具有隐蔽性。一般地，犯罪行为人会有意地避开他人来准备犯罪工具，同时也会将其准备犯罪的行为生活化。

（二）计划性

和临时起意的犯罪不同，预谋犯罪在具体实施犯罪之前已经明确了具体的犯罪方案，比如，作案路线、实施过程、作案后逃逸等。有的犯罪为了保证犯罪活动万无一失，会组织和纠结数人实施犯罪。这些人事先共同制订犯罪计划，明确分工。有的犯罪行为人甚至会实地选定作案目标，研究作案路线，“踩点”是预谋犯罪的一种典型表现。另外，作案后，清理犯罪现场、破坏犯罪现场、破坏或者抛弃作案工具、抛尸等也是犯罪计划的重要内容。预谋犯罪的计划性也重在保证扩大犯罪收益，提高犯罪效率，保证犯罪活动的顺利进行。

（三）目的性

预谋犯罪通常是有针对性的，无论是单独犯罪还是共同犯罪，通过事先制订犯罪计划会明确犯罪目的是“图财”或是“害命”。这种目的性贯彻整个犯罪过程，犯罪计划的制订是整个犯罪过程的起点，具体的目的会对犯罪的实施展开具体的指引，明确的目的一定程度上也提高了犯罪的效率。

（四）组织性

预谋犯罪的组织性主要是针对多人预谋犯罪而言的。在共同犯罪的场合，不同的人分工不同、任务不同、角色不同。在犯罪预谋和犯罪实施的过程中，犯罪头目指挥整个犯罪过程，有的甚至会制定自身的纪律和要求。犯罪预谋不仅对犯罪的准备有安排，对犯罪的实施有计划，同时对犯罪得手后的分赃也会“事先确定”。预谋犯罪的组织性在团伙性犯罪、集团犯罪、黑社会性质组织犯罪、走私犯罪等犯罪类型中体现明显。

三、预谋犯罪行为的分类

（一）独谋和共谋

以参与预谋的人数为依据，可以将预谋犯罪行为分为独谋和共谋两种类型。独谋是一个人实施犯罪，也是一个人为犯罪做准备，比如，购买作案工具、踩点、寻找作案目标、确定犯罪路线等。共谋是指两人以上就实施特定的犯罪达成合议，或两人以上就实施特定行为达成合议并构成犯罪的情形。① 共谋是两人以上合谋实施犯罪。共谋的场合，存在犯罪分工，一定程度上犯罪危害更大，犯罪也更容易得手。在侦办案件时，分析和研究是单人作案还是共同犯罪是侦查的重要内容，也是侦查的基础。

（二）杀人伤害犯罪的预谋和侵财犯罪的预谋

以预谋实施犯罪的性质为依据，可以将预谋犯罪分为杀人伤害犯罪的预谋和侵财犯罪的预谋。犯罪本身就是对社会公众人身权利和财产权利的侵害，预谋犯罪的目的也主要表现为杀人伤害和侵财。首先，杀人伤害犯罪和侵财犯罪的社会危害性不同；其次，杀人伤害犯罪和侵财犯罪所留下的犯罪痕迹也有很大差别；再次，杀人伤害犯罪和侵财犯罪的侦查方法也不尽相同。这些差异也使得杀人伤害犯罪的预谋和侵财犯罪的预谋在方式、内容等方面也各不相同。

（三）概括对象的预谋和具体对象的预谋

以犯罪对象是否具体为依据，可以将预谋犯罪分为概括对象的预谋和具体对象的预谋。概括对象的预谋是指犯罪行为人意欲实施犯罪的对象不确定，只要具备了犯罪条件就认定犯罪目标并实施犯罪；具体对象的预谋是指犯罪行为人意欲实施犯罪的对象是确定的，其目的就是对这一犯罪对象实施侵害，一般不会伤及其他人。犯罪对象是否确定是相对的，有的犯罪行为人认定的犯罪对象是具有某一特征的群体，比如，杀富、劫富等。所以，不同的人具有不同的遇害风险。一般地，实施概括对象预谋的犯罪多为系列性犯罪、职业性犯罪，实施具体对象预谋的犯罪多为仇杀、偶然犯罪。概括对象预谋的犯罪和具体对象预谋的犯罪，其特点的不同决定了在侦办案件时的策略和方法也不相同。在侦查概括对象预谋的犯罪时，要注意串并案件；在侦查具体对象预谋的犯罪时，要注重研究被害人。

第二节　预谋犯罪的刑法学分析

一、预谋行为可能构成犯罪

根据犯罪行为所处阶段不同，预谋犯罪可以分为犯罪预谋行为和犯罪实施行为。从犯罪行为的实施来看，犯罪预谋行为是为犯罪实施行为做准备的，实施犯罪是预谋行为的目的。犯罪的预谋行为具有一定的危险性，这是构成预谋行为可罚性的主要理由。从侦查办案的角度来看，脱离犯罪实施行为来讨论预谋行为意义不大。但是，从刑法学的角度分析和研究预谋犯罪，犯罪预谋行为和预备犯罪存在着直接关系。

单独讨论和研究预谋犯罪的预谋行为避不开刑法对于犯罪预备的研究，只不过二者的研究视角不同罢了。预谋犯罪的预谋行为重在研究犯罪预谋阶段的行为表现，是一种行为研究视角；犯罪预备则围绕故意犯罪未能实施实行行为是否构成犯罪和是否可罚的问题展开研究，是一种规范研究视角。一定意义上，刑法学研究为纯粹行为研究提供了理论指导。不论行为是主动还是被动放弃实施实行行为，针对纯粹的预谋行为是否启动侦查，需要从其行为的可罚性上寻找原因。

一般地，犯罪的预备行为具有可罚性。预备阶段与实行阶段密切相连，前者是为后者做准备的阶段，后者是前者的发展阶段。一般认为，处在预备阶段的行为是预备行为，处在实行阶段的行为是实行行为。② 犯罪的预备行为可能引发犯罪的实行行为，因为这种风险是客观存在的，所以其可罚。另外，单纯评价犯罪的预备行为，其具备了犯罪社会危害性和刑罚可罚性的特征，犯罪的预备行为本身就构成了犯罪，比如，准备实施恐怖活动罪。具体来说，准备实施恐怖活动的

① 吴林生．“谋而未行”基本问题研究［D］．郑州：郑州大学，2005.

② 张明楷．刑法学［M］．北京：法律出版社，2016.

行为包括：①为实施恐怖活动准备凶器、危险物品或者其他工具；②组织恐怖活动培训或积极参加恐怖活动培训；③为实施恐怖活动与境外恐怖活动组织或人员联络；④为实施恐怖活动进行策划或做其他准备。这些活动都是为恐怖活动的实施做准备的，但是其自身具有危险性，同时有引发恐怖活动的紧迫性，所以单独予以非法评价。从犯罪预备的类型来看，其属于独立预备罪。独立预备罪和从属预备罪相对应，一般来说，刑法将准备行为作为基本犯罪构成要件行为（实行行为）之前的行为予以规定的情形，就属于从属预备罪；刑法将准备行为规定为独立的犯罪类型时，就属于独立预备罪。[①] 一般地，刑法会对独立预备罪的构成要件行为予以专门规定。

刑法对预备犯的刑罚做出了原则性规定，刑罚第22条规定，对于预备犯，可以比照既遂犯从轻、减轻处罚或者免除处罚。根据预备行为与日常社会生活规范的符合度，可以将常见的犯罪预备行为划分为两类：一类是具有社会相当性、符合日常社会生活规范的行为，如准备车辆、燃料、绳索、口罩等犯罪工具，观察了解被害人的作息规律和行踪，练习射击技巧，反复模仿他人字体等；另一类是不具有社会相当性、明显违反日常社会生活规范的行为，如准备枪支、弹药、毒物、管制刀具等犯罪工具。绝大多数犯罪预备行为属于前一类，缺乏足够的社会危险性，不应轻易以犯罪论处。少数预备行为属于后者，对于严重、多发的预备行为，可以规定实质预备犯将其犯罪化，一般性违反社会规范的行为则可以通过治安管理处罚等进行处理。[②] 从刑法处罚预备犯的态度来看，处罚预备犯（特别是从属预备罪）是例外。①从法益侵害的角度来看，一般的预备行为所造成的法益侵害风险较小；②从预备行为的行为表现形式来看，犯罪预备行为的生活化明显；③从预备行为和实行行为的关系来看，预备行为的发生并不必然引发实行行为。

二、预谋行为和犯罪预备

不同视角对于犯罪预备存在不同的认识。在我国刑法理论上，根据具体语境，“犯罪预备”常在三个意义上使用：一是指预备阶段，其发生顺序在故意犯罪过程中介于犯意形成阶段和犯罪实行阶段之间；二是指预备行为，刑法中“为了犯罪，准备工具、制造条件”就是指预备行为；三是指犯罪未完成形态，是独立和并列于犯罪未遂、犯罪中止和犯罪既遂的犯罪未完成形态，这也是犯罪预备的主要性质。犯罪预备是刑法学理论关于犯罪停止形态的研究内容，刑法对其认定和刑罚也做出了具体规定。刑法第22条规定，为了犯罪，准备工具、制造条件的，是犯罪预备。对于预备犯，可以比照既遂犯从轻、减轻处罚或者免除处罚。预谋行为是和犯罪实行行为相对应的，二者的表现形式不同，所产生的影响也不相同。

从刑法学行为性质认定的角度来看，犯罪预备包括准备工具和制造条件两种情形。这里说的犯罪工具，是指犯罪分子进行犯罪活动所用的一切器械物品，主要包括：①用以杀伤被害人或者排除被害人反抗的器械物品，如枪弹、刀棒、毒药、麻醉剂、捆绑他人用的绳索等；②用以破坏、分离犯罪对象物品或者破坏、排除犯罪障碍物的器械物品，如钳剪、刀斧、锯锉、爆炸物等；③用于达到或逃离犯罪现场或进行犯罪活动的交通工具，如汽车、摩托车等；④用以排除障碍、接近犯罪对象的物品，如翻墙用的梯子、攀越房屋或爬窗用的绳索等；⑤用以掩护犯罪实施或者湮灭罪证的物品，如犯罪分子作案时戴的面罩、作案后灭迹用的化学药品等。为实施犯罪创造便利条件的行为主要概括为以下几种：①为实施犯罪事先调查犯罪场所、时机和被害人的行踪；②准备实施犯罪的手段，例如为实施以技术手段杀人而事先进行的练习，为实施扒窃而事先练习扒窃技术；③排除实施犯罪的障碍；④追踪被害人、守候被害人的到来或者进行其他接近被害人、接近犯罪对象物品的行为；⑤前往犯罪场所守候或者诱骗被害人赶赴预定犯罪地点；⑥勾引、集结共同犯罪人，进行犯罪预谋；⑦拟定实施犯罪和犯罪后逃避侦查追踪的计划，等等。[③] 这些具体的行为表现为认定犯罪预备提供了重要参考。

从侦查办案的角度来看，预谋犯罪是从既遂

---

① 张明楷．刑法学［M］．北京：法律出版社，2016.

② 阮欣欣．犯罪预备的可罚性及路径研究［D］．南京：南京大学，2016.

③ 高铭暄，马克昌．刑法学［M］.8版．北京：北京大学出版社，高等教育出版社，2017.

状态来分析的，因此，预谋行为只是其犯罪的一个准备阶段，但与犯罪实施直接关系紧密。在这一点上预谋行为和犯罪预备存在明显区别。侦查人员办理预谋犯罪案件，分析和研究预谋行为是起点，因此，侦查人员必须重视犯罪的预谋行为。

第三节　预谋犯罪的侦查视角分析

一、预谋犯罪预谋的表现形式

预谋犯罪犯罪行为人一般会有较为周密的犯罪计划，在实施犯罪之前会开展一系列为犯罪做准备的活动，即预谋活动。侦查人员必须加强对这些预谋活动的整理、总结、分析和研究。

（一）谋划

根据参与犯罪的人数不同，犯罪谋划有不同的表现形式。一人犯罪的谋划称之为犯罪计划，两人以上实施犯罪的谋划则称之为密谋。犯罪谋划的形式是多种多样的，一个人的犯罪谋划相对隐蔽些，很难被他人察觉。两人以上实施犯罪的谋划通常会选择一个隐蔽的地点，以碰头的形式来策划犯罪计划。在当前通信手段发达的社会，他们也可能通过电话联系、微信建群等形式来取代物理空间的碰头。无论选择哪种形式，犯罪谋划的内容是相对固定的，主要包括具体分工、选择犯罪路线和作案后清理、破坏或者毁灭犯罪现场及犯罪得手后逃离犯罪现场等内容。预谋杀人案件中，犯罪行为人为了摆脱嫌疑、逃避侦查，犯罪行为人往往采取各种反侦查手段逃避侦查，比如，将杀人案件伪装成自杀、意外死亡；或是改变案件性质，如将仇杀伪装成抢劫、强奸杀人等，以转移侦查视线，干扰侦查方向；有的则选择清理、破坏现场的痕迹物证，企图以此消灭证据、掩盖与案件的联系等，预谋杀人案件的反侦查手段多种多样。① 具体的反侦查手段是犯罪经验丰富的犯罪行为人谋划的重要内容。

（二）雇凶

在杀人犯罪的场合，犯罪行为人为了回避或者掩盖自己的犯罪事实，可能会通过雇凶的方式来实现杀人的目的。杀人之前，寻找杀手，和杀手制订杀人计划甚至讨价还价都成为杀人犯罪的预谋行为。犯罪行为人在选择杀手时一般偏向于有前科劣迹的人，随着网络的不断发展，“网上雇凶”成为雇凶的一种新形式。在纷繁复杂的网络空间，也隐藏着杀人交易的不法市场。

（三）准备、制造、购买作案工具

准备、制造、购买作案工具是预谋犯罪的重要行为表现。有的犯罪行为人可能会选择触手可及的生活工具来实施犯罪，比如，菜刀、斧头、绳索，甚至是砖头。这些工具比较容易获得，所以只需要准备好即可。有的犯罪行为人为了用得顺手并且准确无误地实现犯罪目的，并结合自身的癖好，可能会动手制作一定的工具来帮助其完成犯罪。一般地，这类作案工具具有较强的个性。有的犯罪行为人还可能通过购买的方式来获得具体的作案工具，特别是网购；这些作案工具通常受管制，不易获得，如枪支。网络贩枪已经成为危害社会安全的一个主要因素，犯罪行为人可能通过特殊的渠道获得枪支，特别是组装枪支。

（四）准备交通工具

为了保证行动的便利，犯罪行为人作案时可能会选择交通工具，比如，抢劫银行、实施恐怖活动、贩卖毒品等。选择交通工具时，犯罪行为人会有不同的考虑。有的犯罪行为人会选乘公共交通工具来掩盖自己的犯罪行为，比如，公交车、出租车等；有的犯罪行为人会通过租车来混淆侦查人员的视线；有的犯罪行为人也可能选择开自己的车辆。开车时，有的犯罪行为人会对车辆的外观等进行改装以掩盖犯罪活动；有的犯罪行为人则会开较为高档的车辆以减少他人对他们实施犯罪的怀疑。

（五）踩点

踩点是指犯罪行为人为了保证犯罪行为的顺利实施，在实施犯罪前，对犯罪地点及其周围的环境进行实地考察，同时研究犯罪对象的活动规律等活动。踩点是预谋犯罪较为常见的预谋行为，一般是系列犯罪案件和职业性犯罪案件中常见的行为。系列盗窃案件、雇凶杀人、抢劫银行、拦路抢劫等犯罪案件中常有踩点行为。

（六）尾随

尾随是指犯罪行为人确定犯罪对象后对其进

① 孙溯，吕龙林．海上杀人案件初探［J］．公安海警学院学报，2014（1）：61.

行跟踪，等待合适的作案时机再下手的行为。尾随是有些犯罪行为人的惯技行为，主要发生在室内抢劫、强奸等犯罪活动中。尾随行为是预谋犯罪的重要标志，它不是犯罪实行行为，但是却和犯罪实行行为具有强烈的连贯性。

（七）伪装身份

伪装身份是犯罪行为人接近犯罪对象的重要手段。通常情况下，犯罪行为人会伪装成水电工、送货员、快递员、物业人员、保洁人员甚至冒充警察等执法人员来迷惑犯罪对象。为了保证伪装身份的真实性，有的犯罪行为人会事先熟悉和了解相关行业的特征，穿戴特殊人员的衣帽。伪装身份需要提前做好相关准备，这和实施犯罪行为关系紧密。

二、预谋犯罪的侦查方法

（一）细致勘查现场

犯罪现场是侦查活动的起点，细致勘查现场是开展侦查活动重要的一步，侦破预谋犯罪也不例外。犯罪现场存在众多的案件信息，它们可能和作案工具相关，可能和犯罪行为人相关，也可能和被害人相关，但是，它们都能够帮助侦查人员认识案情。在预谋杀人犯罪案件的预谋、实施、逃离等整个犯罪过程中，不管犯罪行为人如何精心谋划，不管犯罪行为人采取什么手段或运用什么技术，不管犯罪行为人如何毁尸灭迹，由于犯罪行为本身的制约性、局限性，总会留下蛛丝马迹可供侦查人员发现提取，这就为侦查人员侦破案件提供了可能。[①] 现场遗留的血迹、作案工具、犯罪行为人的遗留物是分析和研究案情的重要依据。即使犯罪行为人采取了反侦查行为在犯罪现场未留下明显痕迹，细致勘查现场也能够帮助侦查人员刻画出犯罪行为人犯罪经验丰富和可能是惯犯的特征。

（二）严查现场出入口

预谋犯罪在实施犯罪时会按照事先制订的犯罪计划进行，有的还可能伪装身份，这就为发现犯罪嫌疑人的踪迹提供了线索。犯罪现场的出入口是发现犯罪嫌疑人的重点部位，特别是调取相关位置的监控视频，能够勾勒出犯罪嫌疑人的作案轨迹。此外，结合案发时间，能够在犯罪现场的出入口划定犯罪嫌疑人的范围，从中筛选出具体的犯罪嫌疑人。

（三）研究犯罪行为人的轨迹

预谋犯罪事先已经规划好犯罪的路线，其中包括赶赴犯罪现场的路线和犯罪结束后离开犯罪现场的路线。研究犯罪行为人的作案轨迹是侦查办案的重要内容，它能够帮助侦查人员确定犯罪嫌疑人并追踪犯罪嫌疑人。另外，犯罪行为人的作案轨迹还能帮助侦查人员刻画犯罪行为人的特征（比如，是否为惯犯、职业犯）和分析犯罪行为人和被害人的关系（比如，是否为熟人作案）。

（四）深入调查走访

在侦查活动中，调查走访是一种重要的侦查方法，调查走访能够收集尽可能多的线索和潜在信息，这些线索和潜在信息都是侦查破案的重要依据。在预谋犯罪的场合，犯罪行为人和被害人的关系可能成为诱发犯罪的动因，最为典型的犯罪是有预谋的仇杀和情杀。在预谋杀人案件中，犯罪行为人不可能在完全脱离社会环境因素的情况下实施预谋杀人犯罪，其犯罪行为的实施必然受社会环境的影响。[②] 通过走访调查，能够帮助侦查人员分析被害人遇害的风险度，从被害人出发进而划定犯罪嫌疑人的范围。另外，走访调查还能够获得可疑人员的信息，可疑人员很有可能就是犯罪嫌疑人，这是侦查破案的重要线索。

第四节　预谋犯罪典型案例分析

一、案发情况

2015年10月30日22时30分许，在洛阳市西工区汉宫路下沟村路口发生一起交通事故，肇事人李某驾驶牌照为豫CEQ512的越野车与一辆停在路边的牌照为豫D62938的拉煤大货车相撞，造成坐在副驾驶位置上的李某前妻赵某某当场死亡。驾驶员李某受轻微伤，车辆受损严重。2015年11月5日，死者赵某某的哥哥报案称，亲属怀疑赵某某系人为制造车祸致死，请求公安机关以刑事案件立案侦查。

---

① 孙溯，刘建坤．预谋杀人案件侦查方向的确定［J］．河南警察学院学报，2011（4）：62.

② 同①.

二、侦办过程

（一）现场勘查

事故现场位于洛阳市西工区汉宫路下沟村十字路口红绿灯西 36 米处，李某驾驶牌照为豫 CEQ512 的越野车前部右侧与停放在路南侧牌照为豫 D62938 的重型大货车左后尾部发生碰撞，造成越野车右前部及右侧严重变形破损，大货车尾部护杠左侧弯折变形。经洛阳市公安局交警支队事故处理大队认定，该起交通事故系李某未按照操作规范安全驾驶机动车，夜间超速行驶，其负主要责任，重型大货车违法停车，负事故次要责任，死者赵某某无责任。

（二）尸体检验

经尸表检验，死者赵某某右额部、枕部、左上唇、上颌骨、下颌骨、下颌骨左侧、背部左侧、背部正中偏右侧及四肢损伤为擦挫伤、裂创及骨折等多种类型，损伤形态多为条片状，分布较为广泛，符合钝器用力所致，碰撞可以形成。解剖检验可见颅骨多发性骨折、双侧肋骨多发性骨折、心包破裂、双肺挫伤、肝脏挫碎等损伤情况，符合钝性用力所致，碰撞可以形成。

（三）案情分析发现疑点

案发现场属市内道路，距离红绿灯路口 36 米，经调取发生事故时段的监控视频，发现该路段案发时车辆并不多，现场光照条件充分，不足以造成李某视线上的障碍，其也没有受到其他方面的威胁影响驾驶，现场未发现刹车痕迹和打方向避让动作。对李某血液中的乙醇含量进行检测，发现案发时李某并没有饮酒。李某在视线良好、无任何威胁的情况下，驾驶车辆高速撞向停在路边的大货车尾部，情况可疑。

另外，经对李某驾驶的牌照为豫 CEQ512 的长城越野车车辆情况进行鉴定，该车发生事故前行车制动系统状况正常，通过红绿灯路口，与大货车碰撞瞬间计算其行驶速度达到 57.6km/h。面对当时撞车的紧急情况，李某并没有采取减速等紧急避让措施，情况可疑。

（四）调查李某活动轨迹

通过调取案发前李某驾驶越野车的卡口信息，分析发现李某驾车从 2015 年 10 月 6 日至 10 月 30 日这 24 天时间里，共有 16 天卡口记录，92 张抓拍图片。这 16 天中李某多次夜间带赵某某经过事故路段，而且李某只有 3 次系安全带，分别是 10 月 24 日晚上、29 日晚上、30 日晚上，赵某某均未系安全带。

对李某使用的手机采取技术侦查发现，李某本人和南京的蒋某、洛阳的吴某两名女性关系异常。侦查人员立即兵分两路，分别在洛阳、南京两地找到吴某、蒋某。通过询问，得知蒋某在李某和赵某某办理离婚之前两人已经保持着情人关系，并于 2015 年 1 月登记结婚，2015 年 6 月生一女孩。吴某和李某自 2015 年 5 月开始一直保持着情人关系至今，而且吴某和蒋某两人均反映李某和赵某某夫妻感情一般。

（五）围绕关系人调查走访

走访现场目击证人马某某，确定事故发生瞬间李某未采取任何避让和制动措施，用长城越野车的右前部高速撞向前方停靠的大货车左后尾部，并且当时李某本人系着安全带，坐在副驾驶的赵某某未系安全带，当场死亡。

走访赵某某的母亲和哥哥，获悉 2015 年 9 月 9 日，李某曾主动给赵某某在中国太平洋保险公司购买两份“安行宝两全”保险。9 月 23 日，李某又主动联系恒安标准人寿保险公司业务员为赵某某和其本人各购买两份“恒安标准百万保驾两全保险”。侦查人员通过访问为李某办理业务的保险公司业务员，证实了李某主动为赵某某购买保险的事实。值得注意的是，赵某某的 4 份保险的受益人均为李某。该险种规定被保险人如果因为乘用车辆意外伤害身故或永久残疾，每份保险的理赔金额为 100 万元。

（六）调查李某的经济情况

专案组对李某的经济情况进行了调查，发现其本人名下各家银行的储蓄卡内均无余额，其名下的 9 张信用卡共透支 27 万多元。经了解，案发前李某因企业经济不景气已停发一年工资，且无其他收入。李某的儿子每年的学费为 15 000 元，每月的生活费为 1 000 元左右，这些钱都需要李某支付。李某于 2013 年 5 月贷款购买了牌照为豫 CEQ512 的长城哈弗 H6 型越野车，贷款期限 5 年，每月还款 2 050 元。李某每年的保险费用支出共计 12 454 元。李某和蒋某 2015 年 1 月登记结婚，育有一女，每月生活费 2 000 元都靠李某支付。李某在经济上入不敷出，经济窘迫。

三、案件事实

审讯李某时，他要么闭口不言，要么矢口否认。侦查人员调整讯问思路和方法，以情感感化为主要手段，最终，李某开始动摇、悔罪。因为炒股融资被平仓后，经济拮据，还不上信用卡上透支的钱，李某想到通过购买交通意外保险后制造事故来骗取巨额保费。杀害赵某某后，李某特别后悔，因害怕事情败露，先后给其孩子、情人、朋友留了5份遗书交代后事。

四、预谋犯罪行为分析

（一）预谋犯罪的认定

从本案的侦办过程来看，案件最初被认定为交通事故，最终认定此案为预谋犯罪，被害人亲属的怀疑是关键。转变处理事件的态度后，事发过程中的诸多疑点将事件一步一步推向预谋犯罪。在本案中，犯罪嫌疑人相对比较容易确定，诸多疑点也将犯罪嫌疑人一致指向了李某。①李某遇紧急情况在能够采取紧急措施和避让措施的情况下并未采取紧急措施和避让措施；②李某和被害人赵某某关系不和，其具有杀害赵某某的可能，犯罪动机成立；③事发前，李某经济窘迫却买了多份人身意外保险，并且李某是唯一受益人；④事发前，李某曾多次开车载被害人赵某某途经事故路段，赵某某均未系安全带，很有可能是李某在“踩点”。以上疑点证明此事件可能是预谋犯罪而非一般的交通事故。

（二）预谋犯罪的侦查

本案的侦破以调查犯罪嫌疑人李某和被害人赵某某的关系为突破口，疑云重重，这反而说明此事件并非一般的交通事故。侦破预谋杀人犯罪案件，不论发案的时间跨度有多大，犯罪行为人作案前是否“踩点”，知情情况如何，其关键点都是要找到发案的牵引载体，即找出犯罪行为人与被害人之间的某种引发关系。[①] 在侦查过程中，侦查人员重视事故现场，对案发过程予以重现，分析案件中的疑点。同时，侦查人员还分析了犯罪嫌疑人李某案发前的活动轨迹。特别是对犯罪嫌疑人李某案发前的异常行为——购买人身保险进行了深入调查。至此，案件的基本情况已经查清。通过采取合理的审讯策略，犯罪嫌疑人开口供认犯罪事实。本案的侦破遵循了预谋犯罪侦查的一般思路，采取了预谋犯罪侦查的常用方法，最终案件得以顺利侦破。

---

① 孙溯，刘建坤．预谋杀人案件侦查方向的确定［J］．河南警察学院学报，2011（4）：61.

第九章　行为证据分析的价值

犯罪从现场开始，侦查从现场起步。一起案件的现场是静态的、可见的，现场行为的结果是直观的、已知的，侦查人员赶到现场最初看到的是行为结果。行为结果是证实行为动机、行为能力、行为目的及行为过程的有效载体。刑事侦查的基本逻辑是：通过现场行为结果倒推行为，从行为表现分析犯罪行为人实施该行为时的心理状态，进而刻画犯罪行为人。而在整个过程中均贯穿着行为证据的分析。犯罪现场行为证据分析的目的就是通过对犯罪行为进行分析诠释犯罪行为人为什么要做这样一件事，犯罪行为人与被害人之间曾经有过什么样的互动，犯罪行为人造成某一行为结果时的心理状态、心理意向是怎样的，犯罪行为人从进入现场到离开现场时整个过程的心理轨迹是怎样的，据此可以确定案件性质，指明侦查方向，并对犯罪行为人进行“五大属性”的刻画，为侦查破案奠定基础。而这即是行为证据分析在侦查阶段的价值所在。

行为证据分析既是对整个犯罪过程中一系列行为或是整体行为过程的证据学解读，也是对单一行为或关键行为中诸如行为顺序、行为方式、伤害程度等行为指标的证据意义挖掘。行为证据分析意见证明的是某些犯罪构成要素，比如证明犯罪行为人在实施犯罪行为时的主观心理状态、犯罪意图、行为动机、目的指向或者证明犯罪行为人具有实施这种犯罪的知识技能、掌握某一犯罪方法，或者证明犯罪行为人实施不法侵害时是否具备主观故意等。而这些作用是行为证据分析的又一价值贡献。

行为证据分析起步于现场侦查阶段但是却贯穿于整个诉讼过程，这也符合刑事一体化的提法。在案件诉讼阶段，行为证据分析在澄清犯罪事实、完善证据体系等方面依然有重要的应用价值。[①] 在法庭审判过程中，行为证据分析的价值也是明显的，它为审判人员了解、分析案情提供了新思路和新方法；在拓展庭审视野、助力审判、提升犯罪认定的精准度、增强法官的内心确认、修补和完善证据链等方面，行为证据分析都发挥着不可忽视的作用，有时甚至具有不可替代性。

第一节　行为证据分析在侦查过程中的价值

行为证据分析在侦查过程中展现的作用是直接的，犯罪行为形成的结果（犯罪现场）是其信息之“源”。犯罪事实的核心要素就是行为，犯罪行为是侦查认识的重要对象之一。所有法律意义上的犯罪都是一种行为事实。正是这种行为事实造就了犯罪现场痕迹、犯罪现场和犯罪物证。就此而言，刑事侦查学研究的犯罪痕迹、物证和现场其发生的前提就是行为。[②] 基于犯罪行为的分析可以实现了解与把握全部案情的效果。

一、行为证据分析是“定性质”“定范围”“定脸谱”的重要依据

（一）行为证据分析是“定性质”的重要依据

按照我国刑法的相关规定，案件性质可以分为杀人案、故意伤害案、盗窃案、强奸案、诈骗案、爆炸案、放火案等，一个案件对应于一种具体的罪名，当然也存在一个案件涉及多个罪名的情况，这需要按照刑法的罪数理论做出判断。但是从侦查的角度来看，在认定案件性质时，一般做粗线条的分类，比如，命案、侵财案件、经济

① 闵建雄．行为证据及其实践应用价值初探［J］．刑事技术，2013（4）：54.

② 李玫瑾．侦查中犯罪心理画像的实质与价值［J］．中国人民公安大学学报（社会科学版），2007（4）：4.

犯罪案件、涉毒案件、黑社会性质案件、恐怖活动案件等。根据案件的性质和类别不同，由相应的主体或者机构来负责该类案件的侦查活动。这样来看，法律规范研究和侦查实务认定对于案件性质的分类还是不一样的，这和二者的立足点和出发点不同存在很大关系。但是，无论属于哪一种分类和认定，在侦查活动中都需要明确案件的性质，这是推动侦查活动顺利开展的前提。

“三定侦查法”中，首先讨论“定性质”的问题充分说明了案件性质在侦破案件过程中的重要性，它是指明侦查方向的重要前提。在认定案件性质的同时，需要解决犯罪动机的问题。犯罪动机多是潜态的，一般而言只有犯罪行为人本人最为清楚（甚至在某些案件中，犯罪行为人也并不自知）。但是，作为犯罪行为产生的原因，与犯罪行为相关的痕迹能够反映出犯罪动机的相关内容，在侦查过程中也就是通过分析与犯罪行为相关的痕迹来判断和认定犯罪行为人的。一方面，明确犯罪动机是查明案件事实的必然需要；另一方面，犯罪动机也是寻找犯罪行为人的条件之一。如果要明确犯罪行为人实施犯罪行为的动机，那就需要对犯罪行为展开研究。然而，犯罪行为又是由犯罪行为过程和犯罪行为结果组成的。所以，侦查人员应该对犯罪行为过程和犯罪行为结果予以重视。王大中教授认为，犯罪行为作为一个系统，由犯罪行为的内容、犯罪行为的手段、犯罪行为的过程3个要素构成。三者缺一不可。任何犯罪行为的手段都是为了实现犯罪行为人所要达到的目的、所要实现的内容的后果而实施的。① 犯罪行为结果是这里所说的犯罪行为的内容的重要组成部分。相对而言，犯罪行为结果是明态的，而犯罪行为过程是隐秘的或者说一旦犯罪行为结束形成，犯罪过程就消失不复存在了。比如，杀人行为一般造成人员伤亡，盗窃行为则造成被害人财产损失，抢劫行为除了造成被害人财产损失之外还对于其人身产生威胁，这些均为犯罪行为结果的体现。但是，不同情形下具体犯罪过程如何则不明确。关于犯罪行为过程，侦查人员需要“重现”，“重现”的依据是现场行为结果。现场行为结果一般需要有载体，即犯罪现场。由此可见，犯罪现场对于认识犯罪行为具有重要意义。从某种程度上讲，犯罪现场重建与再现就是从犯罪行为结果这样的明态信息认识犯罪行为过程这样的潜态信息的过程。犯罪现场重建与再现，是指侦查人员在现场勘查中，带着“三定侦查法”的思维模式，依法运用各种科学手段、方法分析犯罪行为，去构建或重建一个犯罪现场，重新认识犯罪行为，得出新的侦查思路的侦查（或勘查）行为。② 当然，查明犯罪事实不仅包括其以犯罪行为为主要内容的客观内容，同时也包括犯罪动机、犯罪行为人主观方面等主观内容。行为证据分析就是以分析犯罪行为为核心内容最终以证据的形式来证明案件事实的活动。这样看来，行为证据分析就必然要求重视现场的作用，“犯罪从现场开始，侦查从现场起步，破案依据现场认定，疑犯依据现场证据惩治”。在犯罪现场中，发现和收集犯罪行为结果的痕迹为行为证据分析提供了“素材”，经过专门技术和相关经验的处理，犯罪行为过程、犯罪动机和犯罪行为人主观方面等内容就成为行为证据分析的“结论”。所以可以确定，行为证据分析立足于犯罪现场相关信息为犯罪行为过程、犯罪动机以及其他相关内容的研究提供了重要依据。

（二）行为证据分析是“定范围”的重要依据

“定范围”即是划定侦查范围。“三定侦查法”中的“定范围”包括侦查对象和侦查区域两个方面。所谓“定范围”，是指在侦破案件过程中，依据相关情况划定侦查范围。这里所说的侦查范围是指对侦查对象和侦查区域所限定的范围。③“三定侦查法”中划定侦查范围的依据是“八看”，具体内容是看现场的大环境和小环境、看发案时间和作案时机选择、看进出口和进入方式、看作案动机、看发案区域的发案情况、看惯技行为、看犯罪行为人的语言特点、看现场物证及其反映出的心理痕迹情况，这八项内容中有数项是围绕犯罪行为展开的。某种程度上可以认为“八看”的精神实质就在于分析犯罪行为，从分析结论中确定可以作为证据使用的信息，这本身就是行为证据分析。

---

① 王大中．犯罪现场的重建与再现［M］．北京：中国人民公安大学出版社，2012.

② 同①.

③ 杨玉章．三定侦查法：犯罪心理画像实证研究［M］．北京：群众出版社，2008.

通过对犯罪行为的分析，可以获得丰富的关于案件事实的信息，较为明显的信息包括犯罪行为人在犯罪现场的行为轨迹、中心现场的认定、犯罪行为人遗留的痕迹和物品等，较为隐蔽的信息则包括犯罪行为人的犯罪目的、主观意识和心理状态等。需要特别注意的是，在犯罪现场遗留的特殊痕迹能够为侦查活动的开展提供重要的线索。在盗窃案件中，犯罪现场没有留下任何痕迹（如脚印、手印等）实际上就说明了犯罪行为人可能是惯犯、累犯，具备一定的反侦查能力，或者说属于熟人作案，犯罪行为人能够和平进入犯罪现场并且其脚印、指纹等痕迹不会被怀疑。这样的分析实际上就是为侦查活动指明了侦查方向，划定了侦查对象的范围。下一步侦查工作就应该围绕相关人员展开深入调查，进一步了解相关人员是否有作案时间进而确定犯罪行为人。

（三）行为证据分析是“定脸谱”的重要依据

所谓犯罪行为人的脸谱，实际上就是指能够确定犯罪行为人的相关特征，它是认定犯罪行为人的直接依据。如果没有了解和掌握犯罪行为人的特征，那么侦查活动难以顺利开展。在“定脸谱，进行犯罪心理画像”时，对犯罪行为人进行特征刻画的内容主要有五个方面，也可以称为犯罪行为人的“五大属性”，即生理属性、社会属性、地域属性、心理属性、既往犯罪属性。[①] 可以说，通过这五大属性的判断能够认定具体的犯罪行为人。同样地，这五大属性和犯罪行为分析密不可分。

犯罪行为人的生理属性主要包括性别、年龄、身高、体重、体态、体表标记、步幅特征、动作特点、有无肢体残疾等。从犯罪现场出发，根据犯罪现场遗留的相关痕迹和物品能够反映出犯罪行为人的相关生理特征。在盗窃案件中，通过分析现场遗留脚印的步幅能够判断出犯罪行为人的身高、体重、体态等特征，对于具体痕迹的直观观察更能直接地判断出犯罪行为人脚（腿）部是否有残疾。犯罪现场的相关痕迹是犯罪行为人实施犯罪行为的直接作用结果，然而犯罪行为人的犯罪行为又受到其本身具体情况（性别、年龄、动作特点等）的直接影响，所以围绕犯罪行为进行分析能够认定犯罪行为人的相关生理特征。

犯罪行为人的社会属性实际上反映的是其社会关系。对犯罪行为人的社会属性进行刻画主要包括以下五个方面：①家庭背景。②婚姻状况。③文化程度。④职业状态与经济状况。⑤社会层次。通过分析犯罪行为来认识犯罪行为人的社会属性实际上是间接的，因为了解一个人的社会属性通常是通过调查访问来实现的。对于犯罪行为的分析为开展调查访问活动指明了方向，所以如果需要了解其社会属性应该重视犯罪行为。

“三定侦查法”中所讲的地域属性，是指犯罪行为人由于长期生活在某一区域，受到周边人文环境、自然环境、生活习惯等因素的影响，而表现出的明显区别于另一区域人的相对稳定的认知事物的方法和行为方式的征象和标志。和犯罪行为人的社会属性一样，通过犯罪行为分析犯罪行为人的地域属性是间接的，犯罪行为人的地域属性更多地需要通过调查访问或者视频侦查的方式来认识和了解。

犯罪行为人的心理属性主要包括人格、能力、情绪与情感、行事风格和心理状态五个方面。由于心理是行为的动因，行为是心理的反映，所以，通过分析犯罪行为能够明确犯罪行为人在实施犯罪行为时的心理状态。更为明显的是，作案手段的非常态能够反映出犯罪行为人的变态心理，比如，杀人手段残忍可反映出凶手具有变态人格，多次强奸幼女可反映出犯罪行人具有变态心理等。行为风格作为犯罪行为人心理属性的组成部分，通过犯罪现场遗留的痕迹和相关物品的布局能够反映出犯罪行为人在实施犯罪时的心理表现，从这一细节能够折射出犯罪行为人是做事严谨还是不修边幅。

犯罪行为人的既往犯罪属性是指犯罪行为人的劣迹史、违法犯罪经历及其种类。关于犯罪行为人是否有劣迹、是否有前科的判断仍然要立足于犯罪现场犯罪行为的表现。通过犯罪现场相关痕迹和物证的情况能够看出犯罪行为人是否具有反侦查能力，是否有避免遗留犯罪痕迹、掩盖身份和清理现场的意识和行为，犯罪手段是否娴熟，是否有很强的控制（能）力等。这是判断犯罪行为人是不是惯犯的主要依据。当然，犯罪

---

① 杨玉章．三定侦查法：犯罪心理画像实证研究［M］．北京：群众出版社，2008.

行为人的既往犯罪属性更多地需要去调查访问来获得，仅凭分析犯罪行为不足以说明犯罪行为人的劣迹和违法犯罪史。

行为证据分析对于案件“三定”的作用是明显的，其最终推动侦查活动向前发展直至破案。郑州市上街区“2012·6·26”赵某被杀案：该案中，死者被杀死在自家阳台上。经现场勘查，发现被害人身穿排扣连衣裙且最上面3个扣子没有扣上，现场没有明显搏斗痕迹，就此推断，衣着状况应该是原始状态。另外，经勘查发现门窗完好，推断犯罪行为人应该是和平进入犯罪现场的。被害人为女性，56岁，独居，身份系某单位的退休干部，按照常理推断，她应该是一个态度严肃、思想相对保守的知识女性。被害人能够在穿着如此随意的情况下让犯罪行为人进到自己家中，应该可以推断出犯罪行为人是关系人并且和被害人较熟识。基于以上分析，侦查人员确定了以下侦查思路，依据被害人的家庭成员情况排查社会关系人，并划定犯罪行为人范围为被害人或其家人的关系人。经过进一步调查工作，专案组迅速确认被害人的社会关系并逐条布置专人查询落实，在几个小时内便锁定犯罪行为人。经查证，犯罪行为人系被害人女儿的朋友并且是其家里的常客。

最后需要明确的是，尽管行为证据分析是“三定侦查法”的重要依据，但是其并不是“三定侦查法”的唯一依据，为了推动侦查活动顺利进行，实现查明案件事实和抓获犯罪行为人的目的，需要立足于犯罪现场同时开展多种侦查措施来分析和掌握案情。所以，准确定位行为证据分析在侦查过程中的意义非常重要。

二、行为证据分析是认定犯罪行为人犯罪主观方面的重要依据

犯罪行为人的主观方面是其实施犯罪时的心理活动表现，对此存在不同角度的界定。刑法理论研究所言之犯罪主体主观方面和刑事侦查中的犯罪行为人的主观状态有共同点，也有不同之处。刑法理论研究所言之犯罪主体主观方面指故意和过失，但是刑事侦查中的犯罪行为人的主观状态除了犯罪主体的主观方面之外还要涉及犯罪动机和犯罪目的。刑事侦查的目的在于查明案件事实固定犯罪证据，这就需要查清犯罪行为人为什么会实施犯罪和通过实施犯罪行为意欲实现什么样的后果。就此看来，刑事侦查对于犯罪行为人的主观状态的研究视野要宽泛一些。

（一）对犯罪行为人的主观故意的分析

一个行为的产生究竟属于事故还是一般违法行为抑或是犯罪，有时候是不容易界定的，除了客观上造成的危害结果之外还需要结合行为人实施具体行为时的主观态度、心理状态等来做出判断。也就是说，行为人主观上属于故意还是过失是对其行为予以定性的重要依据。事实上，行为人的主观方面和其客观方面联系紧密，以行为为核心的客观方面可以反映行为人的主观方面，这是由主观意识决定具体行为的规律决定的。

犯罪行为人的主观方面是故意还是过失直接决定了其行为的性质，从这一角度来说，犯罪行为人的主观方面也是认识案件事实的要求。然而，在具体的案件侦查过程中，犯罪行为人的主观方面是不容易确定的，其不像犯罪行为那样能够从犯罪现场的相关痕迹和物证中直接得出结论。犯罪行为人的主观方面只能通过分析行为的具体情况来予以确定。在致人死亡的场合，如果犯罪行为人的施害着力点是被害人的要害部位，那么很难说明其基于过失实施了该行为；如果犯罪行为人实施行为时使用的工具是利器，那么也很难说明其基于过失实施了该行为。犯罪行为以故意为主，这种主观状态表明犯罪行为人对于危害结果的发生持希望或者放任的态度，这明显不同于基于过失实施相关行为的情形。犯罪行为人主观方面可以凭借排除法来认定，即如果其不是过失，那么就是故意了。

（二）对犯罪行为人的犯罪动机的分析

犯罪动机是驱使犯罪行为人实施具体犯罪行为的心理动因。犯罪动机作为犯罪行为人主观状态的一种表现形式，其也是查明案件事实应该明确的一项内容。在侦查过程中，通过判断犯罪动机有助于划定犯罪行为人的范围，有助于推动侦查活动向前发展。对于犯罪行为人的犯罪动机的判断实际上是一种倒推的过程。正常的形成顺序是犯罪行为人先产生某种具体的犯罪动机再实施犯罪行为。但是，在侦查活动中，侦查人员通常是依据遗留在犯罪现场的相关痕迹和物证来推断犯罪行为人实施的行为，进而判断犯罪行为人是基于何种原因才实施犯罪行为的。犯罪现场是侦

查人员开展侦查活动的起点，遗留在犯罪现场中的相关痕迹和物证对于侦查活动而言非常重要，犯罪行为作为中介将犯罪行为人的犯罪动机和犯罪现场联系起来。犯罪动机虽然属于犯罪行为人的主观思想内容，但是其凭借一定的载体而存在，通过犯罪行为表现出来，这里的载体不是人的大脑而是犯罪现场，特别是犯罪现场中遗留的相关痕迹和物证，行为即是犯罪行为。这实际上是说犯罪现场作为一个融各种信息于一体的信息场，其中包含了能够反映犯罪行为人主观思想内容的诸多信息。其中的某些信息能够反映犯罪行为人的犯罪动机。在故意杀人案件的现场，被害人不仅被杀死同时还被毁容；在强奸案件的现场，被害人的敏感部位有严重的损伤痕迹，这些均表明了犯罪行为人是基于报复、泄愤的动机实施了犯罪行为。如果没有犯罪行为，不对犯罪行为进行分析，那么侦查人员是无从知晓犯罪行为人的犯罪动机的。

（三）对犯罪行为人的犯罪目的分析

犯罪目的是犯罪行为人通过实施犯罪行为意欲实现的直接结果。犯罪目的不同于犯罪动机，不同的犯罪动机可能导致相同的犯罪结果，比如，犯罪行为人可能基于报复杀人，其也可能基于情感挫折杀人，还可能出于激情而杀人。心理决定行为，行为决定结果；结果源于行为，行为源于心理。但在推理的过程中，从心理到行为再到结果，结果应为可知并唯一的；反之，由结果所推出的心理则可能具有多样性。比如说，泄愤（心理）—分尸（行为）—抛尸（结果）或毁证（心理）—分尸（行为）—抛尸（结果）都是合乎逻辑的模式。但是，产生分尸这一行为的心理根源，不一定是出于泄愤，也有可能是出于毁证、便于运输或其他的目的。① 依此判断，犯罪目的可以分为不同的层次，具体的犯罪行为有与之相对应的行为目的。杀人行为可能是出于报复的目的，但是杀人之后的分尸行为可能出于关系切割、毁证或者便于抛尸等目的。在这里，分尸行为的目的和杀人行为的目的有所不同。

从查明案件事实的角度而言，犯罪行为人的犯罪目的也是需要明确的内容，这有助于准确定性犯罪行为人的行为，为定罪量刑提供依据。从犯罪行为的形成来看，犯罪目的和犯罪动机类似，犯罪行为人基于一定的犯罪动机设定具体的犯罪目的进而实施具体的行为。比如，在杀人的案件中，犯罪行为人可能因为和被害人有矛盾进而有置对方于死地的念头，在这里杀死被害人就是犯罪行为人的犯罪目的，基于这样的目的，犯罪行为人会具体实施杀人行为。在侦查过程中，认定犯罪行为人的犯罪目的也是逆向的。其也是通过犯罪现场遗留的相关痕迹和物证来分析犯罪行为，再通过具体的犯罪行为来分析犯罪行为人的犯罪目的。在一些案件中，犯罪行为人使用的电子邮件和在线即时信息能提供关键性的证据线索或犯罪行为人用即时通信工具与同伙交流，也会显示出犯罪行为人的主观目的。② 在杀人案件的现场，犯罪行为人手持利器朝着被害人的要害部位砍杀，很明显地能够判断出其欲置被害人于死地的目的。和犯罪动机相比，犯罪目的相对而言比较明显和直接。但是，同样地，判断犯罪行为人的犯罪目的离不开对犯罪行为人犯罪行为的分析和考察。犯罪行为仍然是联系犯罪现场和犯罪目的的中介。

需要注意的是，除了犯罪行为人主观状态的认定之外，分析犯罪行为还可以证明犯罪行为人实施犯罪行为是否有预谋，可以证明犯罪行为人是不是激情犯罪，可以证明犯罪行为人实施犯罪行为时其意识、认知水平及行为能力是否正常、是否存在认知障碍。这对于侦查认知而言都是非常重要的。在巩义市“2011·9·14”王洪斌杀人案侦破中，正是因为凭借行为证据分析才清楚地认定了该案的犯罪事实，准确判断犯罪行为人王洪斌的行为责任能力。

在案件侦破过程中，多组行为证据均可证实犯罪行为人王洪斌作案时具备辨认能力和控制能力，其实施行为时主观方面表现为故意。作案时，犯罪行为人王洪斌携带准备好的作案工具（一把斧头）上街倾泻其内心压抑的情绪。从作案工具来看，他的意识是清醒的，选斧头伤人是他有意识的行为选择。案件经过是这样的：第一个被害人看了王洪斌一眼，他就觉得她的目光是在鄙视他，内心的怒火被烧得更旺，王洪斌上去先用脚踢那个女人的头部，那女人受到惊吓抱起

---

① 罗元明，张宇．犯罪行为和犯罪心理痕迹分析［J］．湖北警官学院学报，2013（10）：163.

② 李俊莉．犯罪行为中电磁行为证据分析［J］．新疆警官高等专科学校学报，2012（1）：59.

小孩儿就跑。王洪斌追出去二三米的距离时，那个女人不慎倒在地上，他弯腰掂着斧子朝女人的肩部、头部乱砍，直到把那个女人砍得不再吭声了才住手。让人发指的是，王洪斌见那个小孩儿在那个女人怀里哭，感觉还在骂他，于是就掂着斧子朝那个小孩儿的肩膀、颈部乱砍，直至砍死。被害人的血溅了王洪斌一身，但是他毫无害怕的感觉。从行为过程来看，王洪斌对于被害人的被侵害部位是认识准确的，并且能够预见到自己的行为将直接导致被害人死亡，他对此持故意的态度。当王洪斌遇到第二个被害人时，她只是回头看了他一眼，王洪斌就觉得她的目光也是在鄙视他。于是，他就如法炮制了第二次杀人行为。当遇到第三个被害人时，尽管被害人并没有看王洪斌，但是王洪斌此时已经彻底丧失了理智，不分青红皂白就抡斧乱砍。从三次侵害行为来看，被害人被侵害部位是一致的，均为被害人的头部，侵害次数均为多次。这再次说明了王洪斌对自己的行为具有一定的控制能力而不是无目的的行为。在作案过程中有一个细节值得注意，当王洪斌看到第三个被害人把孩子交到超市营业员手中时，他对营业员讲道："你（把孩子）抱走吧。"这一行为细节也说明了王洪斌意识清醒且具有明显的控制力。在这一案例中，如果没有关于王洪斌行为的深入分析，那么是难以准确判断其实施行为时的主观表现、认识能力和控制能力的。

三、行为证据分析是揭示犯罪行为人行为细节的重要依据

在所有的刑事侦查过程中，刑事技术人员在勘查现场、查找物证、检验被害人伤口或尸体之后都会对犯罪行为人的人物形象进行分析。① 对犯罪行为细节的分析是分析案情的重要组成。犯罪行为分析是一种系统的程序性工作，需要考虑究竟发生了什么，事情究竟是在何时、何地发生的，分析事情的诱因，并评估每一个事实，然后拼接整个事实找出线索，确定侦查方向或者是针对问题制定防御策略。② 查明案件事实是侦查任务的重要内容之一，犯罪行为作为案件事实的重要组成理所当然地成为侦查人员必须明确的内容。从微观的角度而言，犯罪行为又可以分为不同的组成部分，如行为过程和行为结果。无论是行为过程还是行为结果都存在具体的细节，这是侦查活动必须查明的内容。犯罪现场是客观的，犯罪现场上遗留的相关痕迹和物证也是客观的，但是犯罪行为却是侦查人员凭借一定的事实依据和办案经验推演出的结论。无论是现实社会的犯罪行为还是虚拟社会的犯罪行为，犯罪行为人都会在犯罪现场留下痕迹，通过分析犯罪现场的痕迹，确定犯罪行为人的特征性线索、证据物品以及其与被害人之间的关联等，作为一种犯罪研究，进行犯罪行为分析需要具备多门学科的知识，包括摄影学、物理学、文件检验学、地质学、弹道学等领域的知识，在公安工作的应用中，犯罪行为分析应从战略和战术两个方面进行，通过战略上的分析纵观全局对犯罪热点地区或某类案件进行分析，通过战术上的分析针对案件犯罪行为从犯罪行为人到犯罪现场重建到作案的手段和工具的分析从而制定侦查路线，确定采取侦查措施。正如犯罪现场不能还原一样，犯罪行为也不能还原而只能是重现。

犯罪现场是关于犯罪行为的信息库，但是现场的静态信息是凌乱的没有层次的，需要经过分析才能将之还原为完整的犯罪过程。在盗窃案件的现场，犯罪行为人的足迹可能散布于门口、客厅、卧室、厨房甚至是卫生间等处；犯罪行为人的指纹可能散布于门把手、茶几、衣柜把手、床头柜等处。如果不经专业分析，那么以上信息只是静态的反映犯罪行为人身体局部特征的信息，对于侦查活动来说毫无价值可言。但是，如果能够明确这些静态信息之间的关系并将之串联起来，那么这些信息将被激活，能够"描绘"出一幅具体的犯罪行为人作案的画面。犯罪行为过程是指犯罪活动中所表现出来的全部行为的顺序、程序和持续时间。如果说行为方式是行为空间特性的展现，那么，犯罪行为过程就是犯罪行为时间特性的展现。③ 犯罪行为过程是动态的，犯罪行为分析是一种认识犯罪行为过程的技术，同时也是全面掌握犯罪

---

① 李玫瑾．侦查中犯罪心理画像的实质与价值［J］．中国人民公安大学学报（社会科学版），2007（4）：3.

② 李俊莉．犯罪行为中电磁行为证据分析［J］．新疆警官高等专科学校学报，2012（1）：57.

③ 李玫瑾．侦查中犯罪心理画像的实质与价值［J］．中国人民公安大学学报（社会科学版），2007（4）：3-5.

行为细节的重要手段。

除了犯罪行为过程之外，犯罪行为结果也存在诸多细节。在杀人案件中，被害人遇害的伤口因凶器不同会有不同的表现，比如，使用锐器杀人对于被害人造成的伤口比较整齐，使用钝器杀人对于被害人造成的伤口就呈不规则状，使用铁锤、木棒等危害被害人，那么就会造成被害人骨折等。从犯罪行为结果的具体表现来分析，可以判断出犯罪行为人在实施行为时的打击力度和工具特征，从实施犯罪行为到造成犯罪结果的正向顺序分析，能够对侦查人员收集到的相关物证予以审查和判断。在盗窃案件中，物品被翻动的痕迹、钱包等储放财物的物品所呈现的状态是犯罪行为结果细节特征的具体表现。犯罪行为本身的细化和具化可以和犯罪现场的相关细节呈现相对应，由此来看，犯罪行为分析可以为认识犯罪行为人的相关行为细节提供依据。这就要求在现场勘查过程中，法医要对尸体的伤口特征予以准确地分析，侦查人员要对犯罪现场相关物品的状态予以准确地描述，因为只有这样才能够准确地判断犯罪事实。

通常情况下，案发后办案人员会对案情予以讨论和分析，如果是比较大的案件则有可能成立专案组开展不间断的侦查指挥、侦查分析工作，直至案件侦破。这些侦查工作机制实际上就是围绕犯罪行为来分析案情的细节。更为典型的侦查分析是在侦查阶段必有的案情分析会，在侦查阶段召开案情分析会也是重大案件侦查中所必有的工作。而这项工作的主题就是分析犯罪行为人作案时的心理状态和生理特征及需要重点排查的人员的心理征象及活动范围。会议所讨论的内容实质上就是对犯罪行为人的人物描述和心理刻画。只不过这些分析是在侦查人员丰富的经验基础上进行的，同时这种分析形成的结论大多源于集体智慧。行为证据不是《刑事诉讼法》规定的八种证据形式之一，它是一种新的证据形式，它的含义不是“以行为形式存在、呈现的证据”或“以行为为载体的证据”，而是指“与涉案行为直接相关联的具有证据意义的材料”，既包括“用以证明涉案行为内容、过程、特征的证据”，在这里，“行为”是证明的对象，或需要证明的内容（即待证的事实）；也包括“依据已知涉案行为内容、过程、特征或借助于对涉案行为内容、过程、特征的分析研究而形成的证据”，在这里，“行为”是证明的依据，或用以证明的内容（即证据的“原材料”）。①

四、行为证据分析是犯罪现场重建的重要依据

犯罪现场重建已经成为侦查人员分析和认识犯罪现场进而认识犯罪全过程的重要手段和技术。犯罪现场重建是指基于对犯罪现场的痕迹、物证的位置和状态及其相互关系的考察分析，以及对物证的实验室检验结论的利用，结合所获取的相关客观事实，合乎逻辑地以抽象、形象或实物模拟的方式重新构筑犯罪现场所发生的犯罪内容和犯罪过程，并探明与之相关的犯罪行为人的个人特点和犯罪条件的侦查活动。犯罪现场重建不等同于犯罪现场分析，其内涵要比后者深远。犯罪现场重建以犯罪现场为着眼点来判断包括犯罪行为、犯罪行为人相关特征在内的内容，而不仅仅局限于对犯罪现场的静态分析。犯罪现场重建不再是对于犯罪过程从局部予以认识，而是放眼于整个案件事实，其中不仅包括犯罪行为等客观方面的内容，同时也包括和犯罪行为人相关的主观方面的内容。犯罪现场重建这一概念的提出无疑对于侦查活动研究产生了深远影响，在一定程度上改变了侦查人员的侦查观念，提升了侦查人员的侦查能力。犯罪现场重现已经成为现场勘查人员必须重视和掌握的一种专业技能。

犯罪现场重建以犯罪现场为基础，犯罪现场则以犯罪现场的构成要素为表征，比如，现场物体痕迹、现场损失物、现场遗留物、现场破坏情况、现场伪装情况等。其中，现场物体痕迹是指犯罪行为人遗留的形象痕迹和犯罪过程中形成的物质性痕迹，如足迹、工具痕迹、车辆痕迹、创痕、呕吐物痕迹、爆炸痕迹等。现场损失物是指犯罪现场上被盗抢的物品、被损坏的物品和灭失（包括被食用）的物品。现场遗留物是指犯罪行为人有意、无意或不得已遗留在现场的各种物品。现场破坏情况是指犯罪行为人在离开现场前，对犯罪现场上的各种犯罪物证实施毁灭的行为，故意为侦查工作设置障碍。现场伪装情况是

① 郝宏奎．行为证据浅探［J］．河南警察学院学报，2013（5）：55.

指犯罪行为人在离开现场前，按照自己设计的方案，对犯罪现场进行重新摆设和布置的行为，企图转移公安机关的侦查视线。现场场景也称现场物态，是指整个犯罪现场的全部现象。从现场场景中发掘和提炼犯罪心理痕迹，是对现场场景的一种综合型的深刻的认识。现场场景往往可以反映出犯罪行为人的犯罪意图、凶残程度与被害人的关系、习惯行为、心理成熟程度和犯罪技术能力等多方面的特征。①

犯罪现场重建以分析犯罪行为和犯罪行为人特征为主要内容。关于犯罪行为的分析本身就是犯罪现场重建的应有之义，对于犯罪行为人特征的分析则离不开对犯罪行为的分析。在杀人案件的现场上必然留有很多犯罪痕迹，但只有经过检验鉴定的痕迹才能构成证据。因此可以说，每一项证据通常都是独立存在的。但是独立的证据再多，本身并不能自动构成证据链。能将独立的证据串联成证据链的最好方式之一，可能就是犯罪行为。而犯罪行为分析最好的体现方式之一，就是犯罪现场重建。② 由此可见，犯罪行为分析既是犯罪现场重建的主要内容，同时也是犯罪现场重建的重要支撑。可以断言，没有关于犯罪行为的分析根本没有犯罪现场重建可言。行为证据对于侦查活动具有重要的线索价值。它们既是犯罪现场重建的一种方法，更是犯罪现场重建的重要构件，正是一个个行为证据片段构成了犯罪现场重建或涉案行为重建的完整链条。③ 犯罪现场重建并非意味着对全部犯罪行为和细节的还原再现，而是最大限度地将接近案件客观事实的犯罪行为和过程进行呈现和演示。④ 犯罪行为作为犯罪现场重建的骨架，了解和掌握了犯罪行为基本上就完成了犯罪现场重建。对于侦查人员而言，在此过程中，要尽量建立起对犯罪行为、犯罪现场与受害者之间关系的全面、深入、准确的认识。⑤ 行为证据分析是了解和掌握犯罪行为的重要技术，同时，其将相关分析结论转化为证据来证明案件事实。犯罪行为分析是通过对犯罪过程的行为轨迹和事件进行犯罪过程的再现，如同历史学家一样，犯罪行为分析人员“并不幻想自己就是目击者。他十分清楚地知道，他对过去唯一可能的认识乃是转手的或推论的或间接的，绝不是经验的”，犯罪行为分析是一种回溯性的认识活动，与考古活动有一定的类似性，“在考古学领域，考古学家通过考察人类行为遗留的遗物和遗迹，从而重新组织这些行为，以获得这些行为所表达的意图”。犯罪行为分析是以证据、推理和科学统计分析等为基础产生有效论证结论的一种认识和证明活动。⑥ 行为证据分析是一种将认识和证明相整合的行为，其无论是对于侦查理论研究还是侦查实务都是有益的。

从犯罪信息的角度来看，犯罪行为本身是和行为相关的信息群，犯罪现场重建则是关于和犯罪现场相关的所有要素的信息集合。犯罪现场重建与再现的研究从本质上讲，是一个挖掘犯罪信息或反复挖掘犯罪信息的过程，是一个证实犯罪的过程。⑦ 犯罪行为的相关信息在犯罪现场相关要素的信息集合中占据着主导地位并且发挥着联结不同要素（如人的要素、物的要素、痕迹的要素等）的作用。犯罪行为的相关信息只有在证明犯罪行为过程和犯罪结果的基础上才能为重建犯罪现场提供条件。

五、行为证据分析是准确理解犯罪心理痕迹的重要依据

犯罪心理痕迹是指犯罪行为作用于犯罪现场空间而引起的一切能揭示犯罪心理的现象和状态，是犯罪行为人在一定情境和条件下，心理活动过程和个性特征的总体反映。利用犯罪心理痕迹揭示犯罪心理符合心理学的原理，是一种逆向的从犯罪行为人的行为活动所遗留下来的心理痕迹入手分析案情、刻画犯罪行为人的特点、追溯

---

① 寿远景．利用实物痕迹进行犯罪心理画像［J］．河南警察学院学报，2012（3）：112.

② 闵建雄．命案中的行为分类及其价值初探［J］．刑事技术，2010（1）：36.

③ 郝宏奎．行为证据在刑事诉讼中大有可为［N］．人民公安报，2013-5-5（3）.

④ 马朦朦．犯罪现场重建概念再探［J］．福建法学，2013（3）：68.

⑤ 李蕤，隗甫杰．系列杀人案件并案之行为证据分析［J］．北京人民警察学院学报，2006（6）：41.

⑥ 李俊莉．犯罪行为中电磁行为证据分析［J］．新疆警官高等专科学校学报，2012（1）：57.

⑦ 王大中．犯罪现场的重建与再现［M］．北京：中国人民公安大学出版社，2012.

犯罪行为人的方法，符合心理学的基本原理。① 犯罪心理痕迹是犯罪行为人实施犯罪行为时的主观心理状态，其是侦查活动必须认定的内容。不同性质的犯罪活动，形成不同的犯罪现场。犯罪行为人不同的心理品质和心理活动又会在犯罪现场留下不同的犯罪心理痕迹。② 和之前的侦查实践相比，当前背景下的侦查人员已经开始关注和重视犯罪行为人的犯罪心理痕迹，与此同时还展开了较为深入的理论研究和实践探索。目前，犯罪心理痕迹的应用已成功建立在心理学和刑事侦查学理论的基础之上，结合国外专家总结的应用理论及我国刑侦人员在刑事侦查工作中的具体实践，证明了对犯罪心理痕迹的应用具有其自身的合理性和可行性。对犯罪心理痕迹应用的研究发展，将会成为刑事侦查中利用犯罪现场遗留的信息分析、推断相关问题的有效方法。一般来说，犯罪活动都是有目的、自觉的活动，受犯罪动机的驱使。不同的犯罪动机，引发不同的犯罪行为。不同的犯罪行为，在犯罪现场所留下的犯罪心理痕迹也就不同。通过犯罪心理痕迹，我们可以分析推断出犯罪行为人的犯罪动机。对犯罪动机的正确判断，能够帮助我们锁定犯罪行为人的范围，明确侦查方向。犯罪行为人的心理痕迹是非常丰富的，在预谋犯罪、准备实施犯罪、具体实施犯罪的过程中表现各异，它会随着具体情境的变化而变化，具有一定的灵活性和应变性。需要明确的是，无论犯罪行为人的心理痕迹如何变化，其都是为完成犯罪活动服务的。对于犯罪行为人的心理痕迹予以深入研究也是查明案件事实的必然要求，因为只有了解和掌握了犯罪行为人的心理痕迹才能更为全面和准确地认定案件事实。

行为是心理的外在表现，二者之间存在密不可分的关系。但是，犯罪行为发生后徒留静态的犯罪现场，如果要了解在犯罪现场都发生了什么事情，就需要重建犯罪现场，那么必然要分析犯罪行为。分析犯罪行为时，一方面，要通过分析来了解究竟都有哪些犯罪行为，整个犯罪过程是怎样的；另一方面，要通过分析来明确犯罪行为和其他犯罪事实要素之间的联系，在这一过程中也是对已经认定的犯罪行为的审查和核对。针对犯罪行为，物质痕迹是其客观反映，心理痕迹是其主观反映。它们之间的信息源具有一致性和吻合性。如果二者不一致、不吻合，物证与人证就难以组成相互印证的证据体系。因此，侦查员可用心理痕迹审查判断证据的可靠性。③ 关于犯罪行为人心理痕迹的分析已经不再是简单地认定犯罪行为人实施犯罪行为时主观方面的具体表现及其犯罪动机和犯罪目的，而是要明确犯罪行为人实施犯罪行为的不同阶段和具体时间点的心理活动和实施的具体行为。对于犯罪行为人的心理痕迹的研究反映出侦查学研究精细化和系统化的发展趋势。即使属于个人任意或偶然的行为，如果能够将其连续观察都可以发现案件之间具有不属于物证但属于个人心理风格的特性。收集案件中这种个性的迹象，就可扩大我们侦查分析的领域。④

犯罪行为人的心理痕迹是潜态的。有人认为，犯罪行为人的心理痕迹不可还原，因为犯罪行为一旦结束不可再现，对于犯罪行为的分析不可能完全和真实情况相一致，犯罪行为尚且不能达到这一标准，犯罪行为人的心理痕迹更是不可触及了；有人则认为，尽管犯罪行为不可还原，但是这并不妨碍侦查人员对其进行分析，尽管犯罪行为人的心理痕迹具有特定性和多变性，但是侦查人员仍然能够对其内容和状态予以把握，就侦查人员对犯罪行为和犯罪行为人的心理痕迹的认识来看，其有助于侦查活动的顺利开展。这两种观点截然相反，第一种观点反映出事物具有唯一性不可再现的特点，第二种观点则反映了事物是可以被认知的，人对事物的认知具有主观能动性。从侦查的角度来看，第二种观点更为适宜。没有犯罪行为就没有犯罪心理痕迹，物证中的心理留痕和人证中的记忆痕迹是对犯罪行为人进行画像的必要条件。心理痕迹与心理画像的关系是客观存在与主观分析的关系，是分析依据与分析结果的关系。⑤ 行为作为意识和结果的中介，意

---

① 罗元明，张宇．犯罪行为和犯罪心理痕迹分析［J］．湖北警官学院学报，2013（10）：163.

② 徐俊文．犯罪现场之犯罪心理痕迹解读技术［M］．北京：中国人民公安大学出版社，2006.

③ 陈闻高．犯罪心理痕迹与犯罪心理现场关系论［J］．山东警察学院学报，2013（1）：65.

④ 李玫瑾．侦查中犯罪心理画像的实质与价值［J］．中国人民公安大学学报（社会科学版），2007（4）：7.

⑤ 陈闻高．犯罪心理痕迹与犯罪心理现场关系论［J］．山东警察学院学报，2013（1）：70.

识又具有隐蔽性的特征，如果要从结果来认识意识，那么就必须对行为进行分析。也就是说，在侦查过程中，关于犯罪行为人心理状态的认识需要从犯罪现场出发，根据犯罪现场的相关痕迹和物证来分析犯罪行为再进而认识犯罪行为人的心理状态。由此可以认定，犯罪行为分析是准确理解犯罪行为人心理痕迹的重要依据。

现有证据形式虽然种类不少，但从诉讼实践来看，仅仅依靠现有的证据形式，对于某些证据贫乏的疑难案件仍然难以在观念和认识上完整再现犯罪的真实过程和正确解读犯罪行为人真实的犯罪心理，行为证据分析这种潜在的证据形式，与其他证据形式相互印证，能更好地反映出犯罪活动的真实过程，可以为司法公正奠定坚实的事实基础。

六、行为证据分析是全面把握案件事实的重要依据

在侦查活动中，借助于行为证据分析对涉案行为内容、行为过程和特征的判断，借助于行为证据分析对案件构成要素方面情况的判断，对于确定侦查方向与范围、刻画犯罪行为人的脸谱等都具有积极的意义。① 全面把握案件事实就是要查清案件事实，犯罪案件的“七何”要素为认定案件事实提供了标准。一般认为，犯罪案件的“七何”要素包括时间、空间、人、事、物、因、果。这七种要素中有多项和犯罪行为直接相关，比如，空间、人、事、物、因、果等。

（1）犯罪空间是犯罪行为发生时的客观载体，犯罪行为的实施自然会对犯罪空间产生影响，这种影响可以认为是犯罪现场形成的过程。

（2）犯罪现场是存储犯罪信息的载体，可见，从犯罪现场得到的犯罪信息越多越细，侦查人员认识犯罪行为人的条件就越充分，证实犯罪的证据就越扎实、越全面、越符合实际，才能为刑事诉讼提供有力的证明。②

（3）“人”和犯罪行为直接相关，这里的人指的就是犯罪行为人，其是犯罪行为的主体，犯罪行为的具体情况能反映出犯罪行为人的相关特征。

（4）“事”指的是犯罪经过，换言之就是犯罪行为过程，其是犯罪行为的直接体现。

（5）“物”指的是犯罪现场遗留的相关物品，其作广义理解，包括了遗留在犯罪现场的相关痕迹。“物”是犯罪行为的直接作用客体，犯罪现场相关痕迹的形成和物品的呈现状态均是犯罪行为造成的。

（6）“因”指的是犯罪动机和犯罪目的，其是实施犯罪行为的直接动因，和犯罪行为存在密切的联系。

（7）“果”指的是犯罪行为直接造成的危害，比如，杀人案件中的致人死亡，盗窃案件中的财产失窃，抢劫案件中的财物被抢，诈骗案件中的财物被骗等。以上这些要素均可以通过分析犯罪行为来得以明确。

在犯罪现场为了尽可能快地锁定犯罪行为人，犯罪现场中的一些可以揭示犯罪行为人特有的性状、特征的行为证据成为案件侦查的关键线索。犯罪行为分析是建立证据、证明和事实调查之间的逻辑关系，通过科学的分析推理确认存在这样的事实。③ 在人的身份特征中，最重要的是职业、地位、文化程度、民族和宗教信仰等。不同职业、地位、文化程度、民族和宗教信仰的人，其行为方式是有差异的。在社会生活中，人们都在从事着不同的职业，从事不同职业的人有不同的职业习惯，从心理学的角度来说就是动力定型。如渔民系绳索的方式与其他职业的人就不同，同样地，锁匠开锁的技巧、屠夫宰杀的方法都与常人不一样。因此不同职业的犯罪行为人，其犯罪的行为方式和方法不同，遗留在犯罪现场的犯罪心理痕迹也就不同。④ 也就是说，通过分析相关明态信息能够较为全面地认识案件情况和犯罪行为人的情况。现场分析是现场勘查的重要组成部分，犯罪行为分析则是现场分析的主要内容，侦查活动也正是通过分析犯罪行为来了解全部案情的。以和犯罪行为的关系为标准，可对犯罪事实的“七何”要素做出分类：第一类是直接反映犯罪行为情况的要素，如时间、空间、事。第二类是能够作为依据来判断犯罪行为的要素，如物、果。第三类是作为经分析犯罪行为来

---

① 郝宏奎．行为证据在刑事诉讼中大有可为［N］．人民公安报，2013-5-5（3）．

② 王大中．犯罪现场的重建与再现［M］．北京：中国人民公安大学出版社，2012.

③ 李俊莉．犯罪行为中电磁行为证据分析［J］．新疆警官高等专科学校学报，2012（1）：57.

④ 徐俊文．犯罪现场之犯罪心理痕迹解读技术［M］．北京：中国人民公安大学出版社，2006.

判断的要素，如人、因。准确地对犯罪行为人进行刻画是侦查破案的重要前提。由于行为分析来自“任何故意行为都是有目的”的基础并遵从“意识—行为—痕迹”的模式，故得以通过行为反映意识，而意识广义上也可以理解为行为人。① 对于犯罪事实的“七何”要素进行如此分类有益于充分利用犯罪行为的价值来为侦查活动服务。

根据物质交换原理，犯罪行为人在实施犯罪时会造成各种各样的物质交换，这些物质从不同方面来反映犯罪事实。在犯罪过程中，各种物质以犯罪事实的要素的层次有序地反映犯罪事实，包括了反映时间的物质、反映空间的物质、反映人的物质、反映事的物质、反映物的物质、反映因的物质、反映果的物质。从另一个角度来看，整个犯罪案件的信息以反映犯罪行为的信息为核心，其是认识案件事实的主要依据。抓住关于犯罪行为的物质交换关系，一方面建立了认识案件事实的基础，另一方面可以从犯罪行为拓展至其他方面的要素进而覆盖全部的案件事实。这样看来，有关犯罪行为的信息是认识全部案件事实的依据，分析犯罪证据是认识全部案件事实的有效途径和手段。事实上，不管杀人犯如何作案，只要他抛出尸体；不管流窜犯如何移动，只要他到过现场；不管犯罪行为人如何狡猾地不留任何个人物证，只要他行动过……这一切都会留下作案人的行为方式及行为痕迹，都会呈现给我们某种行为事实。②

行为证据分析在新密市“2012·10·7”某煤矿杀人案的侦破过程中体现得非常明显。在该案侦破过程中，涉案人员共有四人：陈德亮、饶德亮、李正福、朱成义。归案后，实施杀人行为的饶德亮和李正福对于作案经过供认不讳，但是有一个难点是如何认定朱成义在整个犯罪过程中的作用。在本案的侦查过程中，除了犯罪行为人的供述之外，没有其他证据能够证明朱成义参与了杀人行为。经侦查，该案是一起预谋已久的案件，陈、饶、李、朱四人合谋将同乡人杨某在煤矿的作业区杀死来伪造一起作业事故并向煤矿索赔，四人再以亲属的名义来分赔偿款。四人设计的作案地点涉及河南、新疆两地，由于作案条件不成熟，作案计划拖延了很长时间。作案预谋过程中，陈、饶、李、朱四人曾多次碰头商讨具体的作案方案，同时还予以明确分工。其中，陈是该案的主犯，充当了策划人的角色；饶、李二人具体实施杀人行为；朱假装有事回家实际上是等待犯罪行为得手后招呼老乡来郑州闹事给煤矿施压进而获得赔偿款的。办案人员在掌握基本案情后远赴贵州将朱成义抓获并带回郑州。但是，朱成义始终坚持自己和本案没有关系，他已于案发前回家了，饶、李作案他根本不知悉。从掌握的案情和证据情况来看，确实无法证明朱成义参与了杀人行为，但是如果通过行为证据分析来判断的话，朱成义应当承担相应的责任，在整个犯罪过程中他充当着帮手的角色。首先，朱成义参与了实施犯罪的密谋，为整个犯罪行为出谋划策。其次，从陈德亮策划作案开始，朱成义就是犯罪成员之一，并随其他人辗转郑州和新疆两地，由此可以判断，朱成义和其他犯罪行为人联系密切。再次，他离郑返乡表面上是回家探亲实则是为后续的索赔行为召集人员，为实现他们预谋的犯罪目的做铺垫。面对既成事实，饶、李无以抵赖，随之陈也供述了全部案件事实。在这种情形下，经讯问，朱成义最终招认了自己参与实施犯罪的行为。从本案中不难发现，如果仅凭相关证据来证明案件的话，相关事实是无法证实的。案件中参与人有几人，都有谁，他们在犯罪过程中所发挥的作用又如何，这些都是必须查明的情况。由此可见，行为证据分析为侦查人员了解全部案情提供了重要依据。

七、行为证据分析是串并案件的重要依据

系列性案件一直以来都是侦查实践中的常见案件，同时也是侦查实战中的疑难问题。深究犯罪行为人多次作案制造系列性案件的原因，大体有二：第一，犯罪行为人多次作案相对而言作案熟练程度高，更容易得手，也就是说犯罪行为人“干得得手”，成功率高；第二，犯罪行为人案后未得到公安机关的惩罚，心理得到强化，满足了犯罪行为人特殊的心理体验。由于某些犯罪有紧张行为风险的双重刺激，对于某些特殊的犯罪行为人而言，可以从中找到一种常人无法体验的

① 闵建雄．命案中的行为分类及其价值初探［J］．刑事技术，2010（1）：36.

② 李玫瑾．侦查中犯罪心理画像的实质与价值［J］．中国人民公安大学学报（社会科学版），2007（4）：4.

特殊心理感受，这也会增强某些犯罪行为人的犯罪挑战性的欲望，为了达到这一目的，他们往往精心设计并付诸实施那些风险度极高的犯罪行为。① 就侦查活动而言，侦破系列性案件主要面临两种情况：一方面，因为犯罪主体相同或者主要犯罪成员一致，所以破获系列性案件的连带性效应非常明显；另一方面，因为系列性案件的犯罪行为人作案经验丰富，具备一定的反侦查能力，有的甚至还存在流窜作案的情况，这些均为侦破案件制造了阻碍，所以侦破系列性案件的难度较大。针对系列性案件的侦破，侦查人员主要运用串并案的策略和思路，在一起案件的侦破过程中注重案情的深入研究。串并案件的基础和原理在于不同案件之间存在诸种相似之处，如犯罪对象、作案手法、犯罪目的、作案区域等，以上这些方面和犯罪行为人本身存在直接关系，因为犯罪行为人的意识和行为方式相对稳定，所以就导致了其在犯罪对象、作案手法、作案区域等的选择方面相对一致。实际上，串并案件主要依靠的是犯罪行为的稳定性，分析犯罪行为是串并案件的必由之路。

系列性案件的明态信息中的联结要素是人，潜态信息中的联结要素则是犯罪行为。在侦查过程中，在没有认定犯罪行为人的情况下，认定系列性案件只能通过分析犯罪行为来实现。具体案件的犯罪行为有可能不是完全一致的，但是其行为特征相对明显且相对稳定，这就为侦查人员串并不同案件提供了条件和依据。犯罪行为过程如同犯罪行为方式，犯罪行为人在体验成功后也会不经意地保留并重复。因此，犯罪行为人的行为顺序也是一种值得收集的行为资料，收集这些行为资料为串并案件提供了分析素材。从心理学的角度看，人的行为具有稳定性，并可发展为独特的行为模式，犯罪行为一旦发展为具有个人风格的行为模式，其行为就会在以后的犯罪活动中多次出现，形成动作定型。行为的稳定性，决定了先前成功的犯罪行为很少在后来的犯罪活动中发生变化。即使有变化，也仅是对先前行为的一种量上的改进及技能技巧上的“完善”。在犯罪过程中，有的犯罪行为人可能会隐藏或伪装先前行为与后来行为之间的同一性，但他不可能把先前行为中的特点全部抛弃掉，特别是先前成功的犯罪行为会在后来的行为模式中反复出现，后来的行为会或多或少地带有先前行为的烙印。行为的稳定性在前后相似行为之间、相似行为与案件事实之间建立一种内在的关联性，这为相似行为作为串并案件的依据奠定了基础。② 不难理解，根据行为具有个体烙印的特点，可以用来对系列性案件进行串并。而事实上，据笔者所知，目前行为分析最有效、最成功也是最稳定的实践价值，就是体现在系列性案件中。③ 当然，在系列性案件的侦破过程中，首先必须对具体案件的犯罪过程特别是犯罪行为予以深入分析，在此基础上才能够予以横向比较进而判断是否为同一犯罪主体所为。系列性案件和普通案件有所不同，其犯罪行为更为复杂但是具有体系性。对于系列性案件的犯罪行为予以分析在一定程度上具有更高的要求和难度，其不仅要具体到犯罪事实每一要素的信息，同时也要研究相似行为之间的关系。在系列性案件的案发现场，不同案件的犯罪行为不仅是查明该案事实情况的依据，同时也是认定该案是否属于系列性案件的重要依据。因此，分析犯罪行为在系列性案件中发挥着双重作用。在系列性案件的侦查过程中，行为证据为串案分析、并案侦查提供了重要的“行为特征”依据。在侦查实务中，“行为特征”是极为重要的并案依据，俗称“软件”依据。行为证据在侦查中的价值，侦查实务部门已经并在不断地加以开发、利用，前景良好。④

八、行为证据分析是犯罪心理画像的重要依据

犯罪心理画像是在有关罪案统计资料研究的基础上，运用心理学的原理和技术，透视现场痕迹物证中的心理痕迹和心理现场，在重建犯罪现场的过程中来分析未知案犯的行为、动机、心理过程、心理特征群等，从而确定犯罪行为人范围

---

① 李玫瑾．侦查中犯罪心理画像的实质与价值［J］．中国人民公安大学学报（社会科学版），2007（4）：5-6.

② 李富成，周婷婷．相似行为的证据功能探析［J］．贵州警官职业学院学报，2006（2）：24.

③ 闵建雄．命案中的行为分类及其价值初探［J］．刑事技术，2010（1）：36.

④ 郝宏奎．行为证据在刑事诉讼中大有可为［N］．人民公安报，2013-5-5（3）.

的侦查技术。[①] 目前，犯罪心理画像已经成为侦查人员开展侦查活动确定犯罪行为人的重要手段和工具。犯罪行为分析源于犯罪现场的行为迹象，但真正对犯罪行为人的分析却需要心理学的根据，这是所有刑事侦查学科所极少涉及的领域。犯罪心理分析确实不同于我们所做现场技术分析，我们所做的分析仅根据现场的有形物证，而犯罪心理的分析不仅要根据现场证据提供的信息，还要根据心理学研究出的心理规律进行分析。心理规律也是客观规律，是犯罪心理画像所特有的根据，由此决定犯罪心理画像在侦查中特有的应用价值。[②] 关于犯罪心理画像的起源，一般认为其源于国外并且是一门新兴技术。但是，也有人认为其实中国的侦查实践也注重分析犯罪行为人的心理进而来破案。笔者查阅史料所知，早在1 800年前我国的东汉时期，人们就已经用犯罪心理画像的方法破案了。究其实质，犯罪心理画像实际上就是强调侦查人员的分析辨识能力，其基础是经验、常识和已经掌握的案件事实。美国联邦调查局所做的是在原有的侦查基础上扩展了新的分析元素，从而达到侦查科学发展的目的。鉴于侦查分析中使用的素材和分析的基础被扩展，融入了新的分析内容，也就使得刑事侦查具有了更广阔的平台，对犯罪行为人心理形象的刻画也就愈加趋于完整。犯罪心理画像的提出标志着侦查分析内容的变革，侦查分析内容不再仅限于实物材料的分析而是囊括了行为人的心理分析。美国联邦调查局通过行为与心理素材的介入，使得侦查分析的内容趋于完整。更有甚者，他们还建立了专业机构（即行为科学部），通过专业人员进行犯罪行为人的背景资料与现场行为资料的全面搜集，并在此基础上建立了相应的数据库和分析软件。纵观侦查破案的发展历程，不难发现存在这样的变化：从痕迹到心理的转变和从物到人的发展。传统侦查注重对于现场的勘查和分析进而发现和犯罪行为人相关的痕迹，依此来确定犯罪行为人的相关特征，最终来破案。但是，除了关注这些显性信息之外，现代侦查开始重视犯罪行为人的心理呈现和变化，也就是凭借分析相关潜态信息来确定犯罪行为人的特征进而破案。传统侦查注重收集证据特别是犯罪现场中的证据，依据证据来查明案件事实和认定犯罪行为人。现代侦查在加强对现场证据研究的同时开始关注人的相关信息，通过一定的手段和技术直接锁定犯罪行为人。需要注意的是，这两种变化不是对传统做法的颠覆和否定，而是在传统的基础上谋求的一种发展，这极大地拓展了侦查研究的视野，大大提升了侦查人员的侦查能力和办案效率。

行为证据分析和犯罪心理画像是不同的。犯罪心理画像是“根据物证或（和）行为证据得出的关于犯罪行为人特质的推论”，“它以对任何与犯罪有关的行为的阐释为基础，描述一名犯罪行为人的特征”。特维强调，犯罪心理画像不是一门科学，而是一种技术，是由相关知识背景的人经过专业训练后做出的推论；犯罪心理画像不是一个结论，而是一个过程。[③] 行为证据分析法由美国的法庭科学家和犯罪心理画像家特维于20世纪90年代末提出。特维所指的行为证据，是指任何有助于确认某事件或某行为是否发生、如何发生以及何时发生的物证。在适当情形下，任何形式的物证，包括脚印、血迹模式、指纹、精液、伤口形态、药物等都是行为证据的表现。通过物证和行为证据分析犯罪行为模式，从这些模式中推断犯罪行为人特征的过程就是“行为证据分析”。特维认为，对犯罪行为人行为的重建才是关于某次犯罪最客观的记录，行为证据分析法可以弥补大多数画像方法因较多地依赖归纳结论与直觉臆测，却忽视对犯罪行为人行为的考察而造成的缺憾。[④] 作为不同的分析技术，犯罪心理画像和行为证据各有侧重各有所长，二者共同发挥作用为侦查破案提供了有力的工具和武器。

行为证据分析和犯罪心理画像的关系是密切的，犯罪证据行为分析是犯罪心理画像的重要手段，离开犯罪证据行为分析就难以对犯罪行为人的心理予以画像。犯罪心理画像的分析依据有两

---

① 陈闻高．犯罪心理痕迹与犯罪心理现场关系论［J］．山东警察学院学报，2013（1）：70.

② 李玫瑾．侦查中犯罪心理画像的实质与价值［J］．中国人民公安大学学报（社会科学版），2007（4）：4-6.

③ 蹇璐亦．犯罪心理画像的方法：犯罪现场分析法与行为证据分析法之比较［J］．河南司法警官职业学院学报，2006（4）：38.

④ 蹇璐亦．犯罪心理画像的方法：犯罪现场分析法与行为证据分析法之比较［J］．河南司法警官职业学院学报，2006（4）：40.

个：一个是犯罪心理痕迹，一个就是犯罪行为。其中犯罪行为包括完整的犯罪过程，以及某些具有明显心理倾向的犯罪动作、情节。① 有观点认为，犯罪心理画像需要大量的行为信息，对侦破系列性案件和变态犯罪案件更有效，不是单独一起案件就能进行心理画像的。比如，我家被盗了，你帮我画像，这很难。但如果连续发生了几起类似的案件，犯罪行为人留下的行为痕迹越多，就越容易画像。犯罪心理画像在确定犯罪行为人的特征和背景方面会很有帮助。这说明犯罪行为分析对于犯罪心理画像的影响是深远的，它不局限于某一起或者某一类案件，而是对于所有案件侦破均产生作用。有意收集“行为资料”和“人格资料”进行心理专业的统计分析和利用，不仅是刑事侦查可支配的一笔宝贵财富，也将使刑事侦查对犯罪行为人的分析更趋于完整并科学化。同时，准确地认识与评价侦查中犯罪心理画像的应用价值非常重要。犯罪心理画像对侦查而言不是可有可无的问题，而是如何更好地利用其研究并扩展刑事侦查能力的问题。②

第二节 行为证据分析在审判过程中的价值

行为证据分析在侦查过程中的价值已经凸显，但是在其他诉讼阶段的价值尚未被挖掘。经过专家论证认为，行为证据分析在审判过程中同样可以发挥重要作用。这是因为案件侦查本身是一种认识行为，案件审判实际上也属于认识行为，二者在性质上是一致的，只是认识主体不同罢了。关于证明案件事实的证据是围绕犯罪行为展开的，犯罪行为同样也是法官需要认识的对象。由于人的行为分析受众多因素的影响，行为的表现方式既复杂多样，又可能呈动态变化，所以，行为分析要做到准确很不容易。而另一方面，行为分析又是一项实践中的重要的，甚至也可以说是必不可少的技术手段，需要熟悉和掌握。③ 另外，在卷宗里除了犯罪行为人供述、证人证言、被害人陈述等完整详细的描述外，还有大量的实物证据、痕迹物证、零星的书证等，一个个证据片段要证实某种案件情节尚可，但对于案件全过程的揭露、证实却是无力的，对于这类证据的认定离不开行为证据分析。经过现场重建并与现场行为过程相吻合，这样才具有证明效力使其形成证据链。法官在认定相关证据的证明力时面临诸多困难，然而行为证据分析在一定程度上为解决这些困难提供了有效方法。

一、行为证据分析的运用可以拓展庭审视野

在庭审过程中，法官依据证据来定罪量刑，然而定罪量刑的前提是认定案件事实，所以证据是认定案件事实的直接依据。作为诉讼过程的不同阶段，侦查行为和审判行为其价值功能的体现有所不同。侦查行为的目的重在查明案件事实，与之相对应的审判行为的目的重在查证案件事实。在侦查过程中，侦查人员的视野是开放式的，只有打开了思路才可能联想到具体案情的相关情况，只有联想到具体案情的相关情况才可能认识具体案情的具体事实。在审判过程中，审判人员需要认定的对象是确定的，即侦查人员通过侦查取证获得的事实，所以审判人员的视野相对而言是固定的，集中于检察机关“移送”的公诉材料。按照法律审判的“不告不理”原则，审判机关没有权力也没有必要对于检察机关不予起诉的事实予以调查。由此来看，庭审过程中，法官在法条框架内的局限是非常明显的。但是，出于了解和查证相关案件事实的需要，法官在一定程度上需要对于静态的材料予以“发挥”，因为法官应该有主观能动性而不是审判的“机器”。行为证据材料着眼于行为系列性的分析，其不仅分析不同阶段各类行为的意向、目的及意义，而且对诸如某个行为发生顺序、行为方式、行为方向等行为指标也会进行细致分析，破解其内涵。这样不仅还原了犯罪行为的整个动态过程，而且也诠释了个别行为的目的动机。然而，有了对犯罪动态过程的完整把握，一些依据旨在说明单个“行为点”的证据材料难以证明的案件事实也就容易真相大白了。这即是行为证据不同于其他证据形式的特殊价值所在。

按照相关证据对于案件事实的证明程度对证

① 寿远景．利用实物痕迹进行犯罪心理画像［J］．河南警察学院学报，2012（3）：110．

② 李玫瑾．侦查中犯罪心理画像的实质与价值［J］．中国人民公安大学学报（社会科学版），2007（4）：7．

③ 闵建雄．命案中的行为分类及其价值初探［J］．刑事技术，2010（1）：37．

据进行分类，可以将具体案件中的证据分为动态证据和静态证据两类。动态证据是指能够较为全面反映案件情况的证据类型，比如，犯罪行为人供述、证人证言、被害人陈述等；静态证据是指只能反映案件部分信息的证据类型，比如，实物证据（刀、锤子等作案工具，血衣等）、痕迹物证（遗留在犯罪现场的鞋印、指印等）。如果要认定全部案件事实，那么就需要用动态证据这条线将相关静态证据这些“珠子”串起来。需要注意的是，无论是动态证据还是静态证据均需要法官能动地认识与认定。对于动态证据，法官需要审查判断其真实性以及和案件事实的关联程度；对于静态证据，法官则需要明确和完善不同静态证据之间以及其与静态证据之间的联系，只有这样才能够形成完备的证据体系，只有形成了完备的证据体系才能对被告人定罪量刑。

行为证据是指用以证明案件事实的相关的行为内容、过程及其特征的材料，以及依据已知涉案行为内容、过程、特征或借助于对涉案行为内容、过程、特征的分析研究而形成的用于证明案件事实的材料。① 行为证据不同于其他证据种类，其根本属性是行为属性，若为呈堂证供，它将给法庭展现出“鲜活的行为”“栩栩如生的现场画面”，这无疑拓展了庭审视野而不再使审判局限于法定证据种类所证明的片段。行为证据分析是以分析犯罪行为为主要内容和以认定案件事实为目的的，究其实质，即从已经掌握的证据所反映的明态信息中分析和案件相关的潜态信息。就庭审而言，法官了解和掌握更多的和案件相关的潜态信息是有好处的。行为证据分析能够帮助法官认识相关动态证据和静态证据，它为开拓法官的庭审视野提供了有力的工具。

二、行为证据分析的运用可以助力审判

行为证据分析不应该只是侦查人员的一种能力，审判人员也应该注重学习和培养关于行为证据分析的能力。作为一种能力，行为证据分析的内涵由两部分组成：一是关于行为（特别是犯罪行为）的分析，二是其注重将行为分析结论和证据联系起来甚至是转换成为证据。犯罪行为作为案件事实的重要组成部分，其是法官需要认识的重要对象。另外，证据作为法官定罪量刑的依据，法官对于证据是有依赖的。审判过程中的正向发展就是认定被告人构成犯罪并处以适当的刑罚，但是，在审判过程中也存在判决被告人无罪的情形。相比较而言，第二种情况容易被忽视。通常情况下，人们的观点是，坚持被告人就应该被判处刑罚，案件既然已经发展到审判阶段那么就说明犯罪嫌疑人是有问题的，其就是实施犯罪行为的人。之所以会出现这样的观点，是有罪推定的思想在作怪的缘故。在侦查过程中，关于证据收集有这样的要求：不仅要收集犯罪嫌疑人的有罪证据，同时也要收集其无罪证据。在审判过程中，通过分析案情和审查判断证据来认定案件事实固然是法官应该履行的职责，与此同时，法官还应该注意认定案件事实可能存在的矛盾和证据可能存在的不足。在审判过程中贯彻落实无罪推定原则应该引起法官的重视。应该明确，被告人的无罪判决也是审判的一种表现形式。行为证据分析作为一种认定案件事实的手段和方法，其能够帮助法官认识案情和审查判断证据。在保障被告人的合法权益和保护无辜的人方面，行为证据分析同样可以发挥积极的作用。在侦查过程中，行为证据分析帮助侦查人员来查明案件事实和收集犯罪证据；在审判过程中，行为证据分析为法官所用作为审视侦查成果的方式方法。如果将审判过程中的行为证据分析作为其在诉讼过程中的第二次使用，那么审判活动就是对侦查成果的检验。行为证据分析不是某一诉讼阶段特有的技术手段，其发挥着认定案件事实和审查判断证据的作用。只要存在认定案件事实和审查判断证据的可能，在相关场合都可以运用行为证据分析。审判是诉讼过程中的独立阶段，其需要对相关事实做出最终认定和评价，法官正是通过审查判断相关证据来认定案件事实的。当前审判过程中存在两种需要注意的情况：一是认定案件事实有难度；二是无罪推定原则的贯彻落实存在阻碍。注重犯罪行为的分析实际上就包括对于相似行为的研究，特别是如何利用相似行为来证明相关案件事实。允许相似行为在满足一定条件下作为证据使用，为司法机关指控犯罪提供了充足的证据，使得司法机关指控犯罪的成功率大为提高，有利于维护被害人的权益，避免了由于证

① 郝宏奎．行为证据浅探［J］．河南警察学院学报，2013（5）：55.

据不足、达不到证明标准和司法机关指控犯罪难以成功的风险。“迟到的正义为非正义”，允许相似行为在一定条件下作为证据来证明后来的犯罪（充分认识该行为在作用于被害人和被侵害客体时犯罪行为人的心理状态的前提下），使得现有的司法资源得以充分利用，能把犯罪分子及时绳之以法，实现社会公平正义。平复被害人报复被告人的欲望，安抚被害人的心理，有利于维护社会稳定。①

在审判过程中运用行为证据分析可以帮助法官提高对于证据的认识进而有助于其认定案件事实，同时还可以明确控方在证明过程中存在的问题，特别是证据的证明力不足时。总之，行为证据分析的运用有助于法官做出客观、公正、合理、合法的判决。

三、行为证据分析的运用可以提升法庭认定犯罪的精准性

在审判过程中，法官定罪量刑是否准确，公平正义是否得以彰显，即法律的公平正义均需要具体的制度和方式来保障。定罪准确就是要做好罪与非罪、此罪与彼罪、重罪与轻罪的认定工作，然而这是依据刑法理论和具体规定做出的认定。在刑法理论中，判断某一犯罪行为是否构成犯罪的依据是该行为是否符合具体罪名的犯罪构成。犯罪构成由四个要素组成：犯罪客体、犯罪客观方面、犯罪主体和犯罪主观方面。也就是说，犯罪构成的这些要素均需要在侦查和审判中得以证明。在犯罪构成诸要素中，犯罪客体、犯罪主体是相对容易认定的，但是犯罪客观方面和犯罪主观方面需要通过审查判断证据和推论得出结论。但是，犯罪客观方面和犯罪主观方面又是定罪量刑的关键，其直接影响了罪与非罪、此罪与彼罪、重罪与轻罪的认定。

在定罪环节，需要证明的内容包括犯罪行为人（即被告人）、被害人、犯罪主观方面、犯罪客观方面、犯罪客体、犯罪对象等。其中，关于犯罪行为人的证明要明确被告人的刑事责任年龄、刑事责任能力、特殊身份等。关于犯罪主观方面就是要证明被告人基于故意还是过失实施了犯罪行为，甚至要区分其主观方面属于直接故意还是间接故意，属于过于自信的过失还是疏忽大意的过失。在刑法理论中，无论是故意还是过失都由两种因素组成，一是认识因素，一是意志因素。直接故意和间接故意的认识因素是相同的，即行为人能够认识到自己的行为可能导致犯罪结果的发生。二者的区别体现在意志因素方面，直接故意基于希望，间接故意基于放任。和故意不同的是，两种过失形式的认识因素有所不同。过于自信的过失的认识因素是行为人能够认识到自己的行为可能导致危害结果的发生，但是其自以为能够避免，在意志因素方面表现为过于自信。疏忽大意的过失的认识因素是行为人本来应该认识到自己的行为可能导致危害结果发生但是其因疏忽大意没有认识到，在意志因素方面表现为疏忽大意。但是不管被告人的主观方面表现如何，基于故意或过失实施相关行为都有可罚性。其实，除了故意和过失之外，被告人的犯罪动机和犯罪目的也是需要法官明确的内容，因为这些因素直接影响犯罪行为的认定。关于犯罪客观方面要证明危害行为、危害结果、犯罪工具、犯罪方法、犯罪手段以及犯罪行为与犯罪结果之间的因果关系等内容。通过认定以上内容，基本上就可以判断被告人是否有罪了，需要明确的是，能够证明被告人无罪也是法庭审判的一种结果。

在量刑环节，法官主要考察被告人是否存在相关量刑情节。在刑法理论上，量刑情节主要分为两种：一种是法定量刑情节，一种是酌定量刑情节。在法定量刑情节中，又可以分为法定从重情节和法定从轻情节。法定从重情节主要包括：一是被告人是不是累犯、教唆犯、主犯；二是被告人是否使用特定的犯罪方法或者具有特定的身份，是否侵犯了特定的保护对象，是否在特定时期犯罪，是否造成加重的危害结果。法定从轻情节主要包括被告人有无自首行为、是不是从犯、是否立过功、是否未满 18 周岁、是否防卫过当或紧急避险、犯罪过程是否完成、是否主动中止犯罪或有效地防止犯罪结果的发生。在酌定量刑情节中，主要考察犯罪手段、犯罪对象、危害后果、犯罪动机、平时表现、认罪态度和被害人有无过错等影响因素。行为证据分析充分地将犯罪现场遗留的物证痕迹和犯罪行为人的心理痕迹联系了起来，有助于帮助法官分析案件事实和相关

① 李富成，周婷婷．相似行为的证据功能探析［J］．贵州警官职业学院学报，2006（2）：24.

证据，最后形成完备的证据体系。在侦查取证和组织证据体系中，两种痕迹可以相互印证和补充。一方面，可以通过现场勘验、痕迹检验、物证鉴定等，透视由犯罪行为所表现出来的心理信息；另一方面，通过其心理信息的分析，可以再现作案行为的过程，更多地发现作案人遗留下来的物证痕迹。而人证的印象痕迹——他们的陈述，对物证痕迹的发现和鉴定等则是一种补充。通过物证和人证的印证，证据链条也就得以完善。①

在性犯罪案件中，被告人与被害人的先前行为一般不具有证据功能，但与其他证据结合有助于对案件性质做出准确的认定。② 行为证据对于证明犯罪、推进诉讼具有重要的证明价值。在我国，在法庭审判环节，行为证据的证据能力、可采性尽管目前还没有被普遍认同，但客观上它们对于重现犯罪过程、帮助法官排除合理怀疑、平息控辩双方的争端、促成双方形成共识具有重要意义。特定情况下，凭借行为证据，可以对行为性质做出裁定，对系列性案件的罪责加以认定，行为证据对罪与非罪的认定和刑罚的适用也具有决定性意义。国内外的刑事诉讼活动中不乏运用行为证据推进诉讼的成功案例。③

四、行为证据分析的运用可以增强法官的内心确认

在证据法理论中，除了运用证据来证明案件事实之外，证明方法还包括推定和司法认知。法官在审判过程中除了运用证据来认定案件事实之外必然还会运用推定和司法认知。推定是在基础事实得到证实的前提下，根据法律规定或经验法则，在没有反证的前提下，得出推定事实的一种认定案件事实的方法。④ 推定由基础事实、推定根据和推定事实三部分组成。司法认知是指基于诉讼效率的考虑，司法人员可以根据法律规定、经验法则以及自身所掌握的知识，对案件有关的事实直接认定，无须当事人举证。法官在做出判决的时候必须达到能够说服自己被告人构成犯罪的程度。侦查过程中收集到的证据不可能是对犯罪过程的还原，在相关事实之间的衔接需要法官自己凭借经验去弥补。和法官相比，侦查人员在查证相关事实方面具备更加丰富的经验，这种经验为侦查人员分析犯罪行为提供了充分有力的依据。侦查人员通过行为证据分析手段来认识案件事实的方法应该为法官所沿用。如果法官掌握了和侦查人员一样的犯罪行为“解码”语言，那么侦查阶段、起诉阶段和审判阶段将更为顺畅地衔接，同时，侦查成果也将得到法官的认可。从这一角度讲，行为证据分析为法官形成内心确认提供了可靠的依据，这使得法官的内心确认不再是一种“感觉”。

推定作为一种证明方法，其根据主要包括法律规定、经验法则和人情事理。行为证据分析和开展推定所依靠的经验法则和人情事理存在密切关系。行为分析是应用逻辑分析的方法，通过对现场上人的活动所表达的信息的研究，得出关于人的活动目的性的判断。⑤ 在分析现场行为的时候不可能避开人的经验常识和人情事理。行为分析理论基础可以用“意识—行为—痕迹”的模式来体现，简单而言，就是意识决定人的行为，什么行为决定留下什么痕迹。通过“意识—行为—痕迹”的逆推过程，来实现获得行为人的主观意识的目的。没有行为分析，外在的痕迹只是一种孤立的信息；没有行为分析，内在的意识很难得到确切的昭示。由此来看，行为分析是捕捉人的意识信息和主观信息的重要工具。在审判过程中，法官对于被告人主观方面和意志内容的认定离不开对于其行为的分析。法官最终形成的内心确认在结果上有两种表现：一是法官通过分析相关案件事实和证据认定被告人就是犯罪行为人；二是法官通过分析相关案件事实和证据发现了矛盾或者证据的证明力不充分进而做出被告人无罪的认定。但是，法官的内心确认无论如何必须是经得起推敲的，虽然经验法则和人情事理通常不是绝对的，但是它可以为分析案情提供依据。在日常生活中，如果不同事物间的关联性很

---

① 陈闻高．犯罪心理痕迹与犯罪心理现场关系论［J］．山东警察学院学报，2013（1）：65.

② 李富成，周婷婷．相似行为的证据功能探析［J］．贵州警官职业学院学报，2006（2）：25.

③ 郝宏奎．行为证据在刑事诉讼中大有可为［N］．人民公安报，2013-5-5（3）.

④ 李富成，张佐良．刑侦部门管辖的刑事案件证明规范及实例指导［M］．北京：中国人民公安大学出版社，2012.

⑤ 闵建雄．命案中的行为分类及其价值初探［J］．刑事技术，2010（1）：34.

强，达到高度盖然性程度，就可以说不同事物间具有常态联系，符合经验法则，即当一事物出现时就可以推定另一事物当然出现。经验法则通常能反映出事物间的内在规律，根据经验法则得出的推定事实通常是正确的，但这并不是绝对的，所以对推定事实可以有充分的理由进行反驳。① 同样，如果有新的证据或者事实能够对于已经认定的事实予以反驳，那么就应该改变之前的认定结果。这是因为不同案件的具体案情是不同的，具体案情受到诸多因素的影响，比如，特殊的时空条件、犯罪行为人的特殊情况、偶然情况等。一般的杀人碎尸案件，杀人现场多为碎尸现场，抛尸范围多呈以碎尸现场为中心的扇形或线形分布，犯罪行为人多与被害人密切相关。但是，犯罪行为人的家庭背景、生活阅历、性格习惯等方面的特殊性，亦会导致其作案行为、作案心理超出人们的常规判断。致使在对犯罪行为人进行脸谱刻画时发生偏差，从而延误案件侦破。② 此外，行为证据分析的价值还体现在相似行为对于证明相关案件事实方面。相似行为虽然不能直接证明案件的主要事实，但它可以证明案件中一些辅助性的事实。在有些案件中，直接证明的证明力达不到排除合理怀疑的程度，法官不能形成内心确认。把相似行为作为补强证据，就可能使全案证据的证明力达到排除合理怀疑的程度，有利于法官在综合全案证据的基础上对整个案件事实形成内心确认，进而对案件做出迅速准确的判断。在一些性侵害犯罪中，被告人的先前行为可以证明其与被害人之间是否具有特定的关系。

基于以上分析，尽管经过推定的事实可以改变，但是需要明确的是，推定的结论具有相对稳定性。法官的内心确认是建立在一定证据证明力的基础之上的，没有一定证明力的证据，法官内心是无法形成确认的。在案件中，直接证据的数量通常较少，而补强证据则相对较多。相似行为作为在不同案件中经常出现的一种证据，扩展了法官认定案件的证据来源，有助于法官在证据充分的基础上形成内心确认。③ 法官经过内心确认的事实不是随便做出的，而是有较为可信的依据的。行为证据分析本身就带有经验性，同时还有一定的科学依据作为其科学性的支撑。人的犯罪行为尽管具有情境性和偶然性，尽管具有故意性与遮掩性，但是，犯罪行为毕竟是具有独立人格的人实施的一种活动，因此，偶然的行为多少会体现出一些必然的个性倾向或心理特征。这就意味着，人的某次犯罪行为可以因其故意而不同于平时的做法。但是，一方面由于实施犯罪行为的危险性，需要熟悉便捷的方式快速完成犯罪活动（熟练即习惯）；另一方面犯罪的成功会刺激犯罪行为人再次实施相同的犯罪，当犯罪行为被紧张刺激地操作、被再三地重复，犯罪行为人其人格中各种定型的个性倾向与心理特征就会在不经意中流露于犯罪之中。除上述的性格外，其他如一贯的兴趣、有个性的需要内容、独特的看法、气质特点、智力水平等都会在犯罪事实中予以展现。④ 所以，法官凭借行为证据分析可以坚定其内心确认，可以提升法官自身的判决自信。

五、行为证据分析的运用可以形成和加固证据链

证据是法官做出判决的依据，但是审判对于证据是有要求的，采信证据在最终做出判决时必须能够呈现出证据链的形象。如果证据链要在判决时发挥作用，那么就存在两个步骤：第一，判决时必须形成一个完整的证据链能够证明全部案件事实或全过程；第二，这一证据链必须是完备的，在证明案件事实时具有充分性。行为证据分析在这两个阶段均发挥着重要的作用。

法官在审判时判断是否形成了证据链，实际上就是对于收集到的证据予以审查判断，也称之为证据的查证。审查判断证据主要有两种方法：一种是分别审查判断，另一种是综合审查判断。分别审查判断就是对于单个的证据的来源、其与待证事实的相关性、证明力等内容予以认定；综合审查判断是指在分别审查判断证据的基础上确认不同证据之间的关系并按照一定的逻辑顺序予以组合。审查判断证据的基本规则是现代自由心证，即由法官独立判断证据的证明力有无及大小

---

① 李富成，张佐良．刑侦部门管辖的刑事案件证明规范及实例指导［M］．北京：中国人民公安大学出版社，2012.

② 罗元明，张宇．犯罪行为和犯罪心理痕迹分析［J］．湖北警官学院学报，2013（10）：163.

③ 李富成，周婷婷．相似行为的证据功能探析［J］．贵州警官职业学院学报，2006（2）：26.

④ 李玫瑾．侦查中犯罪心理画像的实质与价值［J］．中国人民公安大学学报（社会科学版），2007（4）：7.

强弱，法官除了遵守法律法规的规定以及职业操守之外，不服从任何组织和个人，即不受任何干扰。① 证据的审查判断和证据鉴真不同，鉴真是确定物证、书证等展示型证据的真实性的证明活动。鉴真旨在证明物证、书证等展示型证据与案件特定事实之间联系的真实性。② 一般只有在审判阶段才存在对于相关证据进行鉴真，然而审查判断证据则贯穿了整个诉讼过程，在侦查、起诉和审判阶段均有体现。在审判阶段，分析犯罪行为有时候和审查判断单个证据是重合的。因为犯罪现场遗留的相关痕迹物证是犯罪行为的“影子”，分析犯罪行为必然会涉及对于相关痕迹物证证明力的考量。另外，行为证据分析还能够帮助法官对于被告人的主观方面和意志内容予以认定，关于犯罪行为人的主观方面和意志内容会在犯罪嫌疑人的供述和辩解等证据中有所体现，这样就可以将二者联系起来予以印证。

综合审查判断实际上就是判断证据链的相关情况。证据链是指为了证明某待证事实不同证据以一定的关系予以排列的组合。不同的证据链根据其证明的事实内容按照一定的关系予以排列组合就组成了证据体系。证据体系证明的是全部案件事实，其是立体的；证据链证明的是部分案件事实，其是片段的。能够证明与案件相关的行为实施过程和特征、行为手段、行为顺序及相关物证材料所反映出的潜态信息即称为行为证据，对行为证据进行专家性分析形成标准性意见报告，称之为行为证据分析意见。行为证据分析意见是连接证明不同案件事实的证据的最佳黏合剂，同时，其也是搭构证据体系将不同证据链联系起来的隐形网络。行为证据分析意见有效地将不同证据形式串联了起来。刑事诉讼法修改后，证据种类变成了八种，分别是：①物证。②书证。③证人证言。④被害人陈述。⑤犯罪嫌疑人、被告人供述和辩解。⑥鉴定意见。⑦勘验、检查、辨认、侦查实验等笔录。⑧视听资料、电子数据。通常情况下，证明案件事实的证据不会只是一种证据种类，不同种的证据证明了不同的案件事实，要将这些案件事实联系起来就需要将不同种类的证据予以串联。另外，各种证据的特点是不一样的。物证具有客观性和稳定性，但是其只能证明部分事实，其需要和其他证据一起来证明案件事实，即物证通常属于间接证据。证人证言、被害人陈述及犯罪嫌疑人、被告人供述和辩解具有完整性，能够直接证明案件事实，即其通常属于直接证据，但是其主观性较强，需要结合具体案情和被告人的相关情况予以认定。这样一来，在审判过程中运用行为证据分析能够弥补单一证据证明案件事实的不足，拓展和延伸了具体证据的证明力。很多时候，如果只有物证、书证、证人证言、鉴定意见等证据形式的存在，而无相应的行为证据材料作支撑，在案件证明上就可能存在难以解释的瑕疵，案件就有可能难以达到定罪量刑的证明标准。行为证据对于当前的证明活动而言起到了锦上添花的功效。另外，从证明效率上看，行为证据的运用可以与其他证据形式一起对案件事实形成更加严密的证明体系。行为证据分析是对犯罪过程的整体性分析，在证明功能上它既是佐证其他证据材料的重要根据，又构成了分析和审查其他证据材料真实性的背景材料。有了证明案件基本事实的现有证据形式，再加上对犯罪实施过程的整体性分析意见，有利于审判人员审查判断各种证据材料之间的逻辑关系，从而将各种分散的证据材料有机地联系起来，形成更严密的证据体系，夯实认定犯罪的事实基础，提升犯罪认定的准确性。

最后，行为证据分析除了在侦查过程和审判过程中能够发挥作用之外，还为公安民警的能力训练指明了新的发展方向。当前，无论是公安学历教育还是在职民警的培训均注重学员的技能培训而忽略了侦查思维和侦查意识的培养，这就导致了公安民警对行为证据的分析能力非常有限。既然行为证据分析如此重要，那么在相关培训和教育过程中就应该在保证公安民警基本技能学习的基础上向分析和思考能力的修养方向拓展。这也符合打造公安民警立体化培养的教育模式。公安民警在分析和思考能力方面的提升必然会带动公安机关侦查能力的全面提高。

---

① 邱爱民．实物证据鉴真制度研究［M］．北京：知识产权出版社，2012.

② 张保生，王进喜，张中，等．证据法学［M］．北京：高等教育出版社，2013.